Familienrecht in Bildern –

Elterliche Sorge und Umgang

Familienrecht in Bildern – **Elterliche Sorge und Umgang**

Visualisierte Darstellung des Sorge- und Umgangsrechts mit Hinweisen zum familiengerichtlichen Verfahren

von

Dr. Göntje Rosenzweig, Berlin

2. aktualisierte Auflage

Reguvis

Bibliografische Information der Deutschen Nationalbibliothek
Die Deutsche Nationalbibliothek verzeichnet diese Publikation in der Deutschen Nationalbibliografie; detaillierte bibliografische Daten sind im Internet über http://dnb.d-nb.de abrufbar.

Reguvis Fachmedien GmbH
Amsterdamer Straße 192
50735 Köln
Internet: www.reguvis.de

Beratung und Bestellung:

Tel.: +49 (0) 221 97668-229
Fax: +49 (0) 221 97668-236
E-Mail: familie-betreuung@reguvis.de

ISBN (Print): 978-3-8462-1260-8
ISBN (E-Book): 978-3-8462-1261-5

Herstellung: Günter Fabritius
Satz: Cicero Computer GmbH, Bonn
Druck und buchbinderische Verarbeitung: Appel & Klinger Druck und Medien GmbH, Schneckenlohe

Printed in Germany

Inhaltsverzeichnis

Legende ... 11
Abbildungen ... 25
Abkürzungen ... 29
Literaturliste ... 31

1 Vorwort ... 33

2 Elterliche Sorge ... 33
2.1 Verhältnis zur elterlichen Verantwortung ... 34
2.2 Gemeinsame Sorge und Alleinsorge ... 35
2.3 Teilgebiete ... 37
2.4 Innen- und Außenverhältnis ... 38
2.4.1 Vertretung ... 39
2.4.2 Einschränkungen der Vertretungsmacht ... 39
2.4.2.1 Bestehen eines Vertretungsverbotes ... 39
2.4.2.2 Entzug der Vertretungsmacht ... 40
2.4.3 Beschränkungen der Vertretungsmacht ... 41
2.5 Allgemeine Wirkungen ... 41
2.6 Persönlicher Anwendungsbereich ... 43
2.7 Zeitlicher Anwendungsbereich ... 45
2.8 Ausübung der gemeinsamen Sorge bei Getrenntleben der Eltern ... 51
2.8.1 Residenzmodell ... 52
2.8.2 Wechselmodell ... 53
2.8.3 Nestmodell ... 53
2.9 Leitvorstellungen ... 54
2.9.1 Verpflichtung zur partnerschaftlichen Erziehung ... 54
2.9.2 Beachtung der Persönlichkeit des Kindes ... 54
2.9.3 Beachtung der beruflichen Neigungen des Kindes ... 55
2.9.4 Beachtung der persönlichen Beziehungen des Kindes ... 58
2.9.5 Verbot von entwürdigenden Erziehungsmaßnahmen ... 58
2.10 Einigungspflicht der gemeinsam sorgeberechtigten Eltern, § 1627 BGB ... 60
2.10.1 Eigenverantwortliche Ausübung ... 62
2.10.2 Einvernehmliche Ausübung ... 62
2.10.3 Fehlendes Einvernehmen ... 62

3 Entstehung und Begründung der elterlichen Sorge ... 63
3.1 Gemeinsame Sorge bei miteinander verheirateten Eltern ... 63
3.2 Gemeinsame Sorge und Alleinsorge bei unverheirateten Eltern ... 64
3.2.1 Sorgeerklärungen, § 1626a Abs. 1 Ziff. 1 BGB ... 65
3.2.2 Spätere Heirat, § 1626a Abs. 1 Ziff. 2 BGB ... 66
3.2.3 Gerichtliche Zuweisung, § 1626a Abs. 1 Ziff. 3, Abs. 2 BGB ... 66
3.2.3.1 Antrag ... 66
3.2.3.2 Zuweisungsvoraussetzungen ... 68
3.2.3.3 Negative Kindeswohlprüfung ... 69
3.2.3.3.1 Konsensfähigkeit ... 71
3.2.3.3.2 Erziehungseignung ... 73
3.2.3.3.3 Kindeswille ... 73
3.2.3.3.4 Anhaltspunkte für eine funktionierende elterliche Sorge ... 74

4 **Teilbereiche der Personensorge** ... 75
4.1 **Abgrenzung Teilbereich – Entscheidungsbefugnis** ... 77
4.2 **Zentrale Teilbereiche** ... 80
4.2.1 Pflege ... 80
4.2.2 Erziehung ... 81
4.2.3 Aufenthaltsbestimmung ... 83
4.2.4 Beaufsichtigung ... 85
4.2.4.1 Verhältnis zur Erziehung ... 87
4.2.4.2 Intensität der Aufsicht ... 87
4.2.5 Weitere Angelegenheiten ... 88

5 **Gerichtliche Zuweisung von Entscheidungsbefugnissen, § 1628 BGB** ... 89
5.1 **Antrag** ... 90
5.2 **Uneinigkeit** ... 90
5.3 **Abgrenzbarer Konflikt** ... 91
5.4 **Angelegenheit von erheblicher Bedeutung** ... 93
5.5 **Entscheidungsmaßstab** ... 94

6 **Entscheidungsbefugnisse getrenntlebender Eltern, §§ 1687, 1687a BGB** ... 97
6.1 **Entscheidungen, die einvernehmliches Handeln erfordern** ... 99
6.1.1 Angelegenheiten von erheblicher Bedeutung ... 99
6.1.2 Einvernehmen ... 100
6.1.3 Fehlendes Einvernehmen ... 101
6.1.4 Eigenmächtige Entscheidungen ... 102
6.2 **Alleinentscheidungsbefugnisse des betreuenden Elternteils** ... 102
6.2.1 Angelegenheiten des täglichen Lebens ... 103
6.2.2 Gewöhnlicher Aufenthalt des Kindes ... 104
6.3 **Alleinentscheidungsrechte des getrenntlebenden Elternteils** ... 104
6.4 **Entscheidungsbefugnisse im Notfall** ... 106
6.5 **Wohlverhaltenspflicht** ... 107
6.6 **Einvernehmliche Veränderung von Entscheidungsrechten und gerichtliches Eingreifen** ... 107

7 **Aufhebung der gemeinsamen Sorge, § 1671 Abs. 1 BGB** ... 109
7.1 **Gemeinsame Sorge und Getrenntleben der Eltern** ... 110
7.2 **Verfahren und Auswirkungen auf den Antragsgegner** ... 112
7.3 **Einvernehmliche Sorgerechtsübertragung, § 1671 Abs. 1 Ziff. 1 BGB** ... 113
7.4 **Nicht einvernehmliche Sorgerechtsübertragung, § 1671 Abs. 1 Ziff. 2 BGB** ... 115
7.4.1 Doppelte Kindeswohlprüfung ... 117
7.4.2 Aufhebung der gemeinsamen Sorge ... 118
7.4.2.1 Fehlende Erziehungseignung und -bereitschaft ... 119
7.4.2.2 Fehlende elterliche Konsensfähigkeit ... 119
7.4.3 Zuweisung der partiellen oder vollständigen Sorge auf den Antragsteller ... 120
7.4.4 Entscheidungsgrundlagen ... 121

8 **Übertragung der Alleinsorge auf den Vater, § 1671 Abs. 2 BGB** ... 122
8.1 **Einvernehmliche Übertragung** ... 123
8.2 **Übertragung gegen den Willen der Mutter und/oder bei Widerspruch des Kindes** ... 125

9 **Ruhen der elterlichen Sorge** ... 127

9.1 **Ruhen bei rechtlichen Hindernissen, § 1673 BGB** ... 127

9.2 **Ruhen bei tatsächlichen Hindernissen, § 1674 BGB** ... 127

9.3 **Ruhen bei vertraulicher Geburt, § 1674a BGB** ... 128

10 **Gerichtliche Maßnahmen bei Kindeswohlgefährdung, §§ 1666, 1666a BGB** ... 128

10.1 **Persönlicher Anwendungsbereich** ... 131

10.2 **Kindeswohlgefährdung** ... 133

10.2.1 Schutzgüter ... 134

10.2.1.1 Unmittelbare Betroffenheit ... 135

10.2.1.2 Mittelbare Betroffenheit und Verdachtsfälle ... 135

10.2.2 Eintrittswahrscheinlichkeit ... 137

10.2.3 Erheblichkeit ... 140

10.3 **Fehlende elterliche Gefahrenabwehr** ... 141

10.4 **Gefahrenabwehr** ... 142

10.4.1 Öffentliche Hilfen, Ziffer 1 ... 145

10.4.2 Einhaltung der Schulpflicht, Ziffer 2 ... 145

10.4.3 Schutzanordnungen, Ziffern 3 und 4 ... 146

10.4.4 Ersetzung von Erklärungen, Ziffer 5 ... 148

10.4.5 Teilweiser oder vollständiger Sorgerechtsentzug, Ziffer 6 ... 148

10.4.6 Maßnahmen gegen Dritte ... 149

10.4.7 Verhältnismäßigkeit ... 149

10.4.7.1 Geeignetheit ... 150

10.4.7.2 Erforderlichkeit ... 151

10.4.7.3 Angemessenheit ... 151

10.4.7.4 Verschärfte Anforderungen gemäß § 1666a BGB ... 151

10.4.7.4.1 Trennung des Kindes von den Eltern und umgekehrt ... 151

10.4.7.4.2 Entzug der gesamten Personensorge ... 152

10.4.7.5 Folgenabwägung im einstweiligen Anordnungsverfahren ... 152

11 **Rechtsfolgen bei Einschränkung und Beendigung der elterlichen Sorge** ... 153

12 **Umgang** ... 155

12.1 **Personenkreis der Umgangsberechtigten** ... 156

12.2 **Umgangsrecht nach § 1684 BGB – Eltern und Kinder** ... 159

12.2.1 Umgangsrecht des Kindes ... 160

12.2.1.1 Familiengerichtliches Verfahren ... 160

12.2.1.2 Erzwingen von Umgang gegen den Willen eines Elternteils ... 160

12.2.2 Umgangsrecht der Eltern ... 160

12.2.2.1 Verhältnis zum Sorgerecht ... 161

12.2.2.2 Umgang – Frage des „Ob" ... 161

12.2.2.3 Umgang – Frage des „Wie" ... 161

12.2.2.3.1 Elterliche Umgangsregelung ... 161

12.2.2.3.2 Gerichtliche Umgangsregelung ... 162

12.2.3 Wohlverhaltenspflicht der Eltern ... 167

12.2.4 Umgangseinschränkung oder -ausschluss ... 167

12.2.4.1 Umgangseinschränkung ... 169

12.2.4.2 Umgangsausschluss ... 170

12.2.4.3 Voraussetzungen ... 171

12.2.5 Auskunft über die persönlichen Verhältnisse des Kindes ... 172

12.3 Umgangsrecht nach § 1685 Abs. 1 BGB – Großeltern und Geschwister 176
12.3.1 Umgang – Frage des „Ob" 176
12.3.1.1 Großeltern und Geschwister 176
12.3.1.2 Kindeswohlprüfung 176
12.3.2 Umgang – Frage des „Wie" 177
12.4 Umgangsrecht nach § 1685 Abs. 2 BGB – enge Bezugspersonen 178
12.4.1 Umgang – Frage des „Ob" 178
12.4.1.1 Enge Bezugsperson 178
12.4.1.2 Kindeswohlprüfung 179
12.4.2 Umgang – Frage des „Wie" 179
12.5 Umgangsrecht nach § 1686a BGB – leiblicher, nicht rechtlicher Vater 179
12.5.1 Umgang – Frage des „Ob" 180
12.5.2 Umgang – Frage des „Wie" 180
12.5.3 Auskunftsrecht 181

13 Kindeswohl und Kindeswohlprüfung 182
13.1 Kindeswohl und Kindeswohlprüfung 182
13.2 Kindeswohlkriterien 183
13.2.1 Erziehungseignung 184
13.2.2 Förderprinzip 185
13.2.3 Kontinuitätsgrundsatz 187
13.2.4 Bindungen des Kindes 189
13.2.5 Kindeswille 190

14 Familiengerichtliches Verfahren im Überblick 193
14.1 Kindeswohlprinzip 193
14.2 Kindschaftssachen und Zuständigkeit des Familiengerichts 193
14.3 Begriffsbezeichnungen 194
14.4 Verfahrensarten 194
14.4.1 Amtsverfahren 194
14.4.2 Unechte Antragsverfahren 196
14.4.3 Antragsverfahren 196
14.5 Örtliche Zuständigkeit 197
14.5.1 Allgemeine Bestimmungen 197
14.5.2 Besondere Bestimmungen 198
14.5.2.1 Anhängigkeit einer Ehesache 198
14.5.2.2 Gewöhnlicher Aufenthalt des Kindes 199
14.5.2.3 Fürsorgebedürfnis 200
14.5.2.4 Unterbringungsmaßnahmen 200
14.6 Beteiligte 201
14.6.1 Muss-Beteiligte aufgrund persönlicher Betroffenheit 201
14.6.2 Muss-Beteiligte von Amts wegen oder auf Antrag 202
14.6.3 Kann-Beteiligte aufgrund gesetzlicher Anordnung 203
14.7 Verfahrensfähigkeit Minderjähriger 203
14.7.1 Geltendmachung eigener Rechte 204
14.7.2 Gesetzliche Anordnung 205
14.8 Vertretung Minderjähriger 205
14.9 Jugendamt 206

14.10 Vorrang- und Beschleunigungsgebot ... 206
14.10.1 Anwendungsbereich ... 207
14.10.2 Termin ... 207
14.10.3 Beschleunigungsrüge ... 208
14.10.4 Beschleunigungsbeschwerde ... 208
14.11 Aussetzung ... 209
14.12 Amtsermittlung und Mitwirkung ... 209
14.12.1 Richterliche Überzeugungsbildung ... 210
14.12.1.1 Hauptsacheverfahren ... 210
14.12.1.2 Einstweiliges Anordnungsverfahren ... 210
14.12.2 Mitwirkungspflicht der Beteiligten ... 211
14.13 Beweisverfahren ... 211
14.14 Sachverständigengutachten ... 212
14.15 Anhörung ... 212
14.16 Kindesanhörung ... 213
14.17 Verfahrensbeistand ... 214
14.18 Antragsrücknahme, Beendigungserklärung ... 215
14.18.1 Rücknahme ... 215
14.18.2 Übereinstimmende Beendigungserklärung ... 217
14.19 Erledigung, Vergleich ... 217
14.20 Beschluss ... 217
14.21 Abänderung und Überprüfung einer Hauptsacheregelung ... 219
14.21.1 Abänderung ... 219
14.21.2 Überprüfung von Kinderschutzmaßnahmen ... 219
14.22 Einstweiliges Anordnungsverfahren ... 219
14.23 Rechtsmittel und Rechtsbehelfe ... 220
14.23.1 Hauptsacheverfahren ... 220
14.23.2 Anordnungsverfahren ... 221
14.23.3 Zwischen- und Nebenentscheidungen ... 222
14.24 Beschwerde ... 222
14.24.1 Beschwerdegegenstand und -befugnis ... 222
14.24.2 Beschwerdebegründung ... 223
14.24.3 Beschwerdefrist ... 224
14.24.4 Beschwerdeverfahren ... 224
14.24.5 Entscheidung des Beschwerdegerichts ... 224
14.24.5.1 Sachentscheidung ... 224
14.24.5.2 Aufhebung und Zurückverweisung ... 225
14.24.5.3 Einstweilige Aussetzung der Vollziehung oder der Wirksamkeit ... 225
14.24.5.4 Feststellungsentscheidung bei Erledigung ... 225

15 Kinderschutzmaßnahmen und Unterstützungsleistungen der Jugendhilfe im Überblick ... 226
15.1 Hilfe zur Erziehung ... 226
15.1.1 Anspruchsberechtigter und -gegner ... 226
15.1.2 Voraussetzungen ... 227
15.1.3 Formen der Hilfegewährung ... 228
15.1.3.1 Erziehungsberatung, § 28 SGB VIII ... 229
15.1.3.2 Soziale Gruppenarbeit, § 29 SGB VIII ... 229

15.1.3.3 Erziehungsbeistand, Betreuungshelfer, § 30 SGB VIII 230
15.1.3.4 Sozialpädagogische Familienhilfe, § 31 SGB VIII 230
15.1.3.5 Tagesgruppe, § 32 SGB VIII 230
15.1.3.6 Vollzeitpflege, § 33 SGB VIII 231
15.1.3.7 Heimerziehung, sonstige betreute Wohnform, § 34 SGB VIII 231

15.2 Angebote der Jugendhilfe in außergewöhnlichen Lebenslagen 232

15.3 Gemeinsame Wohnformen für Mütter, Väter und Kinder 232

15.4 Betreuung und Versorgung in Notsituationen, § 20 SGB VIII 233

15.5 Inobhutnahme 234
15.5.1 Voraussetzungen 234
15.5.2 Bitte des Kindes/des Jugendlichen, Ziffer 1 234
15.5.3 Dringende Kindeswohlgefährdung, Ziffer 2 235
15.5.4 Gefährdung 236
15.5.5 Widerspruch 237
15.5.6 Rechte und Pflichten des Jugendamts 237
15.5.7 Beendigung 238

16 Grundrechte von Eltern und Kindern im Überblick 240

16.1 Bedeutung 240

16.2 Schutz von Menschenwürde, Persönlichkeitsentfaltung, Leben und körperlicher Unversehrtheit, Artikel 1 und 2 GG 241

16.3 Schutz der Familie, Artikel 6 Abs. 1 GG 241

16.4 Elternrechte, Artikel 6 Abs. 2 GG 242
16.4.1 Elternrechte und -pflichten, Artikel 6 Abs. 2 Satz 1 BGB 242
16.4.2 Einschränkungen 244
16.4.3 Staatliches Wächteramt 246

Stichwortverzeichnis 249

Legende

(Zeichnungen: Yadira Medina Hernandez)

Staat und staatliche Institutionen

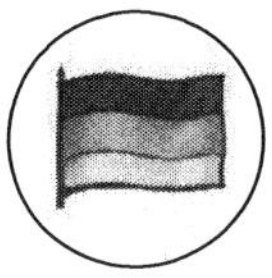

Staat

Familiengericht

Jugendamt
oder Pflegefamilie/Pflegeperson
oder Fürsorge

Vormund
oder Ergänzungspfleger
oder Pfleger
oder Verfahrensbeistand

Verfahren, Ablauf und Erklärungen

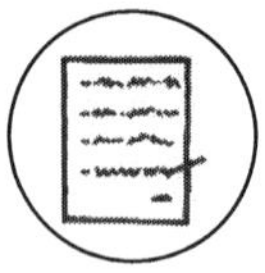 Antrag beim Familiengericht

 Zeitpunkt oder zeitliche Begrenzung

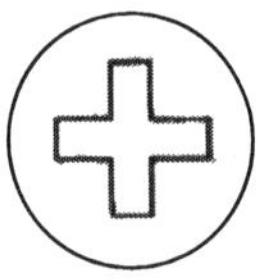 Plus

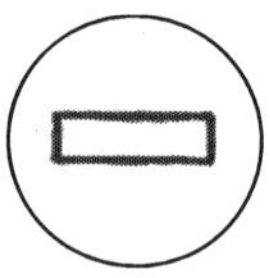 Minus

 positiv oder Begründung

 negativ oder Aufhebung

 Zustimmung

 Widerspruch 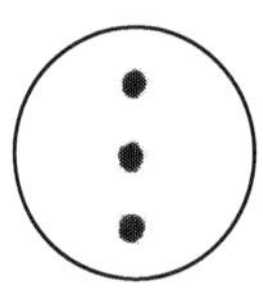 weitere Gesichtspunkte

Umgang mit Sorgerechten und -pflichten, Entscheidungskompetenzen

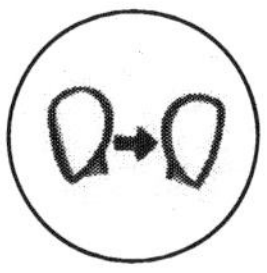

Übertragung

Delegation von Sorgerechten und -pflichten

Inhaber von Sorge- oder anderen Entscheidungsrechten

Angelegenheit von erheblicher Bedeutung

Notvertretungsrecht

Grundrechte

Pflege- und Erziehungsvorrecht der Eltern,
Artikel 6 Abs. 2 Satz 1 GG

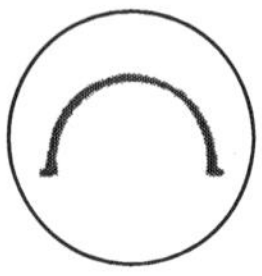

Recht auf Schutz der Familie,
Artikel 6 Abs. 1 GG

Recht auf freie Entfaltung der
Persönlichkeit und Selbstbestimmung,
Artikel 2 Abs. 1 GG

Wächteramt des Staates,
Artikel 6 Abs. 2 Satz 2 GG

Kind

Geburt des Kindes

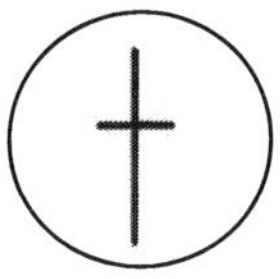

Tod des Kindes

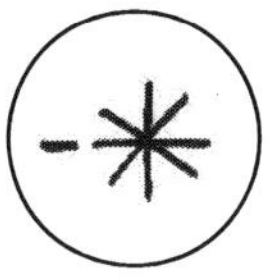

Zeit vor Geburt des Kindes

Volljährigkeit des Kindes

Gewalt gegenüber dem Kind

Umgang

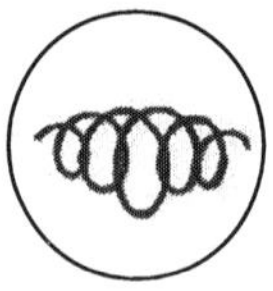
Umgang

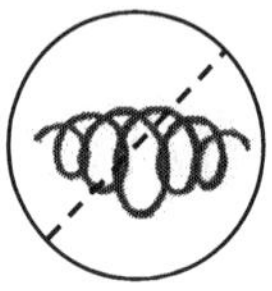
Umgangseinschränkung

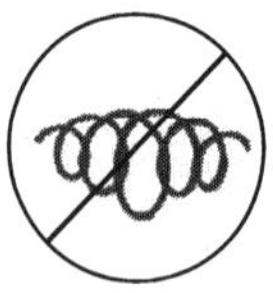
Umgangsausschluss

begleiteter Umgang

Informations- und Auskunftsrecht

Interesse am Kind

enge Bezugsperson

Eltern und ihre Pflichten

Einigung/Konsens

Konflikt/fehlender Konsens

Unterhalt

Beistand und Rücksichtnahme

Kindeswohl

Kindeswohlprüfung

Gewährleistung des Kindeswohls

Gefährdung des Kindeswohls

Belastung/Beeinträchtigung des Kindeswohls

kindeswohlfördernd oder -dienlich

fehlende Belastung/fehlende Gefährdung des Kindeswohls

Familie und Personen

Familie

Kind

ein Elternteil allein oder Vater

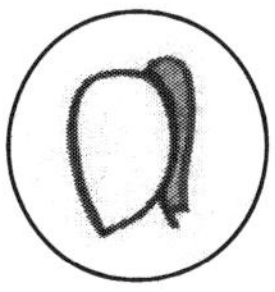

Mutter

zusammenlebende Eltern oder beide Elternteile gemeinsam

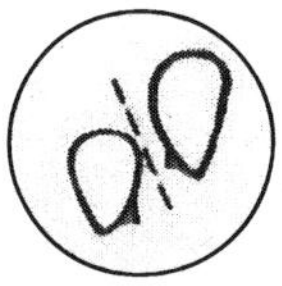

getrenntlebende Eltern

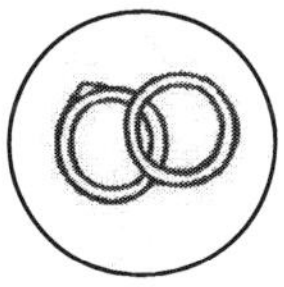

Ehe oder Ehepartner

Dritte

Teilbereiche der Personensorge und Entscheidungsbefugnis

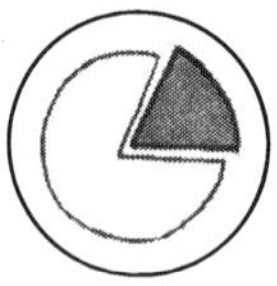 Teilbereich (der Personensorge)

 Erziehung

 Pflege

 Aufenthaltsbestimmung

 Aufsicht

 Ausbildung und Beruf

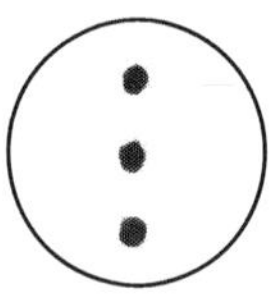 weitere Teilbereiche

 Entscheidungsbefugnis

Elterliche Sorge

Personensorge

Vermögenssorge

Sorgerechte und -pflichten

Entzug von Sorgerechten und -pflichten

Ruhen von Sorgerechten und -pflichten

Lebensverhältnisse von Kind und Eltern

Residenzmodell oder betreuender Elternteil

vom Kind getrenntlebender/nicht betreuender Elternteil oder umgangsberechtigter Elternteil

Wechselmodell

Getrenntleben von Kindern und Eltern oder Trennung von Kind und Eltern

Kindeswohlprinzip

 Kindeswohlkriterien

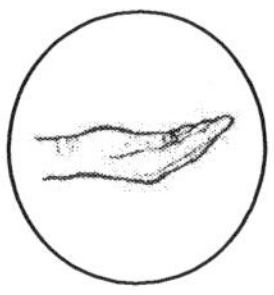 Förderung

 Bindung

 Kindeswohl

 Kontinuität

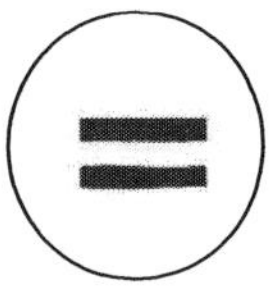 Gleichrangigkeit

Abbildungen

Abbildung 1 Sorgerechte und -pflichten der Eltern aus § 1626 BGB ... 33
Abbildung 2 Reichweite der elterlichen Sorge und Verantwortung ... 34
Abbildung 3 Vollständige gemeinsame Sorge und Alleinsorge ... 35
Abbildung 4 Partielle gemeinsame Sorge und Alleinsorge ... 36
Abbildung 5 Teilgebiete der elterlichen Sorge, § 1626 Abs. 1 Satz 2 BGB ... 37
Abbildung 6 Elterliche Sorge: Wirkung im Innen- und Außenverhältnis ... 38
Abbildung 7 Übertragung und Delegation von Sorgerechten der Eltern auf andere Personen ... 42
Abbildung 8 Begründung einer rechtlichen Elternschaft ... 43
Abbildung 9 Entscheidungsrechte und -befugnisse im Sorgerecht ... 44
Abbildung 10 Dauer der elterlichen Sorge ... 45
Abbildung 11 Vorgeburtliche Schutzmaßnahmen ... 47
Abbildung 12 Beendigung und Ruhen der elterlichen Sorge ... 49
Abbildung 13 Unterstützung des volljährigen, hilfebedürftigen Kindes ... 50
Abbildung 14 Betreuungsmodelle bei Getrenntleben der Eltern ... 51
Abbildung 15 Rechte gemeinsam sorgeberechtigter Eltern bei Betreuung eines Kindes im Residenzmodell ... 52
Abbildung 16 Einschränkung von Sorgerechten durch Rechte des Kindes ... 55
Abbildung 17 Elterliche Pflichten bei Sorgeentscheidungen über Beruf und Ausbildung ... 56
Abbildung 18 Gebote an die Eltern bei Entscheidungen über die Berufs- und Ausbildungswahl des Kindes ... 57
Abbildung 19 Verbot entwürdigender Erziehungsmaßnahmen ... 59
Abbildung 20 Einwirkung auf den Körper des Kindes ... 60
Abbildung 21 Leitvorstellungen bei Ausübung der gemeinsamen Sorge ... 61
Abbildung 22 Begründung der gemeinsamen Sorge bei verheirateten Eltern ... 63
Abbildung 23 Begründung der gemeinsamen Sorge ... 64
Abbildung 24 Möglichkeiten der Begründung der gemeinsamen Sorge ... 65
Abbildung 25 Formale Voraussetzungen eines Sorgerechtsantrags nach § 1626a Abs. 1 Ziff. 3 BGB ... 67
Abbildung 26 Begründung und Aufhebung der gemeinsamen Sorge im familiengerichtlichen Verfahren – Entscheidungsprinzipien – ... 69
Abbildung 27 Kindeswohlprüfung im Rahmen von § 1626a Abs. 2 BGB und § 1671 Abs. 1 Ziff. 2 BGB ... 70
Abbildung 28 Elterliche Kommunikationsprobleme und Kindeswohl ... 73
Abbildung 29 Zentrale Bestandteile (Teilbereiche) der Personensorge ... 76
Abbildung 30 Teilbereiche und Entscheidungsbefugnisse ... 78
Abbildung 31 Familiengerichtliches Verfahren bei Meinungsverschiedenheiten der Eltern über die Ausübung von Sorgerechten ... 79
Abbildung 32 Pflege des Kindes als zentraler Bestandteil der Personensorge ... 80
Abbildung 33 Erziehung des Kindes als zentraler Bestandteil der Personensorge ... 82
Abbildung 34 Aufenthaltsbestimmung des Kindes als zentraler Bestandteil der Personensorge ... 83
Abbildung 35 Entscheidungen im Rahmen des Aufenthaltsbestimmungsrechts ... 84
Abbildung 36 Beaufsichtigung des Kindes als zentraler Bestandteil der Personensorge ... 86
Abbildung 37 Wahrnehmung der Aufsichtspflicht unter Beachtung von Erziehungspflichten ... 88
Abbildung 38 Zuweisung von Entscheidungskompetenzen, § 1628 BGB – Voraussetzungen – ... 90
Abbildung 39 Zuweisung von Entscheidungskompetenzen im Rahmen von § 1628 BGB ... 91
Abbildung 40 Abgrenzung der Anwendungsbereiche von § 1628 BGB und § 1671 BGB ... 92

Abbildung 41 Verfahrensablauf bei einem Antrag auf Zuweisung von Entscheidungskompetenzen, § 1628 BGB ... 96

Abbildung 42 Entscheidungsbefugnisse bei gemeinsamer Sorge gemäß § 1687 BGB ... 98

Abbildung 43 Entscheidungsbefugnisse nicht gemeinsam sorgeberechtigter Eltern gemäß § 1687 BGB ... 99

Abbildung 44 Zuweisung von Alleinentscheidungskompetenzen an den betreuenden Elternteil gemäß § 1687 Abs. 1 BGB ... 103

Abbildung 45 Alleinentscheidungsrechte des getrenntlebenden, umgangsausübenden Elternteil gemäß § 1687 Abs. 1 BGB ... 105

Abbildung 46 Gerichtliche Abänderbarkeit der gesetzlichen Zuweisung von Entscheidungsbefugnissen aus § 1687 BGB ... 108

Abbildung 47 Übertragung von Sorgerechten nach § 1671 Abs. 1 BGB – Voraussetzungen und Entscheidungsgrundlagen – ... 110

Abbildung 48 Rechtsfolgen bei Aufhebung der gemeinsamen Sorge und Zuweisung der Alleinsorge auf einen Elternteil, § 1671 Abs. 1 BGB ... 111

Abbildung 49 Voraussetzungen für die Übertragung von Sorgerechten – § 1671 Abs. 1 Ziff. 1 BGB und § 1671 Abs. 1 Ziff. 2 BGB – ... 112

Abbildung 50 Einvernehmliche Übertragung von Sorgerechten, § 1671 Abs. 1 Ziff. 1 BGB ... 114

Abbildung 51 Streitige Übertragung von Sorgerechten, § 1671 Abs. 1 Ziff. 2 BGB ... 116

Abbildung 52 Aufhebung der gemeinsamen Sorge der Eltern aus Kindeswohlgründen, § 1671 Abs. 1 Ziff. 2 BGB – doppelte Kindeswohlprüfung, erster Teil – ... 118

Abbildung 53 Zuweisung der Alleinsorge auf einen Elternteil aus Kindeswohlgründen, § 1671 Abs. 1 Ziff. 2 BGB – doppelte Kindeswohlprüfung, zweiter Teil – ... 121

Abbildung 54 Übertragung der Alleinsorge von Mutter auf Vater, § 1671 Abs. 2 BGB – rechtliche Ausgangssituation – ... 122

Abbildung 55 Übertragung der Alleinsorge von Mutter auf Vater – Voraussetzungen und Rechtsfolgen, § 1671 Abs. 2 BGB – ... 124

Abbildung 56 Übertragung der Alleinsorge auf den Vater gegen den Willen der Mutter, § 1671 Abs. 2 Ziff. 2 BGB ... 126

Abbildung 57 Zulässigkeit von Maßnahmen im Kindesinteresse ... 129

Abbildung 58 Gerichtliche Maßnahmen zum Schutz des Kindes, § 1666 BGB – Voraussetzungen – ... 130

Abbildung 59 Persönlicher Anwendungsbereich von § 1666 BGB: Kind ... 131

Abbildung 60 Persönlicher Anwendungsbereich von § 1666 BGB: Eltern ... 132

Abbildung 61 Kindeswohlgefährdung im Sinne von § 1666 BGB ... 133

Abbildung 62 Fehlende Gefahrenabwehr durch die sorgeberechtigten Eltern ... 142

Abbildung 63 Gerichtliche Maßnahmen zur Gefahrenabwehr, § 1666 BGB ... 144

Abbildung 64 Verhältnismäßigkeit der vom Gericht ausgewählten Gefahrenabwehrmaßnahme ... 150

Abbildung 65 Gründe für Beendigung oder Einschränkung der elterlichen Sorge und Übernahme durch andere Personen ... 153

Abbildung 66 Rechtsfolgen bei Sorgerechtsentzug oder Tod eines Elternteils ... 154

Abbildung 67 Möglichkeiten der Umgangsausübung ... 155

Abbildung 68 Umgangsberechtigte Personen ... 156

Abbildung 69 Umgangsrechte der Eltern und des leiblichen, nicht rechtlichen Vaters – Voraussetzungen („Ob“) und Rechtsfolgen („Wie“) – ... 157

Abbildung 70 Umgangsrechte von Großeltern, Geschwistern und engen Bezugspersonen des Kindes – Voraussetzungen („Ob“) und Rechtsfolgen („Wie“) – ... 158

Abbildung 71 Laufender Umgang: kindeswohlgerechte Gestaltung ... 163

Abbildung 72 Ferien- und Feiertagsumgang: kindeswohlgerechte Gestaltung ... 164

Abbildung 73 Kindeswohlkriterien bei Umgangsgestaltung ... 165

Abbildung 74 Umgangsgestaltung: Umsetzung 166
Abbildung 75 Umgangseinschränkung – Fallgruppen und Voraussetzungen 168
Abbildung 76 Begleiteter Umgang – Definition und Voraussetzungen – 169
Abbildung 77 Umgangseinschränkung und -ausschluss: Voraussetzungen 170
Abbildung 78 Umgangsein- und -beschränkende Maßnahmen – Voraussetzungen – 171
Abbildung 79 Auskunft über persönliche Verhältnisse des Kindes, § 1686 BGB – Voraussetzungen – 173
Abbildung 80 Auskunft über persönliche Verhältnisse des Kindes, § 1686 BGB – „Was" und „Wie" – 175
Abbildung 81 Umgangsrechte von Großeltern, Geschwistern und engen Bezugspersonen aus § 1685 BGB – Kindeswohlprüfung – 177
Abbildung 82 Kindeswohlprüfung im Sorge- und Umgangsrecht 183
Abbildung 83 Einschränkungen der Erziehungskompetenz 185
Abbildung 84 Kindeswohlkriterien – Förderung – 186
Abbildung 85 Kindeswohlkriterien – Kontinuität – 187
Abbildung 86 Kindeswohlkriterien – Bindungen des Kindes – 189
Abbildung 87 Kindeswohlkriterien – Äußerungen des Kindes – 190
Abbildung 88 Der Kindeswille in der Kindeswohlprüfung 192
Abbildung 88a Örtliche Zuständigkeit: Besondere Regelungen in Kindschaftssachen 198
Abbildung 88b Sachverhaltsaufklärung unter Mitwirkung der Beteiligten 210
Abbildung 88c Beweisverfahren des FamFG 212
Abbildung 88d Kindesanhörung: Anforderungen an Durchführung 214
Abbildung 88e Beschwerdebefugnis in Umgangs- und Sorgesachen 223
Abbildung 89 Hilfe zur Erziehung, §§ 27 ff. SGB VIII 227
Abbildung 90 Hilfemaßnahmen zur Erziehung, §§ 28 ff. SGB VIII 229
Abbildung 91 Wesentliche Grundrechte von Eltern und Kindern im Sorge- und Umgangsrecht 240
Abbildung 92 Rechte und Pflichten von Eltern 243
Abbildung 93 Einwirken von Grundrechten des Kindes und Rechten der staatlichen Gemeinschaft auf das Erziehungsrecht der Eltern 244
Abbildung 94 Einflussnahme des Staates zum Schutz von Kindern 246

Abkürzungen

Liste der häufigsten Abkürzungen

Abb.	Abbildung
Abs.	Absatz
AG	Amtsgericht
Alt.	Alternative
BeckOK	Beck'scher Online-Kommentar
BGH	Bundesgerichtshof
BGB	Bürgerliches Gesetzbuch
BT-Drs.	Bundestagsdrucksache
BVerfG	Bundesverfassungsgericht
BVerfGE	Entscheidung des Bundesverfassungsgerichts
bzw.	beziehungsweise
EGBGB	Einführungsgesetz zum Bürgerlichen Gesetzbuch
f./ff.	ferner (folgende)
FamFG	Gesetz über das Verfahren in Familiensachen und in den Angelegenheiten der freiwilligen Gerichtsbarkeit
FamG	Familiengericht
FamR	Familienrecht
FamRB	Familienrechts-Berater (Zeitschrift)
FamRZ	Zeitschrift für das gesamte Familienrecht
FuR	Familie und Recht (Zeitschrift)
Fn.	Fußnote
GG	Grundgesetz
ggf.	gegebenenfalls
HK	Handkommentar
hrsg.	herausgegeben
Hrsg.	Herausgeber
HzE	Hilfe zur Erziehung
i.S.v.	im Sinne von
i.V.	in Vertretung
i.V.m.	in Verbindung mit
JA	Jugendamt
JGG	Jugendgerichtsgesetz
KErzG	Gesetz über die religiöse Kindererziehung
lt.	laut
MüKo	Münchner Kommentar
m.w.N.	mit weiteren Nachweisen
Nr.	Nummer
o.a.	oben angegeben
o.ä.	oder ähnlich
OLG	Oberlandesgericht
PStG	Personenstandsgesetz
Rn.	Randnummer
S.	Seite
s.a.	siehe auch
SGB VIII	Achtes Buch Sozialgesetzbuch
s.o.	siehe oben
sog.	so genannt(e)
Tab.	Tabelle
u.a.	und andere (Autoren)
umstr.	umstritten
usw.	und so weiter
v.	von
v.a.	vor allem
Verf.	Verfasser
vgl.	vergleiche
Vorbem.	Vorbemerkung
z.B.	zum Beispiel
z.Hd.	zu Händen
Ziff.	Ziffer
z.T.	zum Teil
zzgl.	zuzüglich

Literaturliste

Beck'sche Online-Kommentare (Zitierweise: BeckOK FamFG/Bearbeiter oder BeckOK BGB/Bearbeiter)

Bumiller,Ursula/Harders,Dirk/Schwamb,Werner, FamFG: Gesetz über das Verfahren in Familiensachen und in den Angelegenheiten der freiwilligen Gerichtsbarkeit, 12. Auflage 2019, Verlag C. H. Beck oHG

Gomille, Beweiserhebung – Unterschiede zwischen ZPO- und FamFG-Verfahren, NZFam 2014, 100

Gottwald, Peter (Herausgeber), Münchener Prozessformularbuch Familienrecht, 6. Auflage 2021, C. H. Beck

Grüneberg, Bürgerliches Gesetzbuch mit Nebengesetzen, 81. Auflage 2022, Verlag C. H. Beck oHG

Haußleiter, Martin (Herausgeber), FamFG: Gesetz über das Verfahren in Familiensachen und in den Angelegenheiten der freiwilligen Gerichtsbarkeit, 2. Auflage 2017, Verlag C. H. Beck

Heilmann (Herausgeber), Praxiskommentar Kindschaftsrecht, 2. Auflage 2020, Reguvis Fachmedien GmbH

Juris Praxiskommentar (Zitierweise: jurisPK)

Kaiser, Dagmar/Schnitzler, Klaus/Schilling, Roger/Sanders, Anne, Bürgerliches Gesetzbuch: BGB, Band 4: Familienrecht, 4. Auflage. 2021, Nomos (Zitierweise: NK-BGB/Bearbeiter)

Keidel, Theodor (Begründer)/Engelhardt, Helmut und Sternal, Werner (Herausgeber), FamFG – Gesetz über das Verfahren in Familiensachen und in den Angelegenheiten der freiwilligen Gerichtsbarkeit: Kommentar, 20. Auflage 2020

Kindler, Heinz/Lillig, Susanna/Blüml, Herbert/Meysen, Thomas/Werner, Annegret (Hrsg.): Handbuch Kindeswohlgefährdung nach § 1666 BGB und Allgemeiner Sozialer Dienst (ASD), München Deutsches Jugendinstitut 2006, abrufbar auf der Seite des Deutschen Jugendinstituts (djii.de)

Klinkhammer, Monika/Prinz, Susanne, Handbuch Begleiteter Umgang: Pädagogische, psychologische und rechtliche Aspekte, 3. Auflage 2016, Bundesanzeiger Verlag

Köhler, Beweiserhebung im familiengerichtlichen Verfahren, NZFam 2014, 97 ff.

Lack, Kathrin/Hammesfahr, Anke, Psychologische Gutachten im Familienrecht, 1. Auflage 2019, Reguvis Fachmedien GmbH

Münder, Johannes/Meysen, Thomas/Trenczek, Thomas (Herausgeber), Frankfurter Kommentar SGB VIII: Kinder- und Jugendhilfe, 8. Auflage 2021, Nomos

Rosenzweig/Schöler-Stambulova, Familienrecht in Bildern. Kindesunterhalt, 1. Auflage 2020, Reguvis Fachmedien GmbH

Schmidt, Das neue Kinder- und Jugendstärkungsgesetz – Wenig Licht und viel Schatten, NJW 2021, 1992, 1994

Scholz, Harald / Kleffmann, Norbert (Herausgeber), Praxishandbuch Familienrecht, 41. Ergänzung 2022, C. H. Beck

Schulze, Reiner (Schriftleitung).: Bürgerliches Gesetzbuch: Handkommentar, 11. Auflage 2022, Baden-Baden (Zitierweise: HK-BGB/Bearbeiter)

Schwab, Dieter (Redakteur), Münchener Kommentar zum Bürgerlichen Gesetzbuch, Band 10, Familienrecht II, §§ 1589-1921, SGB VIII, 8. Auflage 2020 (Zitierweise: MüKoBGB/Bearbeiter)

Zimmermann, Die Inobhutnahme und das Ineinandergreifen des Verwaltungs- und Familienrechts, NZFam 2021, 64, 65

1 Vorwort

Dieses Buch will mit visuellen Gestaltungsmethoden einen Einstieg in das Recht der elterlichen Sorge und des Umgangs ermöglichen. Auf Grundlage von in der anwaltlichen und familiengerichtlichen Praxis verwendeten Kommentaren und Handbüchern wird ein Überblick über aktuelle und relevante Themen geboten mit der Möglichkeit, bei Bedarf in die Tiefe zu gehen. Dementsprechend finden Sie in den Fußnoten in der Regel weiterführende Hinweise auf Kommentare und Rechtsprechung.

Für die Neuauflage wurden die bisherigen Texte und Abbildungen aktualisiert. Das Buch wurde um Darstellungen zu Maßnahmen und Unterstützungsleistungen der Jugendhilfe, namentlich um Ausführungen zur Inobhutnahme und zu den Hilfemaßnahmen zur Erziehung erweitert. Darüber hinaus haben Schwerpunkte aus dem Familienverfahrensrecht Eingang in die Neuauflage gefunden.

Göntje Rosenzweig, April 2022

2 Elterliche Sorge

Rechte und Pflichten

Die elterliche Sorge ist geregelt in den §§ 1626 ff. BGB. Eine zentrale Vorschrift ist § 1626 Abs. 1 BGB, wonach Eltern die Pflicht und das Recht haben, für das minderjährige Kind zu sorgen. Hier werden das **Pflichtverhältnis gegenüber dem Kind** betont sowie das **Rechtsverhältnis gegenüber Dritten**.

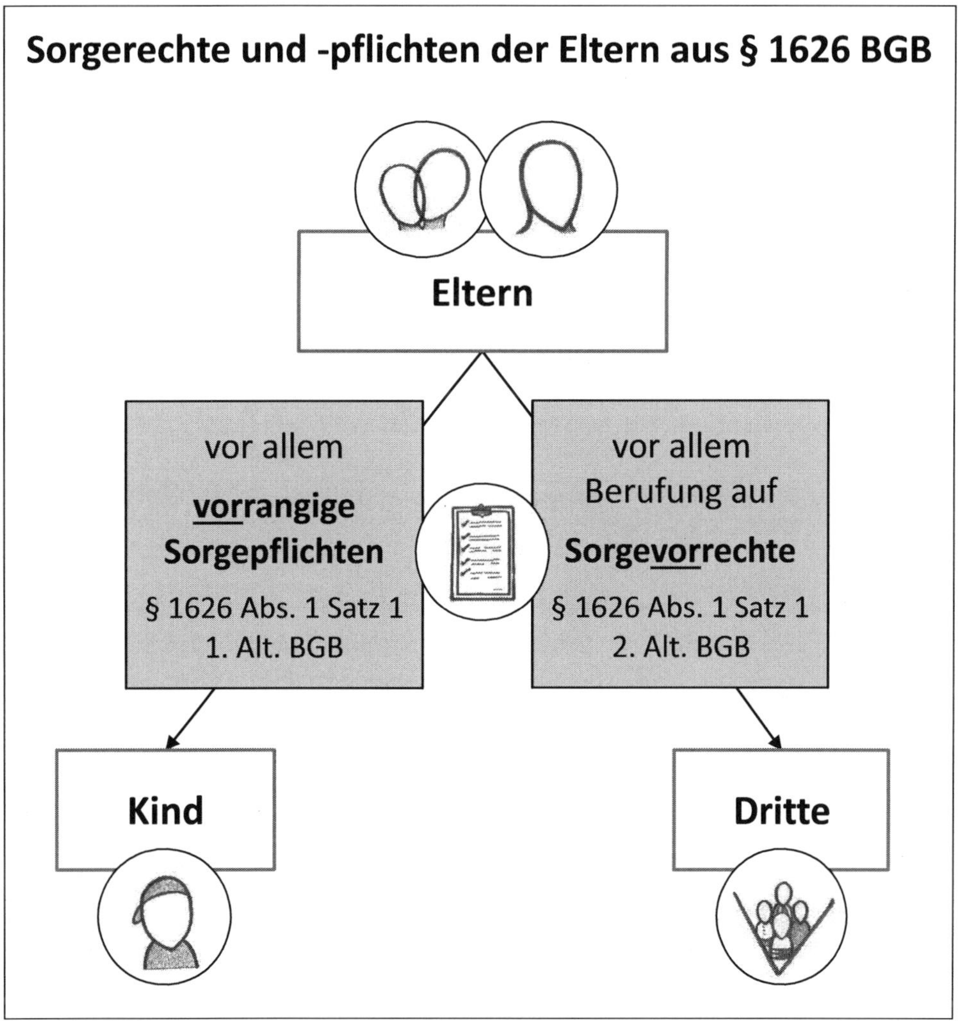

Abbildung 1

Entscheidungskompetenz als Voraussetzung

Bei der elterlichen Sorge geht es vornehmlich um die **Ausübung von Entscheidungsrechten.** Die sorgeberechtigten Eltern können und müssen interessengerechte Entscheidungen für ihr Kind treffen und ausführen. Daraus folgen die grundsätzlichen Anforderungen an Eltern: Sie müssen befähigt (kognitive Aspekte) und gleichzeitig bereit und in der Lage sein (tatsächliche Aspekte), kindeswohlbezogen zu entscheiden und zu handeln.

2.1 Verhältnis zur elterlichen Verantwortung

weitergehende Elternrechte und -pflichten

Vom elterlichen Sorgerecht ist die **elterliche Verantwortung** zu unterscheiden. Die elterliche Verantwortung geht über die Befugnisse und Pflichten der elterlichen Sorge hinaus. Sie geht wie das Sorgerecht auf Artikel 6 GG zurück, umfasst jedoch die Gesamtheit der Rechtsbeziehungen zwischen Eltern und Kindern. Hierzu gehören außer den Regelungen zur elterlichen Sorge auch Umgangsrechte und -pflichten, Unterhaltspflichten und Regelungen zur allgemeinen Verantwortung (§ 1618a BGB), die unabhängig vom Sorgerecht bestehen.[1]

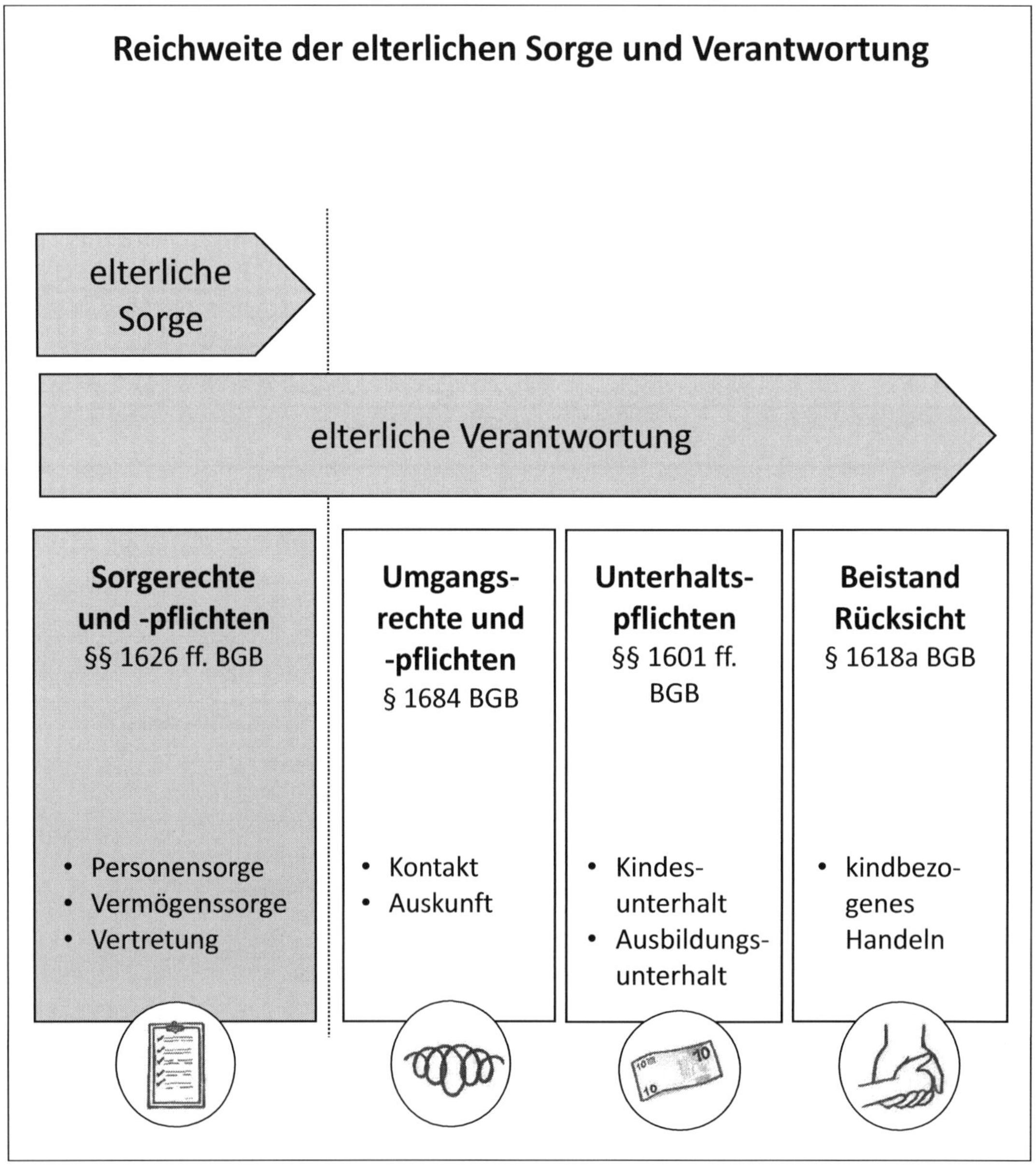

Abbildung 2

1 BeckOK BGB/Veit, 60. Ed. 01.11.2019, BGB § 1626 Rn. 1.1.

2.2 Gemeinsame Sorge und Alleinsorge

Das Gesetz unterscheidet zwischen der gemeinsamen Sorge beider Eltern und der Alleinsorge eines Elternteils. Beide – gemeinsame Sorge und Alleinsorge – können sich auf die elterliche Sorge im Ganzen beziehen, aber auch nur einzelne Teilbereiche betreffen.

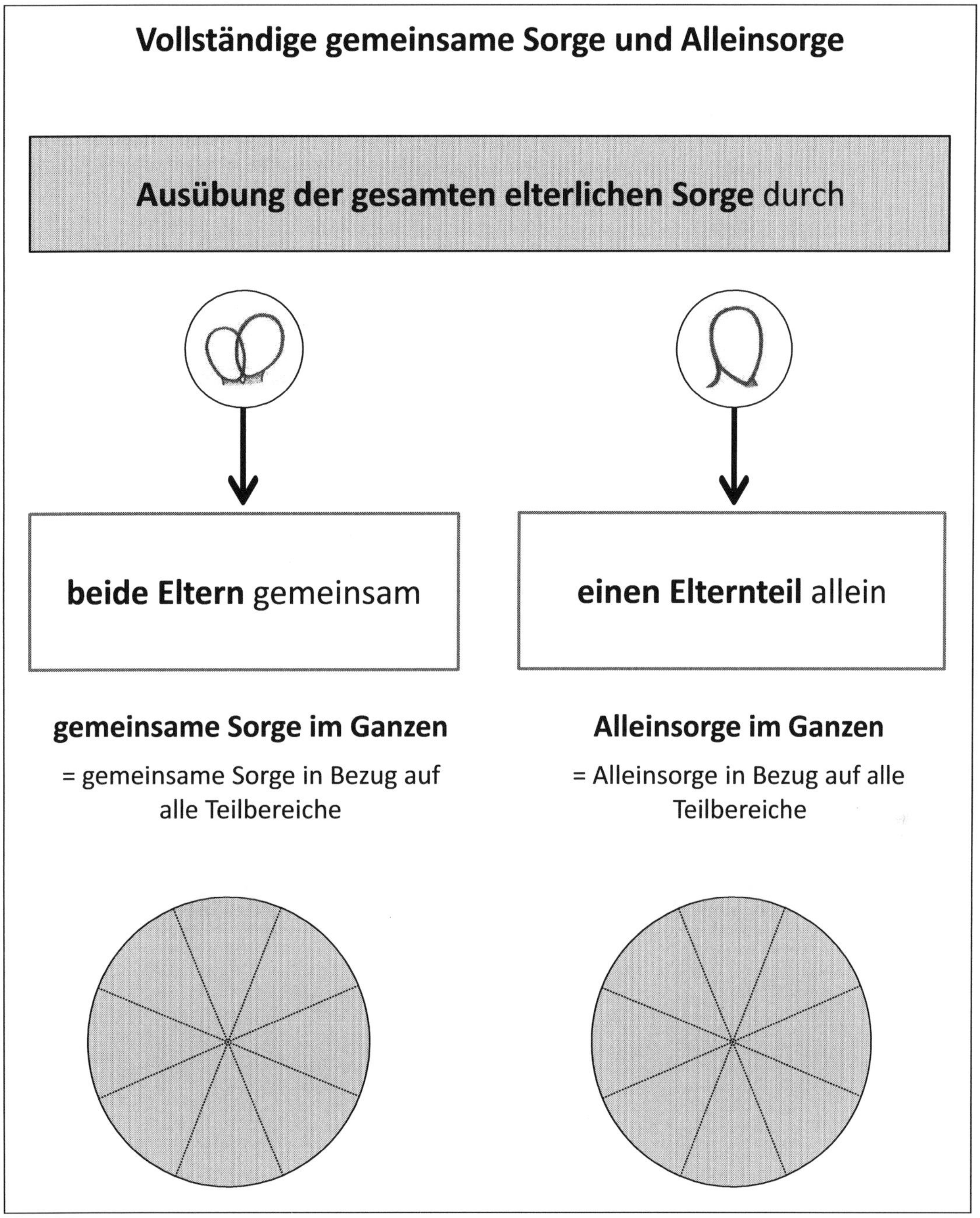

Abbildung 3

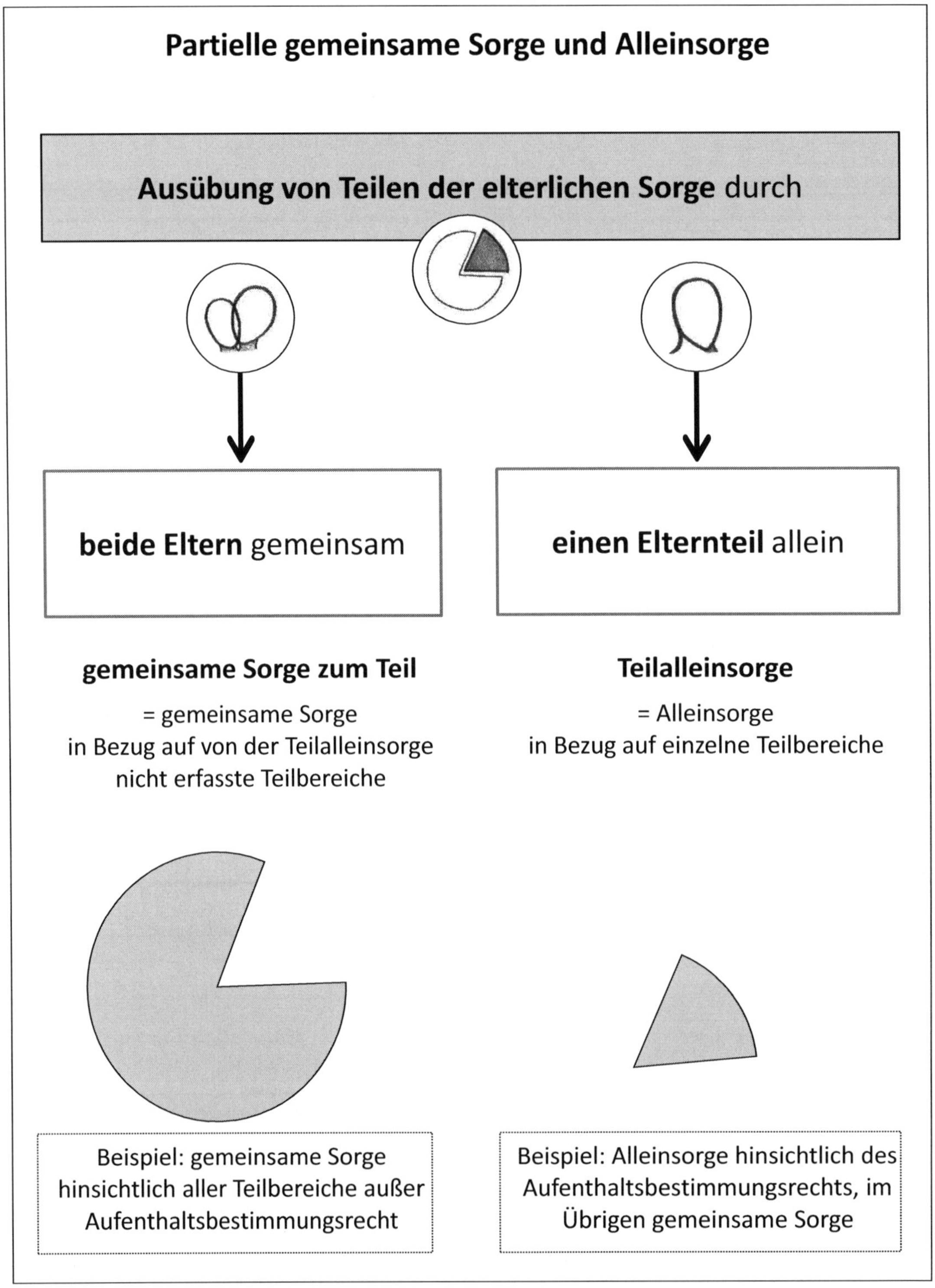
Partielle gemeinsame Sorge und Alleinsorge
Ausübung von Teilen der elterlichen Sorge durch
beide Eltern gemeinsam
einen Elternteil allein
gemeinsame Sorge zum Teil
= gemeinsame Sorge in Bezug auf von der Teilalleinsorge nicht erfasste Teilbereiche
Teilalleinsorge
= Alleinsorge in Bezug auf einzelne Teilbereiche
Beispiel: gemeinsame Sorge hinsichtlich aller Teilbereiche außer Aufenthaltsbestimmungsrecht
Beispiel: Alleinsorge hinsichtlich des Aufenthaltsbestimmungsrechts, im Übrigen gemeinsame Sorge

Abbildung 4

2.3 Teilgebiete

Teilgebiete

Gemäß § 1626 Abs. 1 BGB sind sorgeberechtigte Eltern verpflichtet und berechtigt, sich sowohl um die persönlichen Belange eines Kindes (= **Personensorge**) als auch um seine finanziellen Belange (= **Vermögenssorge**) zu kümmern.

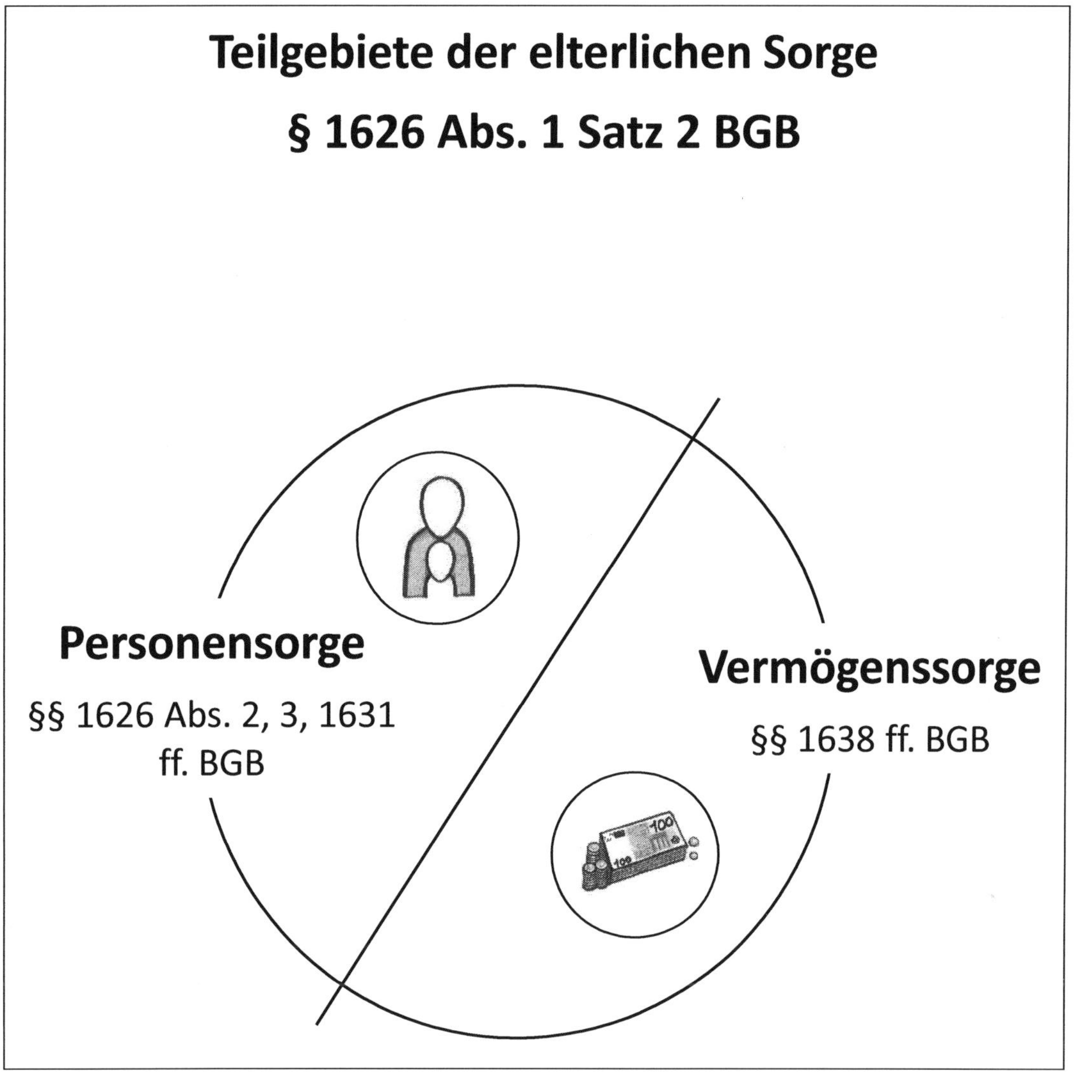

Abbildung 5

Personensorge

Die Personensorge umfasst alle **persönlichen Angelegenheiten** eines Kindes. § 1626 Abs. 1 BGB wird durch die §§ 1631 ff. BGB ergänzt und schafft ein umfassendes, pflichtgebundenes Recht der Eltern. Diese sollen das Kind in seiner Persönlichkeitsentwicklung unterstützen und dazu befähigen, als Erwachsene selbstständig und verantwortungsbewusst zu leben.[2]

Vermögenssorge

Unter die **Vermögenssorge** fallen demgegenüber alle Maßnahmen, die **auf das Vermögen des Kindes Einfluss nehmen**. Hierzu gehören Maßnahmen der Erhaltung, Vermehrung oder Verwertung.[3] Die Vermögenssorge erfasst die Verwaltung des Kindesvermögens.[4]

2 MüKoBGB/Huber, 8. Aufl. 2020, BGB § 1631 Rn. 4.
3 MüKoBGB/Huber, 8. Aufl. 2020, BGB § 1626 Rn. 56; NK-BGB/Rakete-Dombek/Berning § 1626 Rn. 12.
4 Weiterführend zur Vermögenssorge s. Heilmann/Fink, Praxishandbuch Kindschaftsrecht 2. Auflage, § 1626 BGB Rn. 17 ff.

2.4 Innen- und Außenverhältnis

Innen- und Außenverhältnis

Die elterliche Sorge umfasst die „**Gesamtheit der Rechtsbeziehungen** zwischen Eltern und ihren minderjährigen Kindern".[5] Sie wirkt im Verhältnis zwischen Eltern und Kindern (= **Innenverhältnis**), aber auch im Verhältnis von Eltern und Kindern zu Dritten (= **Außenverhältnis**).

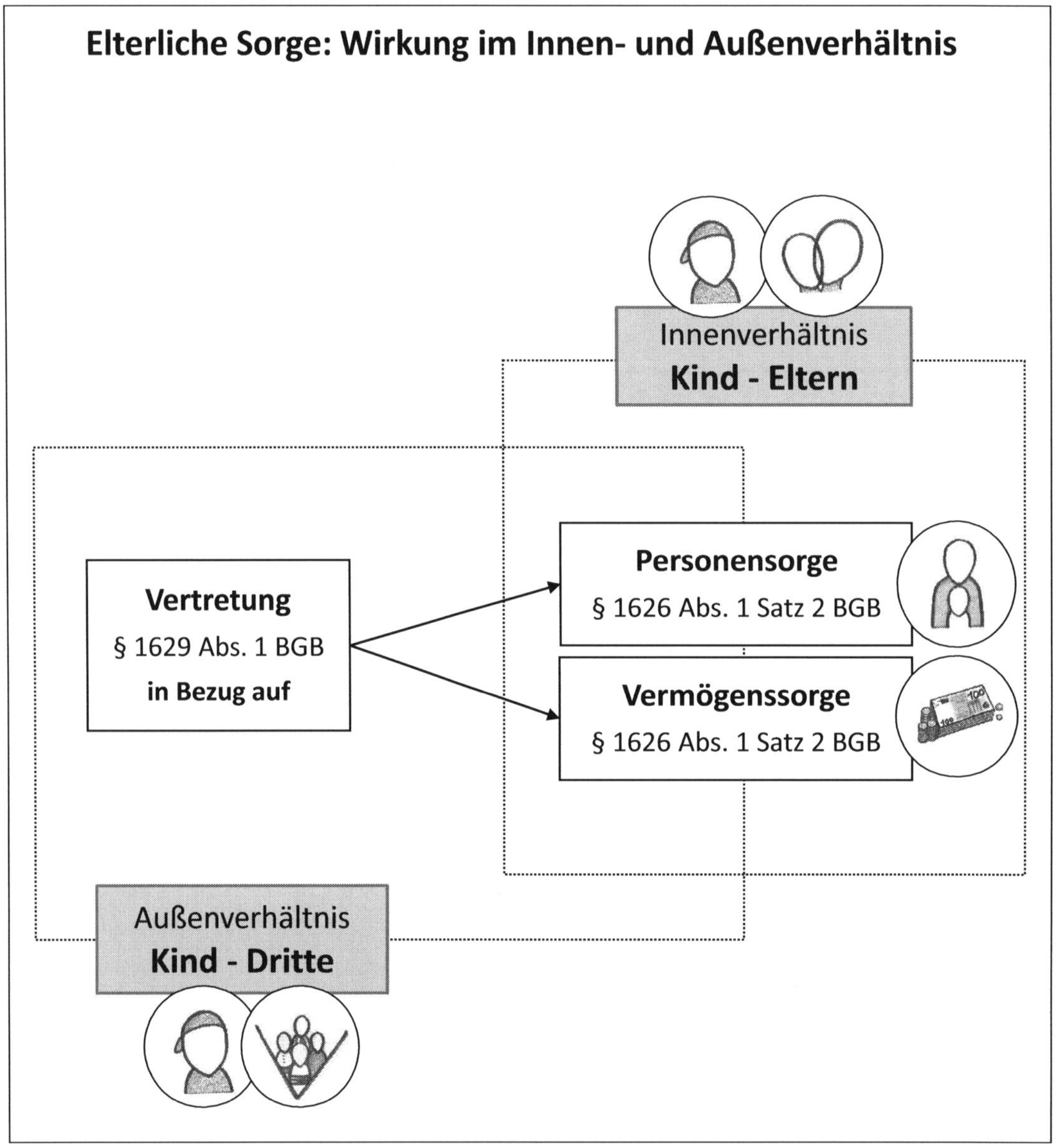

Abbildung 6

Innenverhältnis

Im **Innenverhältnis**, also im **Eltern-Kind-Verhältnis**, wirkt sich das Sorgerecht u. a. auf Entscheidungen aus, die den Lebensweg des Kindes bestimmen. Dies ist zum Beispiel bei Entscheidungen über seinen Lebensmittelpunkt, seine Religion und seine Schulausbildung der Fall.

Außenverhältnis

Im **Außenverhältnis**, also im **Verhältnis des Kindes zu Dritten**, wird das Sorgerecht bedeutsam bei der Frage, wer zur **Vertretung** des Kindes berechtigt ist. Die Vertretungsbefugnisse der Eltern regelt § 1629 BGB.

→ *zur Vertretung des Kindes in familiengerichtlichen Verfahren siehe 14.8*

5 Grüneberg/Götz, BGB, § 1626 Rn. 1.

2.4.1 Vertretung

Nach § 1629 Abs. 1 Satz 2 BGB vertreten die Eltern das Kind **grundsätzlich gemeinsam** (Gesamtvertretung).

Einschränkungen bestehen bei Bestehen von **Alleinvertretungsbefugnissen**:

- Eine **Alleinvertretung** ist unter den Voraussetzungen des § 1629 Abs. 1 S. 3 BGB zulässig, also bei **Alleinsorge oder -zuständigkeit**, (infolge der familiengerichtlichen **Zuweisung von Entscheidungsbefugnissen** nach § 1628 BGB).
- Bei gemeinsamem Sorgerecht besteht bei der Geltendmachung von **Kindesunterhalt** ein **Alleinvertretungsrecht des betreuenden Elternteils**: Gemäß § 1629 Abs. Abs. 2 S. 2 BGB ist der Elternteil alleinvertretungsbefugt, in dessen Obhut sich das Kind befindet.

Sind die getrenntlebenden Eltern miteinander verheiratet, ordnet § 1629 Abs. 3 BGB eine gesetzliche Verfahrensstandschaft an. Diese hat zur Folge, dass der vertretungsberechtigte Elternteil die Kindesunterhaltsansprüche im eigenen Namen geltend machen muss.

- § 1629 Abs. 1 S. 4 BGB enthält ein **Notvertretungsrecht**, das Gefahr in Verzug voraussetzt.

2.4.2 Einschränkungen der Vertretungsmacht

Gemäß § 1629 Abs. 2 S. 1 und 3 BGB i. V. m. § 1795 BGB bzw. § 1796 BGB können die Vertretungsrechte unter bestimmten Voraussetzungen **ausgeschlossen sein oder gerichtlich entzogen** werden. In beiden Fällen sollen die Eingriffe in die elterlichen Vertretungsrechte das Kind vor möglichen **Interessenkonflikten** der Eltern schützen.[6]

Der **Ausschluss der Vertretung** nach § 1795 BGB betrifft **abstrakte Situationen**, in denen die Kindesinteressen gefährdet sein könnten. Bereits das Vorliegen einer solchen Situation führt zum Vertretungsausschluss. Demgegenüber erfordert die **gerichtliche Entziehung der Vertretungsmacht** nach § 1796 BGB eine **konkret vorliegende Interessenkollision**. Die Gefährdungssituation muss hier im Rahmen einer Einzelfallprüfung festgestellt werden.[7]

2.4.2.1 Bestehen eines Vertretungsverbotes

Vertretungsverbote liegen vor, wenn ein **Vormund von der Vertretung ausgeschlossen** ist, § 1629 Abs. 2 Satz 1 BGB i. V. m. § 1795 BGB. Von praktischer Relevanz ist insbesondere der in § 1795 Abs. 1 Ziff. 1 BGB geregelte Vertretungsausschluss, der **Rechtsgeschäfte des Kindes mit Ehepartnern des Elternteils sowie dessen Verwandten in gerader Linie** betrifft. Nach § 1795 Abs. 1 Ziff. 3 BGB erstreckt sich der Vertretungsausschluss auch auf Rechtsstreitigkeiten mit einer dieser Personen.

Im Vaterschaftsanfechtungsverfahren ist der mitsorgeberechtigte rechtliche Vater, dessen Vaterschaft angefochten wird (und die mit ihm verheiratete Mutter) von der Vertretung des Kindes ausgeschlossen.[8]

Die frühere Auffassung, wonach die ***Ausschlusswirkung*** *nicht nur den Elternteil betraf, der vom Ausschlussgrund betroffen ist, sondern auch den anderen, mitsorgerechtigten Elternteil*[9]*, gilt so nicht mehr: Der BGH hat 2021 im Rahmen eines Vaterschaftsanfechtungsverfahrens die Vertretungsbefugnis der mitsorgeberechtigten Mutter bejaht, die mit dem rechtlichen Vater* ***nicht verheiratet*** *ist.*[10] *Diese ist – entgegen der früheren Auffassung –*

6 NK-BGB/Fritsche-Kieß § 1795 Rn. 1 in Bezug auf das Verhältnis Vormund-Mündel; ähnlich MüKoBGB/Huber, 8. Aufl. 2020, BGB § 1629 Rn. 2: Keine elterliche Vertretungsbefugnis, wenn die Vertretung des Kindes durch die Eltern seinen Interessen zuwiderlaufen könnte.

7 MüKoBGB/Huber, 8. Aufl. 2020, BGB § 1629 Rn. 42.

8 BGH, Beschluss vom 24.3.2021 – XII ZB 364/19.

9 Siehe zu dieser Frage und zur früheren Rechtsprechung des BGH MüKoBGB/Huber, 8. Aufl. 2020, BGB § 1629 Rn. 43.

10 BGH, Beschluss vom 24.3.2021 – XII ZB 364/19: insoweit Aufgabe von BGH, Urteil vom 14. 6. 1972 – IV ZR 53/71.

vom Vertretungsausschluss, dessen Grund in der Person des anderen Elternteils liegt, nicht betroffen und kann das Kind im Vaterschaftsverfahren allein vertreten.

Gemäß § 1795 Abs. 2 BGB i. V. § 181 BGB sind außerdem sog. **In-sich-Geschäfte** untersagt.

Ein Elternteil ist Mitglied einer ungeteilten Erbengemeinschaft, der auch das Kind angehört. Bei der Auseinandersetzung der Erbengemeinschaft kann er das Kind nicht vertreten, weil er selbst an der Auseinandersetzung beteiligt ist. Er unterliegt somit dem Verbot des Selbstkontrahierens.[11] Bei der Auseinandersetzung muss das Kind von einem Ergänzungspfleger vertreten werden.

Ein **trotz Vertretungsverbot vorgenommenes Rechtsgeschäft** ist **schwebend unwirksam**. Der Elternteil handelt als Vertreter ohne Vertretungsmacht; die §§ 117 ff. BGB (§ 180 BGB bei einseitigen Rechtsgeschäften) finden Anwendung. Eine **Genehmigung** des Rechtsgeschäftes kann nur durch das volljährig gewordene Kind erfolgen oder durch einen Ergänzungspfleger.[12]

*Der Ausschluss der elterlichen Vertretungsmacht kann auch **aus anderen Gesetzen** folgen. So besteht keine Vertretungsbefugnis der sorgeberechtigten Eltern bei Ausübung des **Zeugnisverweigerungsrechts** von Seiten des Kindes, wenn ein Elternteil Beschuldigter im Strafverfahren ist. Die Vertretung durch die Eltern ist in diesem Fall wegen widerstreitender Interessen gemäß § 52 Abs. 2 StPO ausgeschlossen. Fehlt dem betroffenen Kind die notwendige Verstandesreife, um über die Wahrnehmung des ihm zustehenden Zeugnisverweigerungsrechts entscheiden zu können, muss das Gericht einen Ergänzungspfleger bestellen.[13]*

*Ein Vertretungsverbot besteht auch für **Schenkungen**. Eltern können gemäß § 1641 BGB nicht in Vertretung des Kindes Schenkungen machen.*

2.4.2.2 Entzug der Vertretungsmacht

Das Familiengericht kann infolge von § 1629 Abs. 2 Satz 3 BGB i. V. m. § 1796 Abs. 1 BGB wegen widerstreitender Interessen die elterlichen **Vertretungsrechte beschränken oder entziehen**. Die Entziehungsgründe sind in § 1796 Abs. 2 BGB definiert. Sie erfordern den Widerstreit zwischen den Interessen des Kindes einerseits und den Interessen eines Elternteils, seiner in § 1795 Abs. 1 Ziff. 1 BGB genannten Angehörigen oder eines von ihm vertretenen Dritten andererseits.[14]

Es ist ein **erheblicher Interessengegensatz** erforderlich, der konkret und im Rahmen einer **Zwei-Stufen-Prüfung** festzustellen ist.[15]

Im **ersten Schritt** ist die **objektive Interessenlage** zu ermitteln. Zu prüfen ist, ob die Förderung des Interesses einer Person nur zu Lasten des Interesses der anderen Person erfolgen kann.[16]

Im **zweiten Schritt** ist die **subjektive Interessenlage** zu ermitteln. Maßgeblich ist, ob die sorgeberechtigten Eltern das Kindesinteresse nicht genügend berücksichtigen.[17] Hier wird das Verhalten der Eltern, ihre persönliche Objektivität und Unbeeinflussbarkeit beurteilt.[18] Bei konkreter Gefährdung der Kindesinteressen ist der Entzug der Vertretungsrechte begründet und erforderlich.[19]

11 Beispiel nach NK-BGB/Fritsche-Kieß § 1795 Rn. 7, bezogen auf eine Erbengemeinschaft zwischen Mündel und Vormund.
12 NK-BGB/Fritsche-Kieß § 1795 Rn. 9.
13 OLG Hamburg, Beschluss vom 13.8.2019 – 2 WF 102/19.
14 MüKoBGB/Spickhoff, 8. Aufl. 2020, BGB § 1796 Rn. 1.
15 NK-BGB/Fritsche-Kieß § 1796 Rn. 2.
16 NK-BGB/Fritsche-Kieß § 1796 Rn. 2; ähnlich MüKoBGB/Spickhoff, 8. Aufl. 2020, BGB § 1796 Rn. 5.
17 MüKoBGB/Spickhoff, 8. Aufl. 2020, BGB § 1796 Rn. 5.
18 NK-BGB/Fritsche-Kieß § 1796 Rn. 2 in Bezug auf den Vormund.
19 MüKoBGB/Spickhoff, 8. Aufl. 2020, BGB § 1796 Rn. 5.

Von einem Interessengegensatz ist auszugehen, wenn ein Elternteil in Vertretung des Kindes dessen Erbschaft ausschlägt, die Ausschlagung aber zum Anfall der Erbschaft an den Elternteil führt.[20]

2.4.3 Beschränkungen der Vertretungsmacht

familiengerichtliche Genehmigung

Die elterlichen Vertretungsrechte werden dadurch beschränkt, dass bestimmte Rechtsgeschäfte für ihre Wirksamkeit **die Genehmigung des Familiengerichts** benötigen (**familiengerichtliche Genehmigung**). Dies betrifft Entscheidungen, deren Auswirkungen für das Kind in einem besonderen Maße nachteilig, nachhaltig und unabänderlich sein können. Sie werden auf diese Weise unter das Erfordernis einer zusätzlichen Überprüfung durch das Familiengericht gestellt.

Eine **familiengerichtliche Genehmigung** ist im Rahmen des Personensorgerechts etwa für die Unterbringung des Kindes erforderlich (§ 1631b BGB) sowie bei der Behandlung von Kindern mit Varianten der Geschlechtsentwicklung (§ 1631e BGB).

Beabsichtigen die Eltern die Unterbringung ihres Kindes, die mit einer Freiheitsentziehung verbunden ist – etwa in einer geschlossenen Abteilung eines psychiatrischen Krankenhauses – bedarf diese Entscheidung der familiengerichtlichen Genehmigung. Hierfür ist ein familiengerichtliches Verfahren einzuleiten. Die familiengerichtliche Genehmigung kann nur erteilt werden, wenn sie zum Wohl des Kindes, insbesondere zur Abwendung einer erheblichen Selbst- oder Fremdgefährdung erforderlich ist und die Gefahr nicht auf andere Weise abgewendet werden kann.

Weitere Beschränkungen bestehen im vermögensrechtlichen Bereich, vgl. § 1643 BGB.

Eine familiengerichtliche Genehmigung ist erforderlich, wenn ein Vormund nach den §§ 1821, 1822 BGB einer familiengerichtlichen Genehmigung bedarf, § 1643 Abs. 1 Satz 1 BGB. Dies betrifft zum Beispiel Grundstückskäufe und -verkäufe, die Aufnahme von Darlehen oder die Ausschlagung einer Erbschaft.

2.5 Allgemeine Wirkungen

Nach § 1626 Abs. 1 BGB haben Eltern „die Pflicht und das Recht, für das minderjährige Kind zu sorgen (elterliche Sorge)". Die Vorschrift nennt an erster Stelle die Pflicht und erst an zweiter Stelle das Recht zur Sorge. Dies ist ein Hinweis auf die Pflichtgebundenheit des Sorgerechts.[21] Hintergrund ist das Wohl des minderjährigen und damit als schutzbedürftig angesehenen Kindes. Ihm soll die Sorge dienen, ihm soll sie gerecht werden.

Pflichtrecht

Aus der Sorgeverpflichtung gegenüber dem Kind wird der **dienende Charakter des Sorgerechts** deutlich: Die Eltern üben die elterliche Sorge nicht als eigenes Recht aus, sondern im Interesse des Kindes.[22] Die elterliche Sorge dient dem Kind auf seinem Weg erwachsen zu werden. Die Eltern müssen aus diesem Grund die Persönlichkeitsentwicklung und Verselbstständigung des Kindes im Blick haben. Die §§ 1626 ff. BGB vermitteln Eltern keine Rechte, die zur Durchsetzung willkürlich gewählter Erziehungsvorstellungen berechtigen.

Unverfügbarkeit

Der Pflichtcharakter des Sorgerechtsverhältnisses führt auch dazu, dass Eltern über ihre Sorgerechte und -pflichten nicht selbstständig verfügen können. Das Sorgerecht ist ein **nicht disponibles Recht**. Eltern können Inhalt und Umfang des Sorgerechts nicht bestimmen oder darauf verzichten. Sie können das Sorgerecht nicht übertragen; weder auf Familienangehörige noch auf Dritte. Sie können es auch nicht vererben.[23] Eltern können sich von einem einmal begründeten

20 Beispiel nach BeckOK BGB/Bettin, 60. Ed. 1.11.2021, BGB § 1796 Rn. 3.
21 BeckOK BGB/Veit, 60. Ed. 01.11.2019, BGB § 1626 Rn. 2: „Pflichtrecht".
22 HK-BGB/Rainer Kemper, BGB § 1626 Rn. 2.
23 BeckOK BGB/Veit, 60. Ed. 01.11.2019, BGB § 1626 Rn. 4.

Sorgerechtsverhältnis nicht selbstständig lösen. **Änderungen** können nur im Rahmen eines familiengerichtlichen Verfahrens erfolgen.

Erfüllung durch Dritte

Wenn Eltern sorgerechtliche Entscheidungen oder Aufgaben durch andere Personen erfüllen möchten, bestehen die in Abbildung 7 gezeigten Möglichkeiten.

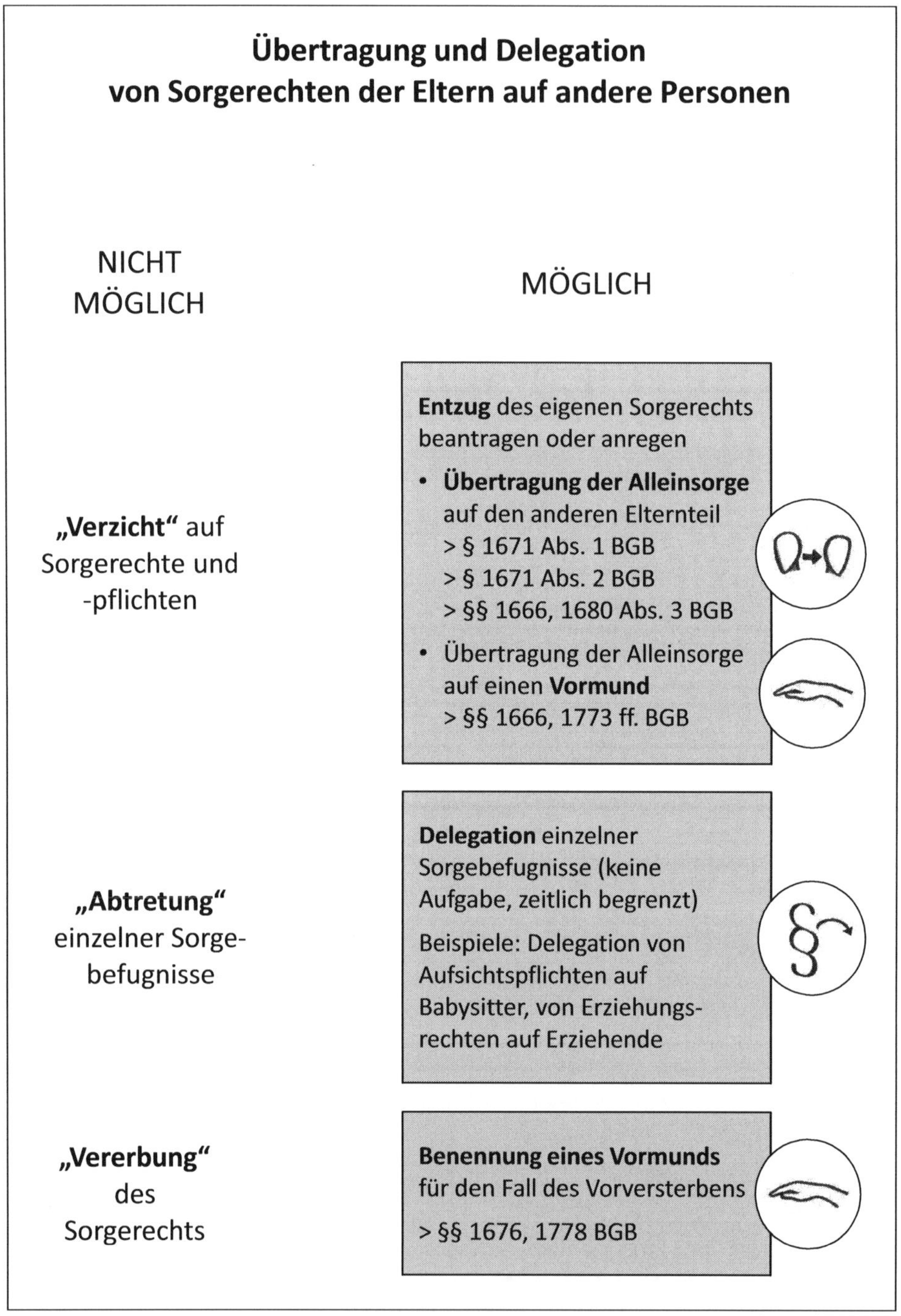

Abbildung 7

absolutes Recht

Das Recht der elterlichen Sorge ist ein **absolutes Recht** im Sinne des § 823 Abs. 1 BGB („sonstiges Recht").[24] Die Verletzung von Sorgerechten kann daher zu Unterlassungs- und Schadensersatzansprüchen führen.[25]

---

24 BeckOK BGB/Veit, 60. Ed. 01.11.2019, BGB § 1626 Rn. 3.
25 BeckOK BGB/Veit, 60. Ed. 01.11.2019, BGB § 1626 Rn. 3 und 3.1 (Beispiele).

2.6 Persönlicher Anwendungsbereich

§ 1626 Abs. 1 BGB weist die elterliche Sorge den **Eltern** zu. Inhaber des Sorgerechts sind demnach die **rechtlich anerkannte Mutter und der rechtlich anerkannte Vater** des Kindes.

Die rechtlichen Abstammungsverhältnisse richten sich nach den §§ 1591 ff. BGB bzw. – im Fall der Adoption des Kindes – nach § 1754 BGB.

rechtliche ≠ biologische Eltern

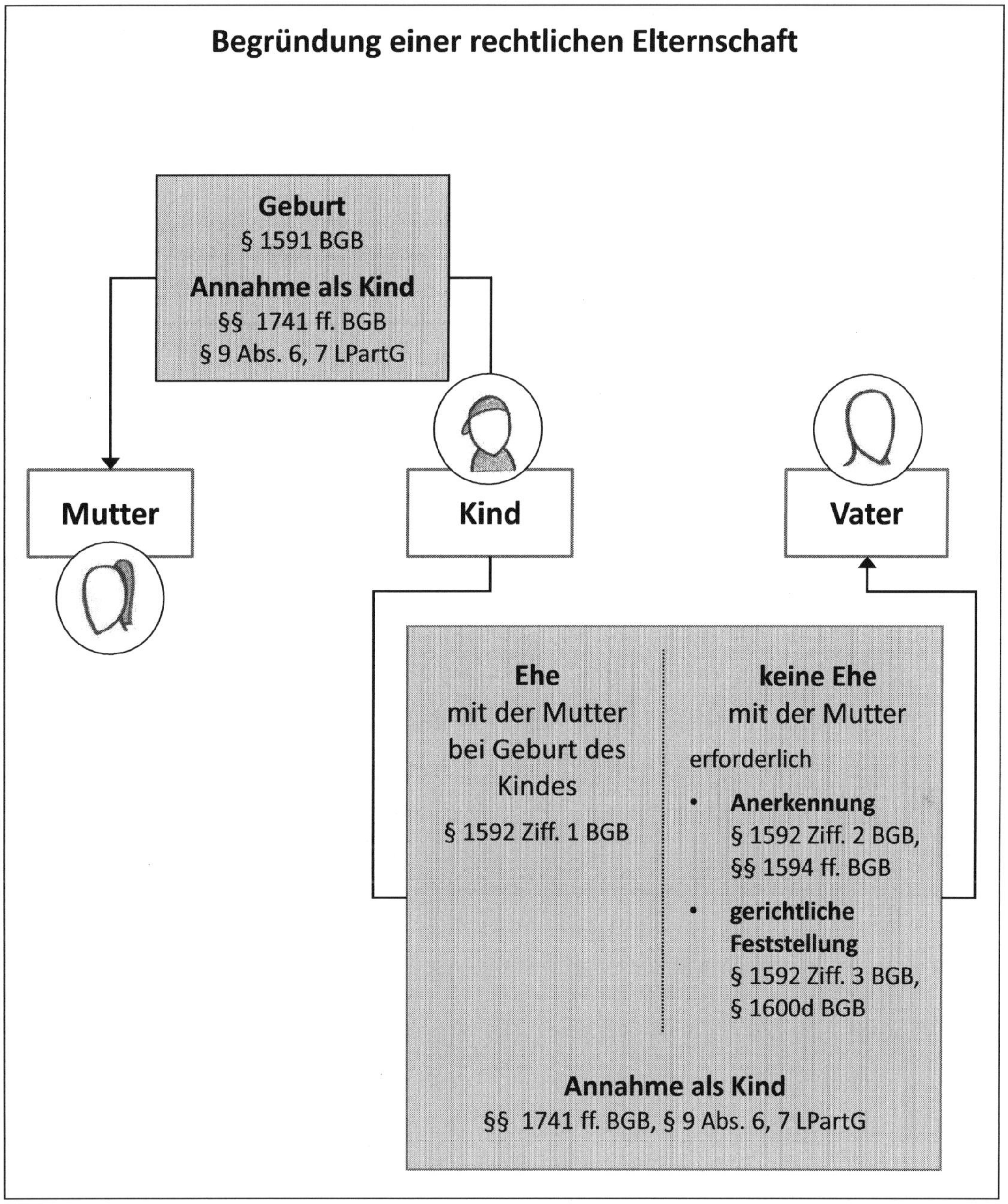

Abbildung 8

Rechtlich anerkannte Verwandtschaftsverhältnisse müssen mit der genetischen Abstammung nicht zwangsläufig übereinstimmen. Der leibliche, aber nicht rechtliche Vater kann Sorgerechte daher nicht beanspruchen. Er kann auch nur unter engen Voraussetzungen Umgangsrechte aus den §§ 1685, 1686a BGB und damit verbundene Entscheidungsbefugnisse aus § 1687a BGB i. V. m. § 1687 Abs. 1 Satz 4, 5, Abs. 2 BGB geltend machen.

andere Personen

Auch **Pflegeeltern, Ehepartner** oder **eingetragene Lebenspartner** der Eltern haben keine Rechte und Pflichten aus den §§ 1626 ff. BGB. Dieser Personenkreis kann lediglich einzelne gesetzlich geregelte oder an ihn delegierte Sorgebefugnisse wahrnehmen.

Andere Personen sind Inhaber von Sorgerechten, wenn diese ihnen im Wege einer Vormundschaft (§§ 1773 ff. BGB) oder Ergänzungspflegschaft (§ 1909 BGB) übertragen werden.

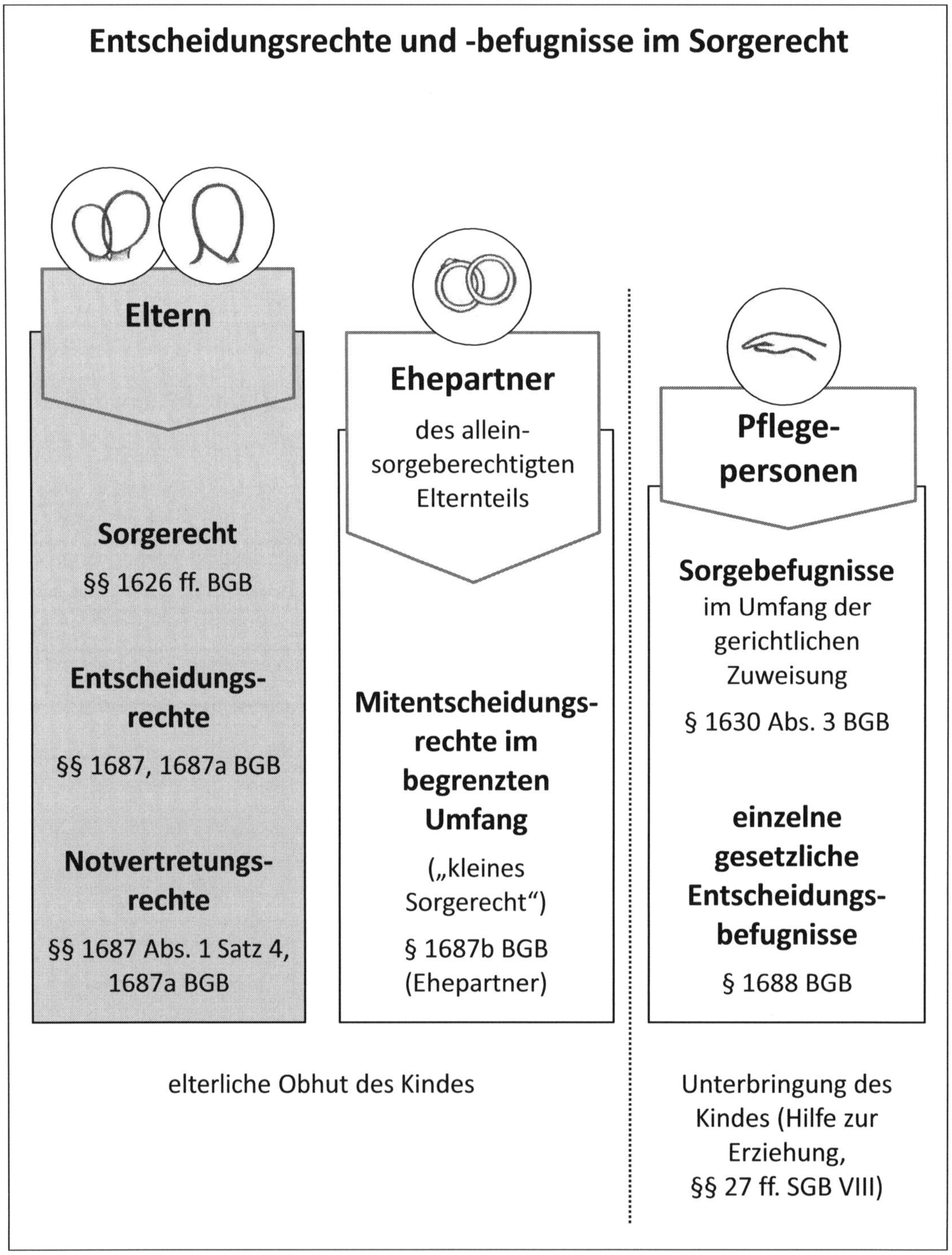

Abbildung 9

2.7 Zeitlicher Anwendungsbereich

Die elterliche Sorge **entsteht mit der Geburt und endet mit der Volljährigkeit**, da Sorgerechte und -pflichten gemäß § 1626 Abs. 1 Satz 1 BGB nur ein minderjähriges Kind betreffen.

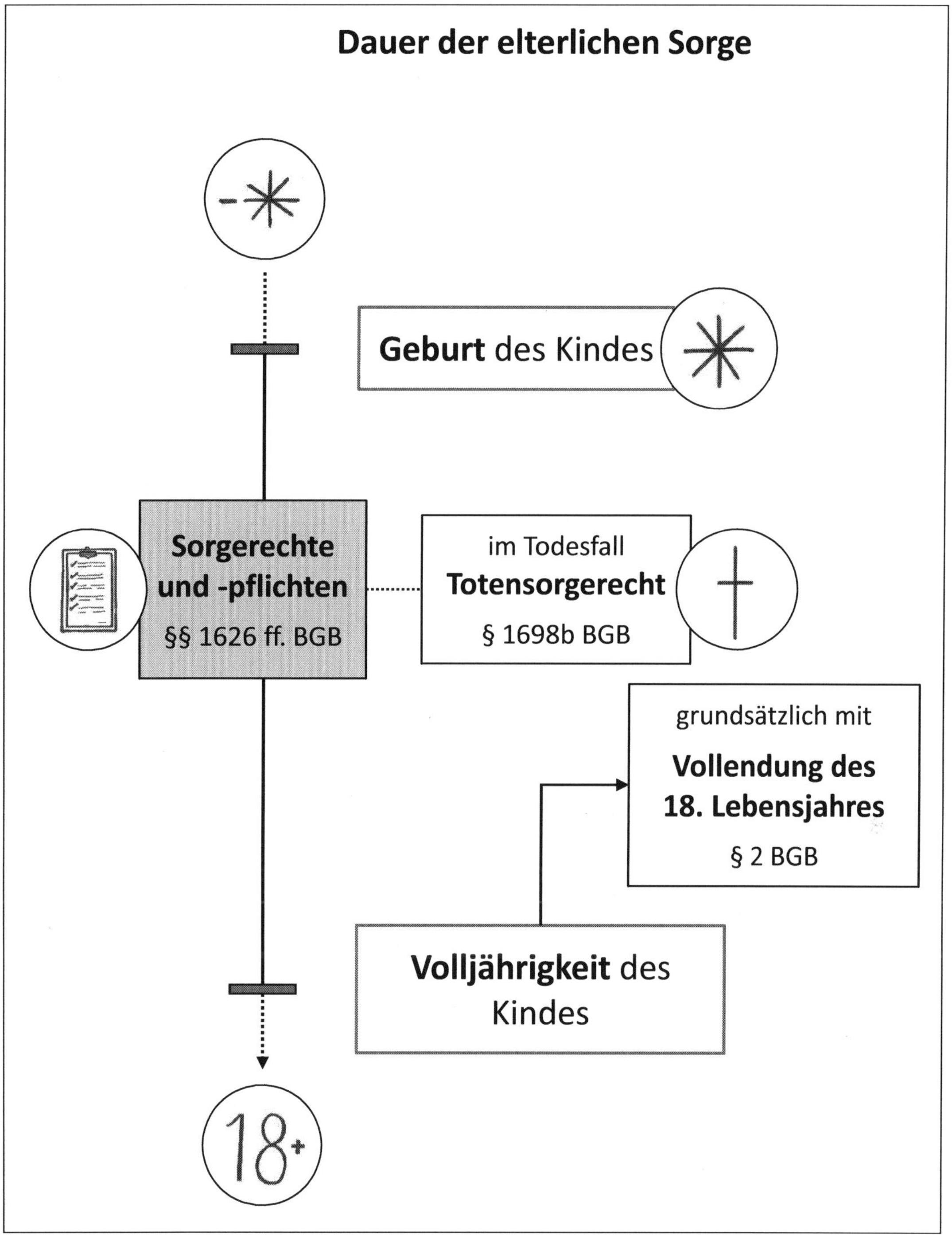

Abbildung 10

Vorwirkung von Sorgerechten

Ob **Sorgerechte erst ab dem Zeitpunkt der Geburt entzogen** werden können, etwa bei abzusehender Kindeswohlgefährdung, ist fraglich.[26] **Vor der Geburt** des Kindes ist eine Berufung auf künftig entstehende Sorgerechte aber jedenfalls nicht möglich. So kann der künftige Vater der Frau nicht verbieten abzutreiben.[27]

Während der **Schwangerschaft** kann für ein noch nicht geborenes Kind bei Bedarf eine **Pflegschaft** eingerichtet werden, § 1912 Abs. 1 BGB. Eine solche Pflegschaft kann sich nur auf die Wahrung künftiger Rechte des noch ungeborenen Kindes beziehen, nicht auf dessen persönlichen Schutz. Künftige Rechte, die auf diese Weise gesichert werden können, sind zum Beispiel Ansprüche des noch nicht geborenen, aber bereits teilrechtsfähigen Kindes aus Erbschaft oder Vermächtnis, aus einem Vertragsverhältnis zu seinen Gunsten oder – bei Tod eines Elternteils – aus § 844 Abs. 2 BGB (Schadensersatz bei Tod unterhaltspflichtiger Personen).[28]

Hingegen ist es möglich, schon **vor der Geburt** des Kindes Leistungen nach dem SGB VIII in Anspruch zu nehmen, etwa Unterstützungs- und Beratungsangebote der Jugendhilfe gemäß § 16 Abs. 3 SGB VIII (sog. Frühe Hilfen).

→ *zu Leistungen und Unterstützungsmaßnahmen der Jugendhilfe siehe 15.1 (Hilfe zur Erziehung), 15.2, 15.3 und 15.4 (weitere Unterstützungsleistungen und Angebote)*

---

26 Zur Frage, ob ein vorgeburtlicher Sorgerechtsentzug möglich ist, siehe OLG Hamm, Beschluss vom 25.02.2020 – 11 UF 253/19, wonach mit der Geburt eines Kindes ein vorgeburtlicher Sorgerechtsentzug Wirkung hat und formell Bestandskraft entfalte, vergleichbar mit einer vorgeburtlichen Sorgeerklärung nach § 1626b Abs. 2 BGB. Dagegen OLG Frankfurt a. M., Beschluss vom 12.05.2017 – 1 UF 95/17, wonach zwar vor Geburt ein Verfahren nach § 1666 BGB eingeleitet und ein Termin nach § 157 FamFG durchgeführt werden, die elterliche Sorge vor Geburt aber nicht entzogen werden könne; auch ein vorgeburtlicher Sorgerechtsentzug, der erst mit Geburt Wirkung entfalte, käme nicht in Betracht.

27 HK-BGB/Kemper, BGB § 1626 Rn. 7.

28 Vgl. BeckOK BGB/Bettin, 60. Ed. 1.11.2021, BGB § 1912 Rn. 3.

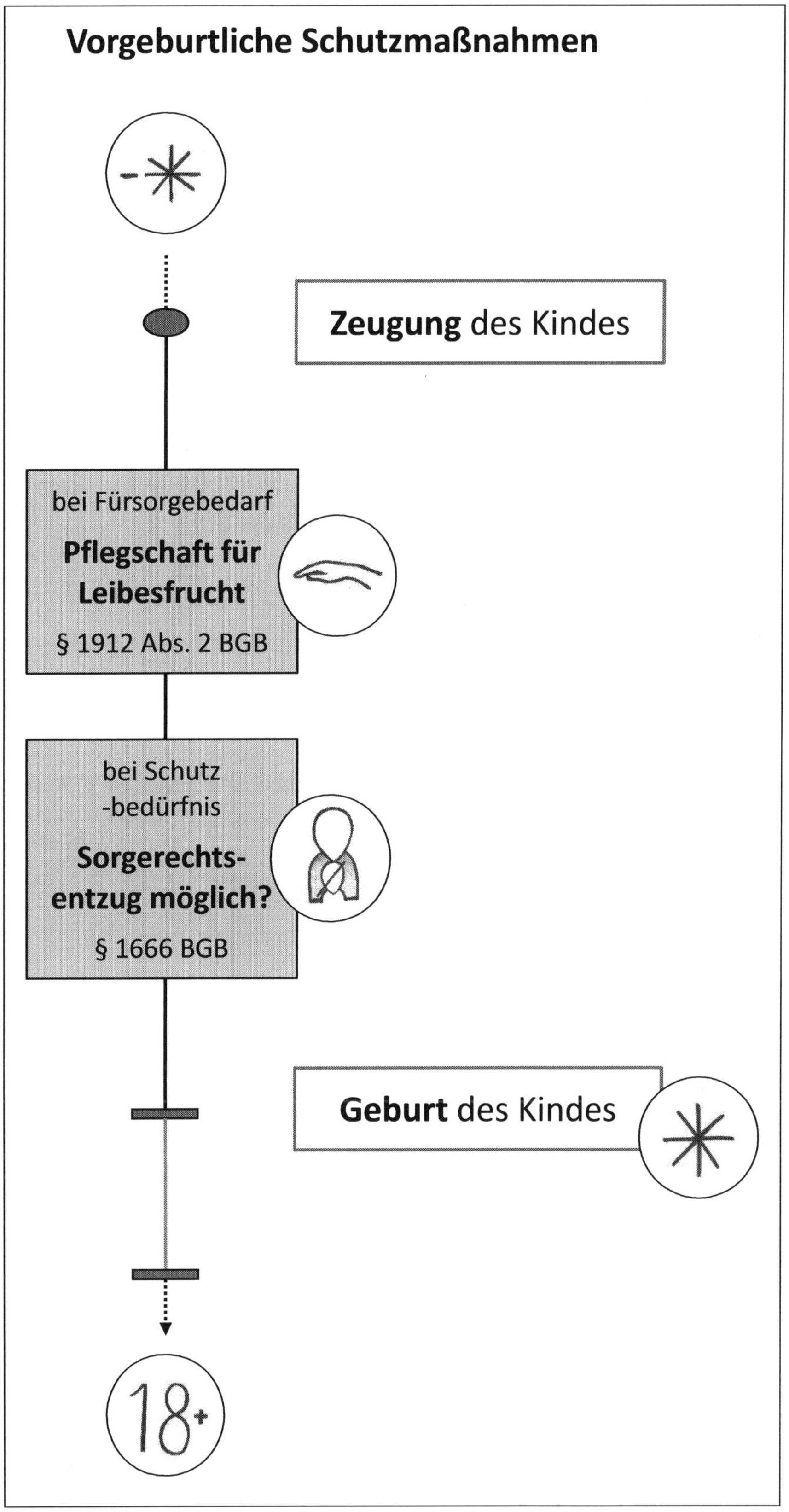

Abbildung 11

Volljährigkeit

In Deutschland tritt die **Volljährigkeit mit Vollendung des 18. Lebensjahres ein, § 2 BGB**.

In anderen Ländern tritt die Volljährigkeit später, zum Teil erst mit 21 Jahren, ein. Dieser Unterschied kann Bedeutung erlangen bei Bestellung einer Vormund- und Pflegschaft für **unbegleitet in Deutschland lebende junge Menschen aus dem Ausland**: Gemäß Art. 24 Abs. 1 Satz 1 EGBGB hängen Entstehung, Änderung und Ende einer Vormundschaft, Betreuung oder Pflegschaft sowie der Inhalt der gesetzlichen Vormundschaft und Pflegschaft vom Recht des Staates ab, dem die betroffene Person angehört. Wenn ein junger Mensch nach hiesigem Recht bereits als volljährig anzusehen ist, nach dem Recht seines Heimatlandes jedoch als minderjährig, ist dies ausschlaggebend. Die Feststellung der Volljährigkeit hängt daher vom Recht des Heimatlandes ab.[29]

zwischen Geburt und Volljährigkeit

Das **Sorgerecht** kann bis zur Volljährigkeit des Kindes nur im Zuge eines familiengerichtlichen Verfahrens verändert, beschränkt oder ausgeschlossen werden. Eine anderweitige **Übertragung, Einschränkung oder Ausweitung ist nicht möglich**. Sonderfälle sind das Ruhen der elterlichen Sorge sowie die Minderjährigkeit des Sorgeberechtigten selbst, aber auch die Heirat oder Verlobung des Kindes, § 1633 BGB.

Aufgrund der Höchstpersönlichkeit des Sorgerechts **endet das Sorgerechtsverhältnis mit dem Tod** des Sorgeberechtigten oder des Kindes.

29 Siehe OLG Bremen, Beschluss vom 23.02.2016 – 4 UF 186/15 im Hinblick auf die Beendigung einer Vormundschaft.

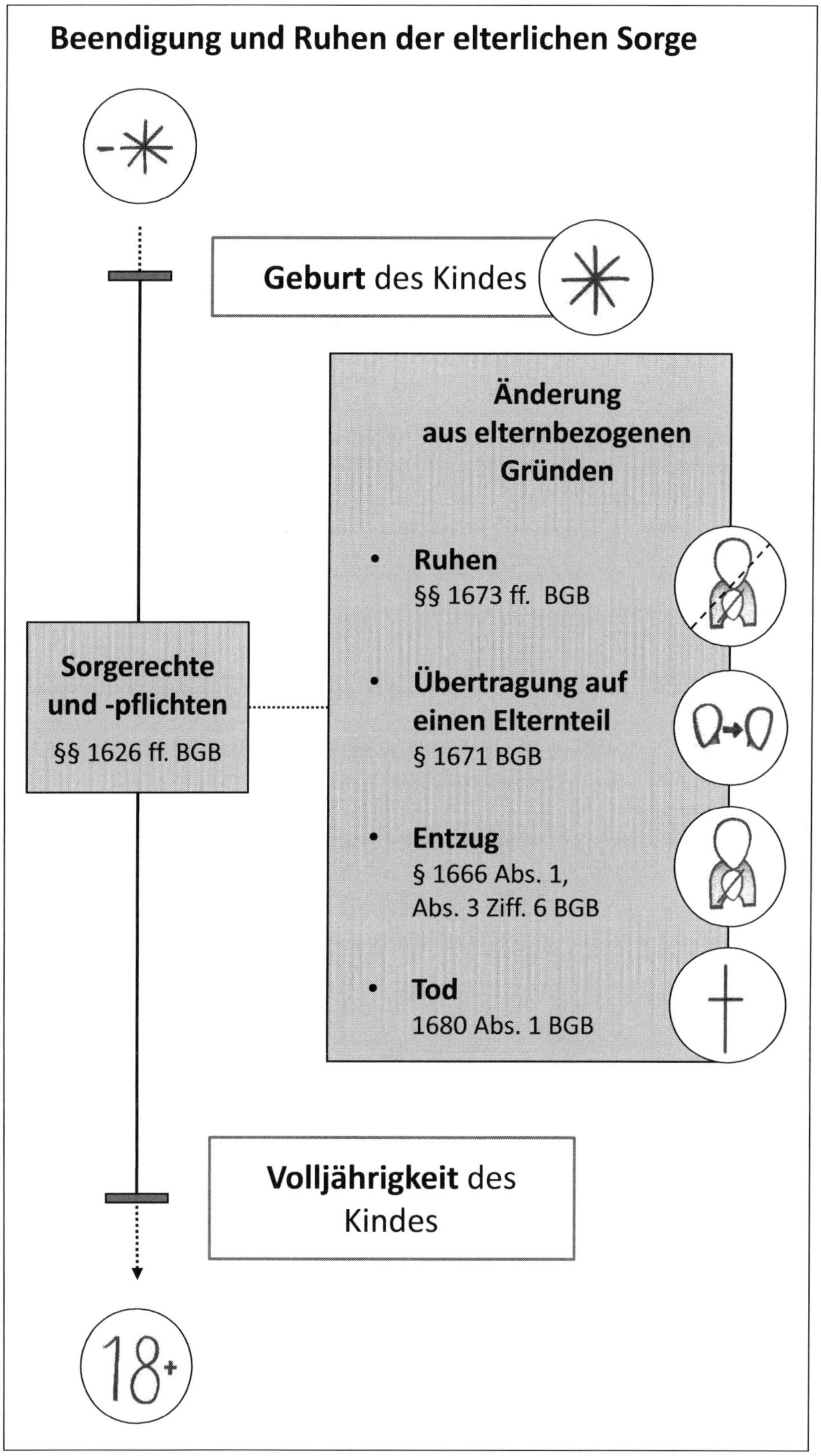

Abbildung 12

Hat das **volljährig gewordene Kind** Hilfe- und Unterstützungsbedarf, können Eltern keine Befugnisse aus einem früheren Sorgerecht herleiten. Umgekehrt hat das Kind keine Ansprüche gegen die früher sorgepflichtigen Eltern auf Unterstützung. Das Sorgerechtsverhältnis und die damit verbundenen Pflichten und Rechte sind beendet. Ansprüche auf Unterstützung bestehen im Wesentlichen nur noch im Rahmen von Unterhaltsansprüchen. **nach Volljährigkeit**

Bedarf das volljährige Kind der **Betreuung und Unterstützung**, weil es geschäftsunfähig oder aus anderen Gründen außerstande ist, für sich zu sorgen, kommt die **Anordnung einer Betreuung** nach den §§ 1896 ff. BGB in Betracht. Eltern können dies anregen und sich als gesetzliche Betreuer vorschlagen; über die Anordnung der Betreuung und Auswahl des gesetzlichen Betreuers entscheidet das Betreuungsgericht. Das volljährige Kind kann unter bestimmten Voraussetzungen außerdem **Leistungen nach dem SGB VIII** in Anspruch nehmen. Einzelne Unterstützungsmaßnahmen und Leistungen der staatlichen Jugendhilfe stehen auch jungen Volljährigen zur Verfügung.

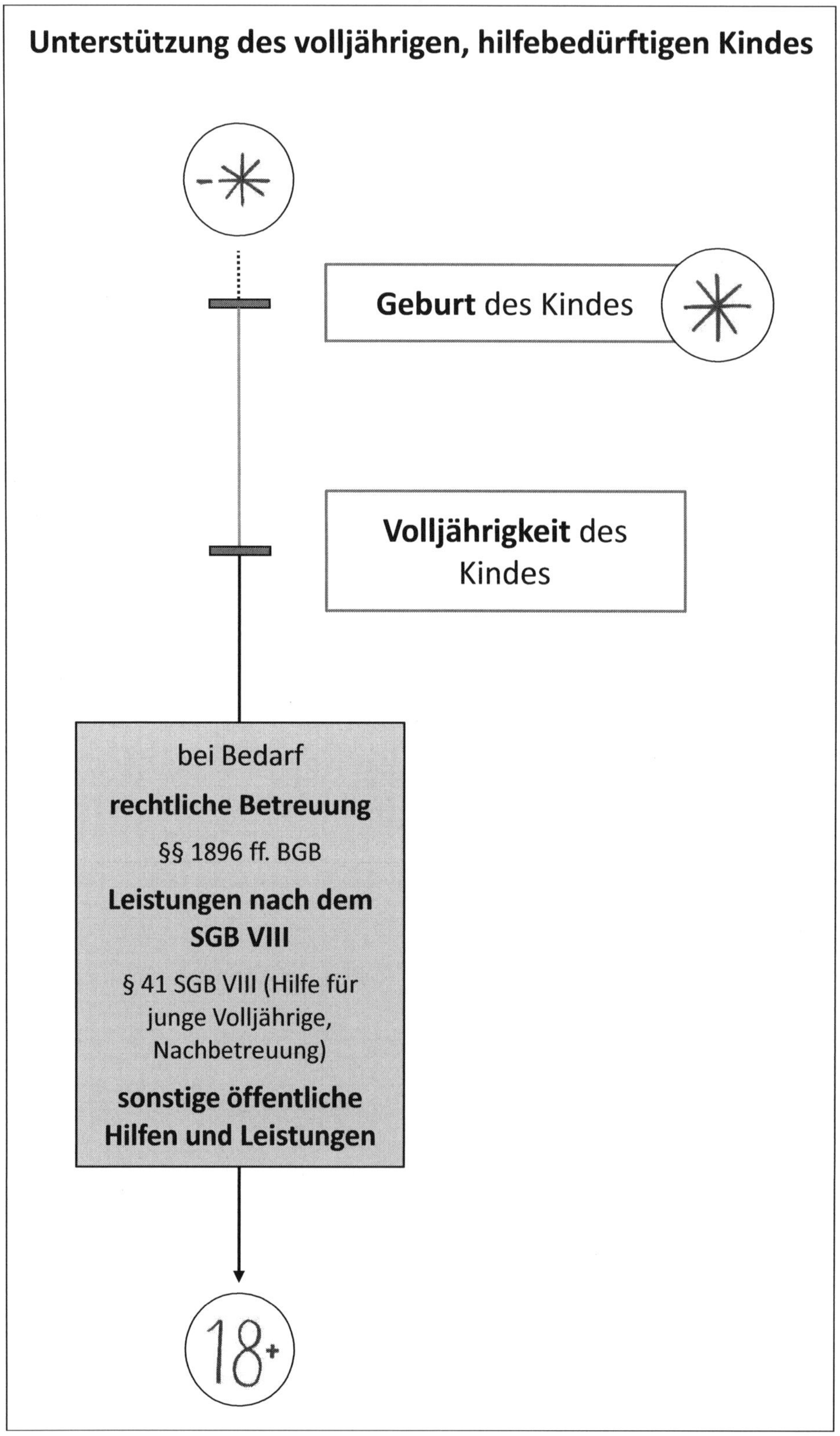

Abbildung 13

2.8 Ausübung der gemeinsamen Sorge bei Getrenntleben der Eltern

Die **Trennung der Eltern** hat keine Auswirkungen auf das Sorgerecht. Die gemeinsame Sorge besteht fort.

Betreuung des Kindes

Eine Trennung beendet aber die bis dahin gemeinsame Kindererziehung und -betreuung. Die Eltern entscheiden, bei Bedarf mit Unterstützung und Beratung durch das Jugendamt, wie das Kind nach der Trennung betreut wird und welcher Elternteil **Sorgeleistungen in tatsächlicher Hinsicht** übernimmt.[30] Können sie sich über die Betreuung und Erziehung des Kindes nicht einigen und steht die gemeinsame Ausübung der elterlichen Sorge aus diesem Grund in Frage, kommt ein Antrag auf Aufhebung der gemeinsamen Sorge nach § 1671 BGB in Betracht.

Betreuungsmodelle bei Getrenntleben der Eltern

Betreuungsformen	Residenzmodell überwiegende Betreuung des Kindes durch einen Elternteil, bei dem es gleichzeitig seinen gewöhnlichen Aufenthaltsort hat
	Wechselmodell gleichmäßige, wechselnde Betreuung des Kindes durch beide Eltern, entsprechend wechselnder gewöhnlicher Aufenthaltsort

Abbildung 14

30 BeckOK BGB/Veit, 60. Ed. 1.11.2021, BGB § 1628 Rn. 5 mit weiteren Nachweisen.

2.8.1 Residenzmodell

Beim Residenzmodell hat das Kind seinen **Lebensmittelpunkt im Haushalt eines Elternteils**. Die gesetzlichen Kompetenzzuweisungen in § 1687 Abs. 1 Satz 2 und 4 BGB bauen auf diesem Modell auf.[31] Die Betreuung eines Kindes im Residenzmodell hat Einfluss auf die Rechte und Pflichten beider Eltern und des Kindes.

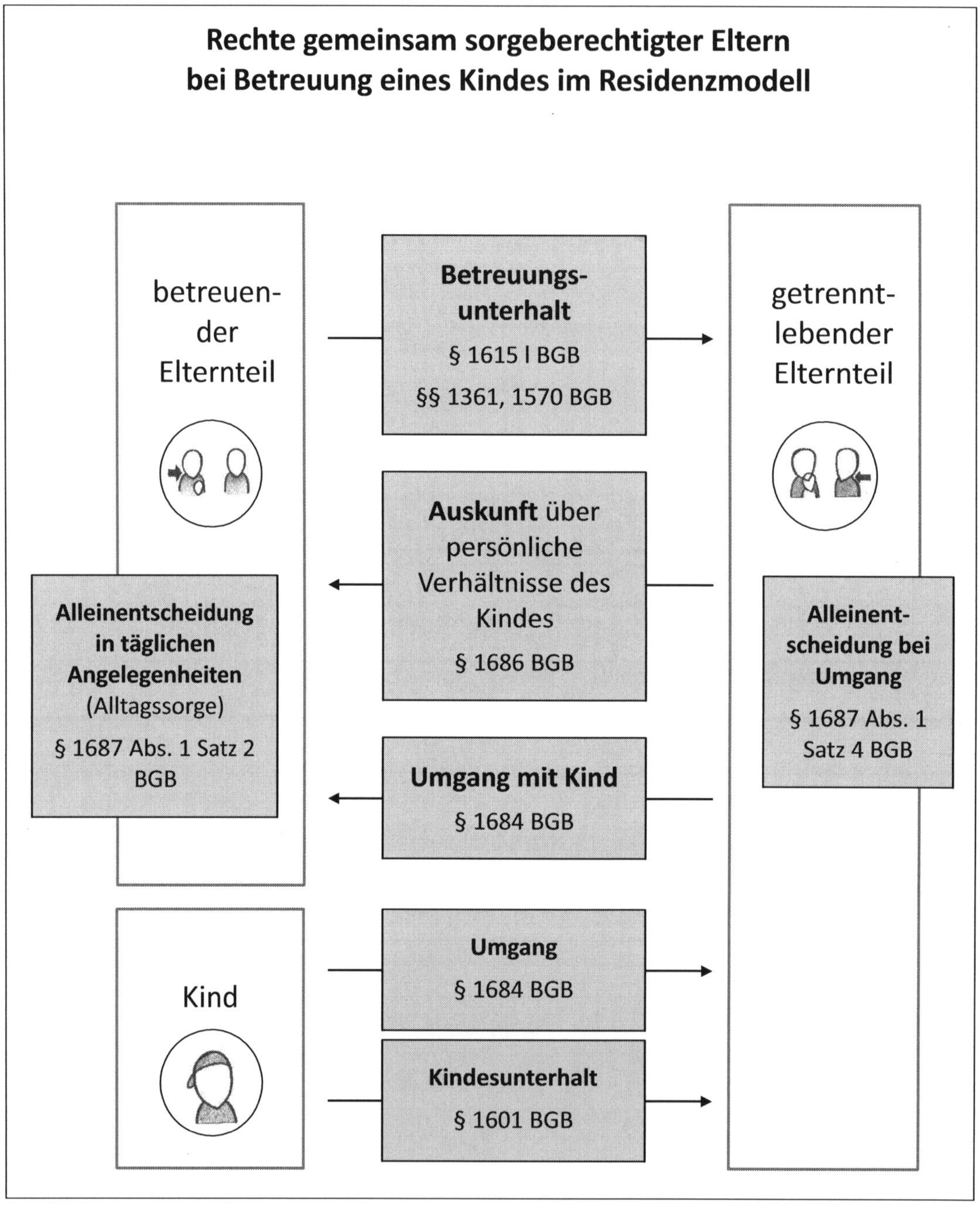

Abbildung 15

→ zu den (Allein-)Entscheidungsbefugnissen getrenntlebender Eltern siehe 6

31 BeckOK BGB/Veit, 60. Ed. 1.11.2021, BGB § 1687 Rn. 7.

2.8.2 Wechselmodell

paritätisches Wechselmodell

Im paritätischen Wechselmodell (auch echtes Wechselmodell genannt) lässt sich der **Schwerpunkt der Betreuung nicht ermitteln**. Innerhalb dieses Modells wird das Kind von beiden Eltern im Wechsel betreut und erzogen. In der Regel wird das Wechselmodell dadurch verwirklicht, dass sich das Kind in etwa gleich langen Abständen bei jedem Elternteil aufhält und regelmäßig zwischen den Eltern hin- und herwechselt.[32]

Die **zeitliche Komponente** ist jedoch nur ein Indiz für das Bestehen eines Wechselmodells.[33] Denn die Betreuung eines Kindes umfasst mehr als seine Versorgung. Ein Wechselmodell liegt nur dann vor, wenn beide Eltern tatsächlich und **in vergleichbarem Maße Erziehungsleistungen erbringen**. Verbringt ein Kind gleichmäßig Zeit bei beiden Eltern, wird in seinen Belangen aber im Wesentlichen von einem Elternteil betreut, liegt ein Residenzmodell vor.

asymmetrisches Wechselmodell

Sind die Betreuungsphasen nicht gleich lang, besteht ein **asymmetrisches Wechselmodell** (auch unechtes Wechselmodell genannt) und damit ein Residenzmodell mit erweitertem Umgang. Die Grenzziehung ist in der Praxis nicht immer einfach und häufig Gegenstand gerichtlicher Auseinandersetzungen.[34]

Unterhalt

Die **Abgrenzung** zwischen dem Residenzmodell mit erweitertem Umgang und dem Wechselmodell hat vor allem Auswirkungen im Unterhaltsrecht.[35] Der vom Kind getrenntlebende, es nicht im Schwerpunkt betreuende Elternteil wird von seiner Barunterhaltspflicht nicht gemäß § 1606 Abs. 3 Satz 2 BGB befreit. Er bleibt gemäß § 1601 BGB barunterhaltspflichtig.

gerichtliche Anordnung

Das Wechselmodell erfährt gegenwärtig unter getrenntlebenden Eltern immer größere Beliebtheit und wird häufig außergerichtlich vereinbart. Ob das Familiengericht auf Antrag eines Elternteils das Wechselmodell gegen den Willen des anderen Elternteils anordnen kann, wird vom BGH bejaht.[36]

Die **Kompetenzzuweisungen gemäß § 1687 Abs. 1 BGB** haben auch im Wechselmodell Geltung, allerdings unter Einschränkungen.

→ *zu den Entscheidungsbefugnissen der Eltern im Wechselmodell siehe 6.2.2*

2.8.3 Nestmodell

wechselnde Betreuung in einem Haushalt

Um zu vermeiden, dass das Kind zwischen den Haushalten der Eltern wechselt, können Eltern auch das sog. Nestmodell vereinbaren. Bei diesem Modell **hat das Kind seinen Lebensmittelpunkt in einer Wohnung**. Die Eltern wechseln sich abhängig vom vereinbarten Betreuungsanteil in der Wohnung ab.[37]

Die Eltern unterhalten bei Bedarf andere Wohnungen, in denen sie sich während der Betreuungszeiten des anderen Elternteils aufhalten. In der Praxis wird dieses Modell häufig erwogen, um dem Kind das Wechseln zwischen zwei Haushalten zu ersparen. Es wird in der Regel aber letztlich nicht oder höchstens zeitweilig, etwa unmittelbar nach der Trennung der Eltern, gelebt – unter anderem wegen der hohen Kosten für die Unterhaltung von drei Haushalten.

32 Vgl. BeckOK BGB/Veit, 60. Ed. 1.11.2021, BGB § 1687 Rn. 8 f.

33 BeckOK BGB/Veit, 60. Ed. 1.11.2021, BGB § 1687 Rn. 9.

34 Zu den zeitlichen Spannen, die zwischen Residenz- und Wechselmodell gezogen werden, siehe BeckOK BGB/Veit, 60. Ed. 1.11.2021, BGB § 1687 Rn. 10 mit Rechtsprechungsnachweisen.

35 Eingehend hierzu BGH, Beschluss vom 11.01.2017 – XII ZB 565/15. Zur Unterhaltsberechnung im Wechselmodell siehe auch Rosenzweig/Schöler-Stambulova, Familienrecht in Bildern – Kindesunterhalt, 10.2, Seite 95 ff.

36 BGH, Beschluss vom 01.02.2017 – XII ZB 601/15.

37 Vgl. BeckOK BGB/Veit, 60. Ed. 1.11.2021, BGB § 1687 Rn. 12.

2.9 Leitvorstellungen

Eltern sind innerhalb ihres Erziehungsvorrangs grundsätzlich **frei in ihren Entscheidungen im Hinblick auf die Pflege und Erziehung** des Kindes. Sie können selbst bestimmen, wie sie ihrer Elternverantwortung nachkommen. **Grenze dieser Freiheit** ist das Wohl des Kindes.[38]

formales Erziehungsziel

Es bestehen allerdings Erziehungsziele. So wird von den Eltern verlangt, dass sie das Kind auf dem **Weg seiner Verselbstständigung begleiten und ihr Erziehungsverhalten auf dieses Ziel hin ausrichten**. Das BGB verbindet mit der Vollendung des 18. Lebensjahres die volle Geschäfts- und Deliktsfähigkeit. Daraus folgt, dass die Eltern das Kind zu einem mündigen, selbstständig handlungsfähigen Menschen erziehen müssen, was als **formales Erziehungsziel** verstanden wird.[39]

Darüber hinaus hat gemäß § 1 Abs. 1 SGB VIII „jeder junge Mensch ein Recht auf Förderung seiner Entwicklung und auf Erziehung zu einer eigenverantwortlichen und gemeinschaftsfähigen Persönlichkeit". Diese Rechte gehen mit den vorgenannten Erziehungszielen einher und sind von den Eltern bei der Erziehung zu beachten.

materielles Erziehungsziel

Das BGB gibt keine **materiellen Erziehungsziele** vor.[40] Dies wäre aus verfassungsrechtlichen Gründen nicht zulässig, denn Art 6 GG sieht die **Erziehungshoheit** der Eltern vor. Aus dem gleichen Grund gibt es keine Verpflichtung der Eltern zu bestimmten Erziehungsmethoden.[41] Allerdings verlangt § 1626 Abs. 2 BGB i. V. m. § 1631 Abs. 2 BGB einen **bestimmten Erziehungsstil.**[42]

→ *zum Erziehungsvorrecht der Eltern gemäß Artikel 6 Abs. 2 GG siehe 16.4*

2.9.1 Verpflichtung zur partnerschaftlichen Erziehung

Einbeziehung des Kindes

§ 1626 Abs. 2 Satz 1 BGB verpflichtet Eltern, die Erziehung partnerschaftlich zu gestalten. Eltern müssen das Kind bei erzieherischen Entscheidungen so weit wie möglich – maßgebend ist der **Entwicklungsstand des Kindes** – einbeziehen.

Einvernehmen mit dem Kind

Darüber hinaus müssen Eltern nach § 1626 Abs. 2 Satz 2 BGB Einvernehmen mit dem Kind anstreben. Dies gilt auch dann, wenn sie am Ende eine Entscheidung treffen (müssen), die dem Willen des Kindes widerspricht. Ziel ist, dem Kind zu vermitteln, aus welchen Gründen die Eltern handeln. Es geht um **Einsicht und Verständnis in die elterlichen Entscheidungen**, die beim Kind entstehen sollen.[43]

Die Erziehung soll das Kind in seiner **Entwicklung zur Selbstständigkeit** unterstützen. Eine ausschließlich auf Gehorsam ausgerichtete, autoritäre Erziehung ist nicht erlaubt und kann im Bedarfsfall Maßnahmen nach § 1666 BGB, d. h. gerichtliche Maßnahmen zur Abwehr von Kindeswohlgefährdung, auslösen.[44]

2.9.2 Beachtung der Persönlichkeit des Kindes

Grenzen des Erziehungsrechts

Im Bereich der Personensorge sind die **Persönlichkeitsrechte** des Kindes zu beachten. § 1626 Abs. 2 BGB verlangt von den Eltern, bei der Erziehung die Persönlichkeit des Kindes im Blick zu haben. Dies gilt umso mehr, je älter das Kind wird und sich seine Persönlichkeit entwickelt. Die Persönlichkeitsrechte des Kindes begrenzen damit die elterlichen Entscheidungsbefugnisse.

→ *zu den Einschränkungen der elterlichen Erziehungsrechte aufgrund von Persönlichkeitsrechten des Kindes siehe 16.4.2*

---

38 Heilmann/Fink, Praxiskommentar Kindschaftsrecht 2. Auflage, § 1626 BGB Rn. 1 mit Verweis auf Entscheidungen des BVerfG: „Maßstab und Grenze ihrer Freiheit ist das Wohl des Kindes".

39 BeckOK BGB/Veit, 60. Ed. 1.11.2021, BGB § 1631 Rn. 6.

40 BeckOK BGB/Veit, 60. Ed. 1.11.2021, BGB § 1631 Rn. 5, 6: keine materiellen Erziehungsziele, jedoch ein formales: Erziehung zur Mündigkeit und Selbstständigkeit.

41 BeckOK BGB/Veit, 60. Ed. 1.11.2021, BGB § 1631 Rn. 6: „Erziehungsmittel" werden nicht vorgeschrieben.

42 Grüneberg/Götz, BGB, § 1626 Rn. 22 f.

43 Heilmann/Fink, Praxiskommentar Kindschaftsrecht 2. Auflage, § 1626 BGB Rn. 25.

44 Grüneberg/Götz, BGB, § 1626, 23.

Die **elterliche Autorität wird eingeschränkt**, sobald das Kind zu eigenständigen und selbstständigen Entscheidungen in der Lage ist und diese infolge seiner Persönlichkeitsrechte Beachtung finden müssen. Dies kann bei einzelnen Fragen verhältnismäßig früh der Fall sein, etwa bei Entscheidungen zur (weiterführenden) Schule. Die **Vorstellungen von Jugendlichen** dürfen Eltern grundsätzlich nicht übergehen. Insbesondere wenn es um Fragen der persönlichen Lebensführung geht, haben Eltern die Vorstellungen älterer Kinder bei der Erziehung nicht nur einzubeziehen, sondern ihnen ggf. unter Rückstellung eigener Vorstellungen stattzugeben.

Abbildung 16

Religionsmündigkeit

Im Rahmen der **religiösen Erziehung** wird dieser Grundsatz sogar gesetzlich geregelt; ein Kind entscheidet ab dem vollendeten 14. Lebensjahr über seine religiösen Belange selbst.[45]

Auf einzelne **Einschränkungen der elterlichen Erziehungsfreiheit** weist das Gesetz besonders hin: So können Eltern nicht allein über eine **mit Freiheitsentziehung verbundene Unterbringung** ihres Kindes entscheiden; erforderlich hierfür ist gemäß § 1631b BGB zusätzlich die Genehmigung des Familiengerichts. Auch in eine **Sterilisation** können Eltern nicht einwilligen, § 1631c BGB. Ebenso gelten für eine **Beschneidung** aus religiösen Gründen besondere Vorgaben, § 1631d BGB.

→ *zu Einschränkungen von Elternrechten siehe auch 16.4.2*

2.9.3 Beachtung der beruflichen Neigungen des Kindes

Dass die Persönlichkeit des Kindes Maßstab bei erzieherischen Entscheidungen ist, hebt § 1631a BGB besonders hervor. Diese Vorschrift nimmt Bezug auf Ausbildung und Berufswahl und damit auf Bereiche, die die **Zukunft des Kindes** in einem besonderen Maße prägen.

45 Grüneberg/Götz, BGB, § 1626 Rn. 12 mit weiteren Hinweisen.

Ermittlungsgebot

Kinder sollen vor einer Über- oder Unterforderung durch die Eltern geschützt werden.[46] § 1631a BGB hält die Eltern an, persönlichen Ehrgeiz zurückzustellen. Aber auch Desinteresse an der beruflichen Entwicklung des Kindes ist nicht erlaubt.

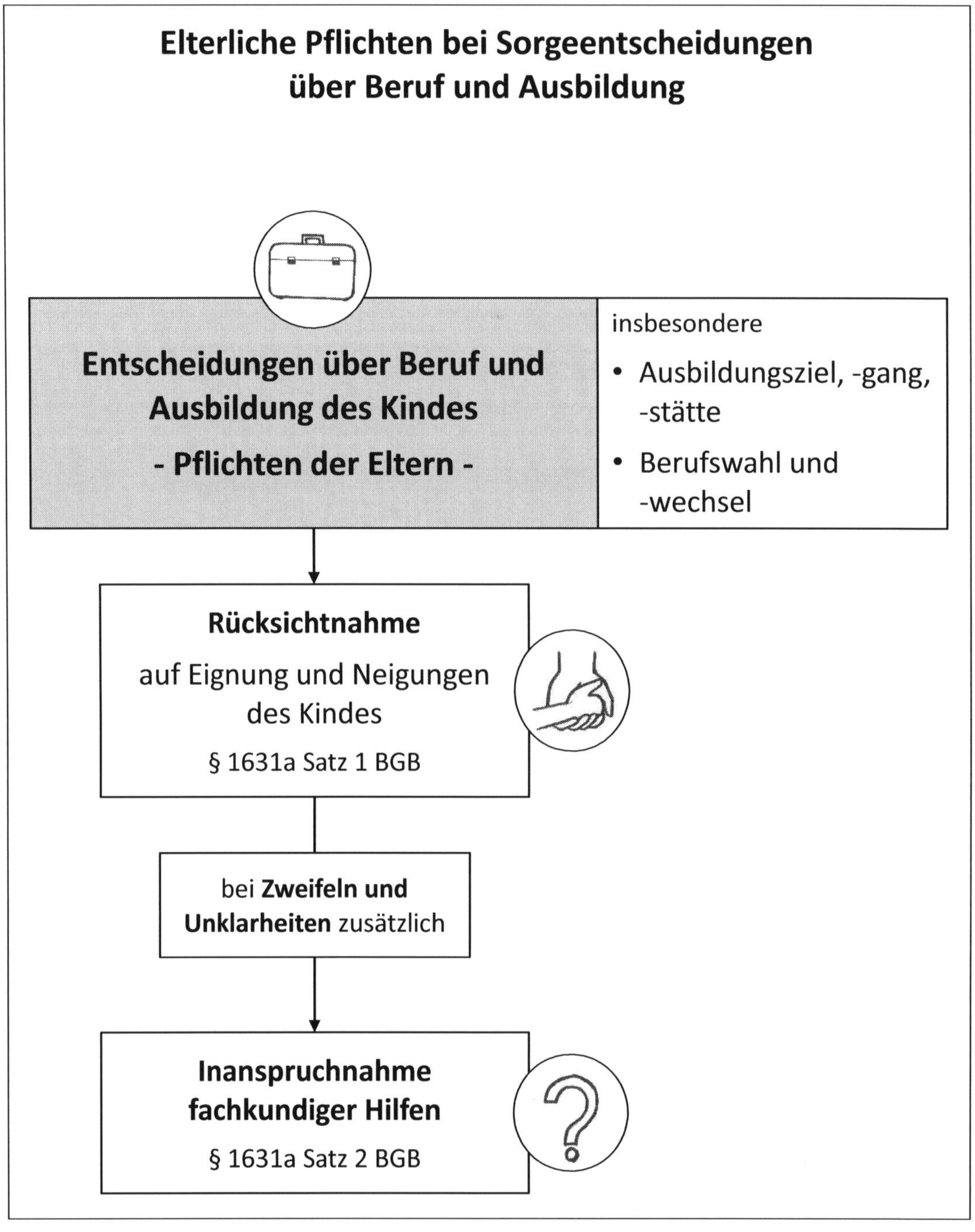

Abbildung 17

Beruf und Ausbildung

Beruf im Sinne von § 1631a BGB ist eine auf Dauer angelegte Tätigkeit, die der Schaffung und Erhaltung einer **Lebensgrundlage** dient.[47] Unter Ausbildung ist die **Entwicklung von Fertigkeiten** zu verstehen, die die spätere Berufsausübung voraussetzt.[48] Hierzu gehören in erster Linie die schulische Ausbildung und eine Berufsausbildung. Auch die Entfaltung besonderer intellektueller, sportlicher oder technischer Fähigkeiten kann dazu gehören.[49] Satz 1 verpflichtet die Eltern, bei Entscheidungen auf die Persönlichkeit ihres Kindes Rücksicht zu nehmen.

46 BeckOK BGB/Veit, 60. Ed. 1.11.2021, BGB § 1631a Rn. 1.
47 BeckOK BGB/Veit, 60. Ed. 1.11.2021, BGB § 1631a Rn. 2.
48 BeckOK BGB/Veit, 60. Ed. 1.11.2021, BGB § 1631a Rn. 2.
49 BeckOK BGB/Veit, 60. Ed. 1.11.2021, BGB § 1631a Rn. 2, 2.1.

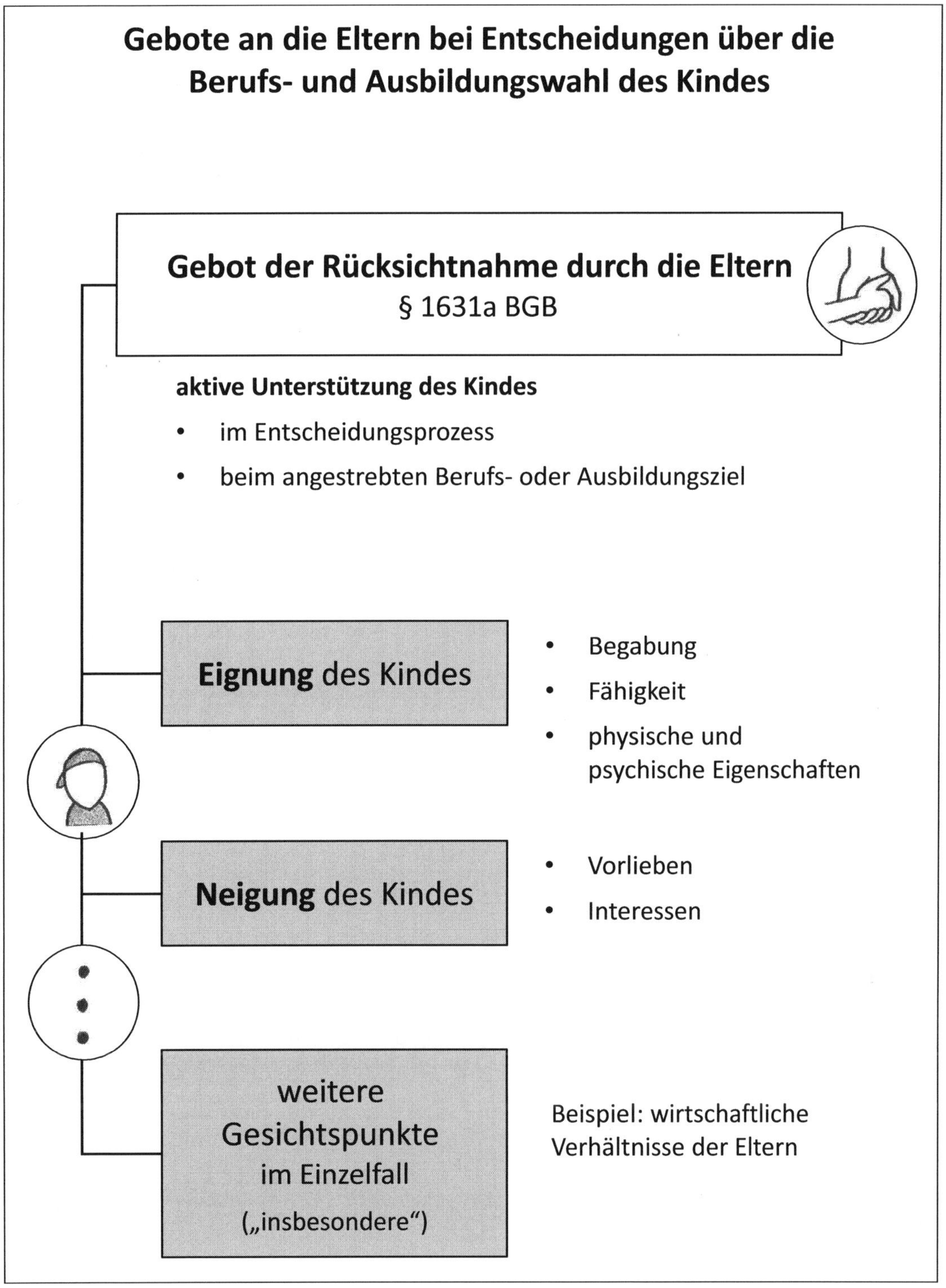

Abbildung 18

Ermittlungsgebot

Satz 2 verpflichtet die Eltern, sich bei **Zweifeln über Berufs- und Ausbildungsweg** des Kindes fachkundig beraten zu lassen. Zweifel im Sinne dieser Vorschrift liegen bei Unsicherheit oder auch Überforderung der Eltern vor, etwa bei Unklarheiten über die Fähigkeiten des Kindes. Eine Beratungspflicht besteht auch dann, wenn Eltern **gegensätzliche Vorstellungen** haben und sich über die schulische und berufliche Entwicklung nicht einigen können.[50]

Gleiches gilt, wenn die **Vorstellungen der Eltern mit denen des Kindes unvereinbar** sind.[51] Es macht bereits aus pädagogischen Gründen wenig Sinn, gegen den erklärten Willen insbesondere eines jugendlichen Kindes zu arbeiten. Umso mehr sind auseinanderfallende Vorstellungen

50 BeckOK BGB/Veit, 60. Ed. 1.11.2021, BGB § 1631a Rn. 6.
51 BeckOK BGB/Veit, 60. Ed. 1.11.2021, BGB § 1631a Rn. 6.

als Signal zu betrachten, Vermittlung und Beratung in Anspruch zu nehmen, um einen Jugendlichen in seiner Entwicklung bestmöglich zu unterstützen.

Folgen fehlender Rücksichtnahme

Verstoßen Eltern gegen die Gebote aus § 1631a BGB, kann ein **Kinderschutzverfahren nach § 1666 BGB** zur Unterstützung des Kindes erforderlich werden[52], aber auch die Inanspruchnahme von **Hilfe zur Erziehung nach dem SGB VIII**.

Die fehlende Unterstützung bei der Suche nach einem passenden Ausbildungsweg kann im Übrigen **unterhaltsrechtliche Konsequenzen** nach sich ziehen. Eltern schulden gemäß § 1610 Abs. 2 BGB Unterhalt für eine „angemessene Vorbildung zu einem Beruf". Erhält das Kind diese in seinem ersten Ausbildungsberuf nicht und wählt aus diesem Grund einen zweiten Ausbildungsweg, können die Eltern bis zu dessen Abschluss unterhaltspflichtig bleiben.[53] Die Unterhaltspflichten der Eltern können sich also verlängern, wenn sie vernachlässigen, gemeinsam mit dem Kind nach einer geeigneten Ausbildung zu suchen.

2.9.4 Beachtung der persönlichen Beziehungen des Kindes

Förderung wichtiger Beziehungen

Eltern haben die persönlichen Beziehungen des Kindes zu achten. So weist der Gesetzgeber in § 1626 Abs. 3 BGB ausdrücklich darauf hin, dass der **Umgang des Kindes mit beiden Eltern und wichtigen Bezugspersonen** grundsätzlich im Kindeswohl liegt. Weil Eltern die Erziehung am Kindeswohl ausrichten müssen, enthält die Vorschrift gleichzeitig das Gebot, den Umgang nicht nur zu tolerieren, sondern auch zu fördern. Entsprechende Wohlverhaltens- oder Loyalitätsgebote sehen auch die Regelungen zum Umgangsrecht vor, etwa in § 1684 Abs. 2 BGB.

§ 1626 Abs. 3 BGB betont die **Wesentlichkeit persönlicher Kontakte** sowie die **Aufrechterhaltung bestehender Beziehungen** aus Sicht des Kindes. Bemerkenswert ist, dass die Vorschrift den zu achtenden und fördernden Umgang nicht auf enge Bezugspersonen im Sinne von § 1685 BGB begrenzt.[54] Vielmehr wird der Umgang des Kindes mit Personen geschützt, zu welchen eine Bindung besteht. Der Personenkreis kann somit erheblich größer sein als der in § 1685 BGB genannte.

2.9.5 Verbot von entwürdigenden Erziehungsmaßnahmen

Gewaltverbot

Kinder haben gemäß § 1631 Abs. 2 Satz 1 BGB ein Recht auf gewaltfreie Erziehung. Damit geht das **Verbot von entwürdigenden Maßnahmen** bei der Erziehung einher. Verboten sind „körperliche Bestrafungen, seelische Verletzungen und andere entwürdigende Maßnahmen". Eltern dürfen derartige Maßnahmen weder selbst ergreifen noch Dritte damit beauftragen oder solche Eingriffe dulden. Verstöße gegen das Gewaltverbot können wegen der damit immer verbundenen Eingriffe in die Integrität des Kindes ein Kinderschutzverfahren nach § 1666 BGB auslösen.

Entwürdigend sind Maßnahmen, die das **Ehr- und Selbstwertgefühl des Kindes verletzen** und in keinem angemessenen Verhältnis zur Erziehungsmaßnahme oder deren Anlass stehen.[55] Dies ist bei körperlichen Bestrafungen und seelischen Verletzungen stets der Fall, weshalb derartige Verhaltensweisen gemäß § 1631 Abs. 2 BGB Satz 1 BGB ausdrücklich verboten sind. Darüber hinaus können auch weitere zur Erziehung eingesetzte Maßnahmen vom Verbot erfasst sein.

52 Vgl. BeckOK BGB/Veit, 60. Ed. 1.11.2021, BGB § 1631a Rn. 7: Ein Verstoß gegen das Rücksichtnahmegebot kann einen Sorgerechtsmissbrauch darstellen und Maßnahmen nach § 1666 BGB auslösen.

53 Vgl. BeckOK BGB/Veit, 60. Ed. 1.11.2021, BGB § 1631a Rn. 7.

54 Vgl. Heilmann/Fink, Praxiskommentar Kindschaftsrecht 2. Auflage, § 1626 BGB Rn. 26.

55 Ähnlich BeckOK BGB/Veit, 60. Ed. 1.11.2021, BGB § 1631 Rn. 23, 23.1.

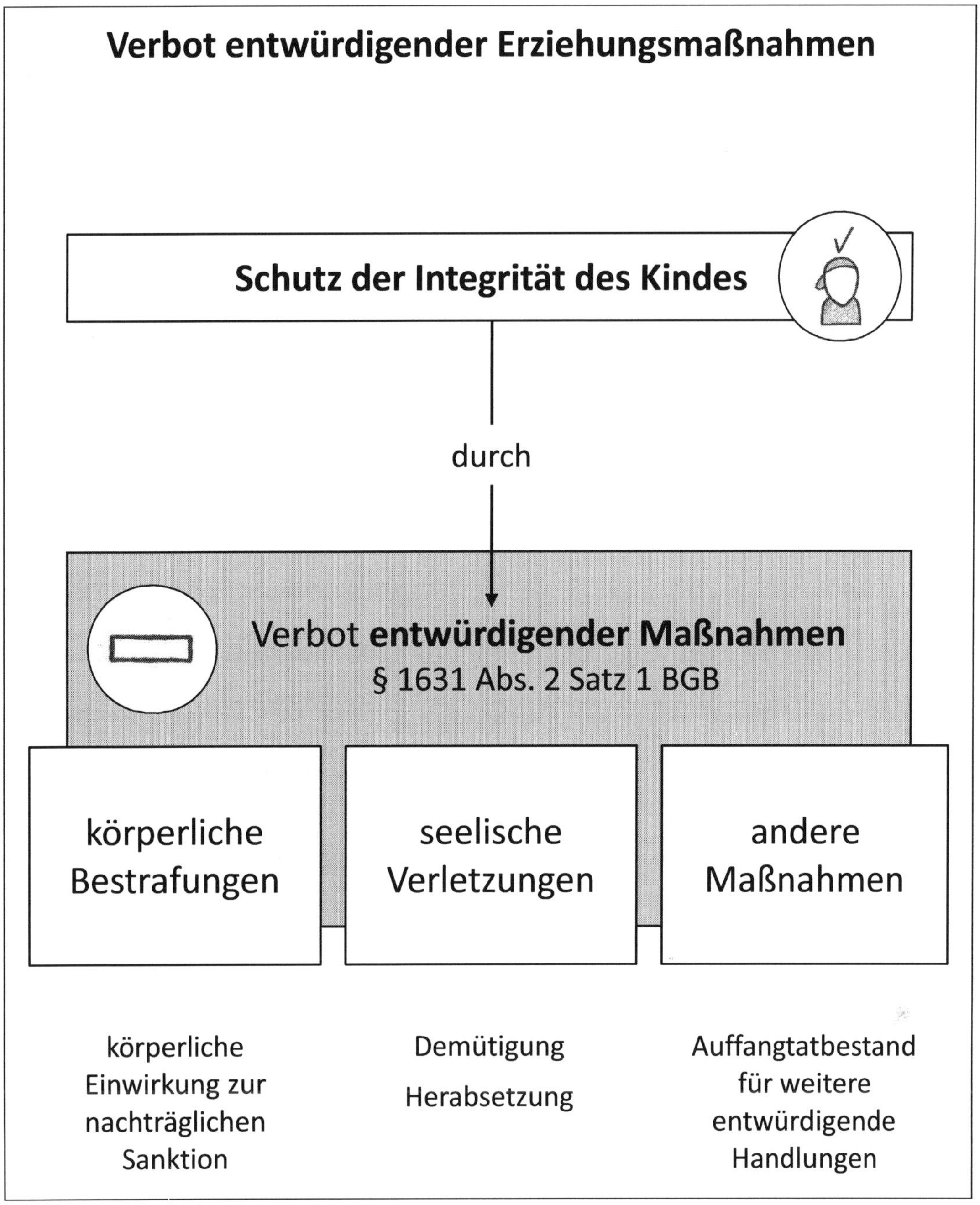

Abbildung 19

Kinder dürfen demnach **weder mit psychischer noch mit physischer Gewalt erzogen** werden.[56] Verletzungen in diesem Bereich können strafrechtlich verfolgt werden (§§ 223 ff. StGB) und wegen der damit verbundenen Gefährdung des Kindes ein gerichtliches Eingreifen nach den §§ 1666, 1666a BGB erfordern. Auch kann das Jugendamt angehalten sein, zur Abwehr des gefährdenden Erziehungsverhaltens der Eltern gemäß §§ 8a, 42 SGB VIII einzugreifen.

Abgrenzung Gewalt – zulässige Erziehungsmaßnahme

Problematisch ist bisweilen die **Abgrenzung von einer zulässigen Erziehungsmaßnahme, die mit körperlicher Einwirkung verbunden** ist. Insbesondere ist umstritten, ob und wann ein leichterer Schlag auf den Po, ein festeres Zupacken an den Armen etc. zulässig sind. Wohl überwiegend wird vertreten, dass Eltern ein vom Personensorgerecht umfasstes Erziehungsziel notfalls auch mit körperlicher Einwirkung durchsetzen können müssen. Die körperliche Einwirkung muss verhältnismäßig und dabei insbesondere angemessen im Hinblick auf das angestrebte Erziehungsziel sein. Mildere Maßnahmen, zum Beispiel verbale Mittel wie Zureden, müssen wirkungslos (geblieben) sein. Tätlichkeiten wie Schlagen, Treten und Schlimmeres sind immer unangemessen und

56 Grüneberg/Götz, BGB, § 1626, Rn. 5 ff.

bereits unter strafrechtlichen Gesichtspunkten (§§ 223 ff. StGB) verboten.[57] Einwirkungen auf den Körper des Kindes, die der **Gefahrenabwehr** dienen, sind hingegen zulässig.[58]

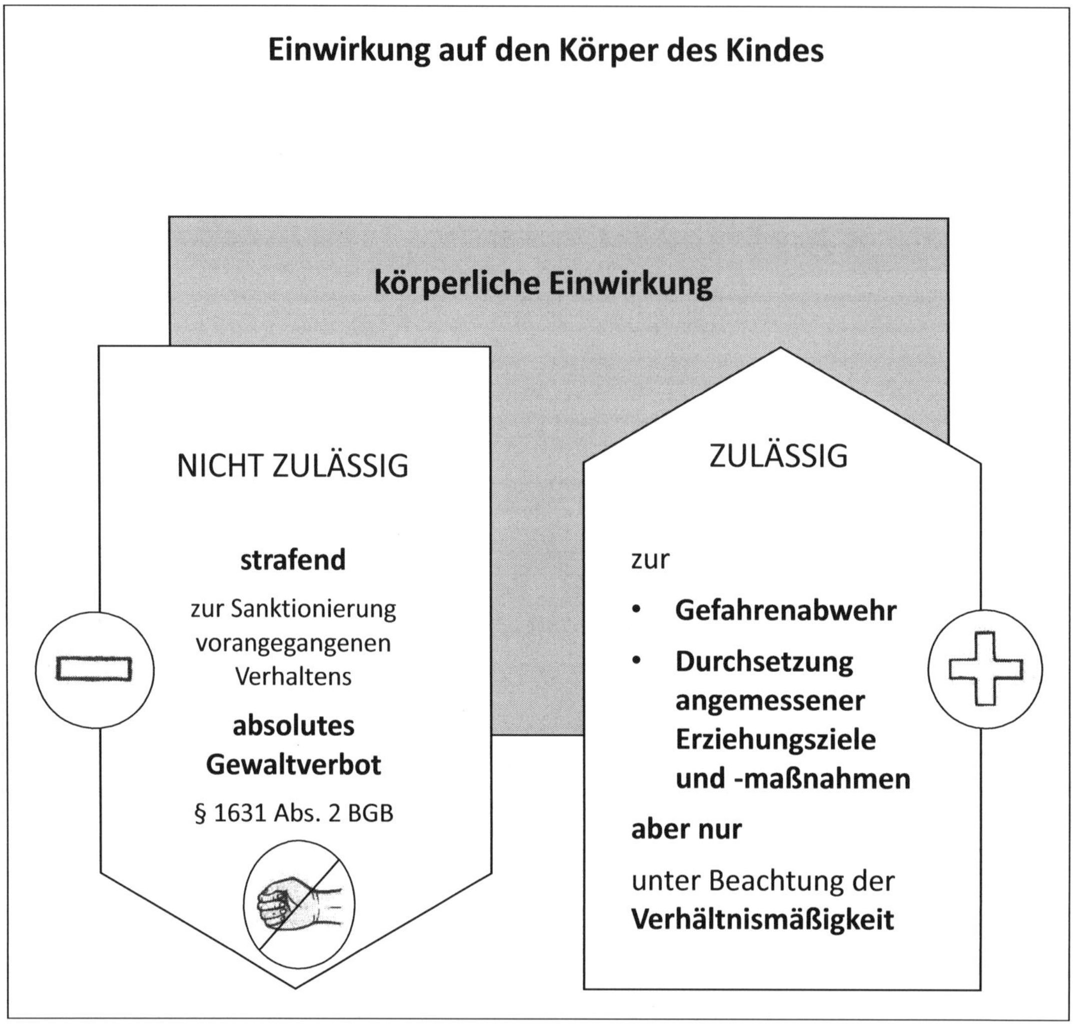

Abbildung 20

2.10 Einigungspflicht der gemeinsam sorgeberechtigten Eltern, § 1627 BGB

Gemäß § 1627 BGB müssen Eltern die elterliche Sorge in eigener Verantwortung und in gegenseitigem Einvernehmen zum Wohl des Kindes ausüben. Bei Meinungsverschiedenheiten müssen sie Einigungsversuche unternehmen.

Leitvorstellungen

§ 1627 BGB enthält damit verschiedene Leitvorstellungen: Zum einen steht die elterliche Sorge den sorgeberechtigten Eltern **gleichberechtigt** zu.[59] Es gibt keine Rangordnungen zwischen dem betreuenden oder dem getrenntlebenden Elternteil, zwischen Mutter und Vater etc. Zum anderen **dient eine gemeinsame und einverständliche Ausübung der elterlichen Sorge dem Kindeswohl.**[60] Es muss daher nicht immer wieder neu diskutiert werden, ob ein Zusammenwirken der Eltern für das Kind besser ist oder nicht; der Gesetzgeber hat sich in § 1627 BGB dafür entschieden, dass Eltern im Interesse ihres Kindes persönliche Vorstellungen zusammenbringen sol-

57 Zur Problematik und Darstellung des Diskussionsstandes siehe BeckOK BGB/Veit, 60. Ed. 1.11.2021, BGB § 1631 Rn. 19–22.1.

58 BeckOK BGB/Veit, 60. Ed. 1.11.2021, BGB § 1631 Rn. 21.

59 Heilmann/Fink, Praxiskommentar Kindschaftsrecht 2. Auflage, § 1627 BGB Rn. 1.

60 Heilmann/Fink, Praxiskommentar Kindschaftsrecht 2. Auflage, § 1627 BGB Rn. 1.

len. Schließlich weist § 1627 BGB den Eltern die **vornehmliche Verantwortung für das Lösen von Konflikten** zu; die elterliche Einigung hat Vorrang vor staatlichen Eingriffen.[61]

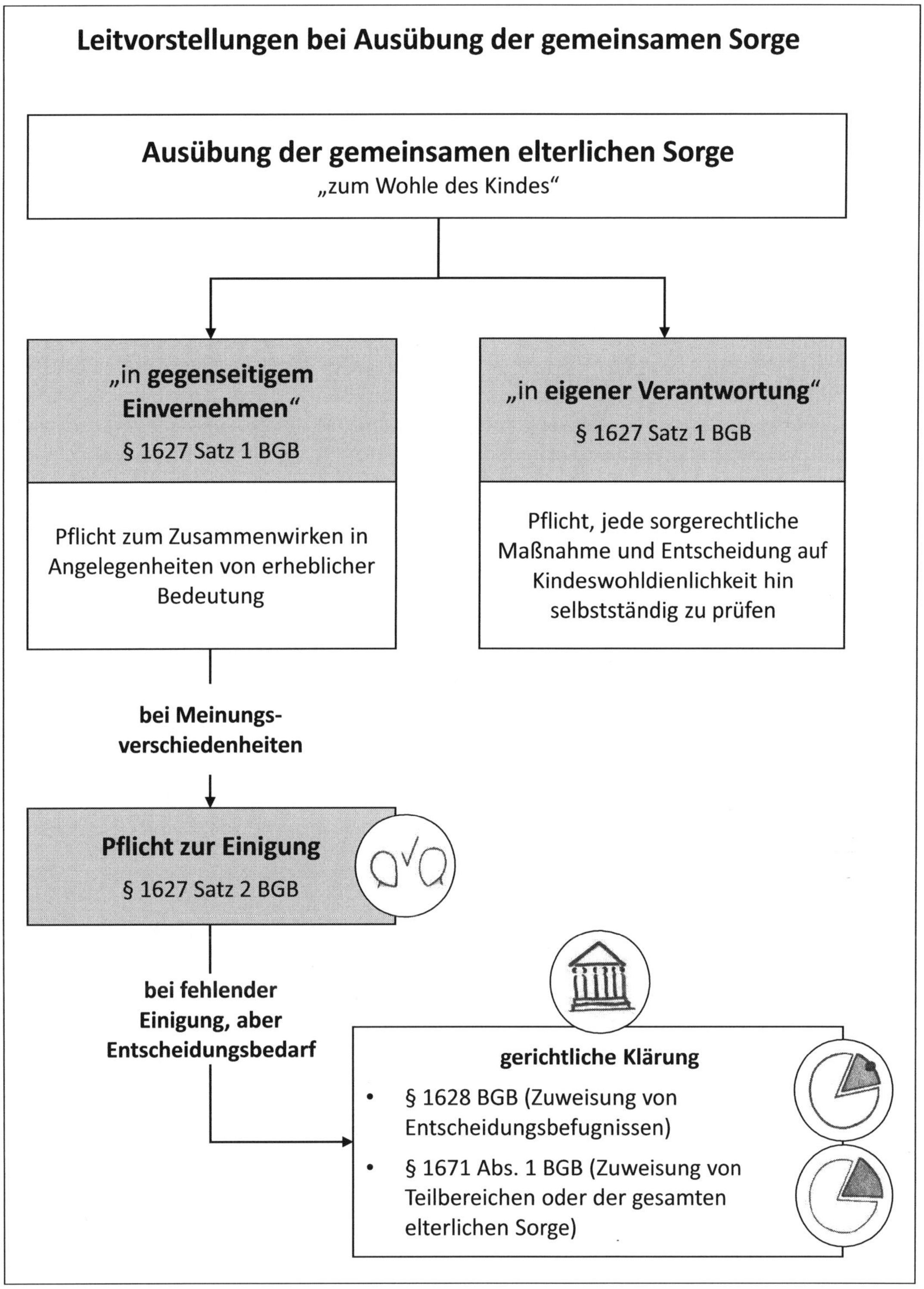

Abbildung 21

61 Heilmann/Fink, Praxiskommentar Kindschaftsrecht 2. Auflage, § 1627 BGB Rn. 1.

2.10.1 Eigenverantwortliche Ausübung

Die Verpflichtung zur eigenverantwortlichen Ausübung der elterlichen Sorge betont den **Pflichtcharakter des Sorgerechts**. Der Sorgeberechtigte kann sich seinen Pflichten nicht entziehen.

Die Eltern können eine **Aufteilung der Aufgaben** vereinbaren, was auch stillschweigend geschehen kann, etwa durch Duldung (Hinnahme, fehlender Widerspruch) von Entscheidungen des anderen Elternteils.[62] Eine Aufgabenteilung kann auch durch Gewohnheit entstehen, etwa wenn ein Elternteil gewohnheitsmäßig mit dem Kind zum Arzt geht und dort – mit Kenntnis des anderen Elternteils – anstehende Untersuchungen und Impfungen durchführen lässt. Sowohl von einer ausdrücklich vereinbarten als auch von einer praktizierten Aufgabenteilung kann sich jeder Elternteil lösen[63]; Folge wird – wenn wesentliche Kindeswohlbelange von der Uneinigkeit betroffen sind und einer Lösung bedürfen – in den meisten Fällen eine gerichtliche Entscheidung zur Zuweisung von Entscheidungsbefugnissen sein.

→ *zu den Voraussetzungen eines Verfahrens nach § 1628 BGB siehe 5*

2.10.2 Einvernehmliche Ausübung

elterliches Zusammenwirken

Die Verpflichtung gemeinsam sorgeberechtigter Eltern zum einvernehmlichen Handeln meint keineswegs, dass Eltern immer gemeinsam handeln oder auftreten müssen. Es wird vielmehr das **Zusammenwirken der Eltern** bei Erziehung und Pflege verlangt. Eine (einvernehmliche) Aufgabenteilung ist selbstverständlich möglich. Es reicht dann auch aus, wenn ein Elternteil nach außen tätig wird.[64] Dies kann beispielsweise bei der Schulanmeldung geschehen, die ein Elternteil allein vornimmt.

Sonderregelung bei Getrenntleben

Das **Getrenntleben** gemeinsam sorgeberechtigter Eltern ändert an deren Verpflichtung aus § 1627 BGB zur einvernehmlichen Sorgeausübung grundsätzlich nichts. Allerdings schränkt § 1687 BGB für getrenntlebende Eltern den Kreis der Angelegenheiten ein, bei denen Einvernehmen erzielt werden muss: Die Entscheidungen, die Einvernehmen erfordern, werden auf wesentliche Belange des Kindes begrenzt. Im Übrigen nimmt § 1687 BGB eine **gesetzliche Zuweisung von Entscheidungsbefugnissen** vor.

→ *zu Alleinentscheidungsbefugnissen und -rechten infolge von § 1687 Abs. 1 BGB siehe 6.2 und 6.3*

2.10.3 Fehlendes Einvernehmen

Bei Konflikten verlangt § 1627 Satz 2 BGB, dass Eltern versuchen, **Einvernehmen herzustellen**. Dies erfordert Kommunikation.

Schlagen sämtliche Einigungsversuche fehl und muss dennoch eine Entscheidung getroffen werden, kommt ein **Verfahren nach § 1628 BGB** in Betracht. Innerhalb dieses Verfahrens kann jeder Elternteil seine Position gerichtlich durchzusetzen versuchen. § 1628 BGB setzt allerdings voraus, dass der Konflikt eine Entscheidung von erheblicher Bedeutung für das Kind betrifft.

→ *zu den Voraussetzungen eines Verfahrens nach § 1628 BGB siehe 5*

---

62 Vgl. Heilmann/Fink, Praxiskommentar Kindschaftsrecht 2. Auflage, § 1627 BGB Rn. 5.

63 Heilmann/Fink, Praxiskommentar Kindschaftsrecht 2. Auflage, § 1627 BGB Rn. 5: Vereinbarungen bzgl. einer Aufgaben- und Funktionsteilung sind grundsätzlich und jederzeit widerrufbar.

64 Zur Aufgabenteilung gemeinsam sorgeberechtigter Eltern siehe BeckOK BGB/Veit, 60. Ed. 1.11.2021, BGB § 1627 Rn. 9–11.

3 Entstehung und Begründung der elterlichen Sorge

Träger der elterlichen Sorge können die Mutter und der Vater des Kindes sein.[65]

Das Gesetz unterscheidet zwischen der gemeinsamen Sorge beider Eltern und der Alleinsorge eines Elternteils. Gemeinsame Sorge und Alleinsorge können sich auf die elterliche Sorge im Ganzen beziehen, sie können aber auch nur einzelne Teilbereiche betreffen.

→ *zur gemeinsamen Sorge und Alleinsorge und die Ausübung in Bezug auf die gesamte Sorge bzw. Alleinsorge siehe (mit Abbildungen) 2.2*

3.1 Gemeinsame Sorge bei miteinander verheirateten Eltern

gemeinsame Elternschaft

Eltern, die **im Zeitpunkt der Geburt miteinander verheiratet** sind, steht die elterliche Sorge gemeinsam zu. Diese Rechtsfolge ist nicht ausdrücklich geregelt, das Gesetz setzt sie voraus. Dies folgt mittelbar aus den Regelungen zur elterlichen Sorge bei nicht miteinander verheirateten Eltern in § 1626a BGB. Diese Vorschrift stellt zusätzliche Anforderungen an die Begründung der elterlichen Sorge bei nicht miteinander verheirateten Eltern auf.[66]

Auch wenn der **Ehemann nicht der leibliche Vater** des Kindes sein sollte, wird er Sorgerechtsinhaber: Er ist rechtlicher Vater gemäß § 1592 Ziff. 1 BGB und infolgedessen automatisch sorgeberechtigt und -verpflichtet; im Übrigen auch unterhaltspflichtig. Um diese Rechtswirkungen zu beenden, müsste der Ehemann gemäß den §§ 1599 ff. BGB die rechtliche Vaterschaft anfechten.

spätere Ehescheidung

Eine **spätere Ehescheidung** ändert an diesem Umstand nichts.

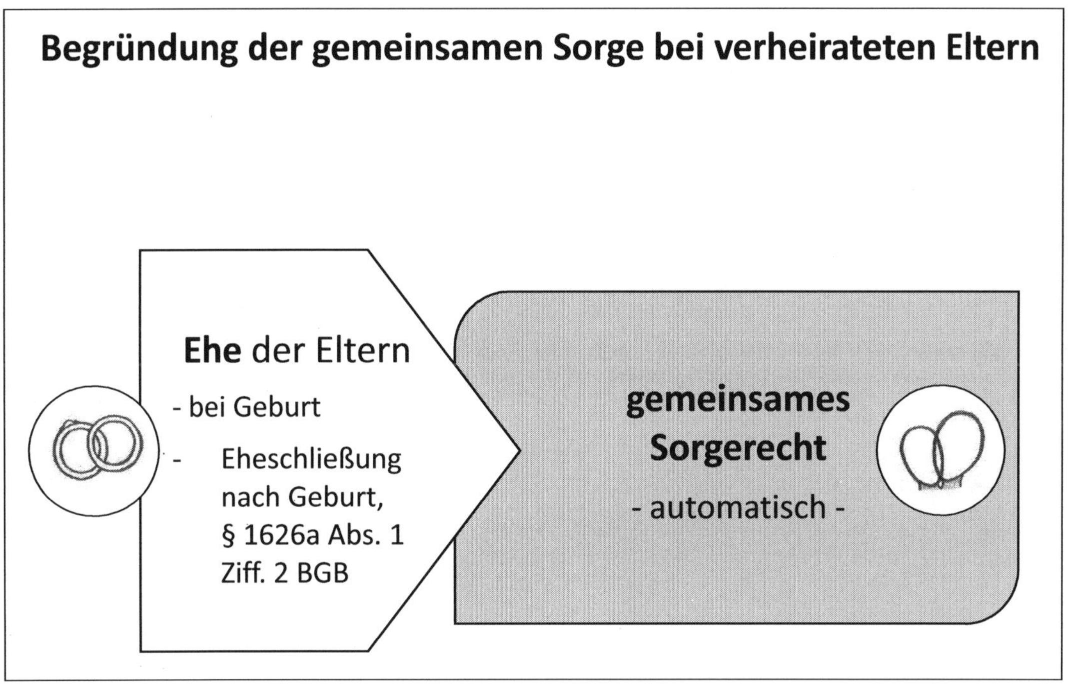

Abbildung 22

65 MüKoBGB/Huber, 8. Aufl. 2020, BGB § 1626 Rn. 16 mit dem Hinweis, dass infolge der Anerkennung ausländischer Entscheidungen oder bei Anwendbarkeit kollisionsrechtlichen ausländischen (Abstammungs-) Rechts auch zwei gleichgeschlechtliche Personen als Elternteile angesehen werden können. Beispielhaft können zwei Lebenspartnerinnen oder zwei Lebenspartner nach einer Leihmutterschaft nach ausländischem Recht als Eltern gelten. In solchen Fällen sind die Vorschriften des BGB über die elterliche Sorge – wenn kollisionsrechtlich anwendbar – auch auf die beiden gleichgeschlechtlichen Elternteile anzuwenden.

66 Vgl. MüKoBGB/Huber, 8. Aufl. 2020, BGB § 1626 Rn. 16.

3.2 Gemeinsame Sorge und Alleinsorge bei unverheirateten Eltern

Begründungs-voraussetzungen

Sind die Eltern des Kindes nicht miteinander verheiratet, hängt die gemeinsame elterliche Sorge gemäß § 1626 BGB von **bestimmten Voraussetzungen** ab. Werden diese Voraussetzungen nicht erfüllt, ist die Mutter des Kindes allein sorgeberechtigt, § 1626a Abs. 3 BGB.

rechtliche Eltern-schaft

Eltern im Sinne dieser Vorschrift sind die **rechtlich anerkannten Eltern**. Mutter ist nach § 1591 BGB die Frau, die das Kind geboren hat, und Vater – wenn er nicht mit der Mutter im Zeitpunkt der Geburt verheiratet ist (§ 1592 Ziff. 1 BGB) – der Mann, der die Vaterschaft gemäß § 1592 Ziff. 2 BGB anerkannt hat oder dessen Vaterschaft gemäß den §§ 1592 Ziff. 3, 1600d BGB gerichtlich festgestellt worden ist.

→ *zum persönlichen Anwendungsbereich bei der Inanspruchnahme von Elternrechten siehe 2.6*

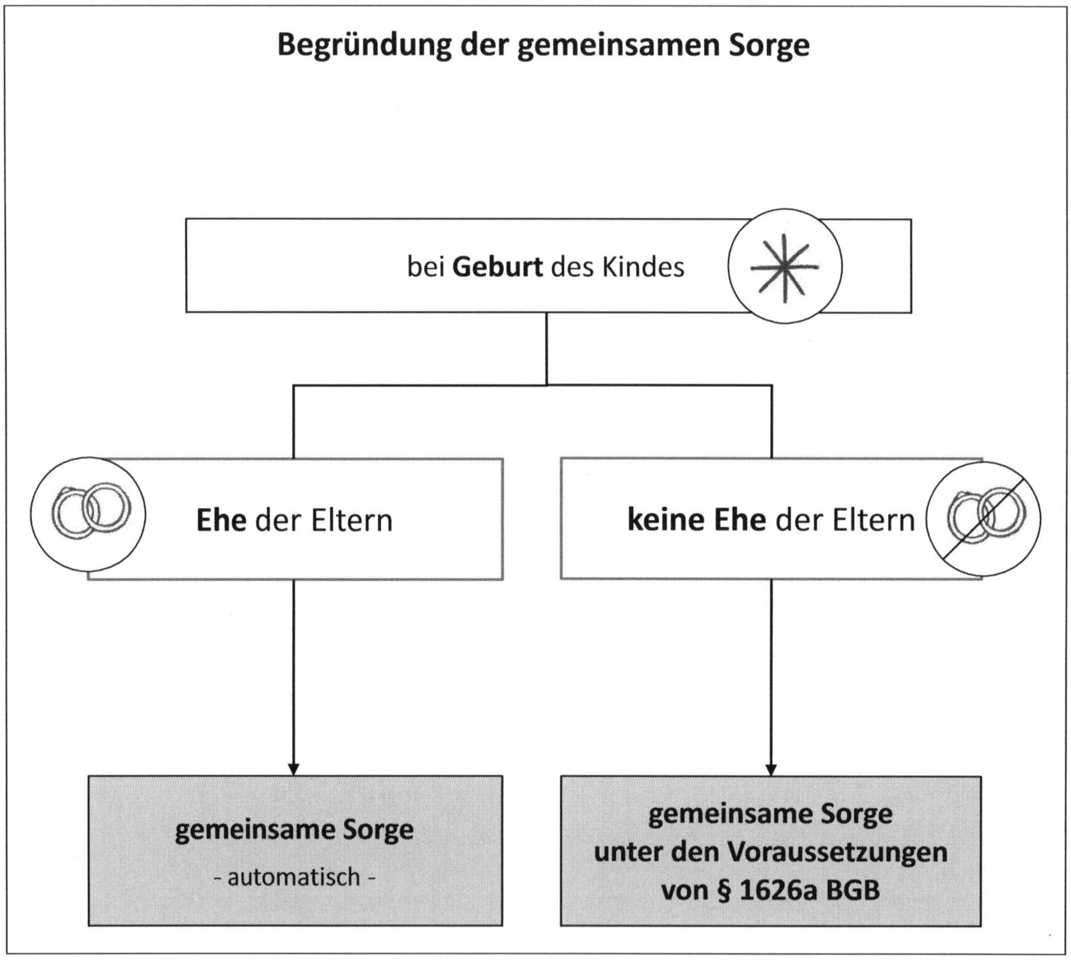

Abbildung 23

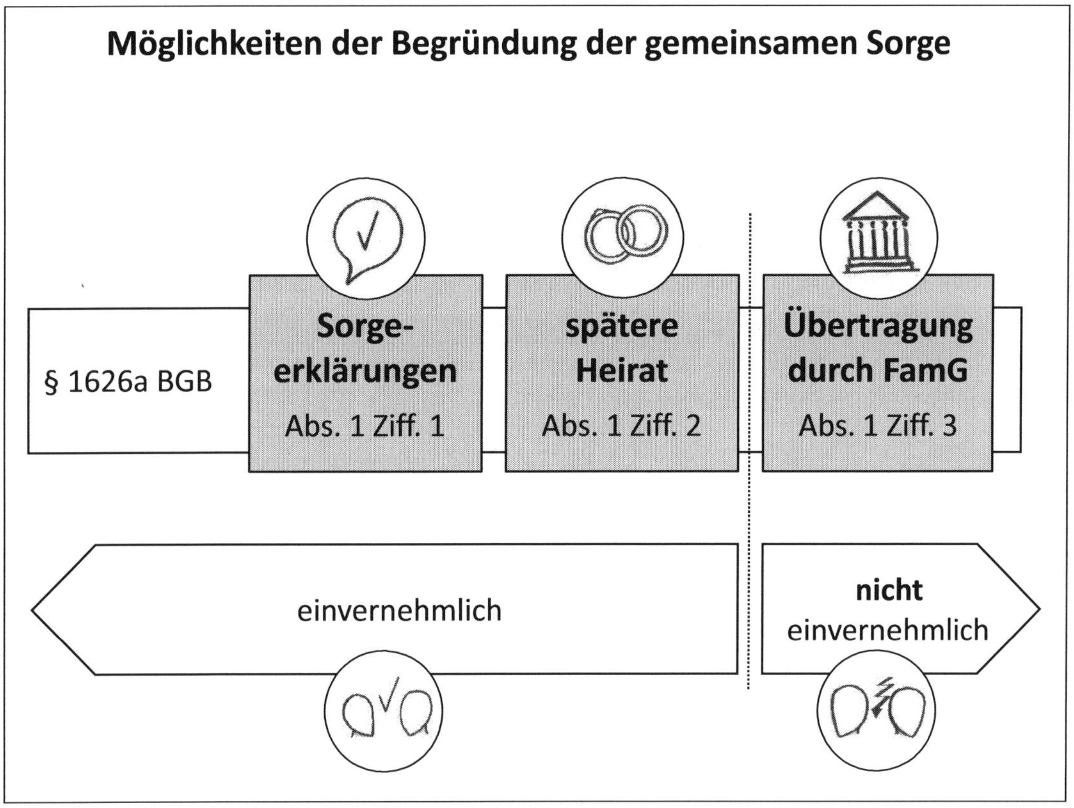

Abbildung 24

3.2.1 Sorgeerklärungen, § 1626a Abs. 1 Ziff. 1 BGB

Nach § 1626a Abs. 1 Ziff. 1 BGB können unverheiratete Eltern die gemeinsame Sorge durch Abgabe von Sorgeerklärungen begründen. Sorgeerklärungen können gemäß § 1626b Abs. 2 BGB **bereits vor der Geburt** abgegeben werden. Allerdings entfalten sie ihre **Wirksamkeit erst mit der Geburt**.

Die **Beschränkung der Sorgeerklärungen** auf einzelne Bestandteile der elterlichen Sorge oder unter Ausschluss bestimmter Teilbereiche ist nicht möglich.[67] Eltern können außergerichtlich daher zum Beispiel nicht erklären, dass die gemeinsame elterliche Sorge nur außerhalb des Aufenthaltsbestimmungsrechts gelten oder das Aufenthaltsbestimmungsrecht nur einem von ihnen zustehen soll. Die Begründung der gemeinsamen elterlichen Sorge beschränkt auf einzelne Teilbereiche kann nur im Rahmen eines Verfahrens nach § 1626a Abs. 1 Ziff. 3 BGB erfolgen.

→ *zur gerichtlichen Zuweisung der gemeinsamen elterlichen Sorge nach § 1626a Abs. 1 Ziff. 3 BGB siehe 3.2.3*

Wirksamkeitsvoraussetzungen

Die §§ 1626b ff. BGB enthalten Vorschriften für die Wirksamkeit von Sorgeerklärungen. Danach ist die Abgabe einer Sorgeerklärung **nur persönlich** möglich, § 1626c Abs. 1 BGB. Eltern können sich daher nicht vertreten lassen. Darüber hinaus gibt es besondere **Formvorschriften**. Hierzu gehört die **öffentliche Beurkundung**, § 1626d BGB. Die öffentliche Beurkundung kann erfolgen beim Notar oder – in der Regel kostenfrei – beim Jugendamt. Ist ein Verfahren auf Übertragung der gemeinsamen Sorge nach § 1626a Abs. 1 Nr. 3, Abs. 2 BGB anhängig, können Sorgeerklärungen auch im Anhörungstermin abgegeben werden, § 155a Abs. 5 Satz 1 FamFG.

keine Kindeswohlprüfung

Keine Voraussetzung ist, dass die erklärte gemeinsame Sorge dem Kindeswohl entspricht. Jugendamt und Notar haben bei der Beurkundung der Sorgeerklärungen weder die Pflicht noch das Recht, eine entsprechende Prüfung vorzunehmen. Sie dürfen selbst bei **Anhaltspunkten auf Kindeswohlgefährdung** die Beurkundung nicht verweigern. Allein das Familiengericht kann, wenn Anhaltspunkte für eine Kindeswohlgefährdung bekannt gemacht werden, über § 1666 BGB in die gemeinsame Sorge eingreifen.[68]

67 BeckOK BGB/Veit, 60. Ed. 1.11.2021, BGB § 1626a Rn. 22.
68 BeckOK BGB/Veit, 60. Ed. 1.11.2021, BGB § 1626a Rn. 27.

Mitwirkung der Mutter

Die Abgabe der gemeinsamen Sorgeerklärungen führen zur **Entstehung des Sorgerechts auf Seiten des Vaters**. Die Mutter ist in jedem Fall sorgeberechtigt; ohne gemeinsame Sorgeerklärungen wird sie Inhaberin der Alleinsorge, § 1626a Abs. 3 BGB.

Wirkt die Mutter bei der außergerichtlichen Begründung der gemeinsamen elterlichen Sorge **nicht mit**, bleibt dem Vater nur die Möglichkeit, über die Einleitung eines familiengerichtlichen Verfahrens die elterliche Sorge zu erlangen. Er kann im Hinblick auf die Zuweisung der gemeinsamen Sorge einen Antrag nach § 1626a Abs. 1 Ziff. 3 BGB stellen. Der Vater hat im Übrigen die Möglichkeit, einen Antrag auf Übertragung der Alleinsorge auf sich nach § 1671 Abs. 2 BGB zu stellen. Bei diesem Antrag sind die Voraussetzungen höher, da mit ihm der Entzug der elterlichen Sorge der Mutter verbunden ist.

→ *zum Antrag auf Zuweisung der gemeinsamen Sorge nach § 1626a BGB siehe 4.2.3*

→ *zum Antrag auf Übertragung der Alleinsorge nach § 1671 Abs. 2 BGB siehe 8*

3.2.2 Spätere Heirat, § 1626a Abs. 1 Ziff. 2 BGB

Heiraten die Eltern nach der Geburt, wird damit gleichzeitig die **gemeinsame Sorge begründet**. Die Eltern müssen keine zusätzlichen Erklärungen abgeben oder andere Voraussetzungen erfüllen. Eine spätere Trennung oder Ehescheidung wirkt sich nicht auf das gemeinsame Sorgerecht aus; dieses bleibt davon unberührt.

3.2.3 Gerichtliche Zuweisung, § 1626a Abs. 1 Ziff. 3, Abs. 2 BGB

Gemäß § 1626a Abs. 1 Ziff. 3 BGB kann die gemeinsame Sorge auf gerichtlichem Wege mit, aber **auch gegen den Willen eines Elternteils** begründet werden. Die Zuweisung der gemeinsamen Sorge durch das Familiengericht erfolgt gemäß § 1626a Abs. 2 Satz 1 BGB, „wenn die Übertragung dem Kindeswohl nicht widerspricht". Ein Antrag auf Zuweisung der gemeinsamen Sorge wird in der Praxis häufig von Vätern gestellt, weil die Mutter außergerichtlich keine gemeinsame Sorgeerklärung i. S. d. § 1626a Abs. 1 Ziff. 1 BGB abzugeben bereit war.

3.2.3.1 Antrag

Antragsvoraussetzungen

Voraussetzung für die Übertragung der gemeinsamen Sorge nach § 1626a Abs. 1 Ziff. 3 BGB ist, dass ein Elternteil – also die Mutter oder der Vater des Kindes – einen **entsprechenden Antrag** stellt. Der Antrag kann sich auf die gemeinsame Sorge im Ganzen beziehen. Möglich ist aber auch die Antragstellung hinsichtlich einzelner Teilbereiche[69], zum Beispiel allein in Bezug auf das Aufenthaltsbestimmungsrecht oder die Gesundheitsfürsorge.

Weitere Zulässigkeitsvoraussetzungen gibt es im Grundsatz nicht. Der Antragsteller muss den Antrag insbesondere **nicht begründen.**[70] Er muss nicht darlegen, aus welchen Gründen er die Einbeziehung in die elterliche Sorge wünscht. Die **Angabe der wesentlichen Formalien** wie der auf die Zuweisung der gemeinsamen Sorge gerichtete Antrag, Name, Geburtsdatum und Wohnort des Kindes reichen im Grunde genommen aus, § 155a FamFG. Der Antragsteller muss zudem weder eine **außergerichtliche Einigung versucht** noch vorgerichtlich die Abgabe von Sorgeerklärungen nach § 1626a Abs. 1 Nr. 1 BGB verlangt haben.[71]

Ein Antrag auf Zuweisung der gemeinsamen Sorge kann **unmittelbar nach der Geburt des Kindes** gestellt werden; er kann allerdings auch erst **frühestens nach der Geburt** gestellt werden.[72]

69 Vgl. BeckOK BGB/Veit, 60. Ed. 1.11.2021, BGB § 1626a Rn. 46.

70 BeckOK BGB/Veit, 60. Ed. 1.11.2021, BGB § 1626a Rn. 47; Heilmann/Fink, Praxiskommentar Kindschaftsrecht 2. Auflage, § 1626a BGB Rn. 23.

71 BeckOK BGB/Veit, 60. Ed. 1.11.2021, BGB § 1626a Rn. 51.2.

72 BeckOK BGB/Veit, 60. Ed. 1.11.2021, BGB § 1626a Rn. 48 mit Hinweis auf § 155a Abs. 2 Satz 2 FamFG; Heilmann/Fink, Praxiskommentar Kindschaftsrecht 2. Auflage, § 1626a BGB Rn. 22.

Formale Voraussetzungen für einen Antrag auf Übertragung der gemeinsamen Sorge nach § 1626a Abs. 1 Ziff. 3 BGB

Antrag beim Familiengericht

eines **Elternteils**

rechtliche Eltern

- **Vater**
  im Sinne von § 1592 Ziff. 2 oder 3 BGB
  nicht
  - der (nur) biologische, nicht rechtliche Vater
  - der potentiell biologische Vater
  - der (nur) soziale Vater
- **Mutter** im Sinne von § 1591 BGB

Inhalt

Antrag auf **Übertragung der elterlichen Sorge im Ganzen** (vollständige gemeinsame Sorge) oder nur in Bezug auf **einzelne Teilbereiche**

Beispiel: nur Gesundheitsfürsorge oder Aufenthaltsbestimmung

- Angaben gemäß § 155 Abs. 1 Satz 2 FamFG
  - **Geburtsdatum**
  - **Geburtsort**
- Begründung nicht erforderlich

Zeitpunkt

frühestens ab **Geburt** des Kindes

Abbildung 25

3.2.3.2 Zuweisungsvoraussetzungen

Das Familiengericht gibt dem Antrag auf Übertragung der gemeinsamen Sorge statt, „wenn die Übertragung dem Kindeswohl nicht widerspricht", § 1626a Abs. 2 Satz 1 BGB. Trägt der andere Elternteil keine Gründe vor, die der Übertragung der gemeinsamen elterlichen Sorge entgegenstehen können, und sind solche Gründe auch sonst nicht ersichtlich, wird diese Voraussetzung nach Satz 2 **gesetzlich vermutet**.[73]

Für das **gerichtliche Verfahren** gilt demnach:

Kindeswohlprüfung nur bei Anlass

- Das Familiengericht führt **ohne Anlass keine Kindeswohlprüfung** durch. Werden kindeswohlbezogene Einwände nicht eingebracht oder bekannt, gibt das Familiengericht dem Antrag ohne weitere Prüfung statt und ordnet die gemeinsame Sorge an.[74] Das Familiengericht muss also nur bei Anlass positiv feststellen, dass die Einbindung des Antragstellers in die elterliche Sorge dem Kindeswohl entspricht.

vereinfachtes, schriftliches Verfahren

- Wird ein Sorgerechtsantrag gestellt und geht innerhalb einer vom Gericht gesetzten Frist keine Erwiderung ein, soll das Familiengericht die gemeinsame Sorge im **vereinfachten, schriftlichen Verfahren** anordnen, § 155 Abs. 3 FamFG. In dieser Verfahrensart finden weder eine Kindesanhörung noch eine Anhörung der Eltern noch des Jugendamts statt. Vielmehr entscheidet das Gericht unmittelbar nach Fristablauf.

Regelverfahren

- **Bei Anlass** entscheidet das Gericht nicht im schriftlichen Verfahren, sondern führt im **regulären Verfahren** eine **negative Kindeswohlprüfung** durch.[75] Ein beschleunigtes, schriftliches Verfahren nach § 155a Abs. 3 FamFG ist nicht mehr möglich.

  Das reguläre Verfahren wird durchgeführt, wenn Einwände gegen die Vereinbarkeit der gemeinsamen Sorge mit dem Kindeswohl sichtbar werden. Diese können aus dem Vortrag des Elternteils hervorgehen, der die gemeinsame Sorge ablehnt oder z. B. aus früheren Umgangsverfahren, in denen sich die Eltern als äußerst zerstritten und nicht einigungsfähig präsentiert haben oder eingeschränkte Erziehungskompetenzen auf Seiten des jetzigen Antragstellers erkennbar wurden.

  Das Familiengericht muss innerhalb des Regelverfahrens die vom Antragsgegner erhobenen Vorwürfe oder anderweitig aufgekommene Zweifel im Rahmen der **Amtsermittlung** überprüfen. Die Entscheidung hängt vom Ergebnis der Kindeswohlprüfung ab.[76] Das Familiengericht wird die gemeinsame Sorge nur dann zuweisen, wenn die anfänglichen Einwände zumindest neutralisiert werden. Der Antragsteller kann zu diesem Zweck unter Beweisantritt vortragen und sich gegen die Einwände verteidigen.

73 Zur Vermutungsregel im Einzelnen sowie zur damit verbundenen Einschränkung des Grundsatzes der Amtsermittlung im Kindschaftsrecht siehe BeckOK BGB/Veit, 60. Ed. 1.11.2021, BGB § 1626a Rn. 69 ff.

74 Vgl. BeckOK BGB/Veit, 60. Ed. 1.11.2021, BGB § 1626a Rn. 69–73 zur Vermutung, dass die gemeinsame elterliche Sorge dem Kindeswohl nicht widerspreche bei fehlendem Bekanntwerden entgegenstehender Gründe und der damit verbundenen Einschränkung des in Kindschaftssachen geltenden Amtsermittlungsgrundsatzes.

75 Heilmann/Fink, Praxiskommentar Kindschaftsrecht 2. Auflage, § 1626a BGB Rn. 26.

76 BGH, Beschluss vom 15.06.2016 – XII ZB 419/15.

3.2.3.3 Negative Kindeswohlprüfung

Entscheidungsmaßstab

Entscheidungsmaßstab bei der negativen Kindeswohlprüfung ist das Kindeswohl.[77] Die Voraussetzungen, die zur Zurückweisung des Sorgerechtsantrags führen, entsprechen denen, die aus Kindeswohlgründen zur Auflösung der gemeinsamen Sorge und Zuweisung der Alleinsorge auf einen Elternteil nach § 1671 Abs. 1 Satz 2 Ziff. 2 BGB führen.[78] In beiden Verfahren kommt eine gemeinsame Sorge nicht in Betracht – und ist weder anzuordnen noch im Rahmen eines Verfahrens nach § 1671 Abs. 1 BGB beizubehalten –, **wenn und soweit die Alleinsorge eines Elternteils dem Kindeswohl besser entspricht**.[79] Damit gelten die Grundsätze, die die Rechtsprechung für Sorgerechtsverfahren nach § 1671 Abs. 1 BGB entwickelt hat, auch bei Sorgerechtsverfahren nach § 1626a Abs. 2 BGB.[80]

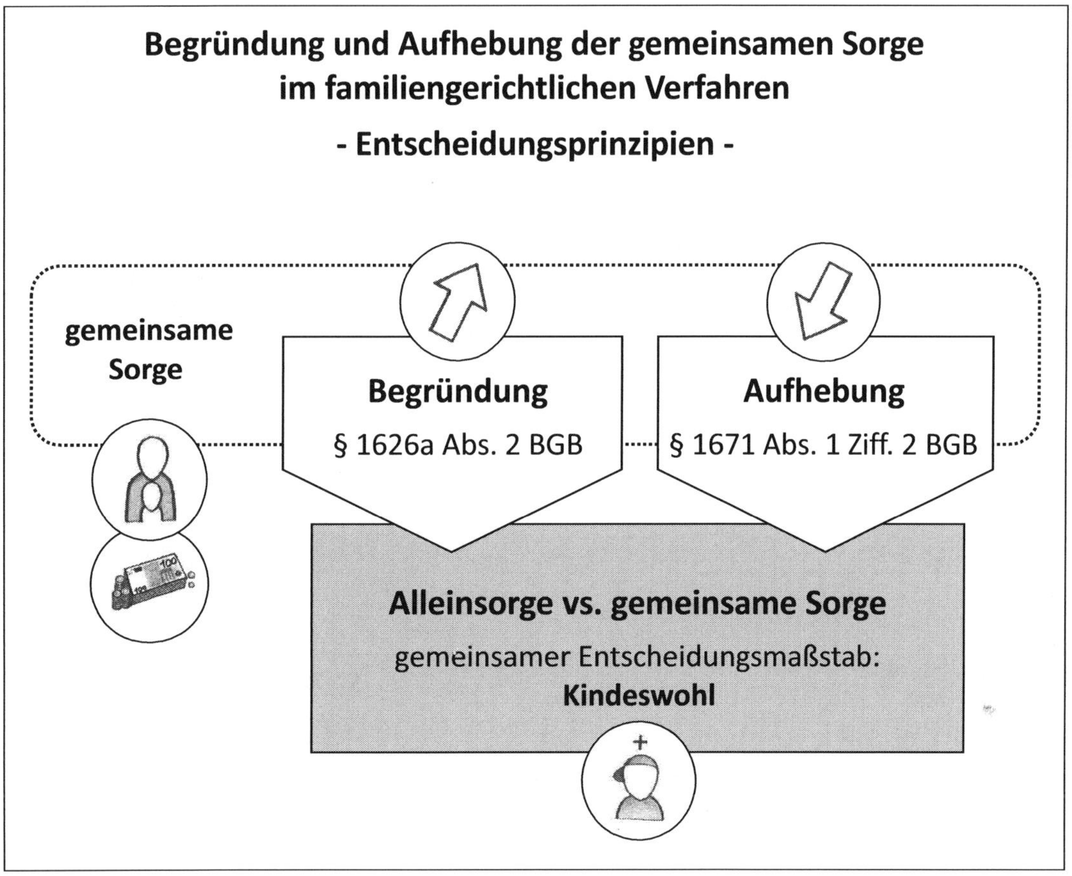

Abbildung 26

Ein Antrag auf Zuweisung der gemeinsamen Sorge nach § 1626a Abs. 1 Ziff. 3 BGB ist **unter den gleichen Voraussetzungen zurückzuweisen, unter denen ein Antrag auf Aufhebung der gemeinsamen Sorge und Zuweisung der Alleinsorge nach § 1671 Abs. 1 Satz 2 Ziff. 2 BGB Erfolg haben würde.**[81] Bei der Prüfung sind alle für und gegen die gemeinsame elterliche Sorge sprechenden Anhaltspunkte einzubeziehen; die familiengerichtliche Entscheidung muss eine **einzelfallbezogene und umfassende Betrachtung** der gesamten Situation liefern.[82]

→ *zur Kindeswohlprüfung bei Aufhebung der gemeinsamen Sorge gemäß § 1671 Abs. 1 Ziff. 2 BGB siehe 7.4.2*

77 BGH, Beschluss vom 15.06.2016 – XII ZB 419/15.

78 BGH, Beschluss vom 15.06.2016 – XII ZB 419/15; NK-BGB/Rakete-Dombek/Berning, § 1626a Rn. 22. Anders Heilmann/Fink, Praxiskommentar Kindschaftsrecht 2. Auflage, § 1626a Rn. 26: Der anzuwendende Prüfungsmaßstab ist, entgegen der Auffassung des BGH, im Gegensatz zu § 1671 Abs. 2 Ziff. 2 BGB ein geringerer.

79 BGH, Beschluss vom 15.06.2016 – XII ZB 419/15; NK-BGB/Rakete-Dombek/Berning, § 1626a Rn. 22.

80 BGH, Beschluss vom 15.06.2016 – XII ZB 419/15.

81 Vgl. BGH, Beschluss vom 15.06.2016 – XII ZB 419/15.

82 BGH, Beschluss vom 15.06.2016 – XII ZB 419/15.

Es besteht – jedenfalls im Rahmen des regulären Verfahrens – **kein Vorrang der gemeinsamen Sorge vor der Alleinsorge**.[83]

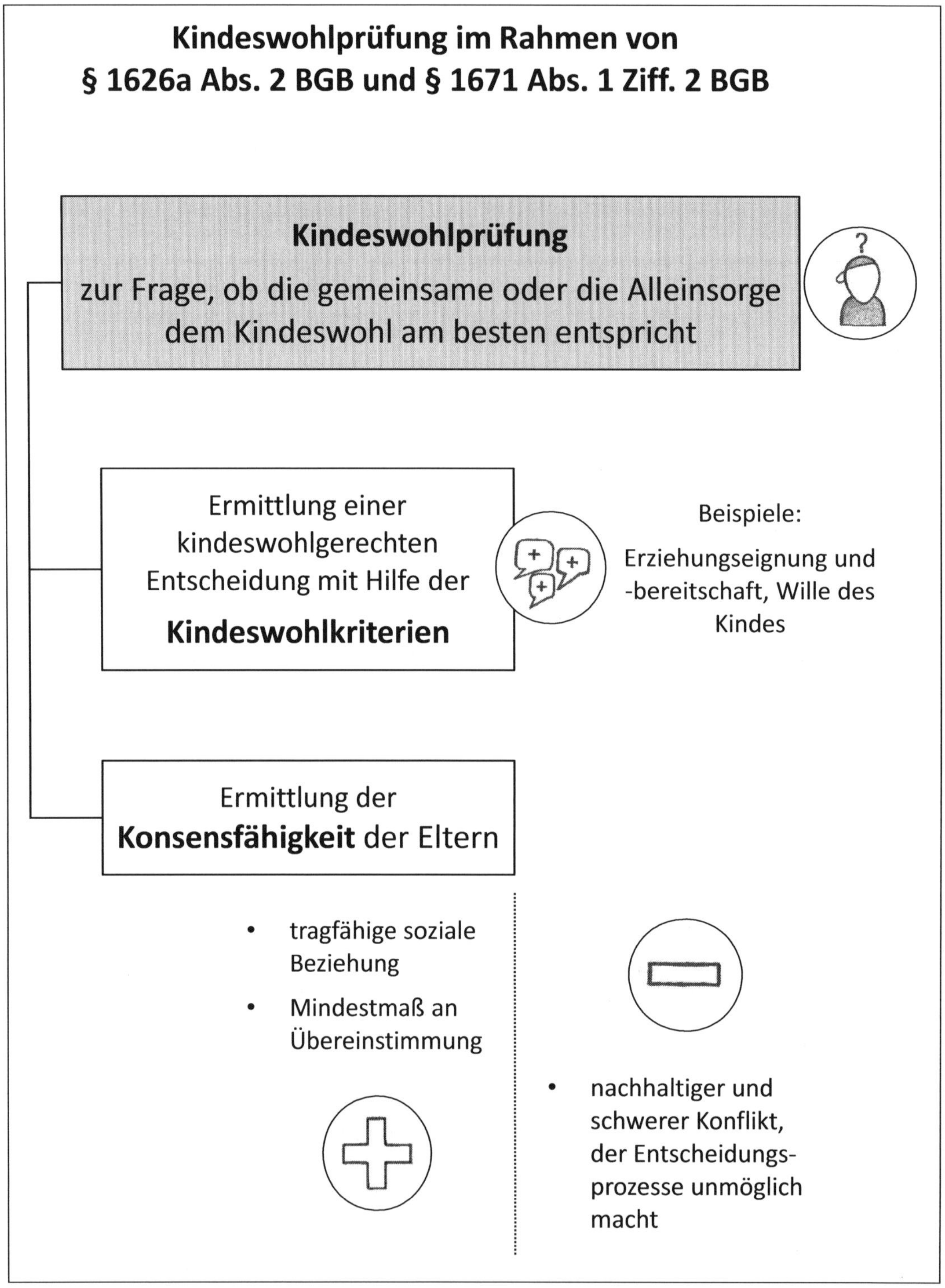

Abbildung 27

83 BeckOK BGB/Veit, 60. Ed. 1.11.2021, BGB § 1626a Rn. 54.

Bei der **Kindeswohlprüfung** sind im ersten Schritt grundsätzliche Erwägungen zum Kindeswohl anzustellen. Zu den von der Rechtsprechung entwickelten **Kindeswohlkriterien** gehören insbesondere die Erziehungseignung und Fördermöglichkeiten der Eltern, die Bindungen des Kindes, das kindliche Kontinuitätsbedürfnis und die Berücksichtigung eines geäußerten oder erkennbaren Kindeswillens.[84]

Kindeswohlkriterien

→ *zum Kindeswohlbegriff und zu den Kindeswohlkriterien siehe 13.1 und 13.2*

Im zweiten Schritt ist die **Konsensfähigkeit** der Eltern zu ermitteln. Zu prüfen ist, ob diese über die nötigen Grundlagen verfügen, um im Sinne ihres Kindes gemeinsam zu wirken.[85] Hierfür ist ausreichend – aber auch erforderlich –, dass Eltern sich über wesentliche und wichtige Punkte bei der Pflege und Erziehung ihres Kindes einig werden können. Sie müssen über eine „tragfähige soziale Beziehung" und ein „Mindestmaß an Übereinstimmung" verfügen.[86] Gemeinsam sorgeberechtigte Eltern müssen sowohl kooperationsfähig als auch kooperationsbereit sein.[87] Ein nachhaltiger und tiefgreifender Elternkonflikt könnte ein Hinweis darauf sein, dass die gemeinsame Sorge mit dem Kindeswohl nicht vereinbar ist.[88]

Konsensfähigkeit der Eltern

Die Schwelle zur **Kindeswohlgefährdung** muss dabei nicht überschritten werden. Dass der Antragsgegner die gemeinsame Sorge ablehnt und sich für Beibehaltung der (seiner) Alleinsorge ausspricht, reicht aber auch nicht aus.[89] § 1626a Abs. 1 Ziff. 3 BGB soll gerade ermöglichen, die gemeinsame Sorge auch gegen den Willen des anderen Elternteils durchzusetzen. Maßgeblich ist nicht, ob Eltern verschiedene Auffassungen zur Erziehung des gemeinsamen Kindes vertreten, sondern ob sie fähig sind, gegenläufige Ansichten zusammenzubringen und sich zu einigen.

Ob die Voraussetzungen für eine gemeinsame Sorge vorliegen, entscheidet das Familiengericht im Einzelfall. Das Familiengericht stellt im Rahmen einer **Prognoseentscheidung** fest, ob die erforderliche Qualität der elterlichen Kommunikation besteht oder in Zukunft zu erwarten ist – oder nicht. Stellt sich im Nachhinein heraus, dass die Prognoseentscheidung unzutreffend ist, bleibt die Möglichkeit, die gerichtliche Entscheidung abzuändern. Die **Abänderung** unterliegt im Falle einer zurückweisenden Entscheidung den Voraussetzungen des § 1696 Abs. 1 BGB. Im Falle einer stattgebenden Entscheidung ist die Abänderung hingegen im Rahmen eines Verfahrens nach § 1671 Abs. 1 BGB herbeizuführen (und nicht im Rahmen eines Abänderungsverfahrens, vgl. § 1696 Abs. 1 Satz 2 BGB).

→ *zum Verfahren nach § 1671 Abs. 1 BGB mit dem Ziel der Aufhebung der gemeinsamen Sorge siehe 7*

→ *zum Verfahren nach § 1696 Abs. 1 BGB mit dem Ziel, (erneut) die Begründung der gemeinsamen Sorge zu verlangen, siehe 14.21.1*

3.2.3.3.1 Konsensfähigkeit der Eltern

Konflikte der Eltern

Die gemeinsame Ausübung von Sorgerechten setzt voraus, dass Eltern konsensfähig sind, da es vornehmlich um das Finden und Umsetzen gemeinsamer Entscheidungen geht. Aus diesem Grund steht bei **tiefgreifenden Elternkonflikten** die für die Ausübung der gemeinsamen Sorge erforderliche Kooperationsbereitschaft in Frage. Gleiches gilt, wenn ein Elternteil die **Zusammenarbeit ablehnt**. Wenn eine Kommunikationsbasis nicht besteht bzw. die Eltern nicht kooperieren, können Entscheidungsprozesse nicht stattfinden. Dies aber ist wesentlich für die kindeswohlgerechte Ausübung der gemeinsamen elterlichen Sorge.

Dabei kommt es nicht darauf an, ob **ein Elternteil schuld** an diesem Umstand ist. Eltern sind zwar gehalten, im Interesse des gemeinsamen Kindes mit dem anderen Elternteil zu kooperieren und auf Einigung hinzuwirken. Hierzu gehört auch eine grundsätzliche Bereitschaft zur Kommunikation und Beilegung von Konflikten. § 1627 Satz 2 BGB verpflichtet Eltern ausdrücklich, bei Kon-

84 BGH, Beschluss vom 15.06.2016 – XII ZB 419/15.
85 BGH, Beschluss vom 15.06.2016 – XII ZB 419/15.
86 BGH, Beschluss vom 15.06.2016 – XII ZB 419/15; siehe auch BeckOK BGB/Veit, 60. Ed. 1.11.2021, BGB § 1626a Rn. 29 mit Verweis auf weitere Nachweise aus der Rechtsprechung.
87 BeckOK BGB/Veit, 60. Ed. 1.11.2021, BGB § 1626a Rn. 29 mit Verweis auf BT-Drs. 17/11048, 16.
88 BGH, Beschluss vom 15.06.2016 – XII ZB 419/15.
89 BeckOK BGB/Veit, 60. Ed. 1.11.2021, BGB § 1626a Rn. 28.

flikten eine Einigung zumindest zu versuchen. Dennoch ist für die Entscheidung des Familiengerichts grundsätzlich unerheblich, ob ein Elternteil die Ursache für die fehlende oder erheblich gestörte Kommunikation setzt. Entscheidend ist, ob die Tatsache der fehlenden oder erheblich gestörten Kommunikation zu Lasten des Kindes geht, wenn die elterliche Sorge gemeinsam ausgeübt wird.

Überwindbarkeit von Kommunikationsproblemen

Das Familiengericht betreibt daher in der Regel keine Ursachenforschung, sondern hat zu ermitteln, ob die **Störungen im Kommunikationsverhalten der Eltern überwindbar** sind, etwa mit Hilfe von Beratungsangeboten des Jugendamtes.[90]

Anhaltspunkte für die Überwindbarkeit von Kommunikationsproblemen können unter anderem aus dem **früheren Verhalten** der Eltern abgeleitet werden. Wenn Eltern vor dem familiengerichtlichen Verfahren in der Lage waren, Belange des Kindes gemeinsam zu klären, kann dies ein Hinweis darauf sein, dass sie es – möglicherweise mit Unterstützung von Beratung oder Mediation – erneut schaffen werden. Auch die Tatsache, dass Eltern längere Zeit zusammengelebt haben, kann die Vermutung zulassen, dass eine funktionierende Kommunikation in der Zukunft gelingen wird. Für die Vereinbarkeit der gemeinsamen elterlichen Sorge mit dem Kindeswohl kann auch sprechen, dass die Eltern trotz vielfältiger Probleme im Miteinander **gleichzeitig und beidseitig wesentliche Erziehungsleistungen** erbringen und zeigen, dass sie sich in wesentlichen Punkten der Kindererziehung einig bzw. durchaus in der Lage sind, Einigkeit herzustellen.[91]

Wenn die Art und Weise der elterlichen Auseinandersetzungen hingegen zur Annahme veranlassen, dass die gemeinsame Sorge wegen nicht unüberwindbarer Kommunikationsschwierigkeiten alsbald wieder aufzulösen wäre, kommt eine Zuweisung nicht in Betracht. Die Frage ist also, ob beide Eltern über die nötigen Ressourcen verfügen, bei Entscheidungsprozessen kindeswohlorientiert zusammenzuwirken.

90 Vgl. zur Problematik BeckOK BGB/Veit, 60. Ed. 1.11.2021, BGB § 1626a Rn. 56 ff.

91 Zur Problematik und Kasuistik, in welchen Fällen eine tragfähige Basis für die Ausübung der gemeinsamen Sorge verneint wurde, siehe BeckOK BGB/Veit, 60. Ed. 1.11.2021, BGB § 1626a Rn. 56 ff.

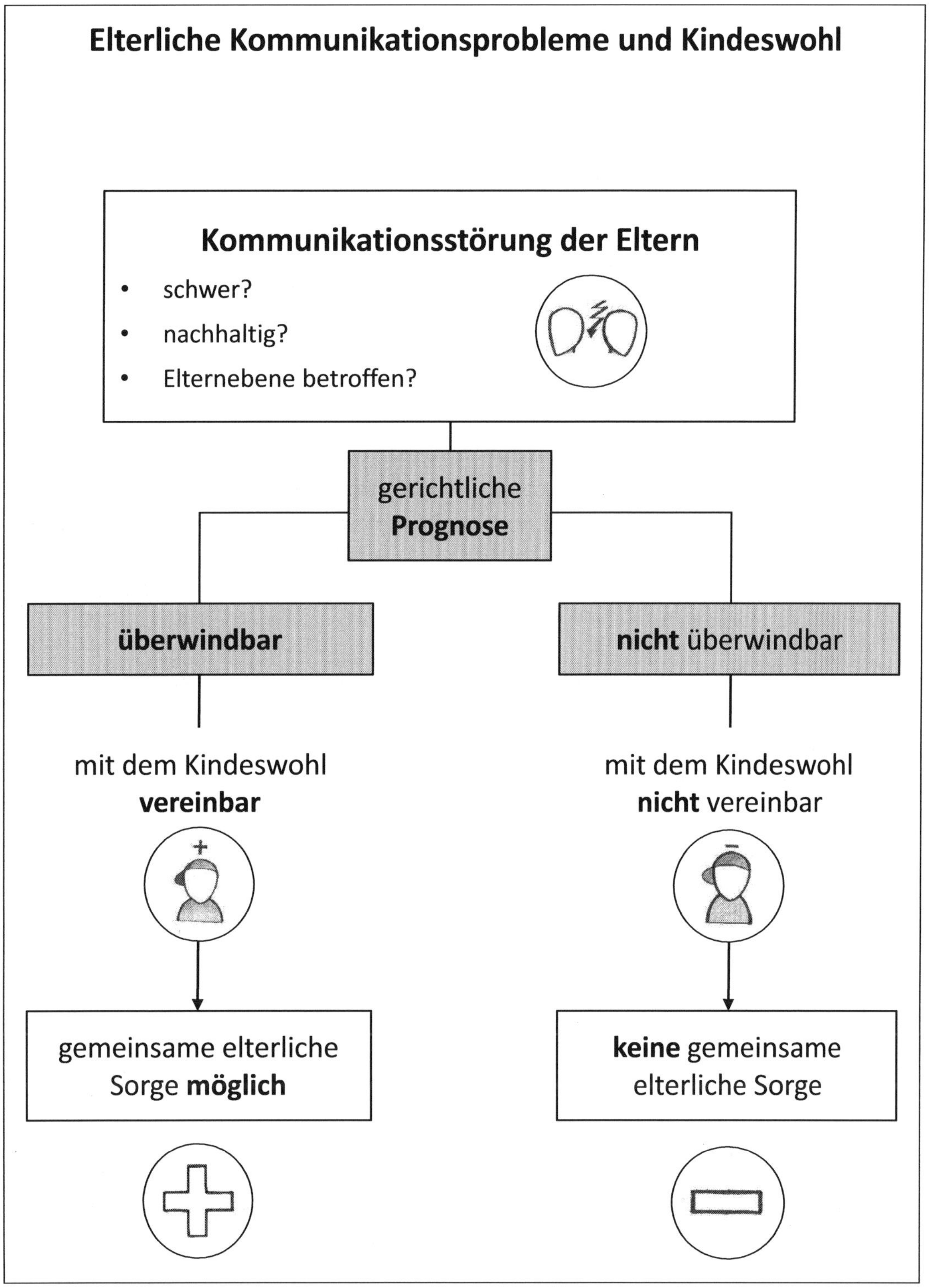

Abbildung 28

3.2.3.3.2 Erziehungseignung

Erziehungsverhalten

Defizite in der Erziehungseignung eines Elternteils können dazu führen, dass die Begründung der gemeinsamen Sorge dem Kindeswohl widerspricht.

→ *zur Erziehungseignung siehe 13.2.1*

3.2.3.3.3 Kindeswille

Einstellung des Kindes

Wichtiges Kriterium bei der Ermittlung, ob die Zuweisung der gemeinsamen Sorge dem Kindeswohl widerspricht, ist die Haltung des Kindes.

→ *zum Kindeswillen siehe 13.2.5*

3.2.3.3.4 Anhaltspunkte für funktionierende elterliche Sorge

Ob die gemeinsame Sorge dem Kindeswillen widerspricht oder nicht, wird prognostisch ermittelt. **Anhaltspunkte für eine gelingende gemeinsame Sorge** können sein:[92]

- früheres **Zusammenleben** der Eltern

  Umgekehrt weist ein fehlendes Zusammenleben nicht auf eine fehlende Kommunikationsbasis hin bzw. darauf, dass eine solche nicht entstehen kann.[93]

- Zahlung von **Unterhalt**

  Die Bereitschaft, elterliche Verantwortung zu übernehmen, kann durch Anerkennung und Erfüllung von Unterhaltspflichten indiziert werden.

- **Umgang**

  Regelmäßige Umgangskontakte und das damit gezeigte persönliche Interesse am Kind weisen auf die Bereitschaft hin, sich für seine Belange einzusetzen.

- **Einigkeit** der Eltern über wesentliche, wenn auch nicht alle Kindeswohlbelange

  Wenn zwischen den Eltern z. B. allein der Aufenthaltsort des Kindes streitig ist, kommt die Anordnung der gemeinsamen Teilsorge unter Aussparung der Teilbereiche Umgangs- und Aufenthaltsbestimmungsrecht in Betracht.[94]

Keine Anhaltspunkte sind:[95]

- unbelegte Missbrauchsvorwürfe

  Etwas anderes kann gelten, wenn sich ein Verdacht nicht ausräumen bzw. abschließend aufklären lässt und mit den Vorwürfen eine gestörte Kommunikationsebene der Eltern einhergeht, die eine Belastung für die gemeinsame Ausübung der elterlichen Sorge darstellt.[96]

- **Konfessionsverschiedenheit** der Eltern

---

92 Die Aufzählung folgt den Ausführungen in BeckOK BGB/Veit, 60. Ed. 1.11.2021, BGB § 1626a Rn. 65, 66 („Indizien für gelingende gemeinsame Sorge"), jeweils mit Hinweisen aus der Rechtsprechung.

93 Siehe zur Rechtsprechung BeckOK BGB/Veit, 60. Ed. 1.11.2021, BGB § 1626a Rn. 65.

94 BeckOK BGB/Veit, 60. Ed. 1.11.2021, BGB § 1626a Rn. 65 mit Verweis auf Rechtsprechung.

95 Vgl. BeckOK BGB/Veit, 60. Ed. 1.11.2021, BGB § 1626a Rn. 67, 68 jeweils mit weiteren Hinweisen auch zur Rechtsprechung.

96 Vgl. BeckOK BGB/Veit, 60. Ed. 1.11.2021, BGB § 1626a Rn. 67 zur Problematik sowie mit Hinweisen zur Rechtsprechung.

4 Teilbereiche der Personensorge

→ zu den Teilgebieten der elterlichen Sorge (Vermögenssorge und Personensorge) siehe 2.3

wesentliche Teilbereiche

Die Personensorge umfasst die persönlichen Angelegenheiten des Kindes. Die §§ 1631 Abs. 1 und 1631a BGB zählen zentrale Bestandteile der Personensorge auf. Zu ihnen gehören **Pflege**, **Erziehung**, **Ausbildung und Berufswahl, Beaufsichtigung** und **Aufenthaltsbestimmung.** Die Aufzählung in § 1631 Abs. 1 BGB ist nicht abschließend, worauf die Verwendung von „insbesondere" hinweist.

keine gesetzliche Rangfolge

Das Gesetz gibt keine Hierarchie vor. Vielmehr richtet sich die Bedeutung eines Teilbereichs nach dem Schwerpunkt dessen, worum es konkret geht: Wenn Eltern unterschiedliche Auffassungen über den Lebensmittelpunkt des Kindes vertreten und sich nicht einigen, würde es im gerichtlichen Verfahren um das Aufenthaltsbestimmungsrecht gehen. Dieser Teilbereich ist auch betroffen, wenn das Jugendamt für das Kind einen anderen Aufenthaltsort als im elterlichen Haushalt befürwortet.

Bei Uneinigkeit über die Vornahme von Impfungen liegt der Fokus der Auseinandersetzung in der Gesundheitsfürsorge.

Die **Teilbereiche**, um die es bei Konflikten unter Eltern häufig geht, sind folgende:

- das **Aufenthaltsbestimmungsrecht**, weil es u. a. das Recht beinhaltet, über den Lebensmittelpunkt eines Kindes zu entscheiden;
- das **Recht der Gesundheitsfürsorge/Pflege**, weil es u. a. das Recht beinhaltet, über ärztliche Maßnahmen zu entscheiden;
- das **Erziehungsrecht**, weil es umfassend dazu berechtigt zu entscheiden, welche Kontakte das Kind unterhält, welche Schule es besucht, welche Religion es annimmt etc.

Ein Konflikt berührt häufig mehrere Teilbereiche. Wenn ein Elternteil die Beschulung des Kindes im Internat fordert, ist sowohl das Aufenthaltsbestimmungsrecht als auch das Recht, über die schulische Erziehung des Kindes zu entscheiden, betroffen.

Bei Bedarf empfiehlt es sich, den Teilbereich zu ermitteln, der im Schwerpunkt betroffen ist. Mittelbare Auswirkungen eines Konflikts auf andere Teilbereiche sind zwangsläufig. Der Teilbereich der Erziehung zum Beispiel dürfte in den meisten Fällen mitbetroffen sein, auch wenn ein anderer Teilbereich im Fokus steht. Denn es lässt sich kaum eine sorgerechtliche Entscheidung treffen, die sich nicht erzieherisch auf das Kind auswirkt.

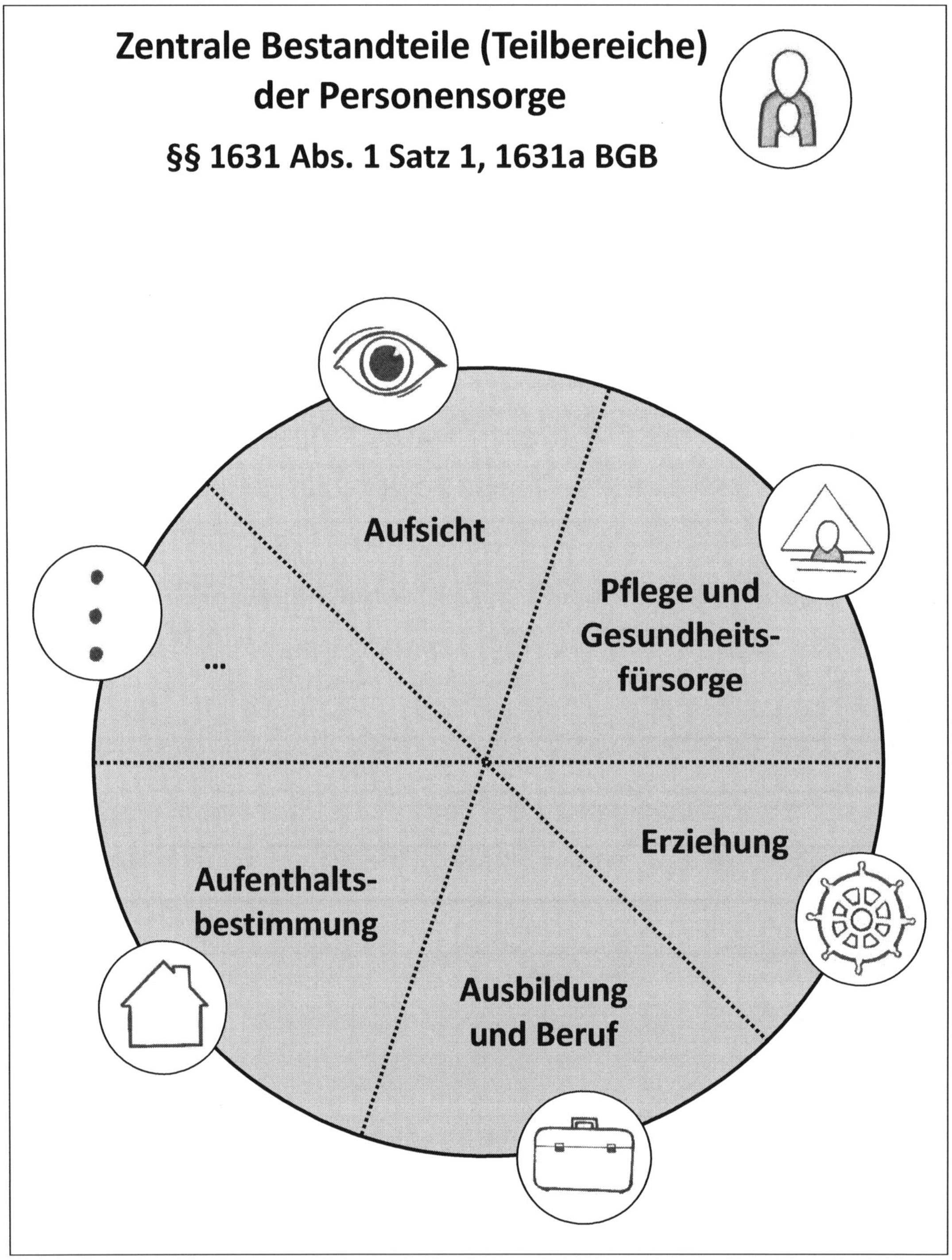

Abbildung 29

4.1 Abgrenzung Teilbereich – Entscheidungsbefugnis

Entscheidungsbefugnis

Soweit es um eine sorgerechtliche Entscheidung geht, die **situativ abgrenzbar** ist, wie zum Beispiel die Entscheidung darüber, auf welche Schule das Kind geht oder ob zur medizinischen Behandlung von ADHS Ritalin eingesetzt werden darf, ist **nur ein einzelnes Element innerhalb eines Teilbereiches betroffen**. Der Konflikt lässt sich dann auf die Entscheidungsbefugnis in einer bestimmten Angelegenheit eingrenzen.

Die Abgrenzbarkeit einer Entscheidung wirkt sich auf das zu führende bzw. einzuleitende familiengerichtliche Verfahren aus: Betrifft der Elternkonflikt eine einzelne Entscheidung, ist ein Verfahren über die Zuweisung von Entscheidungsbefugnissen nach § 1628 BGB zu führen. Sind Eltern sich über eine grundsätzliche Richtung uneinig, die eine nicht abgrenzbare Vielzahl einzelner Entscheidungen umfasst, ist ein familiengerichtliches Verfahren auf Grundlage von § 1671 BGB zu führen.

Zu den in der Praxis wiederholt in Streit stehenden **Entscheidungsbefugnissen** gehören unter anderem:

- Auswahl der **Schule** (Teilbereiche Erziehung und Ausbildung)
- einzelne **ärztliche Maßnahmen** wie zum Beispiel die Behandlung eines Kindes mit Ritalin, die Durchführung von Impfungen, Einwilligung zum Schwangerschaftsabbruch (Teilbereich Gesundheitsfürsorge/Pflege)

In den Klammern sind die Teilbereiche genannt, die bei der jeweiligen Entscheidungsbefugnis mit betroffen sind. Auch hier gilt, dass ein Konflikt mehrere Entscheidungen und Teilbereiche betreffen kann. So kann ein Streit über die Entscheidungsbefugnis hinsichtlich der Auswahl der Schule sowohl den Teilbereich der Erziehung als auch den der Ausbildung betreffen.

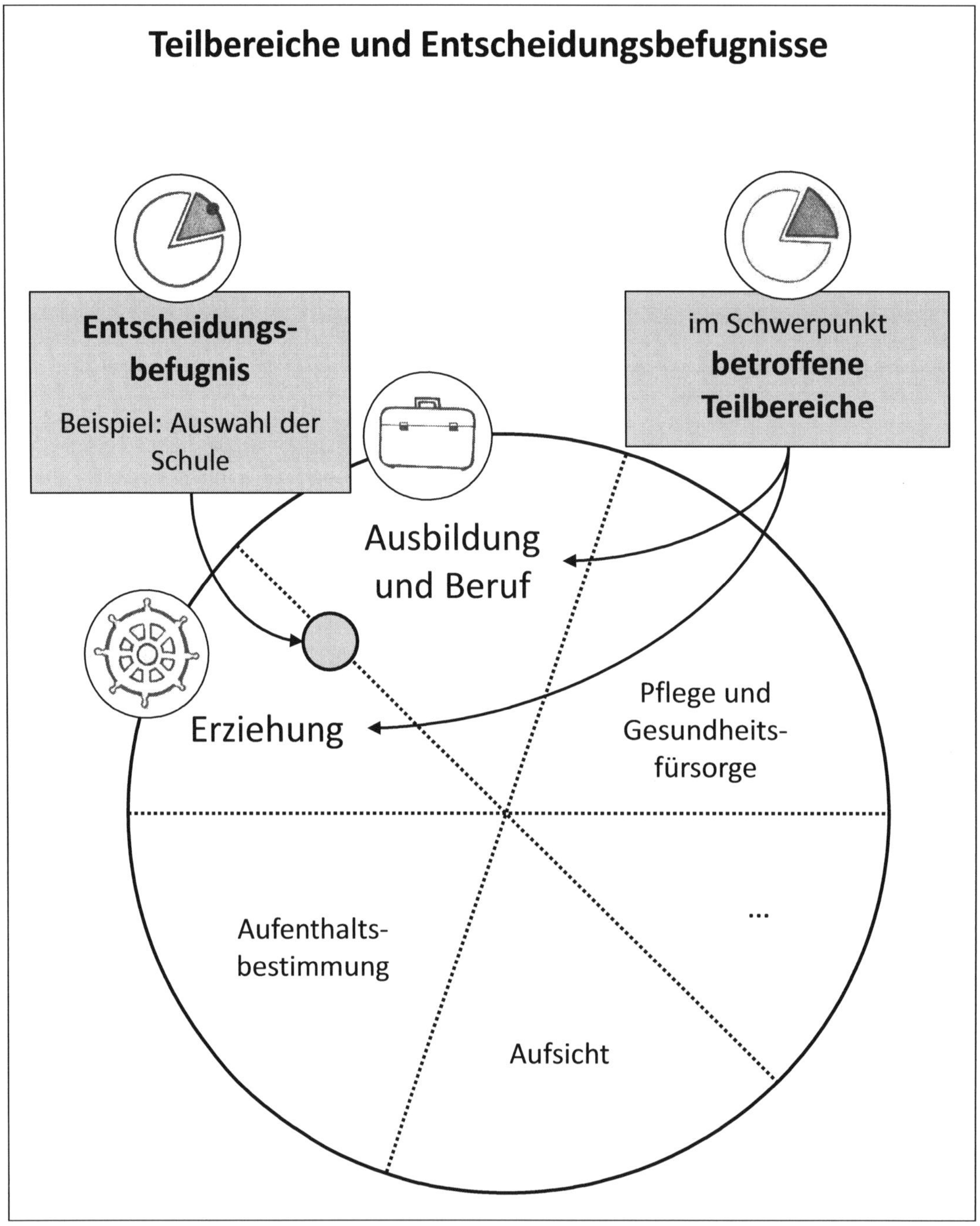

Abbildung 30

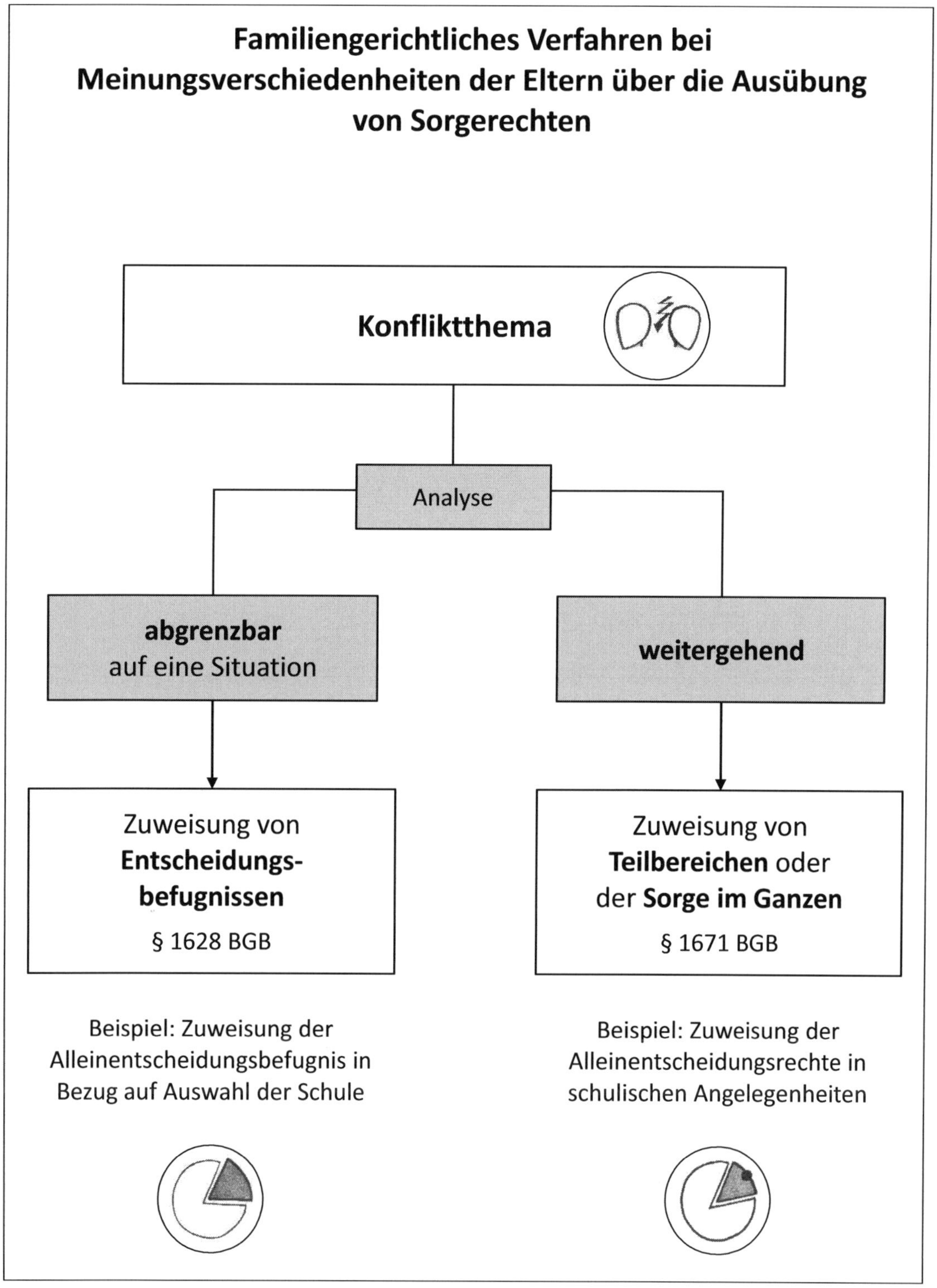

Abbildung 31

4.2 Zentrale Teilbereiche

Nachfolgend werden die in § 1631 Abs. 1 BGB genannten zentralen Teilbereiche der Personensorge vorgestellt.

4.2.1 Pflege

existenzielle Bedürfnisse

Beim Teilbereich der Pflege geht es um die **körperliche Entwicklung** des Kindes. Die sorgeberechtigten Eltern müssen Ernährung, Gesundheit und Bekleidung des Kindes sicherstellen.[97] Die von den Eltern zu leistende Pflege kann darüber hinaus auch die **geistige und seelische Entwicklung** betreffen.[98]

Pflege des Kindes als zentraler Bestandteil der Personensorge

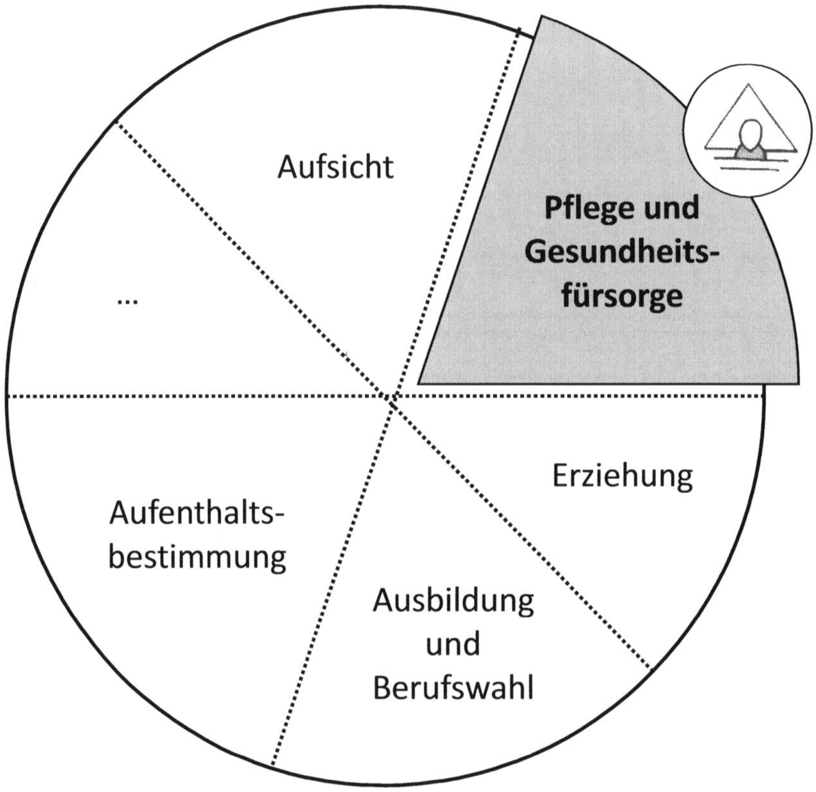

existenzielles Wohl des Kindes

- Unterbringung
- Verpflegung
- Bekleidung
- Gesundheit
- medizinische Heilbehandlungen

Abbildung 32

97 MüKoBGB/Huber, § 1631 Rn. 3; BeckOK BGB/Veit, 60. Ed. 1.11.2021, BGB § 1631 Rn. 3

98 MüKoBGB/Huber, § 1631 Rn. 3 mit weiteren Nachweisen.

medizinische Heilbehandlung

Die **Gesundheitsfürsorge** bezieht sich insbesondere auf die Entscheidung und Durchführung von medizinischen Heilbehandlungen und nötige präventive gesundheitliche Maßnahmen. Hier ist zu beachten, dass es sich bei jeder medizinischen Heilbehandlung – also auch bei einer Blutentnahme und bei einer Medikamentengabe – in juristischer Hinsicht um eine Körperverletzung handelt. Der Betroffene muss in die Behandlung daher grundsätzlich vorher **einwilligen**. Bei Minderjährigen reicht ab einem bestimmten Zeitpunkt die Einwilligung der Eltern nicht aus. Sobald das Kind die notwendige **Einsichts- und Urteilsfähigkeit** in die Vor- und Nachteile der medizinischen Maßnahme besitzt, muss auch das Kind sich einverstanden zeigen.

Problematisch kann auch der umgekehrte Fall sein, nämlich ob der einsichts- und urteilsfähige Minderjährige **ohne oder gegen den Willen der Eltern ärztlich behandelt** werden darf.[99] Jugendliche sind mit Vollendung des 15. Lebensjahres sozialrechtsmündig, § 36 Abs. 1 Satz 1 SGB I. Dies hat zur Folge, dass Jugendliche Sozialleistungen beantragen und entgegennehmen können, was (wenn die Eltern nicht widersprechen) die Ausstellung einer Krankenversicherungskarte umfasst. Auf diese Weise kann sich das minderjährige Kind selbstständig ärztlich behandeln lassen.[100] Bei schwerer wiegenden Maßnahmen werden Ärzte grundsätzlich die Einwilligung der Eltern einholen, zumal in diesen Fällen die **Einsichts- und Urteilsfähigkeit des Kindes** in Frage stehen kann.

Auf die Einsichts- und Urteilsfähigkeit des Kindes kommt es auch bei der **Beschneidung von Jungen aus rituellen Gründen** an. Die Personensorge umfasst nur das Recht, in die Beschneidung des noch nicht einsichts- und urteilsfähigen Kindes einzuwilligen, § 1631d BGB. Sobald die nötige Einsichts- und Urteilsfähigkeit besteht, darf der Eingriff nicht ohne Einwilligung des Kindes erfolgen.

4.2.2 Erziehung

Persönlichkeitsentwicklung

Das Recht der Eltern auf Erziehung des Kindes umfasst die **Einflussnahme und Einwirkung auf seine Entwicklung**. Dies gilt sowohl in geistiger, sittlicher als auch körperlicher Hinsicht.[101] Insoweit kommt es zu Überschneidungen mit dem Teilbereich der Pflege[102], denn Entscheidungen über Ernährung und Bekleidung stellen immer auch Erziehungsmaßnahmen dar.[103] Beiden Teilbereichen ist gemeinsam, dass sie sich an den der Personensorge aufgegebenen Entwicklungszielen, zu denen u. a. die Verselbstständigung des Kindes gehört, orientieren.[104] Auch bei der Auswahl der Erziehungsmethoden müssen die Eltern die Rechte der Kinder wahren. Sie müssen die Erziehung, soweit nach dem Entwicklungsstand des Kindes möglich, partnerschaftlich ausrichten.

→ zu den Leitvorstellungen bei Ausübung der elterlichen Sorge siehe 2.9

99 Wirksamkeit des (rechtsgeschäftlichen) Behandlungsvertrags erfordert die Einwilligung der Eltern, §§ 107 ff. BGB.

100 Prenzlow/Burschel, Sorge und Umgang, Rn. 247.

101 MüKoBGB/Huber, BGB § 1631 Rn. 4; ähnlich (ohne Bezugnahme auf körperliche Aspekte) BeckOK BGB/Veit, 60. Ed. 1.11.2021, BGB § 1631 Rn. 3.

102 MüKoBGB/Huber, BGB § 1631 Rn. 4.

103 BeckOK BGB/Veit, 60. Ed. 1.11.2021, BGB § 1631 Rn. 3.1.

104 MüKoBGB/Huber, BGB § 1631 Rn. 4.

Erziehung des Kindes als zentraler Bestandteil der Personensorge

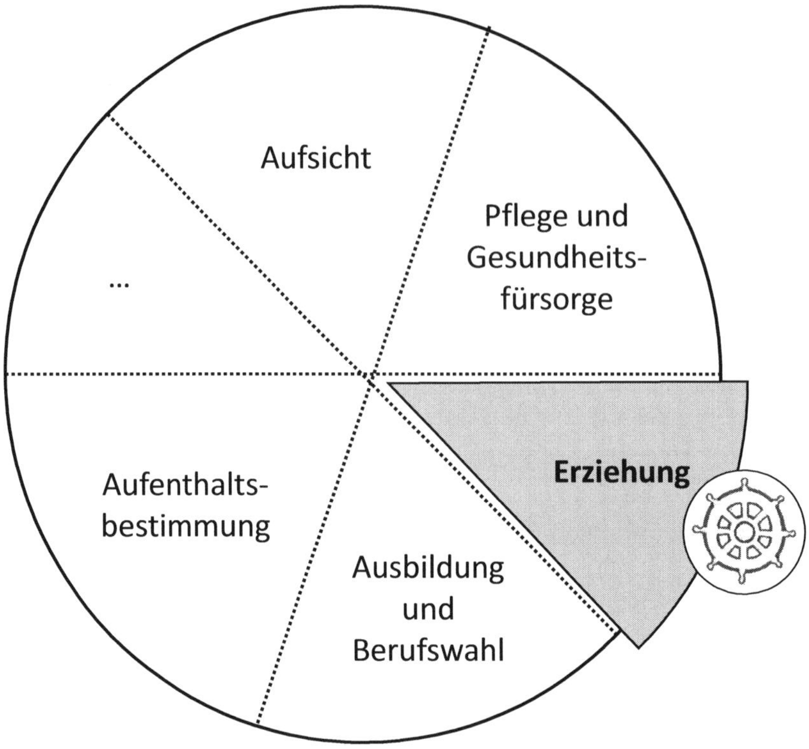

Einflussnahme und Einwirkung auf das Kind

unter anderem in

- **geistiger**
- **seelischer**
- **religiöser**

Hinsicht

Abbildung 33

Religiosität von Eltern und Kind

Bei der **religiösen Erziehung** sind die Vorschriften des Gesetzes über die religiöse Kindererziehung (KErzG) zu beachten.[105] Die religiöse und weltanschauliche Erziehung steht grundsätzlich den Eltern zu. Auch wenn die elterliche Sorge (insoweit) entzogen ist, müssen Vormünder und Ergänzungspfleger bei Entscheidungen auf die Religion der Eltern Rücksicht nehmen, § 3 KErzG.

Die elterlichen Entscheidungsrechte werden hinsichtlich der religiösen Erziehung früh **begrenzt**: Gemäß § 5 KErzG kann ein Kind spätestens ab dem zwölften Lebensjahr zu einem Bekenntniswechsel nicht gezwungen werden und ab dem 14. Lebensjahr entscheidet es über die von ihm ausgeübte Religion und/oder Bekenntnis selbstständig. Damit endet die elterliche Sorge für die religiöse und weltanschauliche Erziehung bereits mit dem vollendeten vierzehnten Lebensjahr des Kindes.

105 Hierzu und zu einem Überblick über Regelungen des KErzG siehe BeckOK BGB/Veit, 60. Ed. 1.11.2021, BGB § 1631 Rn. 4, 4.1

4.2.3 Aufenthaltsbestimmung

Lebensmittelpunkt

Beim Aufenthaltsbestimmungsrecht geht es um das **Recht, Wohnung und Wohnort des Kindes festzulegen.**[106] Damit wird gleichzeitig das Recht vermittelt, über seinen **Lebensmittelpunkt** zu entscheiden. Aus diesem Grund ist das Aufenthaltsbestimmungsrecht in der familiengerichtlichen Praxis einer der zentralen Streitgegenstände unter getrenntlebenden Eltern. Die Entscheidung über den Lebensmittelpunkt eines Kindes beinhaltet darüber hinaus die Entscheidung darüber, wo bzw. von wem das Kind betreut, erzogen und gepflegt wird.

Aufenthaltsbestimmung des Kindes als zentraler Bestandteil der Personensorge

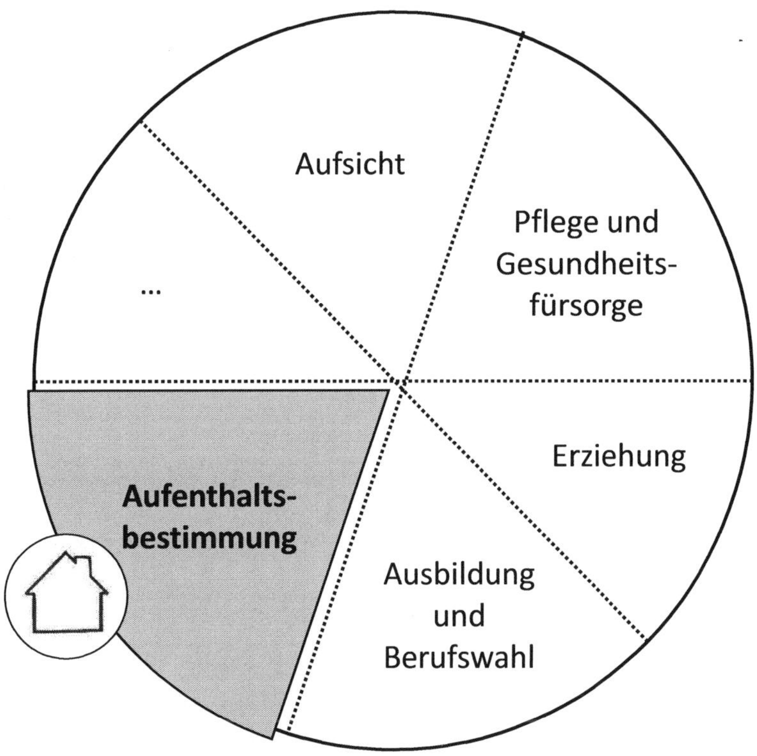

Lebensmittelpunkt des Kindes

Festlegung

- aktueller Aufenthaltsort
- Lebensmittelpunkt

in positiver als auch in negativer Hinsicht

✓ bestimmte Orte aufzusuchen

– bestimmte Orte zu meiden

Abbildung 34

Bei einer **Auseinandersetzung der Eltern über den gewöhnlichen Aufenthaltsort** des Kindes handelt es sich um eine Angelegenheit von erheblicher Bedeutung im Sinne von § 1687 Abs. 1 BGB. Können getrenntlebende Eltern sich nicht einigen, müssen sie ein **Verfahren nach § 1671**

106 MüKoBGB/Huber, BGB § 1631 Rn. 15; BeckOK BGB/Veit, 60. Ed. 1.11.2021, BGB § 1631 Rn. 11.

BGB einleiten, bezogen auf die Übertragung des Aufenthaltsbestimmungsrechts auf einen von ihnen.[107] Über den **täglichen Aufenthalt** des Kindes hingegen kann der Elternteil entscheiden, bei dem es sich aufhält. Dies folgt aus § 1687 Abs. 1 Satz 2 und Satz 4 BGB (Entscheidungsbefugnisse des betreuenden und des getrenntlebenden Elternteils).[108]

→ *zu den Entscheidungsbefugnissen aus § 1687 BGB siehe 6*

Möglichkeiten

Eltern können **verschiedene Orte** zum Lebensmittelpunkt des Kindes bestimmen. Sie können auch einen anderen Aufenthaltsort als ihre Wohnung festlegen.[109]

Entscheidungen im Rahmen des Aufenthaltsbestimmungsrechts

Entscheidung über
Lebensmittelpunkt des Kindes

im elterlichen Haushalt

im **Haushalt der zusammenlebenden Eltern**

bei **Getrenntleben** der Eltern
- überwiegend bei einem Elternteil (Residenzmodell)
- bei beiden Elternteilen im Wechsel (Wechselmodell)

außerhalb des elterlichen Haushalts

privat
- Internat
- bei Verwandten oder anderen Personen (ggf. Pflegeerlaubnis gemäß § 44 SGB VIII erforderlich)

Unterbringung

Hilfe zur Erziehung, §§ 27 ff. SGB VIII
- auf Antrag/mit Willen der sorgeberechtigten Eltern
- bei Antrag eines Vormunds/Pflegers und gegen den Willen der Eltern nur unter den Voraussetzungen von § 1666a BGB (hohe Anforderungen an Verhältnismäßigkeit der Maßnahme) zulässig

Abbildung 35

107 BeckOK BGB/Veit, 60. Ed. 1.11.2021, BGB § 1631 Rn. 12.
108 BeckOK BGB/Veit, 60. Ed. 1.11.2021, BGB § 1631 Rn. 12.2.
109 BeckOK BGB/Veit, 60. Ed. 1.11.2021, BGB § 1631 Rn. 11.1

Das Aufenthaltsbestimmungsrecht ermächtigt auch zur **Unterbringung** des Kindes im Rahmen einer Maßnahme der Hilfe zur Erziehung nach den §§ 27 ff. SGB VIII.

Jugendhilfeeinrichtung

→ *zur Unterbringung des Kindes im Rahmen der Hilfe zur Erziehung nach dem SGB VIII siehe 15.1.3.6 (Pflegefamilie) und 15.1.3.7 (Heimerziehung, sonstige betreute Wohnform)*

Der Inhaber des Aufenthaltsbestimmungsrechts bestimmt in diesen Fällen die jeweilige Einrichtung der Jugendhilfe bzw. die Wohnung der Pflegeeltern zum gewöhnlichen Aufenthaltsort des Kindes. Wird eine derartige Entscheidung nicht durch die Eltern, sondern (etwa nach vorausgegangenem Sorgerechtsentzug) durch den Vormund oder den Ergänzungspfleger getroffen, müssen die Anforderungen aus Art. 6 Abs. 3 GG sowie aus § 1666a BGB erfüllt sein. Nach beiden Vorschriften ist die Trennung eines Kindes von den Eltern, was in Fällen einer Unterbringung zwangsläufig der Fall ist, aufgrund der Schwere eines solchen Eingriffs in die Kinder- und Elternrechte aus Artikel 6 Abs. 1, Abs. 2 GG nur unter engsten Voraussetzungen möglich.

Ist die **Unterbringung mit einem Freiheitsentzug des Kindes verbunden**, reichen weder die Entscheidungsrechte der sorgeberechtigten Eltern noch die eines Vormunds oder eines Ergänzungspflegers aus. Aufgrund der Intensität eines solchen Eingriffs in die Freiheitsrechte des Kindes muss zusätzlich das Familiengericht zustimmen, § 1631b BGB. In solchen Fällen muss daher zwingend das Familiengericht eingeschaltet werden.

Herausgabeanspruch bei Zurückhalten des Kindes

Die Entscheidungen der sorgeberechtigten Eltern zum Aufenthaltsort des Kindes haben auch Dritte zu beachten. Eltern können als Inhaber des Aufenthaltsbestimmungsrechts gemäß § 1632 Abs. 1 BGB die **Herausgabe** des Kindes verlangen. Dies gilt auch, wenn das Kind nicht (mehr) bei den Eltern, sondern mit deren Zustimmung in einer Pflegefamilie lebt. Lebt das Kind in einer Pflegefamilie und fordern die Eltern nunmehr die Herausgabe des Kindes, kann das Familiengericht bei drohender Kindeswohlgefährdung gemäß § 1632 Abs. 4 BGB eine **Verbleibensanordnung** aussprechen. Die Verbleibensanordnung hat zur Folge, dass das Kind in der Pflegefamilie bleibt und nicht an die sorgeberechtigten Eltern herauszugeben ist. Weitere Maßnahmen nach § 1666 BGB können sich anschließen.

→ *zu den Voraussetzungen einer Kindeswohlgefährdung als Eingriffsvoraussetzungen und zu gerichtlichen Maßnahmen bei Kindeswohlgefährdung siehe 10*

4.2.4 Beaufsichtigung

zwei Schutzrichtungen

Das Recht zur Beaufsichtigung beinhaltet die Pflicht, das Kind zu **überwachen**, damit es sich selbst und Dritte nicht schädigt.[110] Die Aufsicht der Eltern soll das Kind vor Gefährdungen schützen, aber auch andere Personen vor Gefährdungen, die vom Kind ausgehen. Im Gegensatz zu anderen Teilbereichen hat die Aufsichtspflicht damit zwei Schutzrichtungen.

Haftung

Demzufolge können Eltern bei Verletzung der Aufsichtspflicht auch **von zwei Seiten haftbar** gemacht werden:

- von Seiten des Kindes gemäß § 1664 BGB
- von Seiten Dritter gemäß § 832 BGB

110 BeckOK BGB/Veit, 60. Ed. 1.11.2021, BGB § 1631 Rn. 7.

Beaufsichtigung des Kindes
als zentraler Bestandteil der Personensorge

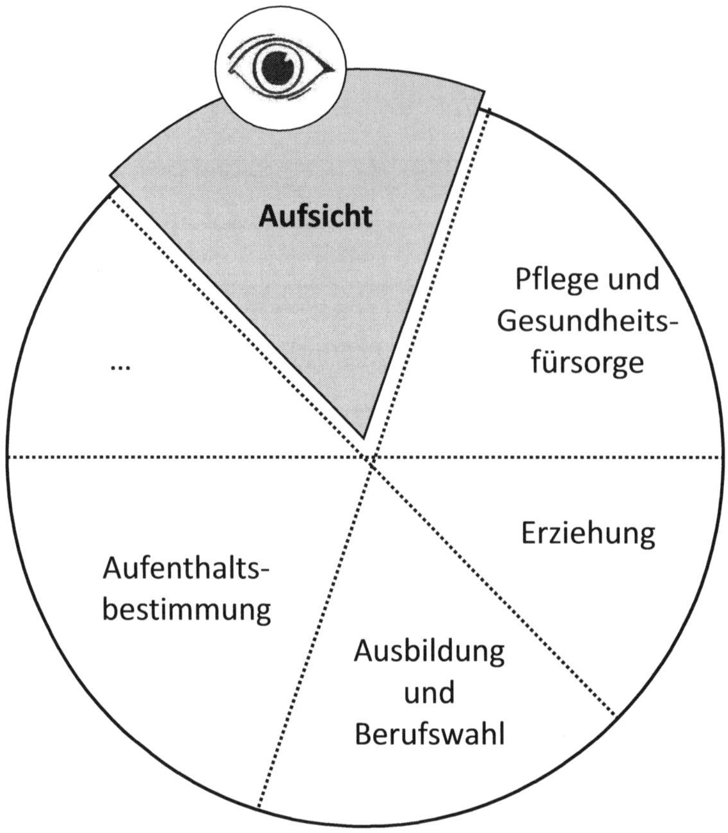

Sicherheit des Kindes

Schutz

- **des Kindes** vor Gefahren, die von der Umgebung und von Dritten ausgehen

und

- **Dritter** vor Gefahren, die vom Kind ausgehen

Abbildung 36

Delegation

Besuchen Kinder eine Kindertagesstätte oder eine Schule, wird die Aufsichtspflicht an die Betreuungsperson delegiert. Die Aufsichtspflicht der Eltern wird dadurch nicht beendet, sie besteht fort. Sie umfasst unter anderem die ordnungsgemäße Auswahl der Betreuungseinrichtung bzw. der Betreuungsperson und bei Bedarf auch deren Kontrolle.[111]

111 Näher Heilmann/Fink, Praxiskommentar Kindschaftsrecht 2. Auflage, § 1631 BGB Rn. 9.

4.2.4.1 Verhältnis zur Erziehung

Grenzen

Bei der Aufsichtsführung ist der Leitsatz im Personensorgerecht zu beachten, wonach die Einflussnahme der Eltern bei **zunehmender Eigenverantwortlichkeit des Kindes** zurücktreten muss.[112] Aufsicht und Erziehung sind dem Ziel unterworfen, ein Kind zu eigenverantwortlichem und selbstständigem Handeln anzuleiten. Wird ein Kind über das gebotene Maß hinaus beaufsichtigt, kann dieses Erziehungsziel nicht erreicht werden. Sowohl Erziehung als auch Aufsicht unterliegen damit Grenzen, die aus dem Entwicklungsstand und -bedürfnis des Kindes folgen.

4.2.4.2 Intensität der Aufsicht

Sowohl die Führung der Aufsicht als solche als auch ihre Intensität und ihre Methoden – Belehrung, Beobachtung oder Intervention – hängen von den **Anforderungen im konkreten Fall** und insbesondere von der **Vorhersehbarkeit eines fremd- oder selbstschädigenden Verhaltens** des Kindes ab.

Das Maß der gebotenen Aufsicht entspricht daher dem, was Eltern im konkreten Fall unternehmen müssen, um einen Schaden zu verhindern.[113] Die Intensität der auszuübenden Aufsicht richtet sich nach Alter und Entwicklungsstand des Kindes sowie nach den äußeren Umständen.[114]

Zu den **äußeren Umständen** gehört die Umgebung, in der das Kind sich aufhält. Im Hinblick auf die zu führende Aufsicht kommt es darauf an, ob diese – für sich genommen – eher risikoarm oder -reich ist. Bei der Frage, ob Eltern ihrer Aufsichtspflicht genügen, ist maßgeblich, wie verständige Eltern im konkreten Fall vernünftigerweise gehandelt hätten.[115] Dabei sind die pädagogischen Freiheiten der Eltern einzubeziehen.[116] Immer ist zu beachten, dass Eltern einen Erziehungsauftrag haben, der besagt, dass das Kind in die Selbstständigkeit zu führen ist. Dies schließt unabdingbar ein, dass Eltern Kindern unbeaufsichtigte Erfahrungen zumuten und ermöglichen.

112 MüKoBGB/Huber, BGB § 1631 Rn. 8.

113 Vgl. BeckOK BGB/Veit, 60. Ed. 1.11.2021, BGB § 1631 Rn. 9.

114 MüKoBGB/Huber, BGB § 1631 Rn. 8; BeckOK BGB/Veit, 60. Ed. 1.11.2021, BGB § 1631 Rn. 9.

115 MüKoBGB/Huber, BGB § 1631 Rn. 8: „Ausschlaggebend ist, was verständige Eltern unter den gegebenen Umständen nach vernünftigen Umständen nach vernünftigen Anforderungen hätten tun müssen"; BeckOK BGB/Veit, 60. Ed. 1.11.2021, BGB § 1631 Rn. 9.

116 MüKoBGB/Huber, BGB § 1631 Rn. 9.

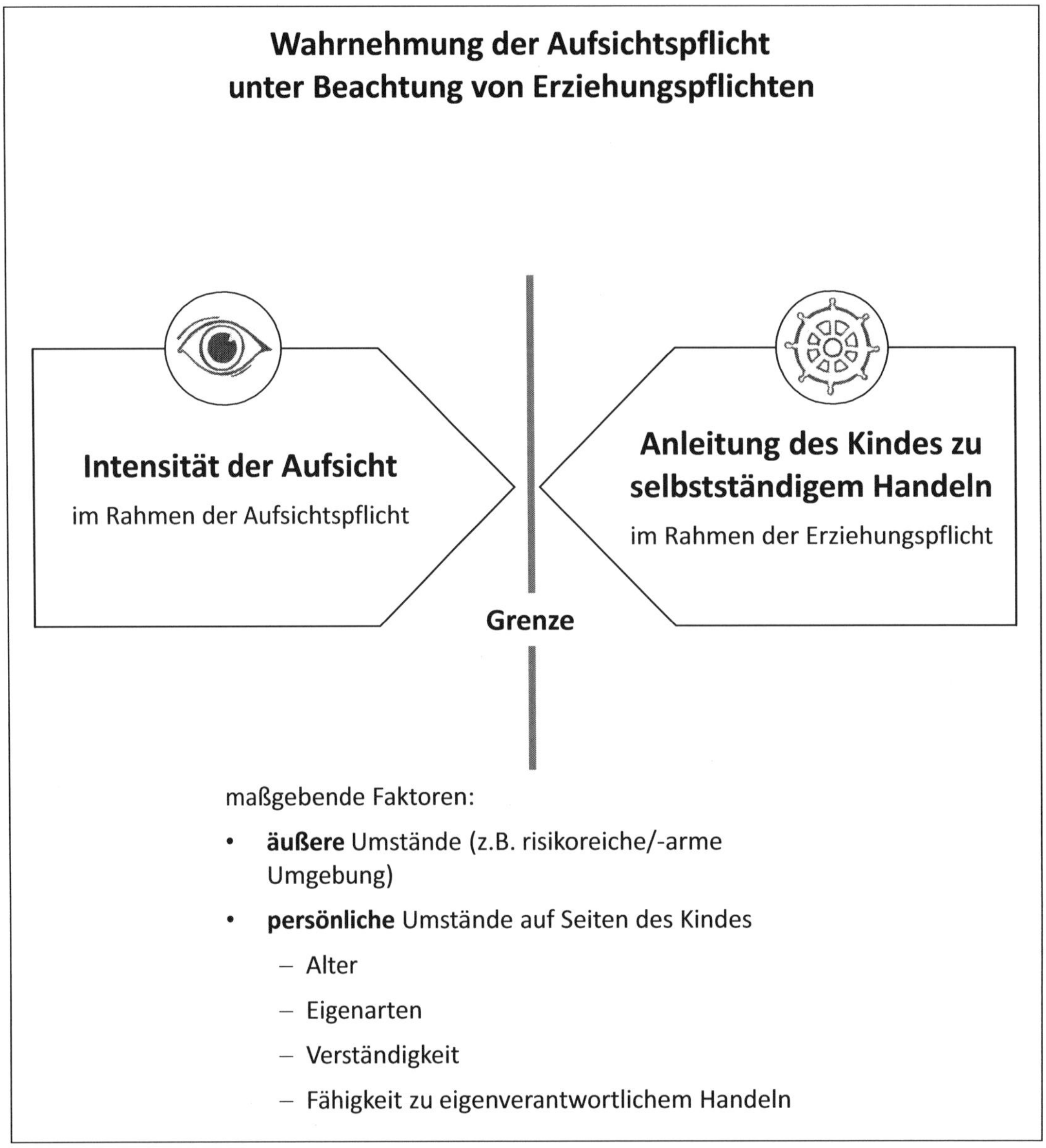

Abbildung 37

4.2.5 Weitere Angelegenheiten

Namen des Kindes

Weitere in § 1631 Abs. 1 BGB nicht aufgeführte Angelegenheiten der Personensorge sind **namensrechtliche** Entscheidungen. Diese betreffen u. a. die Wahl des Vor- und Geburtsnamens des Kindes (§§ 1616 ff. BGB) oder seine Einbenennung.[117]

Regelung des Umgangs

Auch das **Umgangsbestimmungsrecht**, erwähnt in § 1632 Abs. 2 BGB, stellt einen wichtigen Teilbereich der elterlichen Personensorge dar. Das Umgangsbestimmungsrecht vermittelt das Recht, über Art und Umfang von Umgangsregelungen zu entscheiden.[118] Aus § 1632 Abs. 2 BGB folgt, dass auch Dritte sich an die entsprechenden elterlichen Anordnungen halten müssen. Werden diese missachtet – untersagen Eltern etwa bestimmte Kontakte und halten sich die betroffenen Personen nicht daran –, müssen Eltern bei kindeswohlgefährdendem Einfluss versuchen, ein gerichtliches Kontaktverbot nach § 1666 Abs. 3 Ziff. 4 BGB zu erwirken.

→ *zu gerichtlichen Maßnahmen gegen Dritte zur Gefahrenabwehr siehe 10.4.6*

Das **Umgangsbestimmungsrecht** kann durch Umgangsrechte des anderen Elternteils oder von Dritten aus den §§ 1684 ff. BGB eingeschränkt werden. Bei der Ausübung dieses Rechts sind in

117 Vgl. BeckOK BGB/Veit, 60. Ed. 1.11.2021, BGB § 1631 Rn. 14.
118 Heilmann/Gottschalk, Praxiskommentar Kindschaftsrecht 2. Auflage, § 1684 BGB Rn. 1.

besonderem Maße die Neigungen und Bindungen des Kindes zu anderen Personen zu beachten. Die Persönlichkeitsrechte des Kindes spielen hier eine besondere Rolle.

→ *zu den Leitvorstellungen zur elterlichen Sorge und Beachtung der Persönlichkeit des Kindes siehe 2.9.2*

Hilfe zur Erziehung

Ebenso handelt es sich beim **Recht, Leistungen nach dem SGB VIII zu beantragen**, um einen in der familiengerichtlichen Praxis bedeutenden Teilbereich. Insbesondere in Fällen von § 1666 BGB – Kindeswohlgefährdung – kann zusätzlich zur Übertragung des Aufenthaltsbestimmungsrechts die Übertragung des Rechts zur Antragstellung von Hilfen zur Erziehung nach dem SGB VIII erforderlich sein, etwa um die Unterbringung eines Kindes zu gewährleisten.

5 Gerichtliche Zuweisung von Entscheidungsbefugnissen, § 1628 BGB

§ 1628 BGB gibt **gemeinsam sorgeberechtigten Eltern** bei **unüberwindbaren Meinungsverschiedenheiten** die Möglichkeit, beim Familiengericht die Übertragung von Entscheidungsbefugnissen zu beantragen.

Zuweisung von Kompetenzen

Ein erfolgreicher Antrag hat zur Folge, dass die Eltern über die streitige Frage nicht mehr gemeinsam entscheiden (müssen), sondern **ein Elternteil allein entscheidungsbefugt** wird. Das Familiengericht trifft keine inhaltliche Entscheidung – zum Beispiel, welche Entscheidung in der Streitfrage zu treffen ist –, sondern bestimmt den Elternteil, der über die streitige Maßnahme sodann in eigener Verantwortung entscheidet.

Umfang der Entscheidungsbefugnis

Die **Kompetenzzuweisung** hat zur Folge, dass dem begünstigten Elternteil die Alleinsorge – die tatsächliche und rechtliche Sorge im Sinne von § 1629 Abs. 1 Satz 3 BGB – im von der Zuweisung umfassten Bereich zugewiesen wird.[119] Er kann die von ihm vorgeschlagene Maßnahme demzufolge nicht nur durchführen, sondern das Kind auch insoweit allein vertreten.

→ *zur Vertretung des Kindes und gesetzliche Einschränkungen siehe 2.4*

Die gemeinsame Sorge bleibt ansonsten unberührt; nur im Rahmen der zugewiesenen Alleinentscheidungskompetenz besteht das Recht zur Alleinsorge.

Tatbestandsvoraussetzungen

§ 1628 BGB nennt die **Tatbestandsvoraussetzungen**, die für eine gerichtliche Zuweisung der Entscheidungsbefugnis erfüllt sein müssen. Keine Voraussetzung ist das Getrenntleben; § 1628 BGB gilt auch für zusammenlebende Eltern. In **materiell-rechtlicher Hinsicht** muss eine Uneinigkeit zwischen den Eltern bestehen im Hinblick auf eine bestimmte Entscheidung oder einen Entscheidungskomplex, die oder der von Relevanz für das Kind ist. Vor Einleitung eines Verfahrens nach § 1628 BGB ist zu prüfen, ob die Streitfrage nicht bereits gemäß § 1687 Abs. 1 Satz 2 bis Satz 4 BGB einem Elternteil zur alleinigen Entscheidung zugewiesen ist.

→ *zu den Kompetenzzuweisungen aus § 1687 BGB siehe 6*

119 BeckOK BGB/Veit, 60. Ed. 1.11.2021, BGB § 1628 Rn. 11.

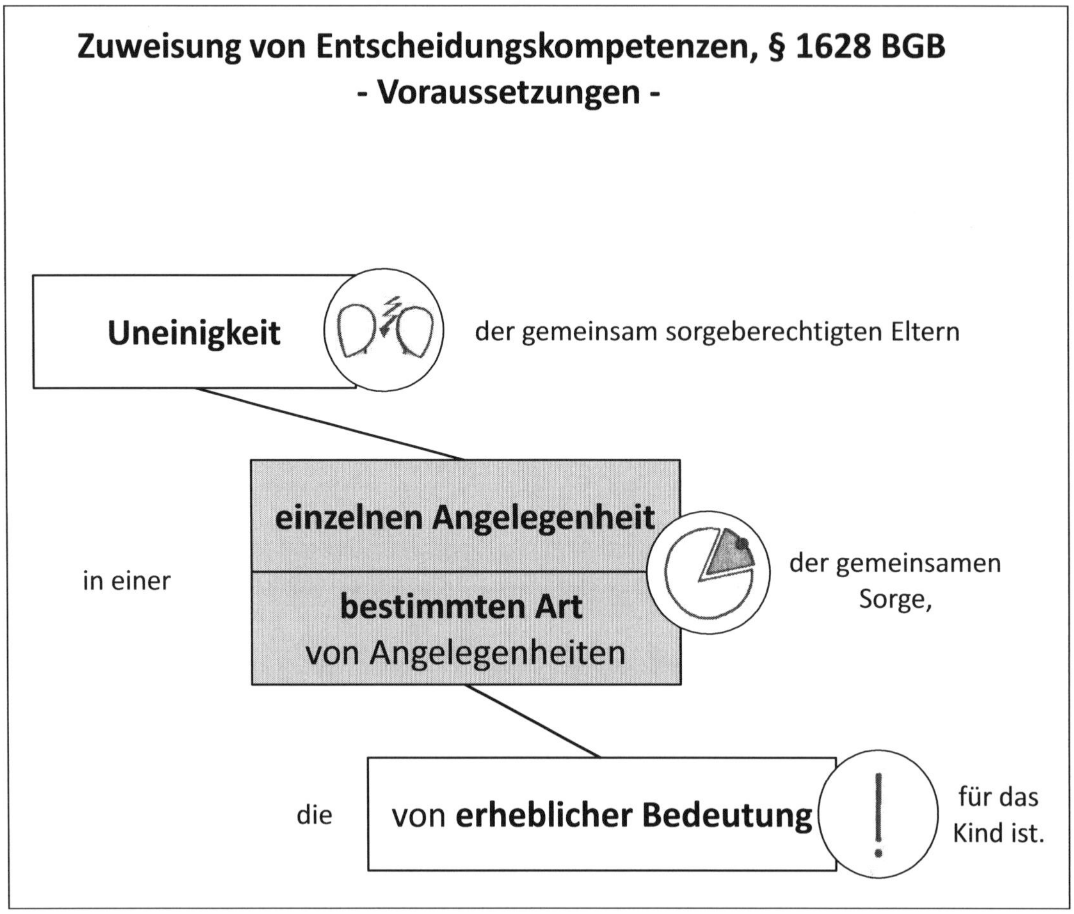

Abbildung 38

5.1 Antrag

Das Familiengericht wird **nur auf Antrag eines oder beider Elternteile** tätig. Nicht ausreichend sind „Anträge" des Kindes oder des Jugendamtes. Solche Anträge kann das Familiengericht jedoch als Anregung zur Einleitung eines Kinderschutzverfahrens werten, wenn aus ihnen hervorgeht, dass zum Nachteil des Kindes ein klärungsbedürftiges Anliegen von den Eltern keiner Entscheidung zugeführt wird.

→ *zum Kinderschutzverfahren nach § 1666 siehe 10*

→ *zu den verfahrensgerichtlichen Anforderungen an einen Antrag siehe 14.4.3*

→ *zur Einleitung eines amtswegigen (Kinderschutz-)Verfahrens siehe 14.4.1*

5.2 Uneinigkeit

Meinungsverschiedenheit im Sinne von §1627 Satz2 BGB

Ein Antrag nach § 1628 BGB kann erst dann gestellt werden, wenn ein **Einigungsversuch unternommen** wurde.[120] Denn die für eine Anrufung des Familiengerichts erforderliche Uneinigkeit der gemeinsam sorgeberechtigten Eltern liegt erst bei einer Meinungsverschiedenheit im Sinne von § 1627 Satz 2 BGB vor. § 1627 Satz 2 BGB verlangt, dass sich Eltern bei Meinungsverschiedenheiten um Einigung bemüht haben.

→ *zu den Anforderungen an einvernehmliches Handeln im Sinne von § 1627 BGB siehe 2.10.2*

Dabei reicht für die Uneinigkeit im Sinne des § 1628 BGB aus, dass ein Elternteil sich nicht entscheiden kann oder will. [121] Auch das passive Verhalten eines Elternteils bzw. seine fehlende Bereitschaft, sich an einer Entscheidung zu beteiligen, führen dazu, dass Einvernehmen nicht herge-

120 BeckOK BGB/Veit, 60. Ed. 1.11.2021, BGB § 1628 Rn. 3.
121 Vgl. BeckOK BGB/Veit, 60. Ed. 1.11.2021, BGB § 1628 Rn. 3.

stellt werden kann. Dies eröffnet die Möglichkeit, einen Antrag auf Zuweisung von Entscheidungsbefugnissen zu stellen, um die nötige Entscheidung selbst treffen zu können.

5.3 Abgrenzbarer Konflikt

situativ abgrenzbare Entscheidung

§ 1628 BGB setzt weiter voraus, dass die Übertragung der Entscheidungsbefugnis für eine „einzelne Angelegenheit" oder eine „bestimmte Art von Angelegenheiten der elterlichen Sorge" beantragt wird.

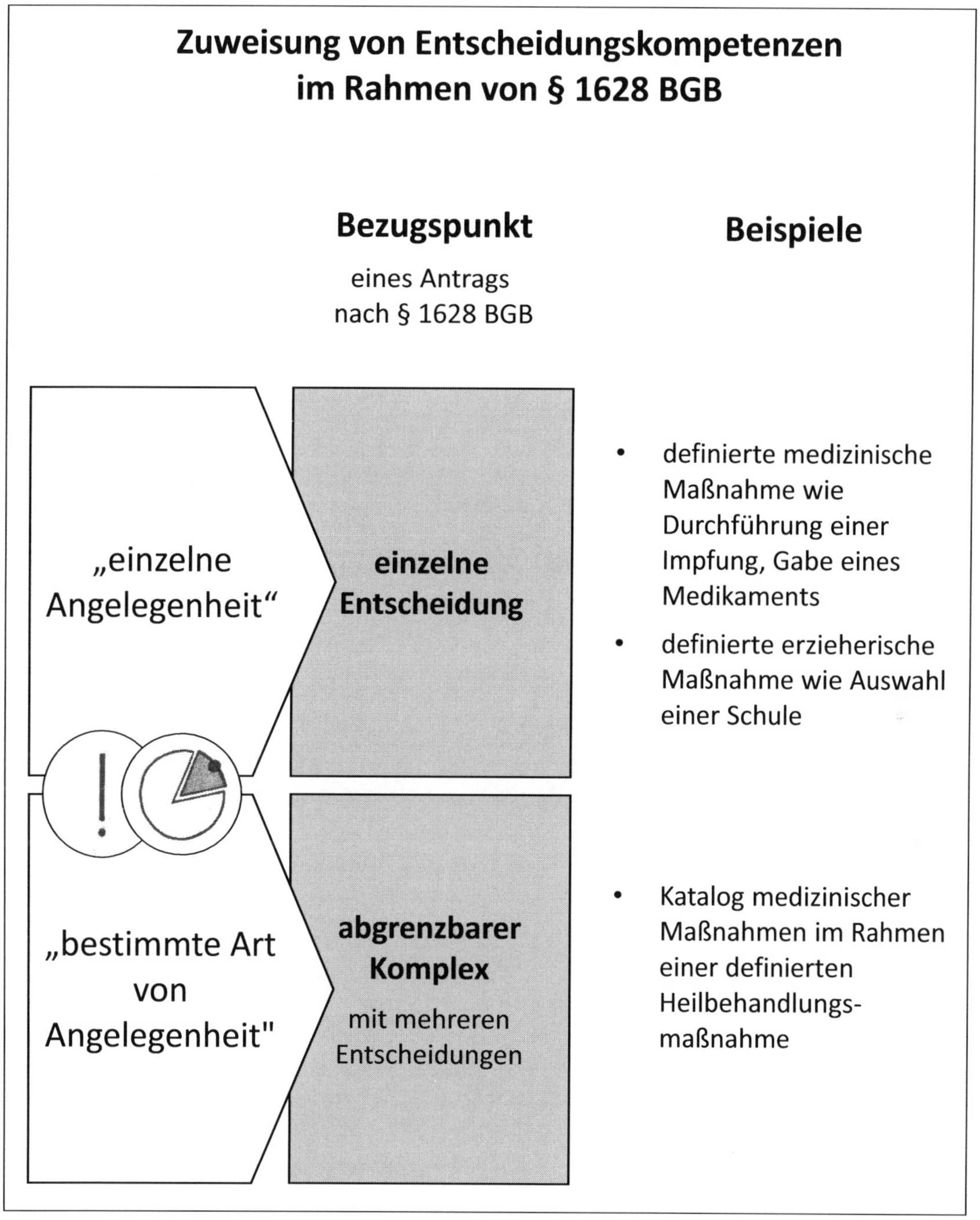

Abbildung 39

Der Elternkonflikt muss auf bestimmte Fragestellungen bzw. Entscheidungen **eingrenzbar** sein.[122] Geht es hingegen um **grundlegende Entscheidungen** bezogen auf einen Komplex, etwa um den Lebensmittelpunkt des Kindes oder seine gesundheitliche Versorgung im Ganzen, ist kein Verfahren nach § 1628 BGB, sondern ein Verfahren nach § 1671 BGB (Zuweisung von Teilbereichen der elterlichen Sorge) zu führen.[123]

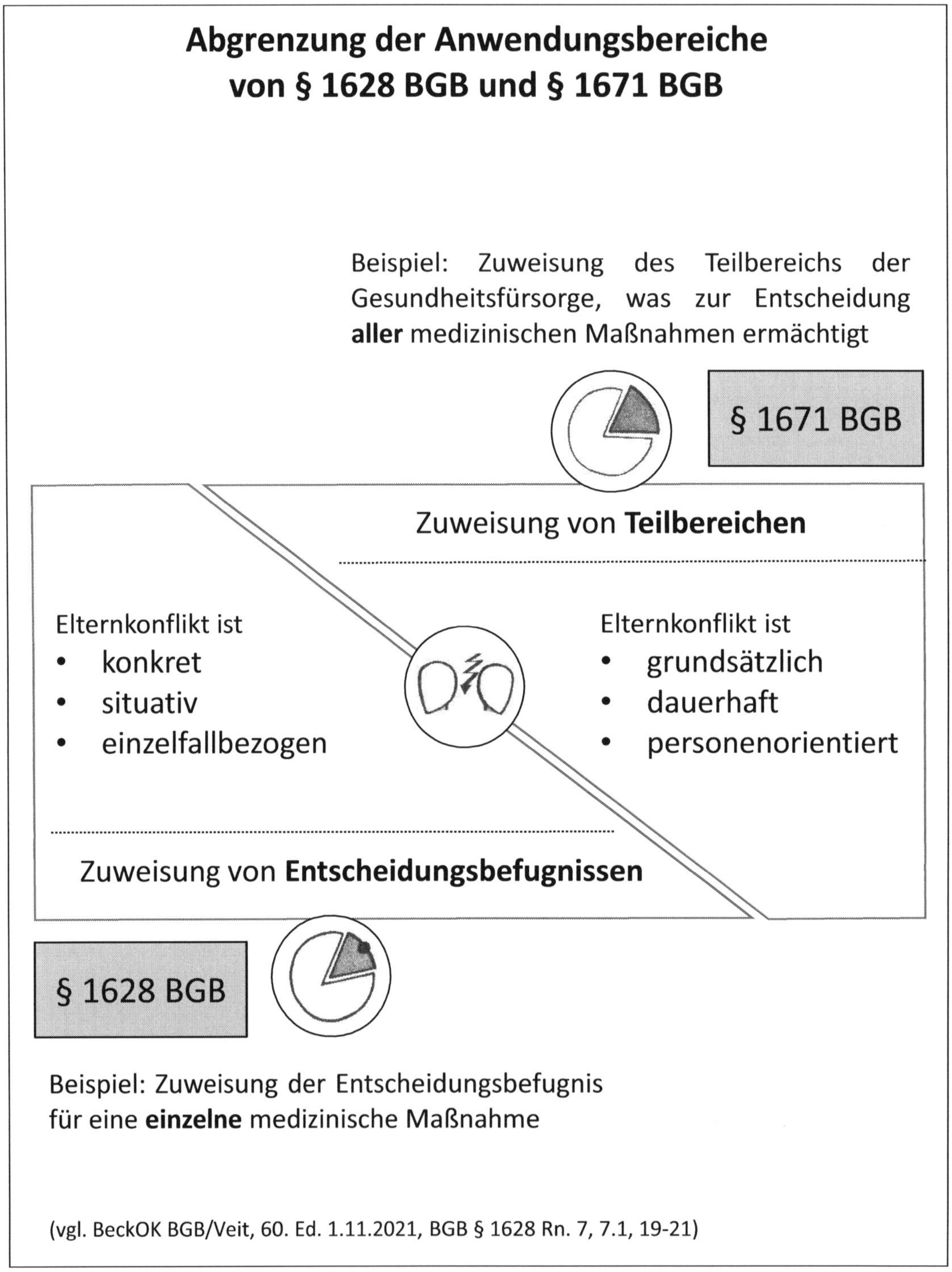

Abbildung 40

122 BeckOK BGB/Veit, 60. Ed. 1.11.2021, BGB § 1628 Rn. 7, 7.1
123 Vgl. BeckOK BGB/Veit, 60. Ed. 1.11.2021, BGB § 1628 Rn. 7, 7.1 mit Beispielen.

Die Übertragung von Teilbereichen nach § 1671 BGB hat sehr viel **weitergehende Wirkungen** als die von einzelnen Entscheidungsbefugnissen nach § 1628 BGB. Vor allem wird die gemeinsame elterliche Sorge außerhalb der übertragenen Entscheidungsbefugnis aufrechterhalten. Ein Verfahren nach § 1628 BGB schont daher das Sorgerecht auf Seiten des Antragsgegners. Aus Verhältnismäßigkeitserwägungen heraus muss das Familiengericht vorrangig prüfen, ob es für die Beilegung des Elternkonfliktes ausreicht, eine Entscheidung nach § 1628 BGB zu treffen, bevor Teilbereiche der elterlichen Sorge nach § 1671 BGB übertragen werden.[124]

Verhältnis zu §1671 BGB

Eine **Abgrenzung** zwischen einem Vorgehen nach § 1628 BGB und § 1671 BGB lässt sich in der Regel danach vornehmen, ob der zur Lösung anstehende Konflikt

- konkret, situativ, konflikt- und einzelfallbezogen ist – dann ist § 1628 BGB einschlägig – oder
- dauerhaft und personenorientiert ist – dann kommt es zur Anwendung von § 1671 BGB.[125]

5.4 Angelegenheit von erheblicher Bedeutung

Entscheidung über übergeordnete Fragestellungen

Es muss sich um eine Sorgerechtsangelegenheit handeln, deren Regelung für das Kind „von erheblicher Bedeutung ist". Angelegenheiten von dieser Qualität sind abzugrenzen von Entscheidungen in Angelegenheiten des täglichen Lebens.[126] Maßgeblich sind die **Auswirkungen der streitigen Entscheidung auf das Kind und seine weitere Entwicklung**.[127] Denn aus dem Umkehrschluss des § 1687 Abs. 1 Satz 3 BGB folgt, dass es sich bei Angelegenheiten von erheblicher Bedeutung um solche handelt, die das Kind und seine Entwicklung auf Dauer bestimmen.[128] Entscheidungen über den Besuch oder die Auswahl der Kindertagesstätte oder der Schule sind wegen der weitreichenden Auswirkungen auf den Alltag und die Entwicklung des Kindes zum Beispiel immer bedeutsam. Auch namensrechtliche Entscheidungen wie über den Vor- und Familiennamen des Kindes gelten als bedeutsam. Von eher untergeordneter Bedeutung sind in der Regel Entscheidungen über Nachhilfeunterricht und Freizeitaktivitäten.[129]

Nach der Rechtsprechung haben folgende Angelegenheiten erhebliche Bedeutung für die kindliche Entwicklung und können eine Antragstellung nach § 1628 BGB begründen:[130]

- Auswahl einer **Schule**, Schulwechsel
- Beantragung einer **Notbetreuung** in der Schule während der Covid-19-Pandemie
- **Reise** in ein Land, für das Reisewarnungen des Auswärtigen Amtes oder auch Hinweise zu Einschränkungen im Reiseverkehr während der Covid-19-Pandemie bestehen, in der Vergangenheit z. B. in Bezug auf Mallorca[131]
- **Umgang** des Kindes mit Bezugspersonen
- Geltendmachung von **Pflegegeld** nach § 37 SGB IX sowie Vertretung des Kindes im sozialgerichtlichen Verfahren zur Realisierung von Ansprüchen auf Leistungen zur Sicherung des Lebensunterhalts nach dem SGB II
- Durchführung einer **Impfung** sowohl zu Standardimpfungen nach den Empfehlungen der STIKO[132] als auch zur Corona-Impfung mit mRNA-Impfstoff[133]

124 BeckOK BGB/Veit, 60. Ed. 1.11.2021, BGB § 1628 Rn. 22.
125 BeckOK BGB/Veit, 60. Ed. 1.11.2021, BGB § 1628 Rn. 21.
126 Lack, in: Lack/Hammesfahr, Psychologische Gutachten im Familienrecht, Rn. 457.
127 BeckOK BGB/Veit, 60. Ed. 1.11.2021, BGB § 1628 Rn. 8.
128 Lack, in: Lack/Hammesfahr, Psychologische Gutachten im Familienrecht, Rn. 457.
129 Hierzu und zu weiteren Sorgerechtsangelegenheiten, die unter § 1628 BGB fallen: BeckOK BGB/Veit, 60. Ed. 1.11.2021, BGB § 1628 Rn. 6.1 mit weiteren Nachweisen.
130 Zur Aufzählung siehe die Zusammenstellung bei BeckOK BGB/Veit, 60. Ed. 1.11.2021, BGB § 1628 Rn. 9, jeweils mit Rechtsprechungsnachweisen.
131 OLG Braunschweig FamRZ 2020, 1658 betr. Mallorca.
132 BGH FamRZ 2017, 1057 (1058 Rn. 20).
133 OLG Frankfurt BeckRS 2021, 3877 Rn. 7 = FamRZ 2021, 853.

- **Covid-19-Testung** als Voraussetzung zur Teilnahme am Präsenzunterricht in der Schule[134]
- **freiheitsentziehende Maßnahmen** nach § 1631b Abs. 2 BGB

  Dabei wird zusätzlich eine familiengerichtliche Genehmigung erforderlich.

  → *zu Einschränkungen sorgerechtlicher Entscheidungen sowie bei der Vertretung des Kindes siehe 2.4*
- Wahl des **Vornamens** Änderung des **Familiennamens**
- **Taufe**
- Beauftragung eines **Rechtsanwalts** für das Kind
- **Veröffentlichung** von Kinderfotos in sozialen Netzwerken (z. B. bei Facebook oder Instagram) sowie die Entscheidung über ein gerichtliches Vorgehen gegen eine unberechtigte Veröffentlichung

→ *zu Angelegenheiten von erheblicher Bedeutung im Sinne von § 1687 Abs. 1 Satz 1 BGB, über die Eltern Einvernehmen erzielen müssen, siehe 6.1.1*

fehlende Erheblichkeit

Erreicht die von einem Elternteil gewünschte Maßnahme diese Qualität nicht, wird das Familiengericht den Antrag ablehnen. Eltern müssen sich unter Umständen damit abfinden, dass sie manche Entscheidungen nicht, jedenfalls nicht mit Hilfe des Familiengerichts durchsetzen können. Umgekehrt gilt das Gleiche: Eltern müssen ggf. aushalten, dass sie Entscheidungen des jeweils anderen, die nicht als erheblich im Sinne von § 1628 BGB angesehen werden, hinnehmen müssen. Beispiele aus der Praxis sind Friseurbesuche oder die Auswahl von Spielzeug.

Es muss unter Umständen also hingenommen werden, dass sich ein Elternteil – in der Praxis meist der psychisch stärkere – durchsetzt, ohne dass familiengerichtlich Einfluss genommen werden kann. Führen eigenmächtige Verhaltensweisen der Eltern bzw. ihr Konfliktverhalten jedoch zu einer Kindeswohlgefährdung, werden gerichtliche Kinderschutzmaßnahmen nach § 1666 BGB erforderlich.

→ *zum Kinderschutzverfahren nach § 1666 BGB siehe 10*

5.5 Entscheidungsmaßstab

Kindeswohlprüfung

Das Familiengericht weist dem Elternteil die Entscheidung zu, dessen Lösungsvorschlag dem Wohl des Kindes am besten entspricht.[135]

Entscheidungsmaßstab ist gemäß § 1697a BGB das **Kindeswohl**[136]; das Gericht führt eine Kindeswohlprüfung durch und entscheidet auf deren Grundlage. Geht es um Angelegenheiten der Personensorge, fällt unter den Kindeswohlbegriff u. a. das körperliche, geistige oder seelische Wohl des Kindes. Geht es um die Zuweisung von Entscheidungsbefugnissen in Vermögensangelegenheiten, sind (auch) die Vermögensinteressen des Kindes maßgeblich[137].

Das Familiengericht richtet seine Entscheidung am körperlichen, seelischen und geistigen Wohl des Kindes aus.

→ *zum Begriff des Kindeswohls und der Kindeswohlkriterien siehe 13.1 und 13.2*

134 AG Mainz BeckRS 2021, 9901 Rn. 23; siehe auch AG Marl FamRZ 2021, 761: Testung ist dann Angelegenheit der tatsächlichen Betreuung, wenn diese aus privaten Zwecken erfolgt, etwa zum Schutz eines Familienangehörigen (hier der in familiärer Gemeinschaft mit dem umgangsberechtigten Elternteil lebenden Großvater des Kindes).

135 BeckOK BGB/Veit, 60. Ed. 1.11.2021, BGB § 1628 Rn. 12.

136 BeckOK BGB/Veit, 60. Ed. 1.11.2021, BGB § 1628 Rn. 12.

137 BeckOK BGB/Veit, 60. Ed. 1.11.2021, BGB § 1628 Rn. 12.

Entspricht keines der Vorhaben der Eltern dem Kindeswohl, weist das Familiengericht den Antrag zurück. Die zu regelnde Angelegenheit bleibt dann ohne Einigung. Kommt es zur Kindeswohlgefährdung bzw. lehnt das Familiengericht die Elternvorschläge aus Gefährdungsaspekten ab, kommt anstelle einer gerichtlichen Zuweisung nach § 1628 BGB ein (ggf. von Amts wegen eingeleitetes) Kinderschutzverfahren nach § 1666 BGB in Betracht.

→ *zum Kinderschutzverfahren nach § 1666 BGB siehe 10*

Auch wenn eine **Bewahrung des gegenwärtigen Zustands** dem Kindeswohl am ehesten entspricht – also keine Kompetenzzuweisung getroffen würde –, ist der Antrag zurückzuweisen.[138]

Beschränkung, Auflage

Gibt das Gericht einem Antrag statt, kann es die Zuweisung der Entscheidungsbefugnis aus Kindeswohlgründen mit Beschränkungen oder Auflagen versehen, § 1628 Satz 2 BGB. Eine Beschränkung kann zum Beispiel darin liegen, dass die Kompetenzzuweisung **befristet** wird. Eine Auflage kann etwa die Verpflichtung beinhalten, dem Gericht die **Vornahme bestimmter Maßnahmen** (zum Beispiel die Durchführung der Schulanmeldung oder von medizinischen Maßnahmen wie einer Impfung) anzuzeigen.[139]

138 Vgl. Lack, in: Lack/Hammesfahr, Psychologische Gutachten im Familienrecht, Rn. 458, mit Verweis auf eine Entscheidung des BGH: „Bewahrung des gegenwärtigen Zustands als die bessere Konfliktlösung".

139 BeckOK BGB/Veit, 60. Ed. 1.11.2021, BGB § 1628 Rn. 14.

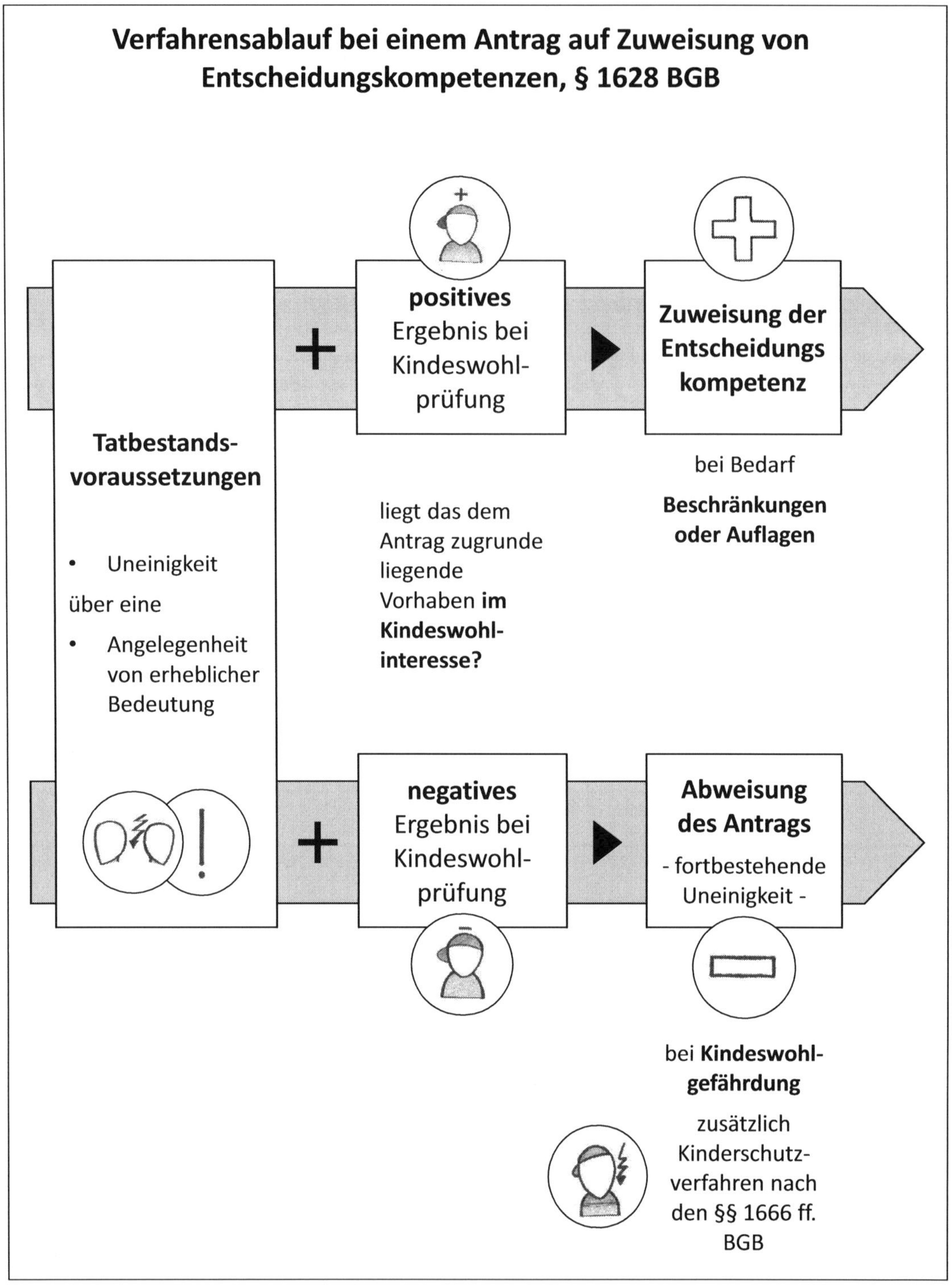

Abbildung 41

6 Entscheidungsbefugnisse getrenntlebender Eltern, §§ 1687, 1687a BGB

Entscheidungsrechte bei gemeinsamer Sorge

Bei **getrenntlebenden, gemeinsam sorgeberechtigten Eltern** kommt es infolge von § 1687 BGB zur „Aufspaltung des gemeinsamen Sorgerechts"[140], nämlich zur gesetzlichen Zuweisung von Entscheidungsbefugnissen. Aufgrund von § 1687 Abs. 1 BGB ist nach einer Trennung nur noch für bestimmte Entscheidungen Einvernehmen der Eltern erforderlich, ansonsten werden die Entscheidungsbefugnisse aufgeteilt. § 1687 BGB führt auf diese Weise zur **Entlastung getrenntlebender Eltern**, die dadurch vor allem in Alltagsdingen nicht jedes Detail abstimmen müssen. Es kommt im Ergebnis zur Alleinsorge des betreuenden Elternteils mit Mitbestimmungsrechten des anderen Elternteils in wichtigen Angelegenheiten.[141] Im eigenen Verantwortungsbereich kann der betreffende Elternteil damit allein entscheiden; getrenntlebende Eltern müssen **nur noch bestimmte Entscheidungen gemeinsam entscheiden**, nämlich solche von **übergeordneter Bedeutung**.

Die Regelungen in § 1687 BGB sind wegen des Abstellens auf den Betreuungsschwerpunkt des Kindes zwar auf die Betreuung des Kindes im Residenzmodell zugeschnitten[142], finden aber auch – unter Einschränkungen – im Wechselmodell Anwendung.[143]

→ *zum Residenzmodell siehe 2.8.1*

→ *zum Wechselmodell siehe 2.8.2*

Anwendungsbereich

Ein **Getrenntleben** im Sinne von § 1687 Abs. 1 BGB liegt vor, wenn die Eltern **räumlich getrennt** leben. Eine Trennung kann dabei auch innerhalb eines (etwa aus finanziellen Gründen) gemeinsam genutzten Wohnraums stattfinden.[144] Maßgeblich ist, dass es gemeinsame Lebensbereiche nicht (mehr) gibt[145], die Eltern ihren Lebensalltag also getrennt voneinander verbringen.

abgestuftes System

Die Kompetenzzuweisungen aus § 1687 Abs. 1 BGB folgen einem abgestuften System. Dieses baut auf **bestimmten Eigenschaften** der zu entscheidenden bzw. vorzunehmenden Handlung auf.

---

140 BeckOK BGB/Veit, 60. Ed. 1.11.2021, BGB § 1687 Rn. 3.
141 BeckOK BGB/Veit, 60. Ed. 1.11.2021, BGB § 1687 Rn. 3.
142 Vgl. BeckOK BGB/Veit, 60. Ed. 1.11.2021, BGB § 1687 Rn. 23.
143 Siehe hierzu BeckOK BGB/Veit, 60. Ed. 1.11.2021, BGB § 1687 Rn. 22–24.1.
144 Heilmann/Gottschalk, Praxiskommentar Kindschaftsrecht 2. Auflage, § 1687 BGB Rn. 3 unter Bezugnahme auf den Getrenntlebensbegriff aus dem Scheidungsbegriff in § 1567 BGB.
145 Heilmann/Gottschalk, Praxiskommentar Kindschaftsrecht 2. Auflage, § 1687 BGB Rn. 3.

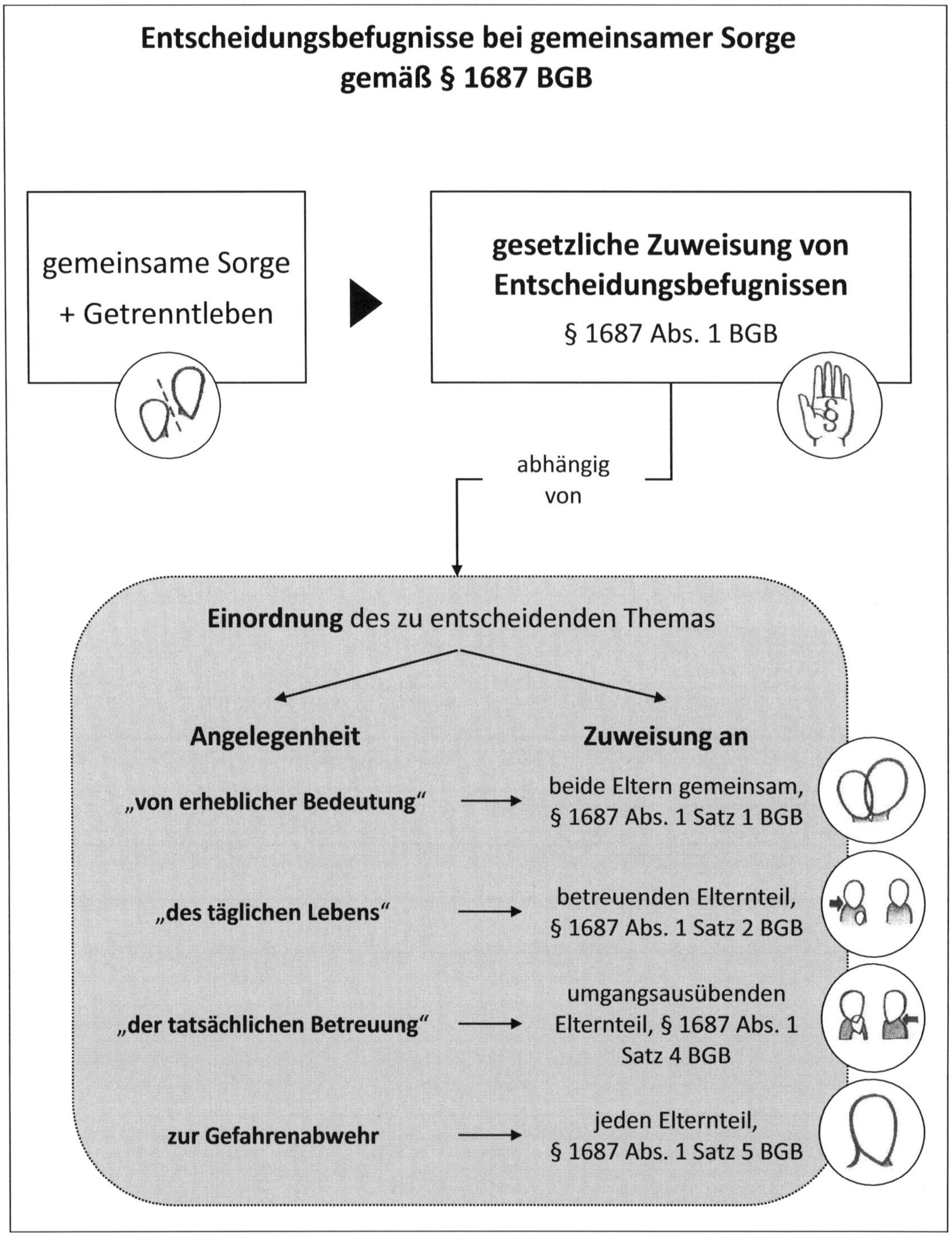

Abbildung 42

→ zur Zuweisung von Entscheidungsbefugnissen nach § 1628 BGB siehe 5

Entscheidungsrechte bei Alleinsorge

Sind die Eltern **nicht gemeinsam sorgeberechtigt**, entscheidet der allein sorgeberechtigte Elternteil über sämtliche Belange des Kindes, ob von Gewicht oder alltäglich, allein. Der nicht sorgeberechtigte Elternteil kann sich gemäß § 1687a BGB nur auf die in § 1687 Abs. 1 Satz 4 und 5 BGB geregelten Entscheidungsrechte berufen. Er hat daher nur Entscheidungsrechte, die aus seinem Umgangsrecht folgen.

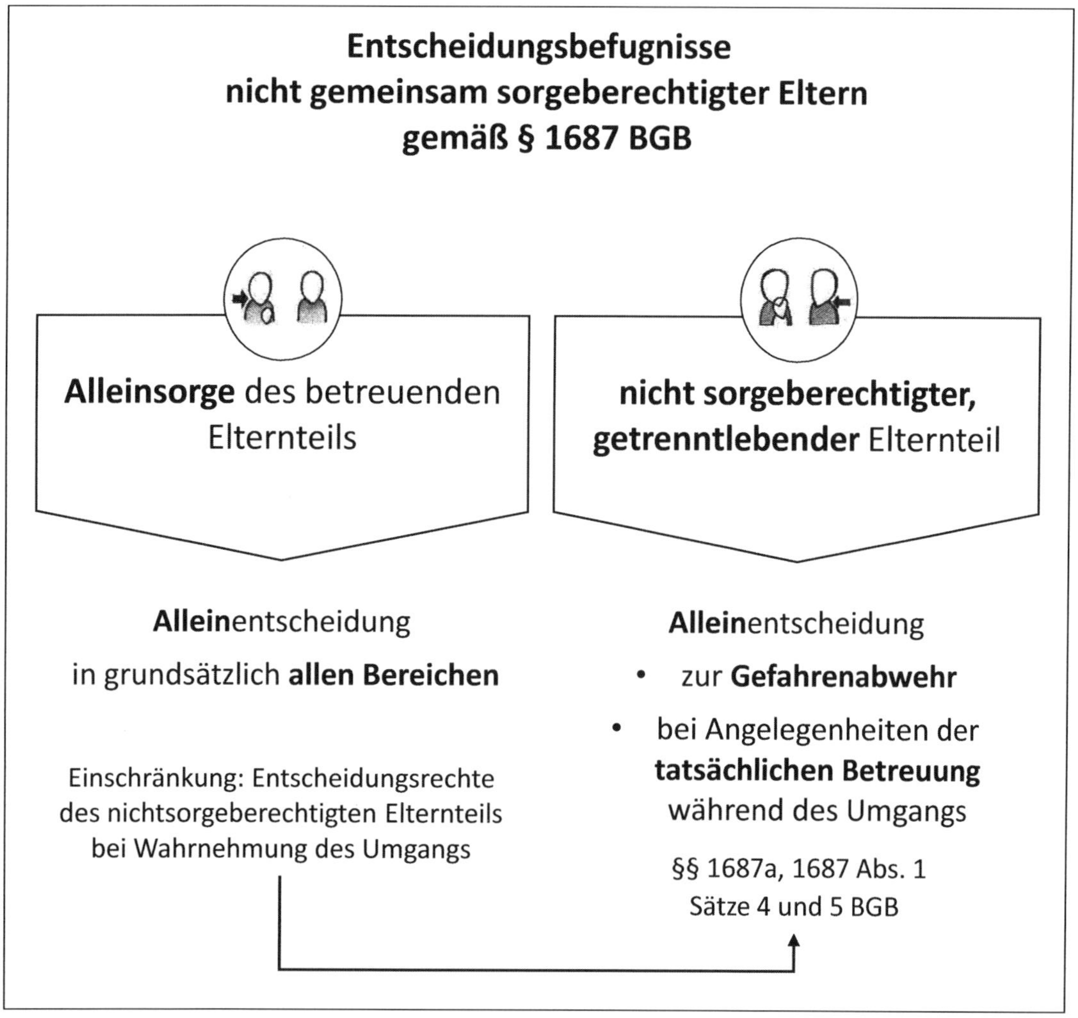

Abbildung 43

6.1 Entscheidungen, die einvernehmliches Handeln erfordern

Die gemeinsam sorgeberechtigten, getrenntlebenden Eltern müssen gemäß § 1687 Abs. 1 Satz 1 BGB nur noch im Hinblick auf **Angelegenheiten von erheblicher Bedeutung** Einvernehmen erzielen. Alle übrigen Entscheidungen trifft jeder Elternteil innerhalb seines Verantwortungsbereichs.

Bei Unstimmigkeiten darüber, ob eine streitige Entscheidung erheblich ist im Sinne von § 1687 Abs. 1 Satz 1 BGB und infolgedessen einvernehmlich getroffen werden muss oder nicht, kann bei Bedarf ein **Feststellungsverfahren** vor dem Familiengericht geführt werden. Durch die Feststellung wird deutlich, ob ein Elternteil allein oder nur mit Zustimmung des anderen entscheiden und/oder handeln kann.

6.1.1 Angelegenheiten von erheblicher Bedeutung

Entscheidungsmaßstab

Um Angelegenheiten von erheblicher Bedeutung handelt es sich bei Entscheidungen, die nicht oder nur **schwer abänderbare Auswirkungen** auf die Entwicklung des Kindes haben.[146] Dies ist einerseits objektiv, andererseits unter Berücksichtigung der erzieherischen Vorstellungen der Eltern und außerdem aus der Perspektive des Kindes zu bestimmen. [147] Ob eine Entscheidung erheblich ist, hängt daher auch immer von der konkreten familiären Situation ab.[148]

146 Vgl. BeckOK BGB/Veit, 60. Ed. 1.11.2021, BGB § 1687 Rn. 17.
147 Vgl. BeckOK BGB/Veit, 60. Ed. 1.11.2021, BGB § 1687 Rn. 17.
148 Siehe auch Heilmann/Gottschalk, Praxiskommentar Kindschaftsrecht 2. Auflage, § 1687 Rn. 5.

Aus der Gegenüberstellung mit § 1687 Abs. 1 Satz 2 BGB folgt nicht, dass eine Entscheidung nur dann erheblich ist, wenn es sich um eine Einzelfallentscheidung handelt oder sie keine Auswirkungen auf den Alltag des Kindes entfaltet.[149] Vielmehr ist Absicht des Gesetzgebers, dass Eltern grundlegende, in ihren Auswirkungen schwere oder nicht mehr umkehrbare Entscheidungen gemeinsam treffen. Entscheidungen von untergeordneter Bedeutung sollen durch einen Elternteil allein getroffen werden; insoweit soll es keinen Zwang zur gemeinsamen Abstimmung geben.

Die Abgrenzung wesentlicher Angelegenheiten von den Angelegenheiten, die unter § 1687 Satz 2 und Satz 4 BGB fallen, ist bisweilen schwierig.[150] Um eine Angelegenheit von erheblicher Bedeutung handelt es sich immer, wenn sie **geeignet ist, die Entwicklung des Kindes grundlegend zu beeinflussen**.

Fallgruppen

Als Angelegenheiten von erheblicher Bedeutung werden in der Rechtsprechung folgende angesehen:[151]

Lebensmittelpunkt	Betreuungsmodell, gewöhnlicher Aufenthaltsort bzw. Lebensmittelpunkt, Unterbringung in einer Jugendhilfeeinrichtung, Beschulung im Internat, Wohnortwechsel
Kindertagesstätte, Schule, Ausbildung, Beruf	Auswahl, An- und Abmeldung, Wechsel der Einrichtung oder Schule, Wiederholung einer Klassenstufe, Auswahl von Fächern und Fachrichtungen
Reisen	wenn besonders belastend (z. B. mehrstündiger Flug eines Kleinstkindes) oder gefährlich (Reisen in kriegsbedrohte Gebiete) bzw. wenn Reisewarnungen für das Urlaubsland bestehen, Beantragung von Kinderreisepass oder Kinderausweis
Gesundheit	Operationen, sonstige medizinische Eingriffe, wenn Komplikationen und/oder Nebenwirkungen zu erwarten sind, grundlegende Entscheidungen zur Pflege und Gesundheitsfürsorge, Impfung
Religion	Bekenntniswahl
Umgang	Regelung von Umgang
Status/Name	Statusfragen, Vor- und Familienname
Hilfe zur Erziehung, §§ 27 ff. SGB VIII	Inanspruchnahme von Hilfemaßnahmen des Jugendamts; Zustimmung zur Inobhutnahme im Sinne von § 42 Abs. 3 Satz 2 SGB VIII
Vermögen	Umgang mit Kindesvermögen, Annahme und Ausschlagung einer Erbschaft

6.1.2 Einvernehmen

Das von § 1687 Abs. 1 Satz 1 BGB verlangte Einvernehmen entspricht dem Einvernehmen im Sinne von § 1627 Satz 1 BGB.[152]

Einigung

Das gegenseitige Einvernehmen erfordert eine Einigung der Eltern. Eine Einigung kann **ausdrücklich** (mündlich sowie schriftlich) erfolgen, aber auch **konkludent** (= das Verhalten lässt darauf schließen). Eine konkludente Einigung kann z. B. vorliegen, wenn ein Elternteil den anderen bewusst gewähren lässt.[153]

→ zu den Anforderungen einvernehmlichen Handelns gemäß § 1627 Satz 1 BGB siehe 2.10.2

149 BeckOK BGB/Veit, 60. Ed. 1.11.2021, BGB § 1687 Rn. 17.2.

150 Heilmann/Gottschalk, Praxiskommentar Kindschaftsrecht 2. Auflage, § 1687 BGB Rn. 5.

151 Die Aufzählung folgt der Darstellung bei BeckOK BGB/Veit, 60. Ed. 1.11.2021, BGB § 1687 Rn. 17.2, jeweils mit Rechtsprechungsnachweisen. Eine ausführliche Aufzählung von Beispielen findet sich außerdem bei Heilmann/Gottschalk, Praxiskommentar Kindschaftsrecht 2. Auflage, § 1687 BGB Rn. 6.

152 BeckOK BGB/Veit, 60. Ed. 1.11.2021, BGB § 1687 Rn. 18.

153 BeckOK BGB/Veit, 60. Ed. 1.11.2021, BGB § 1687 Rn. 18.

Möglich ist auch, dass Eltern sich hinsichtlich der Übernahme bestimmter Aufgaben absprechen (**Aufgabenteilung**) und sich hinsichtlich einzelner Bereiche mit Vollmachten ausstatten.[154] Auch dann liegt Einvernehmen im Sinne von § 1687 Abs. 1 Satz 1 BGB vor. Durch die Bevollmächtigung des einen Elternteils darf sich der andere der Wahrnehmung seiner Sorgerechte und -pflichten jedoch nicht entziehen; die Übertragung aller Entscheidungsbefugnisse auf einen Elternteil ist unzulässig.[155] Das Gesetz strebt das Zusammenwirken der Eltern in den für das Kind wesentlichen Angelegenheiten an. Eine Abstimmung hierüber erfordert den Austausch der Eltern und fördert damit die Erörterung verschiedener Gesichtspunkte. Die dann stattfindende Abwägung kommt regelmäßig dem Kind zugute. Dieser Zweck darf nicht unterlaufen werden.

Abstimmung über Grundrichtung

Es reicht im Übrigen aus, dass die Eltern sich über die **Grundrichtung** des zu entscheidenden Themas verständigen. Keineswegs müssen sie jedes mit der Entscheidung zusammenhängende Detail zusätzlich abstimmen.[156] Dies würde dem Ziel von § 1687 Abs. 1 BGB entgegenstehen; die Regelung strebt ja gerade die Entlastung getrenntlebender Eltern an. Eltern sollen sich gerade nicht wegen (unwesentlicher) Details einigen müssen.

Pflicht zur Information

Für die Herstellung des Einvernehmens ist erforderlich, dass alle Beteiligten über die nötigen Informationen verfügen. Bisweilen kommt es vor, dass der getrenntlebende Elternteil aktuelle Themen nicht kennt oder nicht kennen kann. Der betreuende Elternteil hat dann die **Aufgabe, den anderen zu informieren.**[157] Dies gilt natürlich auch umgekehrt.

Auch die Auskunftsrechte des umgangsberechtigten Elternteils aus § 1686 BGB helfen dem getrenntlebenden Elternteil, sich zu den für das Kind relevanten und gemeinsam zu entscheidenden Fragen informieren und positionieren zu können.[158]

→ *zu den Auskunftsansprüchen aus § 1686 BGB siehe 12.2.5*

Abänderung

Ein einmal erzieltes Einvernehmen hat grundsätzlich **Bindungswirkung**. Auch das Familiengericht ist an eine von den Eltern getroffene Vereinbarung grundsätzlich gebunden. Die Vereinbarung ist – wie andere Vereinbarungen üblicherweise ebenfalls – nur bei geänderten Verhältnissen abänderbar. Ein Abänderungsgrund kann zum Beispiel darin liegen, dass die kindlichen Bedürfnisse sich nach der Vereinbarung verändert haben und die Vereinbarung dem Kindeswohl nicht mehr entspricht.[159]

6.1.3 Fehlendes Einvernehmen

gerichtliche Entscheidung

Können Eltern sich nicht einigen und steht eine Entscheidung von erheblicher Bedeutung für das Kind an, lässt sich der Konflikt unter Umständen nur über ein **familiengerichtliches Verfahren** lösen. Jeder Elternteil kann Anträge nach § 1628 BGB stellen und beantragen, dass die Befugnis zur umstrittenen Entscheidung auf ihn zur alleinigen Ausübung übertragen wird.

→ *zur gerichtlichen Zuweisung von Alleinentscheidungsbefugnissen nach § 1628 BGB siehe 5*

Wenn der **Elternkonflikt weitergehend** ist und einen gesamten Teilbereich betrifft oder die Eltern sich über eine Vielzahl einzelner Entscheidungen streiten, kommt ein Verfahren nach § 1671 BGB, gerichtet auf die Aufhebung der gemeinsamen Sorge und Zuweisung der partiellen oder vollständigen Sorge auf einen Elternteil, in Betracht.

→ *zur Sorgerechtsübertragung im Rahmen eines Verfahrens nach § 1671 BGB siehe 7*

154 Heilmann/Gottschalk, Praxiskommentar Kindschaftsrecht 2. Auflage, § 1687 Rn. 8. Ein Formulierungsbeispiel für eine Vollmacht ist zu finden bei Lack, in: Lack/Hammesfahr, Psychologische Gutachten im Familienrecht, Rn. 442.
155 Heilmann/Gottschalk, Praxiskommentar Kindschaftsrecht 2. Auflage, § 1687 Rn. 8.
156 BeckOK BGB/Veit, 60. Ed. 1.11.2021, BGB § 1687 Rn. 18.
157 Heilmann/Gottschalk, Praxiskommentar Kindschaftsrecht 2. Auflage, § 1687 BGB Rn. 7.
158 Ähnlich Heilmann/Gottschalk, Praxiskommentar Kindschaftsrecht 2. Auflage, § 1687 BGB Rn. 7.
159 BeckOK BGB/Veit, 60. Ed. 1.11.2021, BGB § 1687 Rn. 16.

6.1.4 Eigenmächtige Entscheidungen

Folgen von Eigenmacht

Eigenmächtige Entscheidungen eines Elternteils in Angelegenheiten, die nach § 1687 Abs. 1 Satz 1 BGB Einvernehmen erfordern, sind zwar unzulässig. Dennoch führt **Eigenmacht** nicht zwangsläufig dazu, dass die so getroffenen Entscheidungen keine Wirksamkeit entfalten.[160] Vielmehr lassen sich die Folgen von eigenmächtigem Handeln häufig weder rechtlich noch faktisch rückgängig machen. Nimmt der betreuende Elternteil etwa die Schulanmeldung des Kindes vor, ohne sich mit dem anderen Elternteil abzustimmen, wird die Anmeldung nicht zwangsläufig unwirksam. Wenn ein Elternteil medizinische Behandlungen durchführen lässt (zum Beispiel die Impfung eines Kindes), lässt sich diese ebenfalls nicht rückgängig machen.

Auch wenn das Kind vom betreuenden Elternteil bereits auf eine bestimmte Schule eingestimmt wurde, kommt der andere Teil mit seinen Vorschlägen nicht mehr durch. Es besteht daher die Gefahr, dass das Erfordernis einvernehmlichen Handelns unterlaufen wird.

§ 1687 BGB enthält keine Regelung zu den Folgen, wenn ein Elternteil seine Entscheidungsbefugnisse überschreitet. Eigenmächtiges Verhalten lässt sich daher nur über ein Verfahren stoppen, das auf Entzug oder Beschränkung der elterlichen Sorge oder einzelner Entscheidungsbefugnisse gerichtet ist, etwa nach § 1687 Abs. 2 BGB. In Betracht kommen auch Verfahren nach den §§ 1628, 1671 BGB und – bei drohender Kindeswohlgefährdung – nach § 1666 BGB.

6.2 Alleinentscheidungsbefugnisse des betreuenden Elternteils

§ 1687 Abs. 1 Satz 2 BGB weist die sog. Alltagssorge dem betreuenden Elternteil zu, der über die alltäglichen Angelegenheiten des Kindes allein entscheiden kann. Liegen die Voraussetzungen des § 1687 Abs. 1 Satz 2 BGB vor, kommt es – bezogen auf Alltagsangelegenheiten – zur **partiellen Alleinsorge des betreuenden Elternteils**. Dies gilt sowohl in tatsächlicher als auch in rechtlicher Hinsicht. Der betreuende Elternteil kann sämtliche Alltagsangelegenheiten allein entscheiden und ist insoweit auch **allein vertretungsberechtigt** i. S. v. § 1629 Abs. 1 Satz 3, 1. Alt. BGB.[161]

160 Vgl. Heilmann/Gottschalk, Praxiskommentar Kindschaftsrecht 2. Auflage, § 1687 BGB Rn. 9; eingehender zur Vertretung des Kindes gemäß § 1629 BGB siehe Heilmann/Fink, Praxiskommentar Kindschaftsrecht 2. Auflage, § 1629 BGB Rn. 1 ff.

161 BeckOK BGB/Veit, 60. Ed. 1.11.2021, BGB § 1687 Rn. 25–26.

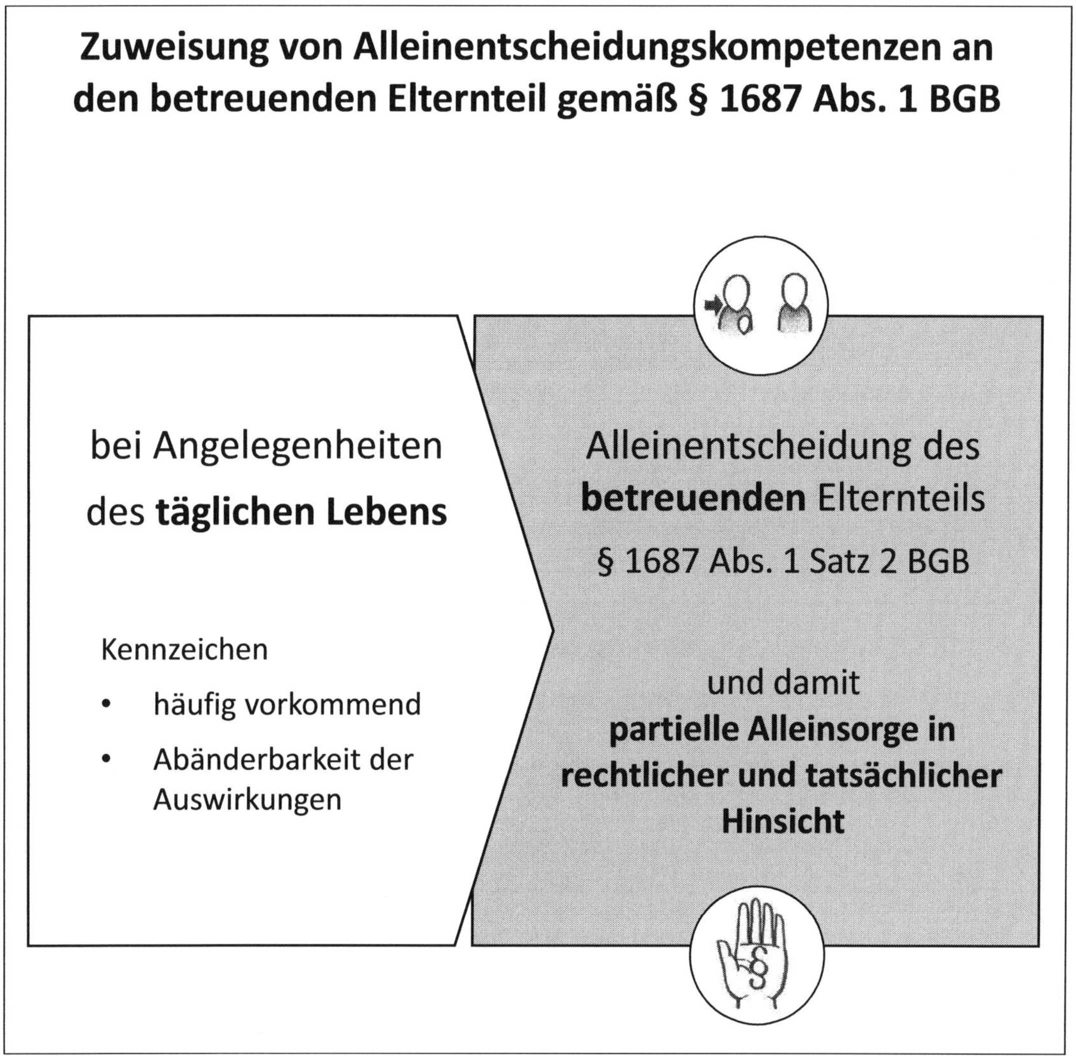

Abbildung 44

6.2.1 Angelegenheiten des täglichen Lebens

alltägliche Belange

Entscheidungen in Angelegenheiten des täglichen Lebens sind gemäß § 1687 Abs. 1 Satz 3 BGB solche, die in der Regel **häufig vorkommen** und **keine schwer abzuändernden Auswirkungen auf die Entwicklung des Kindes haben**. In der Praxis wird daher von der Alltagssorge des betreuenden Elternteils gesprochen.[162]

Fallgruppen

Der **Alltagssorge** sind regelmäßig folgende Entscheidungen unterworfen[163]:

Pflege	tägliche Verpflegung und Nahrung, Kleidung, Hygiene
Gesundheit	Behandlung leichterer Krankheiten, Standardimpfungen, Vorsorgeuntersuchungen
Kindertagesstätte, Schule, Ausbildung, Beruf	alltägliche Entscheidungen über den Hin- und Rückweg (Bringen, Abholen), Nachhilfe, Entschuldigung im Krankheitsfall, Teilnahme an Klassenfahrten
Umgang	täglicher Umgang und Aufenthalt des Kindes, Besuch von Freunden und Verwandten

162 BeckOK BGB/Veit, 60. Ed. 1.11.2021, BGB § 1687 Rn. 25.

163 Die Aufzählung folgt den Ausführungen bei BeckOK BGB/Veit, 60. Ed. 1.11.2021, BGB § 1687 Rn. 25.1, jeweils mit Rechtsprechungsnachweisen. Eine beispielhafte Darstellung, zum Teil ebenfalls mit Rechtsprechungsnachweisen, findet sich außerdem bei Heilmann/Gottschalk, Praxiskommentar Kindschaftsrecht 2. Auflage, § 1687 Rn. 12.

Reisen	Tagesausflug, Reisen (auch ins Ausland) → *zur Frage, ob bzw. unter welchen Voraussetzungen Reisen der Zustimmung des anderen sorgeberechtigten Elternteils bedürfen, siehe 5.4 und 6.1.1*
Freizeitgestaltung	umfassend mit Ausnahme besonders zeitintensiver und gefährlicher Beschäftigungen und Hobbys, Medienkonsum, Wahl eines Musikinstruments
Vermögen	Verwaltung von (übersichtlichen) Geldgeschenken, Zustimmung nach § 110 BGB

6.2.2 Gewöhnlicher Aufenthalt des Kindes

Schwerpunkt der Betreuung

Alleinentscheidungsbefugt ist der Elternteil, bei dem sich das Kind gewöhnlich aufhält. Das Kind hat seinen gewöhnlichen Aufenthalt an dem Ort, an dem es sich **überwiegend aufhält** und seinen **Lebensmittelpunkt** hat.[164] Damit werden sowohl zeitliche als auch tatsächliche Aspekte der Betreuung angesprochen. Maßgeblich ist, wo der zentrale Wirkungs- und Rückzugsort des Kindes ist und welcher Elternteil hierfür die Verantwortung übernimmt. Seinen gewöhnlichen Aufenthalt hat das Kind bei dem Elternteil, der es **im Schwerpunkt betreut.**[165]

Rechtmäßigkeit der Betreuung

§ 1687 Abs. 1 Satz 2 BGB verlangt darüber hinaus, dass die Betreuung **rechtmäßig** ausgeübt wird. Die Betreuung des Kindes muss auf einer elterlichen Vereinbarung oder auf einer gerichtlichen Entscheidung nach den §§ 1628, 1671 oder 1666 BGB beruhen.[166] Bei **Verstößen gegen das Aufenthaltsbestimmungsrecht**, das gemäß § 1631 Abs. 1 BGB beiden Eltern gemeinsam zusteht, kommt es daher nicht zur Kompetenzzuweisung für Angelegenheiten der Alltagssorge. Bei Kindesentzug benötigt der eigenmächtig handelnde Elternteil für Entscheidungen über die alltäglichen Angelegenheiten des Kindes vielmehr weiterhin die Zustimmung des anderen Elternteils. Es müsste daher in seinem eigenen Interesse liegen, den Aufenthalt des Kindes – spätestens jetzt – zu legalisieren.

Anwendbarkeit im Wechselmodell

Im **Wechselmodell** ist die Bestimmung des gewöhnlichen Aufenthaltsortes und damit auch die Anwendbarkeit des § 1687 BGB problematisch.[167] Im Ergebnis setzt sich wohl die Auffassung durch, wonach mit dem Aufenthalt des Kindes auch das Alleinbestimmungsrecht des betreuenden Elternteils in alltäglichen Angelegenheiten wechselt. In der Konsequenz ist jeder Elternteil in dem Zeitraum, in dem sich das Kind bei ihm befindet, allein entscheidungsbefugt.[168] Dies kann in der Praxis zu Problemen führen. So betrifft zum Beispiel die Zustimmung eines Elternteils in Bezug auf die Teilnahme des Kindes an einer Klassenfahrt zwangsläufig auch den anderen Elternteil, der hierdurch in seinen Betreuungsrechten eingeschränkt wird.

6.3 Alleinentscheidungsrechte des getrenntlebenden Elternteils

kein Mitspracherecht bei alltäglichen Belangen

Der vom Kind getrenntlebende Elternteil hat **keine Entscheidungsrechte bezüglich der alltäglichen Angelegenheiten** des Kindes; über diese entscheidet gemäß § 1687 Abs. 1 Satz 2 BGB der betreuende Elternteil allein. Der getrenntlebende Elternteil ist nicht berechtigt, nachträglich in diese einzugreifen noch eigene Entscheidungen über die Alltagsangelegenheiten des Kindes zu treffen. Dies gilt auch, wenn die Auswirkungen der Entscheidungen des betreuenden Elternteils in seine Betreuungszeit fallen, wie etwa die Anmeldung des Kindes im Sportverein und damit verbundene regelmäßige Termine für das Kind in der Umgangszeit.

Der getrenntlebende Elternteil muss also die Alltagssorge des betreuenden Elternteils und die damit verbundenen Entscheidungsbefugnisse respektieren, auch wenn ihn dessen Entscheidungen benachteiligen.

164 Heilmann/Gottschalk, Praxiskommentar Kindschaftsrecht 2. Auflage, § 1687 BGB Rn. 10.
165 BeckOK BGB/Veit, 60. Ed. 1.11.2021, BGB § 1687 Rn. 21.
166 BeckOK BGB/Veit, 60. Ed. 1.11.2021, BGB § 1687 Rn. 21.
167 Zur Problematik siehe BeckOK BGB/Veit, 60. Ed. 1.11.2021, BGB § 1687 Rn. 22–24.1.
168 BeckOK BGB/Veit, 60. Ed. 1.11.2021, BGB § 1687 Rn. 24.

Alleinentscheidungsrechte während Umgang

Umkehrt hat auch er Bereiche, in denen er allein entscheidungsberechtigt ist und auf die der betreuende Elternteil keinen Einfluss nehmen darf. So kann er während des Umgangs gemäß § 1687 Abs. 1 Satz 4 BGB über **Angelegenheiten der tatsächlichen Betreuung allein entscheiden**.

Die Alleinentscheidungsberechtigung nach § 1687 Abs. 1 Satz 4 BGB bezieht sich jedoch nur auf die Entscheidung als solche. Zur **Vertretung** des Kindes ist er – anders als der betreuende Elternteil im Rahmen der von ihm allein ausgeübten Alltagssorge – nicht berechtigt.[169]

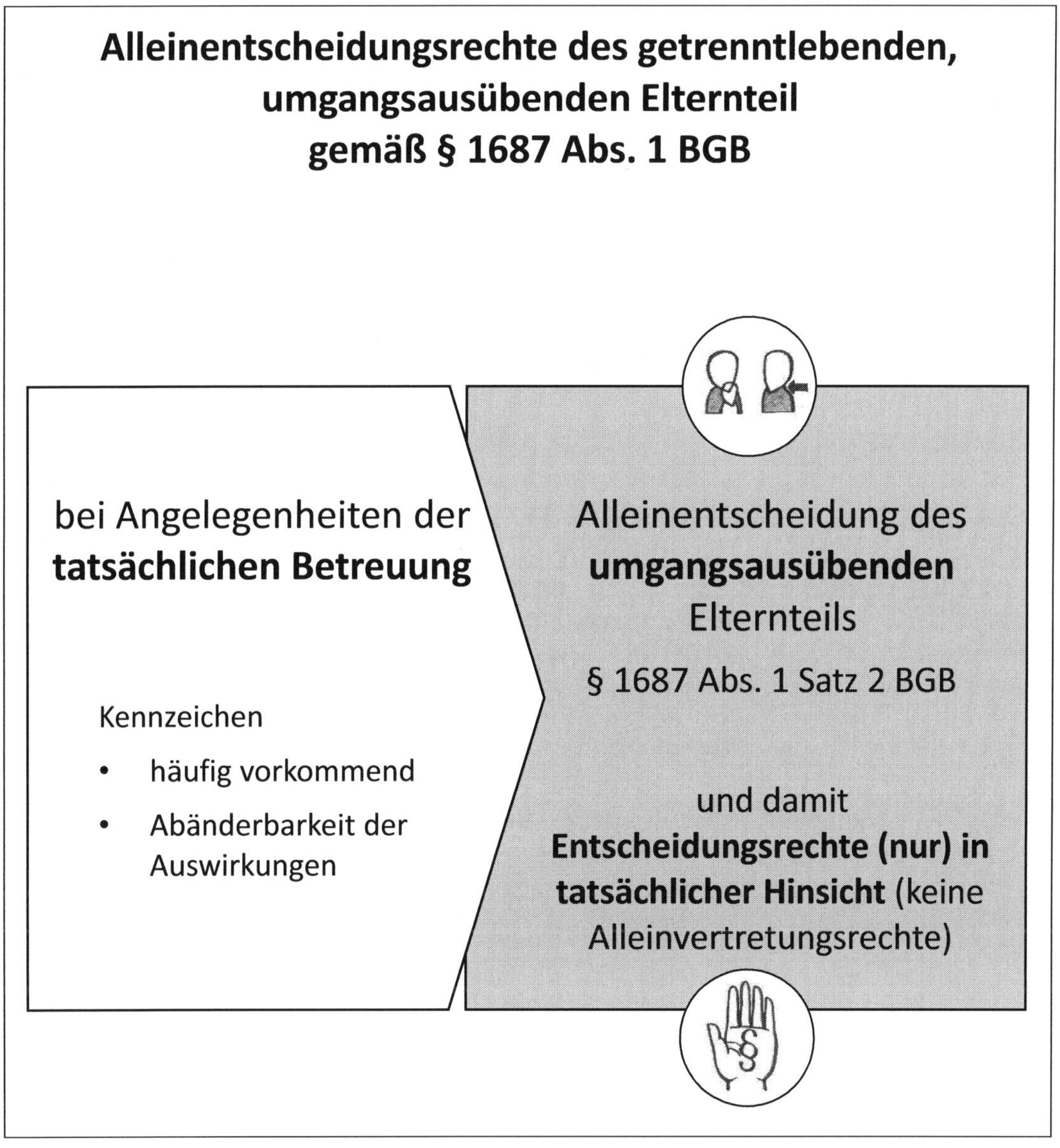

Abbildung 45

Bestehen einer Umgangsregelung

§ 1687 Abs. 1 Satz 4 BGB setzt für die Zuweisung der Alleinentscheidungskompetenz voraus, dass das Kind sich **rechtmäßig beim umgangsberechtigten Elternteil aufhält**. Das Kind muss sich beim getrenntlebenden Elternteil daher entweder im gegenseitigen Einvernehmen oder aufgrund gerichtlicher Entscheidung aufhalten. Hierzu gehört insbesondere eine gerichtliche Regelung zum Umgang.[170]

Wird das Kind widerrechtlich zurückgehalten oder nach dem verabredeten Umgang nicht zurückgebracht, bestehen keine Entscheidungsrechte. Gleiches gilt, wenn das Kind sich außerhalb der vereinbarten oder gerichtlich geregelten Besuchszeiten beim getrenntlebenden Elternteil aufhält.

169 BeckOK BGB/Veit, 60. Ed. 1.11.2021, BGB § 1687 Rn. 29: Von einem Alleinvertretungsrecht ist nicht auszugehen; Heilmann/Gottschalk, Praxiskommentar Kindschaftsrecht 2. Auflage, § 1687 BGB Rn. 18.

170 BeckOK BGB/Veit, 60. Ed. 1.11.2021, BGB § 1687 Rn. 28.

Die Entscheidungsrechte aus § 1687 Abs. 1 Satz 4 BGB stehen **sowohl dem mitsorgeberechtigten als auch dem nicht sorgeberechtigten** Elternteil zu, § 1687a BGB.

betreuungsbezogene Entscheidungen

Die **Entscheidungsbefugnis bzgl. der Angelegenheiten der tatsächlichen Betreuung** betrifft die **Betreuung als solche**. Diese Entscheidungen sind ihrer Natur nach **vorübergehend**; bei nachhaltigen Auswirkungen auf die Entwicklung des Kindes würden sie das Einvernehmen der Eltern nach § 1687 Abs. 1 Satz 1 BGB erfordern. Mit den Angelegenheiten des täglichen Lebens im Sinne von § 1687 Abs. 1 Satz 3 BGB haben sie gemeinsam, dass sie prognostisch **keine schwer abzuändernden Auswirkungen auf die Entwicklung** des Kindes haben.

Fallgruppen

In folgenden Bereichen besteht regelmäßig eine Alleinentscheidungsbefugnis des Umgangsberechtigten.[171]

Tages-/Freizeitgestaltung	Tages- und Freizeitplanung (Schlafenszeiten, Ernährung, Spielzeiten etc.)
	Auswahl des Freizeitprogramms einschließlich Medienkonsum, Auswahl von Fernseh- und Kinoprogramm
Kontakte mit anderen Personen	umfänglich (eingeschlossen auch die Entscheidung, den Umgang in Anwesenheit des neuen Partners, Freunden etc. wahrzunehmen)
medizinische Versorgung	Versorgung von kleineren Verletzungen, Linderung leichter Erkrankungen wie Erkältung oder Magenverstimmung; in Notfällen bestehen Entscheidungsbefugnisse gemäß § 1687 Abs. 1 Satz 5 BGB

6.4 Entscheidungsbefugnisse im Notfall

Notvertretungsrecht

Gemäß § 1687 Abs. 1 Satz 5 BGB i. V. m. § 1629 Abs. 1 Satz 4 BGB ist bei **Gefahr im Verzug** jeder Elternteil zu **allen Rechtshandlungen** berechtigt, die zur Gefahrenabwehr erforderlich sind. Erfasst werden alle in Abs. 1 genannten Bereiche. Gleichzeitig kommt es zu einem sog. **Notvertretungsrecht**[172]. Das Notvertretungsrecht steht **sowohl mitsorgeberechtigten Eltern zu als auch nichtsorgeberechtigten Elternteilen**, vgl. § 1687a BGB.

Gefahr im Verzug im Sinne von § 1629 Abs. 1 Satz 4 BGB liegt vor, wenn dem Kind erhebliche, insbesondere gesundheitliche und wirtschaftliche Nachteile drohen. Deren Abwendung macht ein sofortiges Eingreifen erforderlich, weshalb eine Entscheidung des anderen Elternteils nicht mehr abgewartet oder eingeholt werden kann.[173]

Dieses Recht ist **unabdingbar**. Dies bedeutet, dass die Eltern es nicht ausschließen können.[174] Auch das Familiengericht kann in dieses Recht, das aufgrund der drohenden Kindeswohlgefährdung vielmehr eine Verpflichtung ist, nicht gemäß § 1687 Abs. 2 BGB eingreifen. Der Grund liegt auf der Hand: Wenn das Kind akut gefährdet ist, müssen Eltern zur Gefahrenabwehr in der Lage sein, alles Nötige zu veranlassen.

---

171 Zur Aufzählung siehe BeckOK BGB/Veit, 60. Ed. 1.11.2021, BGB § 1687 Rn. 29.1, mit Rechtsprechungsnachweisen. Eine beispielhafte Aufzählung, ebenfalls mit Rechtsprechungsnachweisen, findet sich auch bei Heilmann/Gottschalk, Praxiskommentar Kindschaftsrecht 2. Auflage, § 1687 BGB Rn. 16.

172 BeckOK BGB/Veit, 60. Ed. 1.11.2021, BGB § 1687 Rn. 31.

173 Ähnlich Heilmann/Fink, Praxiskommentar Kindschaftsrecht 2. Auflage, § 1629 BGB Rn. 12.

174 BeckOK BGB/Veit, 60. Ed. 1.11.2021, BGB § 1687 Rn. 31.

6.5 Wohlverhaltenspflicht

Gemäß § 1687 Abs. 1 Satz 5 BGB i. V. m. § 1684 Abs. 2 Satz 1 BGB haben die Eltern bei Ausübung des Alleinentscheidungsrechts alles zu unterlassen, was das Verhältnis des Kindes zum anderen Elternteil beeinträchtigt oder die Erziehung erschwert. Im Rahmen des jeweiligen Alleinentscheidungsrechts kann damit zwar allein, aber **nicht ohne Rücksicht auf den anderen Elternteil** entschieden werden. **Loyalitätsgebot**

Eine Sanktion bei Verstößen gegen die Wohlverhaltenspflicht ist nicht gesetzlich geregelt. Sie können aber mittelbare Auswirkungen bei Entscheidungen nach § 1687 Abs. 2 BGB oder bei Sorgerechtsentscheidungen im Rahmen der §§ 1628, 1671 oder 1666 BGB haben. Verstößt ein Elternteil wiederholt gegen die Wohlverhaltensverpflichtung, die gleichzeitig ein Rücksichtnahmegebot auf den anderen Elternteil im Sinne des Kindeswohls enthält, wird man ihm zumindest eine eingeschränkte oder sogar fehlende Erziehungseignung und/oder -bereitschaft vorwerfen können. **Verstoß**

6.6 Einvernehmliche Veränderung von Entscheidungsrechten und gerichtliches Eingreifen

Eltern können die Kompetenzzuweisungen aus § 1687 Abs. 1 BGB **nicht, auch nicht einvernehmlich** aufheben oder verändern. Sie haben außergerichtlich nur die Möglichkeit, sich wechselseitig und widerruflich zur Vornahme bestimmter Entscheidungen und Handlungen zu **ermächtigen bzw. zu bevollmächtigen**. **Eltern**

Nur das Familiengericht kann unter den Voraussetzungen des § 1687 Abs. 2 BGB in die Alleinentscheidungsbefugnisse aus § 1687 Abs. 1 Satz 2 und Satz 4 BGB eingreifen und diese einschränken oder sogar ausschließen. **Familiengericht**

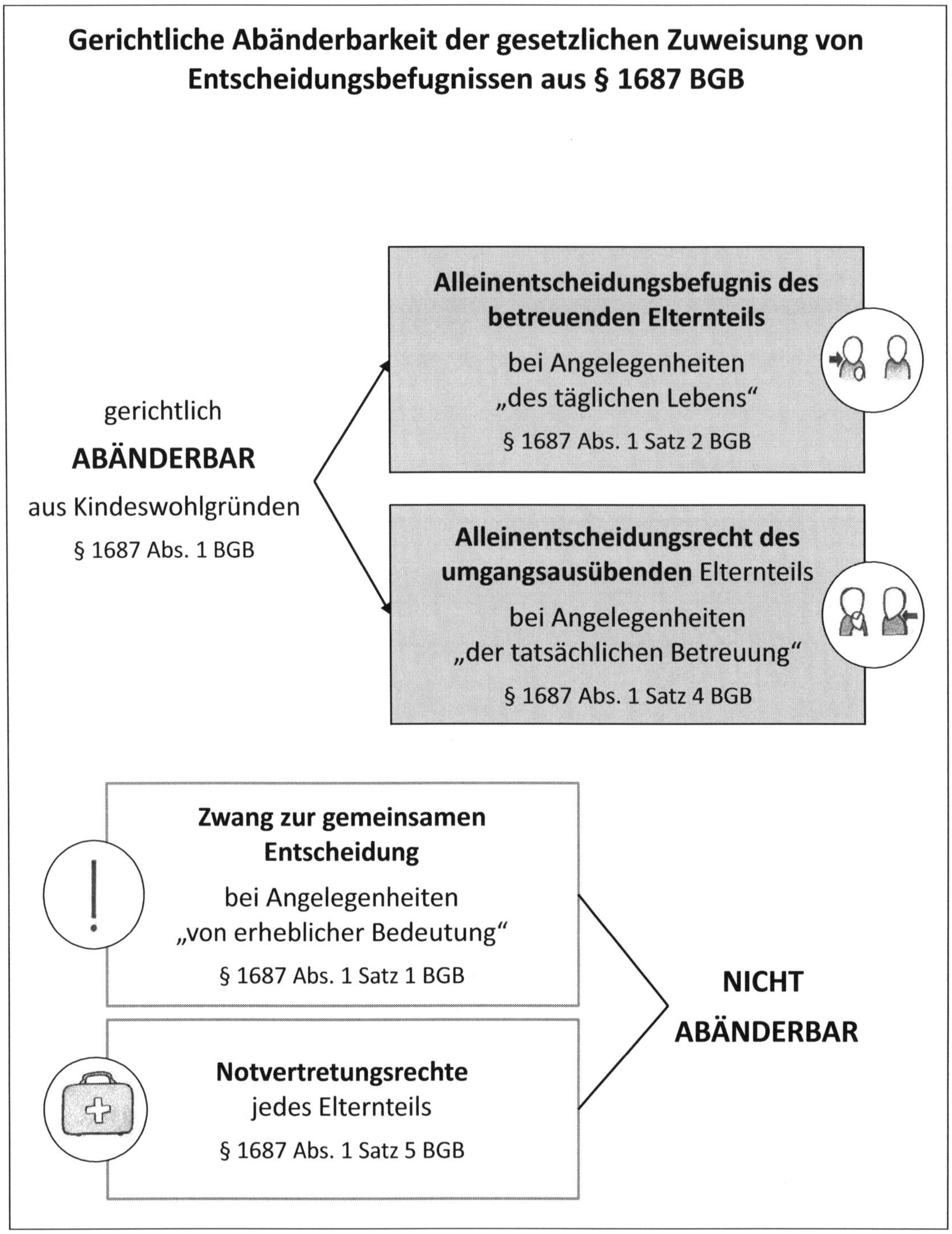

Abbildung 46

Die Einschränkung oder der Ausschluss der Rechte muss **aus Kindeswohlgründen geboten** sein; es müssen **triftige, das Kindeswohl nachhaltig berührende Gründe** vorliegen. Diese liegen vor, wenn zu befürchten ist, dass das Kind ohne gerichtliches Einschreiten eine nachteilige Entwicklung nehmen könnte.[175] Die Voraussetzungen für die Annahme einer Kindeswohlgefährdung wie bei § 1666 BGB müssen hingegen nicht vorliegen.[176] Bestehen solche, wäre allerdings zusätzlich ein Kinderschutzverfahren nach § 1666 BGB in Betracht zu ziehen.

175 Heilmann/Gottschalk, Praxiskommentar Kindschaftsrecht 2. Auflage, § 1687 BGB Rn. 20.
176 Heilmann/Gottschalk, Praxiskommentar Kindschaftsrecht 2. Auflage, § 1687 BGB Rn. 20.

Es kann etwa geboten sein, bei **Missbrauch des betreuenden Elternteils** in seine Alleinentscheidungsbefugnis aus § 1687 Abs. 1 Satz 2 BGB gerichtlich einzugreifen. Wenn durch sein Verhalten Situationen entstehen, die nicht mehr rückgängig zu machen sind und mit Wiederholungen zu rechnen ist, kann etwa ein Feststellungsverfahren in Erwägung gezogen werden.[177]

Missbrauch von Alleinentscheidungsrechten

Ebenso kann es aus Kindeswohlgründen nötig sein, bei berechtigten **Zweifeln am Erziehungsverhalten des umgangsberechtigten Elternteils** in dessen Alleinentscheidungsrechte aus § 1687 Abs. 1 Satz 4 BGB einzugreifen. Hierzu kann das Familiengericht bestimmte Auflagen bestimmen. So kann das Familiengericht dem Umgangsberechtigten zur Auflage machen, den Medienkonsum des Kindes während des Umgangs auf eine bestimmte Zeit oder ein bestimmtes Medium zu beschränken.[178]

Bei Missachtung der Auflagen und einer dadurch eintretenden **Kindeswohlgefährdung** ist nicht nur ein Kinderschutzverfahren nach § 1666 BGB in Betracht zu ziehen, sondern auch die Einschränkung oder der Ausschluss des Umgangsrechts gemäß § 1684 Abs. 4 BGB.

Verstoß gegen gerichtliche Auflagen

→ *zu umgangseinschränkenden und -ausschließenden Maßnahmen nach § 1684 Abs. 4 BGB siehe 12.2.4*

7 Aufhebung der gemeinsamen Sorge, § 1671 Abs. 1 BGB

§ 1671 Abs. 1 BGB regelt die Beendigung der gemeinsamen Sorge auf Antrag eines Elternteils. Getrenntlebende, gemeinsam sorgeberechtigte Eltern können sowohl einvernehmlich (Ziff. 1) als auch streitig (Ziff. 2) beantragen, dass das Familiengericht einen oder mehrere Teilbereiche bzw. die gesamte Sorge einem Elternteil zur alleinigen Ausübung überträgt.

Anträge der Eltern sind **Verfahrensvoraussetzung**. Die Aufhebung der gemeinsamen Sorge kann von Amts wegen nach § 1671 Abs. 1 BGB nicht betrieben werden.

Antrag

Das Familiengericht darf nicht über die gestellten Anträge hinausgehen, sondern nur eine **Entscheidung im Rahmen der gestellten Anträge** treffen. Wenn ein Elternteil zum Beispiel die Übertragung nur des Aufenthaltsbestimmungsrechts beantragt, darf das Familiengericht nicht die gesamte Sorge übertragen, auch wenn dies – bei entsprechender Antragstellung – begründet wäre. Sieht das Gericht hierfür ein Bedürfnis, muss es im Wege von § 1666 BGB vorgehen und familiengerichtliche Maßnahmen zur Abwendung einer Kindeswohlgefährdung bei Aufrechterhaltung der gemeinsamen Sorge treffen.

→ *zum familiengerichtlichen Eingreifen in Sorgerechte der Eltern siehe 10.4.5*

Die **weiteren Voraussetzungen** hängen davon ab, ob die Eltern die Sorgerechtsübertragung einvernehmlich anstreben (Nr. 1) oder nicht (Nr. 2).

weitere Voraussetzungen

177 BeckOK BGB/Veit, 60. Ed. 1.11.2021, BGB § 1687 Rn. 35.
178 Vgl. BeckOK BGB/Veit, 60. Ed. 1.11.2021, BGB § 1687 Rn. 30.

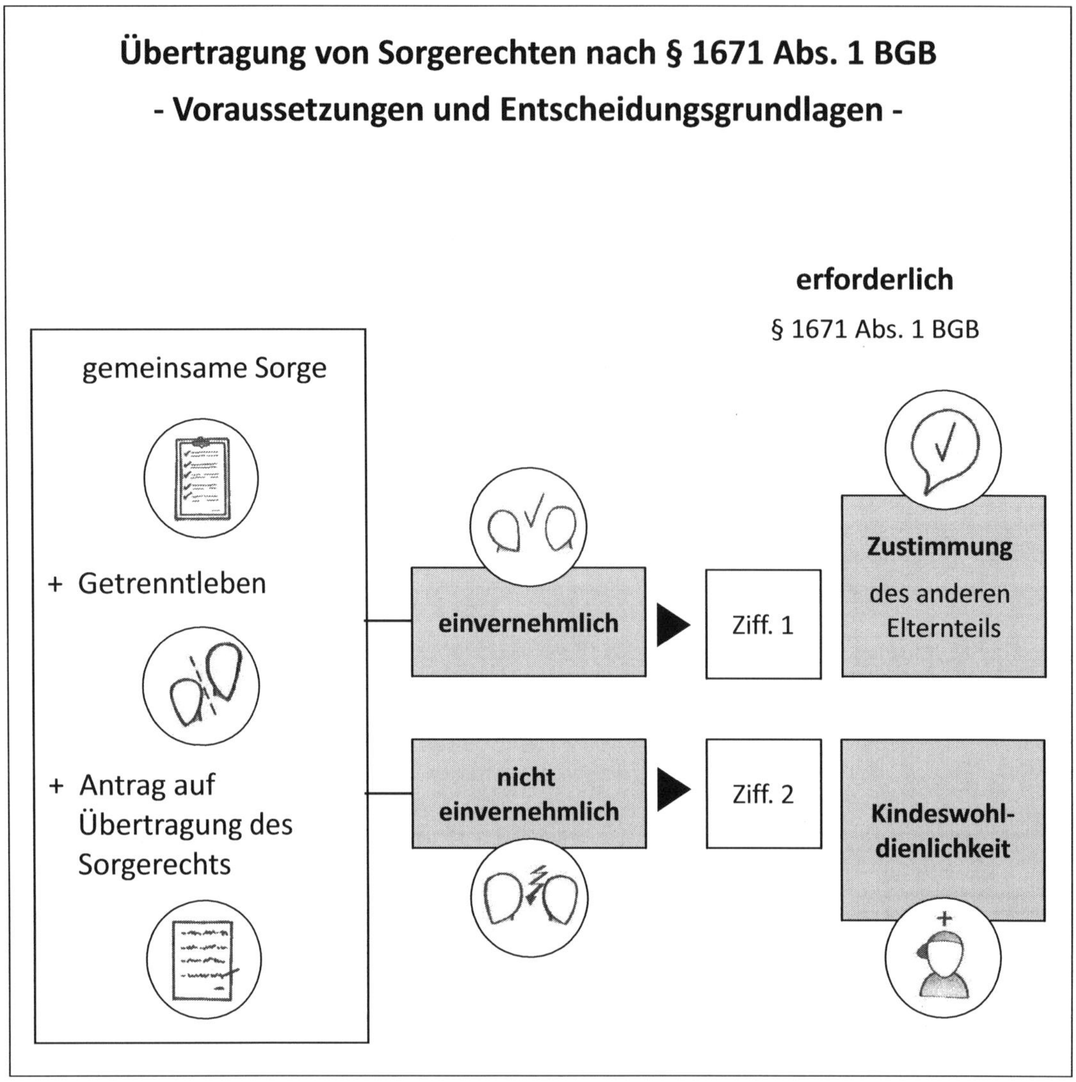

Abbildung 47

7.1 Gemeinsame Sorge und Getrenntleben der Eltern

gemeinsame elterliche Sorge

Ein Antrag nach § 1671 BGB kommt in Betracht, wenn die Eltern gemeinsam sorgeberechtigt sind.

Ruht bei einem Elternteil die elterliche Sorge gemäß den §§ 1673 ff. BGB, oder ist er aus tatsächlichen Gründen an deren Ausübung gehindert, besteht kein Bedarf für den anderen Elternteil, die Aufhebung der gemeinsamen Sorge zugunsten der Alleinsorge anzustreben. Denn für die Zeit des Ruhens übt er die elterliche Sorge allein aus, § 1678 Abs. 1 BGB. Erst bei Beendigung des Ruhens ist eine Aufhebung über § 1671 Abs. 1 BGB sinnvoll.[179]

→ *zum Ruhen der elterlichen Sorge siehe 9*

dauerhaftes Getrenntleben

§ 1671 Abs. 1 BGB verlangt außerdem, dass die Eltern „nicht nur vorübergehend getrennt leben". Nicht erforderlich ist, dass die Eltern zuvor zusammengelebt haben.[180] Die **Trennung muss dauerhaft** sein.[181] In Anlehnung an die Getrenntlebensdefinition in § 1567 BGB liegt eine Trennung innerhalb einer Wohnung auch dann vor, wenn ein Elternteil getrennt leben und die häusliche Gemeinschaft auf Dauer beenden will.[182]

179 BeckOK BGB/Veit, 60. Ed. 1.8.2021, BGB § 1671 Rn. 14.
180 BeckOK BGB/Veit, 60. Ed. 1.8.2021, BGB § 1671 Rn. 16.
181 BeckOK BGB/Veit, 60. Ed. 1.8.2021, BGB § 1671 Rn. 15.
182 BeckOK BGB/Veit, 60. Ed. 1.8.2021, BGB § 1671 Rn. 15.

Verhältnis zu §1666 BGB

Bei Anhaltspunkten auf Kindeswohlgefährdung ist zu beachten: Wenn die Gefährdung durch eine Sorgerechtsentscheidung gemäß § 1671 Abs. 1, 2 BGB abgewendet werden kann, besteht kein Bedarf für das Familiengericht, zusätzlich ein Verfahren zum Schutz des Kindes nach § 1666 BGB einzuleiten bzw. die Sorge zu entziehen.[183] Im umgekehrten Fall allerdings, d.h. im Fall einer auf diese Weise nicht abwendbaren Kindeswohlgefährdung, ist **gemäß § 1671 Abs. 4 BGB vorrangig eine Entscheidung nach § 1666 BGB** zu treffen.[184]

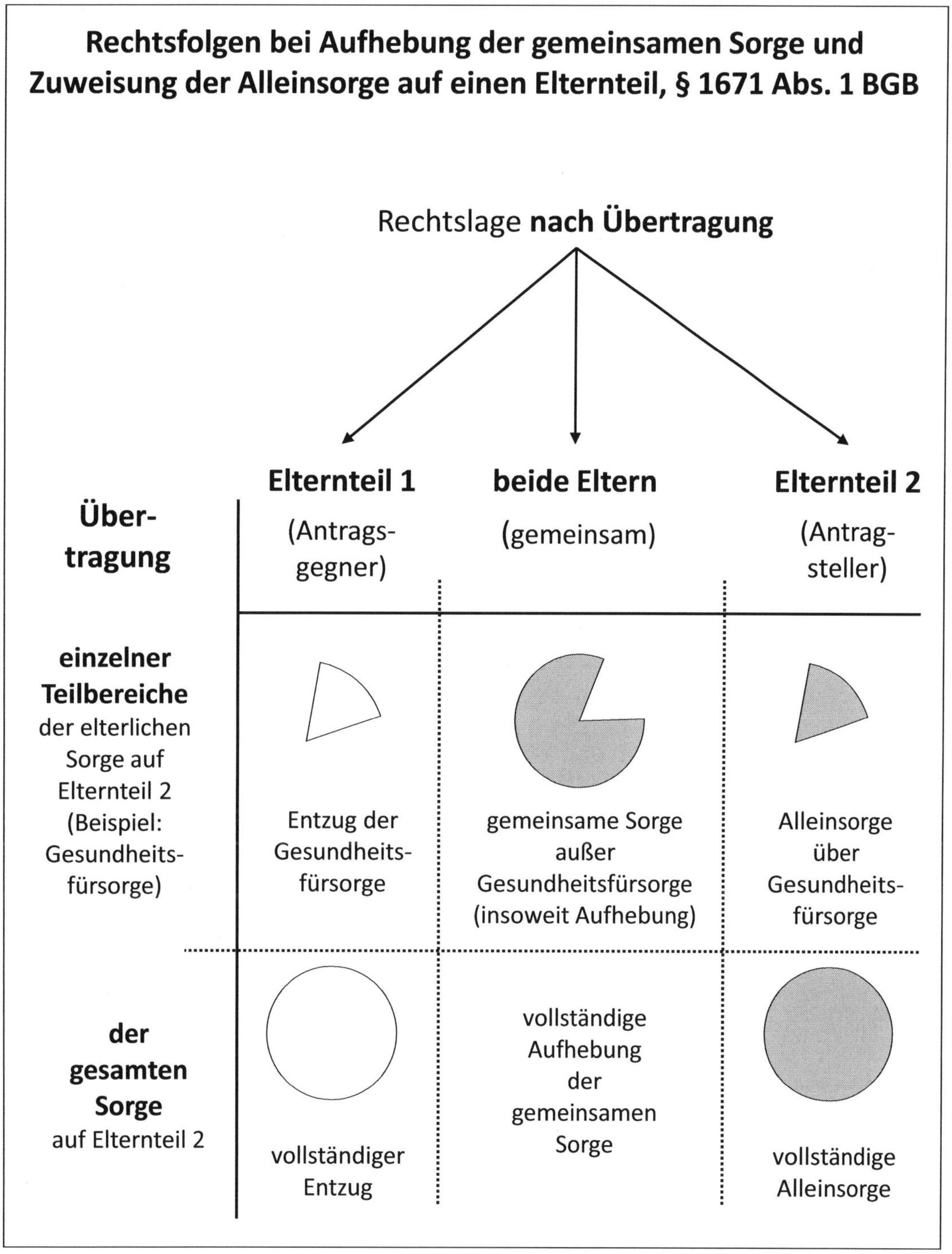

Abbildung 48

183 BeckOK BGB/Veit, 60. Ed. 1.8.2021, BGB § 1671 Rn. 127.
184 BeckOK BGB/Veit, 60. Ed. 1.8.2021, BGB § 1671 Rn. 127.

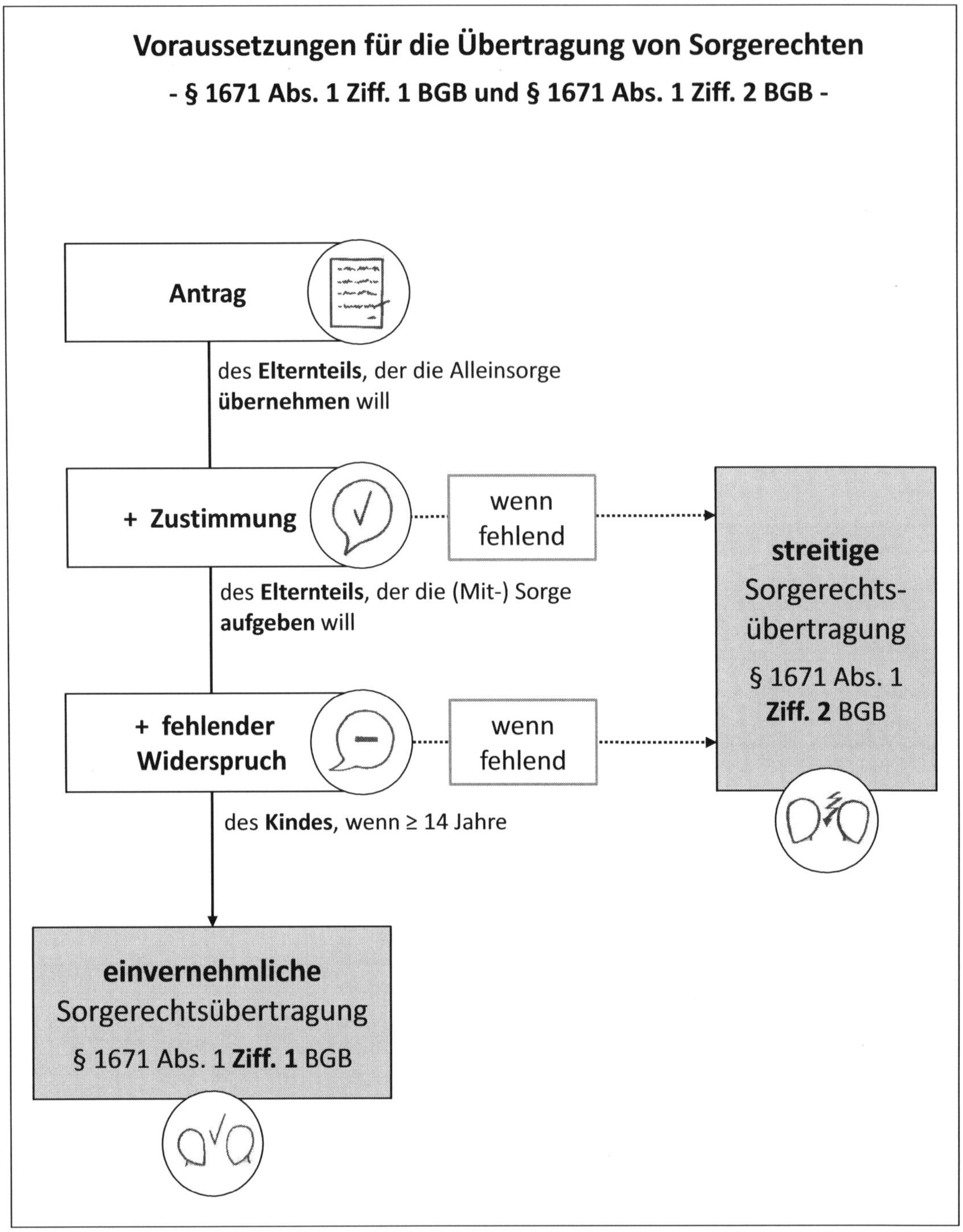

Abbildung 49

7.2 Verfahren und Auswirkungen auf den Antragsgegner

Übertragung der gesamten Sorge

Bei Übertragung der gesamten Sorge auf den Antragsteller wird auf Seiten des Antragsgegners die **elterliche Sorge umfassend** entzogen.

Über Entscheidungsrechte verfügt dieser dann nur noch in dem Umfang, in welchem sie ihm während der Umgangskontakte aus § 1687a BGB i. V. m. § 1687 Abs. 1 Satz 4, 5 und Abs. 2 BGB zustehen. Die Umgangs- und Auskunftsrechte des Antragsgegners aus den §§ 1684, 1686 BGB bleiben unberührt.

Übertragung von Teilbereichen

Werden dem Antragsteller **Teilbereiche** der elterlichen Sorge zugewiesen, verliert der Antragsgegner nur insoweit die Sorge. Der Antragsteller wird ermächtigt, die Sorge hinsichtlich der ihm zugewiesenen Teilbereiche allein auszuüben. Bei den von der Übertragung nicht betroffenen Teilbereichen bleibt es bei der gemeinsamen elterlichen Sorge. Hier entscheiden die Eltern weiterhin gemeinsam.

Auch hier bleiben eventuelle Umgangsrechte und mit der Wahrnehmung verbundene Entscheidungsrechte unberührt.

→ *zu Alleinentscheidungsrechten des umgangsberechtigten Elternteils aus § 1687 Abs. 1 Satz 4 und Satz 5 BGB siehe 6.3*

Verhältnis zu §1628 BGB

§ 1671 Abs. 1 BGB regelt die Aufhebung der gemeinsamen Sorge im Hinblick auf einzelne, mehrere oder alle Teilbereiche. Sind nur einzelne Entscheidungsbefugnisse vom Elternkonflikt betroffen, ist ein Verfahren nach § 1628 BGB zu führen. Geht es im elterlichen Streit also **nicht um wesentliche Entscheidungen** zu einem größeren Komplex, wie zum Beispiel über den Lebensmittelpunkt des Kindes (= Teilbereich Aufenthaltsbestimmungsrecht) oder über die gesundheitliche Versorgung des Kindes (= Teilbereich Gesundheitsfürsorge), sondern um **einzelne, situativ abgrenzbare Entscheidungen**, kommt **kein Verfahren nach § 1671 Abs. 1 BGB** in Betracht, sondern ein solches nach § 1628 BGB.

Wenn Eltern sich zum Beispiel uneinig darüber sind, in welcher Grundschule das Kind angemeldet wird oder ob eine medizinische Behandlung mit Ritalin erfolgen soll, sind die Teilbereiche Erziehung und Gesundheitsfürsorge betroffen, aber jeweils nur hinsichtlich einzelner Entscheidungen. Konflikte zu einzelnen Themen rechtfertigen nicht, dass einem Elternteil die Sorge für einen Teilbereich insgesamt aberkannt wird. Schließlich umfasst ein Teilbereich eine Vielzahl von Fragestellungen, über die nicht gestritten wird. Bei **Konflikten zu einzelnen Entscheidungen** ist daher nur die Entscheidungsbefugnis aufgrund von § 1628 BGB einem Elternteil zuzuweisen. Die gemeinsame elterliche Sorge als solche bleibt unberührt. Diese üben die Eltern – einschließlich des Teilbereichs, der von der streitigen Entscheidungsbefugnis betroffen ist – weiterhin gemeinsam aus.

→ *zum Verfahren nach § 1628 BGB siehe 5*

7.3 Einvernehmliche Sorgerechtsübertragung, § 1671 Abs. 1 Ziff. 1 BGB

Einigung über Alleinsorge

Eine **außergerichtliche Veränderung** von Sorgerechten und -pflichten ist nicht möglich, ebenso wenig wie der Verzicht auf deren Ausübung.

→ *zu den Wirkungen des Sorgerechts siehe 2.5*

Gemeinsam sorgeberechtigte Eltern können gemäß § 1671 Abs. 1 Ziff. 1 BGB dahingehend wirken, dass **einem von ihnen die Alleinsorge gerichtlich übertragen** wird. Dies setzt den Antrag eines Elternteils auf Übertragung der partiellen oder vollständigen Alleinsorge auf sich voraus, dem der andere Elternteil zustimmt. Wenn das vom Antrag betroffene Kind das 14. Lebensjahr vollendet hat, muss es an dem Verfahren beteiligt werden. Das Sorgerecht kann dann nur im Einvernehmen übertragen werden, wenn das Kind nicht widerspricht.

Antrag und Zustimmung

Für den **Antrag** gelten die üblichen Verfahrensvoraussetzungen.

→ *zu den verfahrensgerichtlichen Anforderungen an einen Antrag siehe 14.4.3*

Die **Zustimmung** des Elternteils, der das Sorgerecht ganz oder in Teilen aufgibt, muss im Gerichtsverfahren, d. h. gegenüber dem Gericht, erklärt werden. Eine vorgerichtliche Einverständniserklärung, die im Verfahren nicht wiederholt wird, reicht nicht aus.[185] Es reicht auch nicht aus, wenn die Aufgabe der elterlichen Sorge gegenüber einem Dritten, etwa dem Jugendamt, erklärt wird.[186] Die Zustimmung kann im Übrigen bis zur letzten Tatsacheninstanz **widerrufen** werden, also auch noch im Beschwerdeverfahren.[187]

keine Kindeswohlprüfung

Wenn diese Voraussetzungen erfüllt sind, muss das Familiengericht dem Antrag stattgeben. **Antrag und Zustimmung binden** das Gericht in seiner Entscheidung. Eine Kindeswohl- oder sonstige Richtigkeitsprüfung findet nicht statt, und auch im Übrigen hat das Familiengericht keinen

185 BeckOK BGB/Veit, 60. Ed. 1.8.2021, BGB § 1671 Rn. 31.
186 Heilmann/Keuter, Praxiskommentar Kindschaftsrecht 2. Auflage, § 1671 BGB Rn. 8.
187 Heilmann/Keuter, Praxiskommentar Kindschaftsrecht 2. Auflage, § 1671 BGB Rn. 8.

Entscheidungsspielraum.[188] Dies gilt auch, wenn die Sorgerechtsübertragung gegen den Willen eines noch nicht 14-jährigen Kindes stattfindet. Nur im Falle einer **Kindeswohlgefährdung** kann bzw. muss das Familiengericht ein Verfahren nach § 1666 BGB einleiten und den Antrag abweisen, § 1671 Abs. 4 BGB.

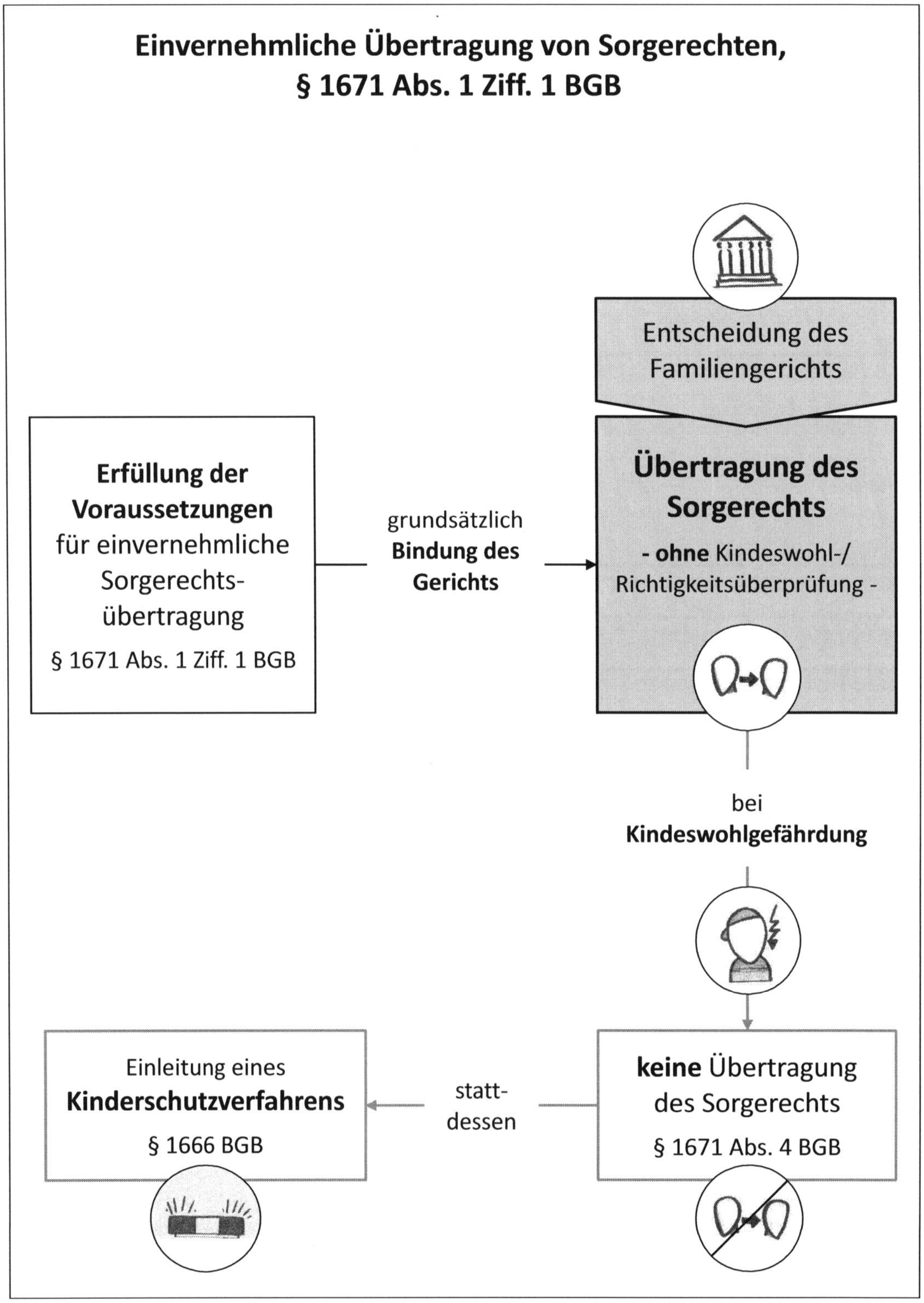

Abbildung 50

188 Ähnlich Heilmann/Keuter, Praxiskommentar Kindschaftsrecht 2. Auflage, § 1671 BGB Rn. 9.

fehlende Zustimmung und/oder Widerspruch

Bei **fehlender Zustimmung** des anderen Elternteils oder bei **Widerspruch des Kindes** wird der Antrag nicht automatisch abgewiesen. Das Familiengericht muss stattdessen über den Antrag nunmehr unter den Bedingungen der streitigen Sorgerechtsübertragung nach § 1671 Abs. 1 Ziff. 2 BGB entscheiden.[189]

7.4 Nicht einvernehmliche Sorgerechtsübertragung, § 1671 Abs. 1 Ziff. 2 BGB

Der **getrenntlebende, gemeinsam sorgeberechtigte Elternteil** kann beim Familiengericht beantragen, die gemeinsame Sorge aufzuheben und die vollständige oder partielle Alleinsorge auf ihn zu übertragen. Stimmt der andere Elternteil dem nicht zu oder widerspricht das Kind (vgl. § 1671 Abs. 1 Ziff. 1 BGB), wird das Familiengericht gemäß § 1671 Abs. 1 Ziff. 2 BGB entscheiden, ob die gemeinsame elterliche Sorge aus **Kindeswohlgründen** aufzuheben und vom antragstellenden Elternteil allein auszuüben ist.

§ 1671 Abs. 1 Ziff. 2 BGB kennt **formale und materielle Übertragungsvoraussetzungen**. Wie bei Ziff. 1 müssen die Eltern getrennt leben und mindestens ein Elternteil muss einen Antrag auf Übertragung der elterlichen Sorge oder von Teilen davon auf sich stellen.

→ *zu den verfahrensgerichtlichen Anforderungen an einen Antrag siehe 14.4.3*

Das Familiengericht gibt dem Antrag statt, wenn „zu erwarten ist, dass die Aufhebung der gemeinsamen Sorge und die Übertragung dem Kindeswohl am besten entspricht".

189 Siehe BeckOK BGB/Veit, 60. Ed. 1.8.2021, BGB § 1671 Rn. 34 bzgl. Widerspruch des Kindes.

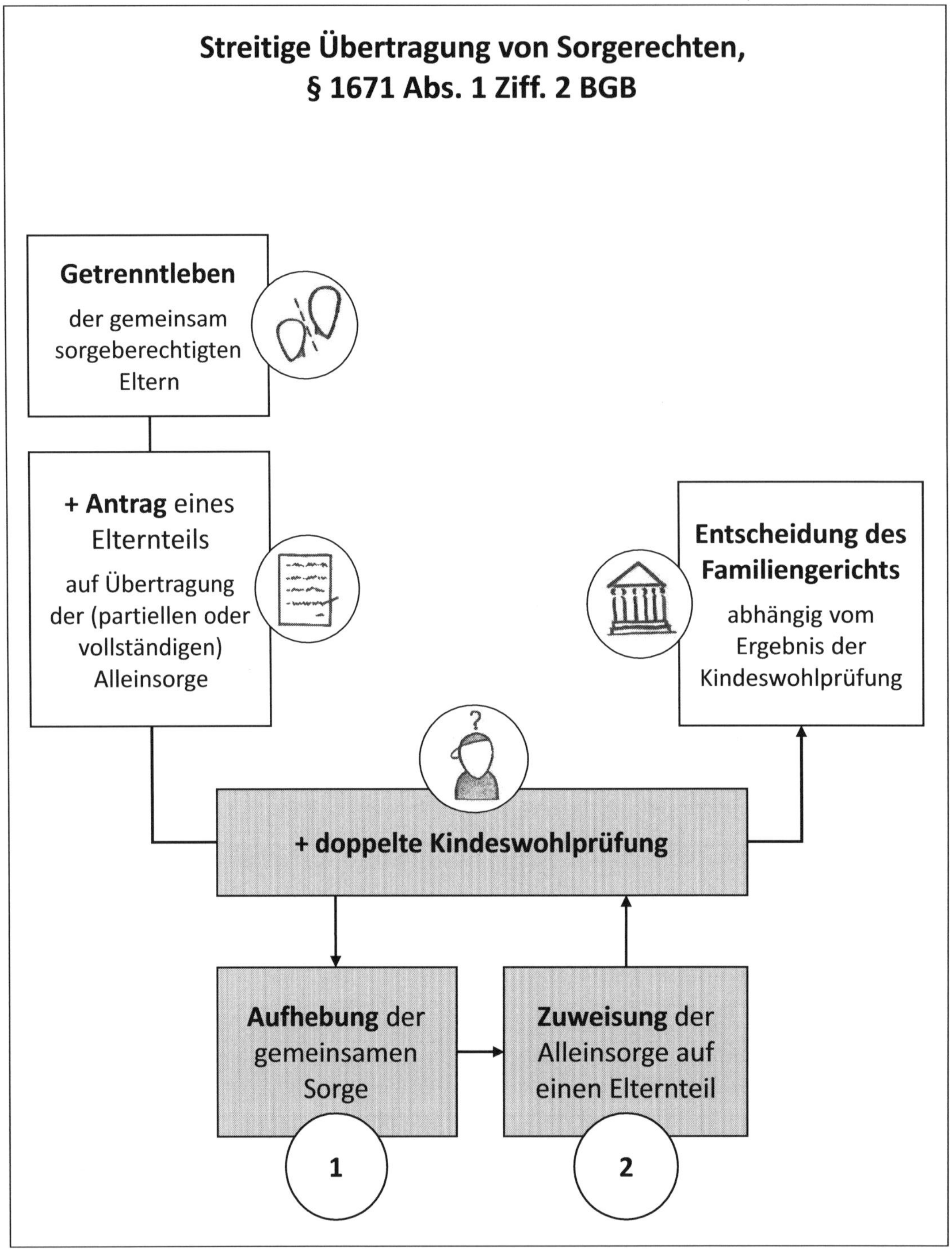

Abbildung 51

7.4.1 Doppelte Kindeswohlprüfung

Kindeswohlprüfung – zweifach

Das Familiengericht muss prüfen, ob die Aufhebung der gemeinsamen elterlichen Sorge (1.) und die Übertragung auf den beantragenden Elternteil (2.) dem Kindeswohl am ehesten entspricht. Es handelt sich somit um **zwei (Prognose-)Entscheidungen**, die das Familiengericht treffen muss. Dabei ist das **Kindeswohl** maßgebendes Entscheidungskriterium – wie im Übrigen in allen Kindschaftsverfahren zur elterlichen Sorge und zum Umgang, § 1697a BGB. Im Rahmen einer Entscheidung nach § 1671 Abs. 1 Ziff. 2 wird insoweit von einer **doppelten Kindeswohlprüfung** gesprochen.[190]

Kindeswohl

Das Kindeswohl wird **gesetzlich nicht definiert**. Der Begriff muss daher **ausgelegt** werden. Zunächst: Ein Zustand entspricht nicht bereits dann dem Kindeswohl, weil keine Kindeswohlgefährdung besteht. Kindeswohlgerechtigkeit und das Fehlen einer Kindeswohlgefährdung sind nicht gleichzusetzen. Für den Verlust der elterlichen Sorge, wie sie im Zuge einer positiven Entscheidung nach § 1671 Abs. 1 Ziff. 2 BGB auf Seiten eines Elternteils stattfindet, muss das Kindeswohl anders als in Verfahren nach § 1666 BGB nicht gefährdet sein.[191] Beim Kindeswohl geht es vielmehr um die **Gewährleistung der Rechte eines jeden Kindes und seiner Entwicklungsmöglichkeiten**. So folgt aus § 1666 BGB mittelbar das Recht eines Kindes auf Schutz seines „körperlichen, geistigen und seelischen Wohls“. § 1 Abs. 1 SGB VIII stellt weiter das Recht eines Kindes „auf Förderung seiner Entwicklung und auf Erziehung zu einer eigenverantwortlichen und gemeinschaftsfähigen Persönlichkeit“ fest.[192]

→ *zum Begriff des Kindeswohls und zu den Kindeswohlkriterien siehe 13.1 und 13.2*

Entscheidungsgrundlagen

Bei der **doppelten Kindeswohlprüfung** muss das Familiengericht die Umstände des Einzelfalls benennen und abwägen. Eine Entscheidungsfindung, die auf pauschalen Werturteilen und nicht gesicherten Annahmen beruht, ist unzulässig.

In der Praxis kommt es gelegentlich zu Überschneidungen bei der doppelten Kindeswohlprüfung. Einzelne Tatsachen können sowohl für oder gegen die Aufhebung der gemeinsamen Sorge sprechen als auch für oder gegen die Zuweisung der Alleinsorge. Dennoch sollten die **Prüfungsschritte** zumindest gedanklich **getrennt voneinander** sowie **aufeinanderfolgend** durchgeführt werden. Denn wenn schon die Voraussetzungen für die Aufhebung der gemeinsamen Sorge nicht vorliegen – weil zum Beispiel die Verbesserung der elterlichen Kommunikationsdefizite zu erwarten ist –, gibt es keinen Anlass, über die Zuweisung der Alleinsorge und den hierfür besser geeigneten Elternteil nachzudenken. Vielmehr ist der Antrag abzuweisen, weil die Aufrechterhaltung der gemeinsamen Sorge dem Kindeswohl entspricht.

190 Vgl. BeckOK BGB/Veit, 60. Ed. 1.8.2021, BGB § 1671 Rn. 47.
191 BeckOK BGB/Veit, 60. Ed. 1.8.2021, BGB § 1671 Rn. 48.
192 Zur Kindeswohlprüfung im Sinne des § 1671 BGB siehe auch BeckOK BGB/Veit, 60. Ed. 1.8.2021, BGB § 1671 Rn. 48.

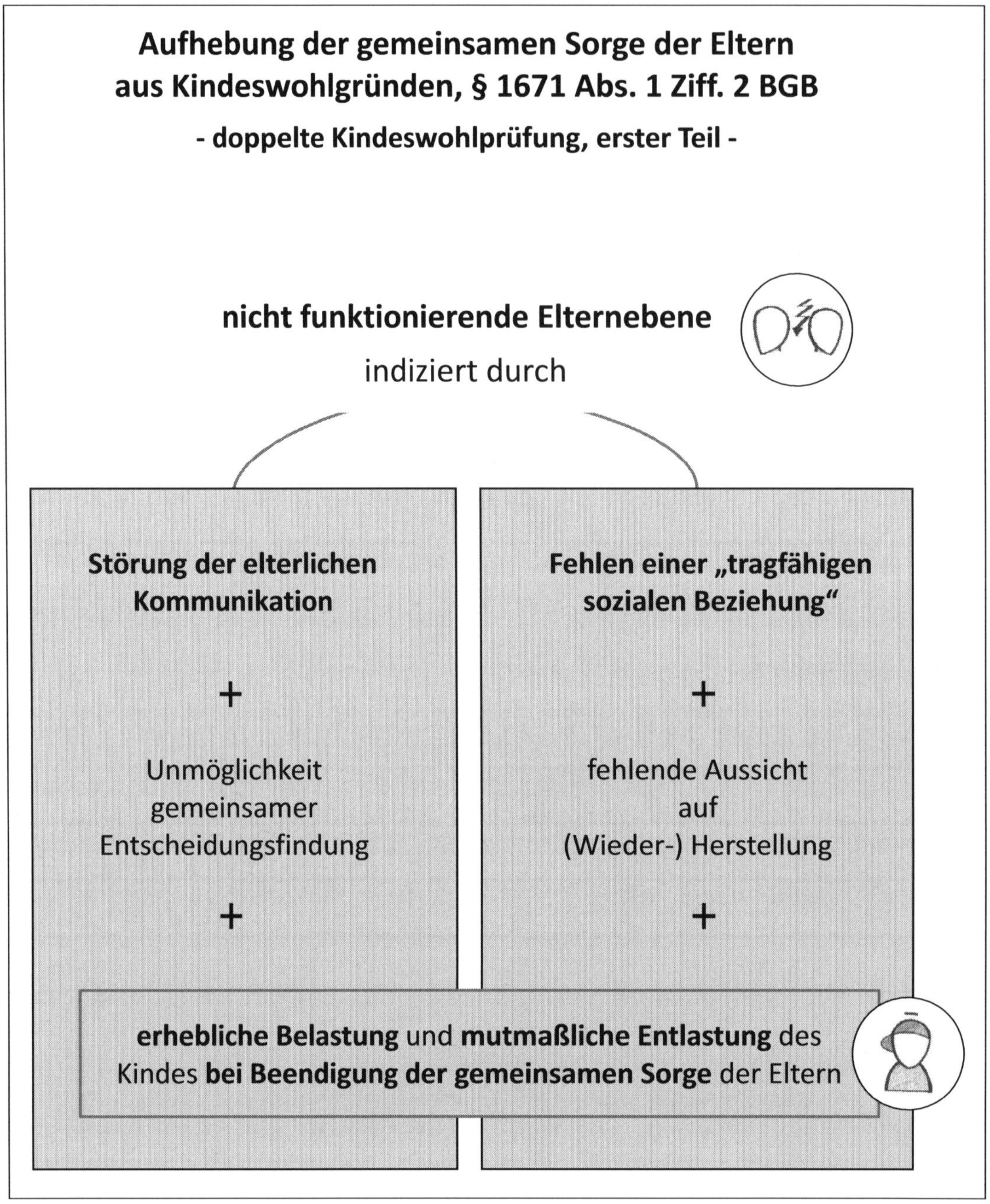

Abbildung 52

7.4.2 Aufhebung der gemeinsamen Sorge

Kindeswohlprüfung1

Bei der Prüfung, ob die Aufhebung der gemeinsamen Sorge **dem Kindeswohl am ehesten entspricht**, kommt es insbesondere auf die Prognose an, ob den Eltern in Zukunft ein Zusammenwirken zum Wohl des Kindes gelingen wird.[193] Dabei erfolgt die Prognose auf Grundlage des bisherigen Verhaltens der Eltern. Gegenwart und Vergangenheit dienen als Anhaltspunkte für zukünftig anzunehmendes oder zu erwartendes Verhalten; dies setzt allerdings voraus, dass die Gegenwart fortgeschrieben werden kann und Änderungen also weder abzusehen noch zu erwarten sind.

→ *zum Kindeswohlbegriff und den Kindeswohlkriterien siehe 13.1 und 13.2*

Ist nicht davon auszugehen oder lässt sich nicht ermitteln, dass die **Aufhebung der gemeinsamen Sorge zur Entlastung des Kindes** führen wird, ist der Antrag abzuweisen. Wenn keine Ver-

193 Vgl. BeckOK BGB/Veit, 60. Ed. 1.8.2021, BGB § 1671 Rn. 47: „zwei prognostische Elemente“ bei der doppelten Kindeswohlprüfung.

besserung aus Sicht des Kindes prognostiziert werden kann, entspricht die Aufhebung der elterlichen Sorge nicht dem Kindeswohl „am besten", wie es § 1671 Abs. 2 BGB verlangt.[194]

7.4.2.1 Fehlende Erziehungseignung und -bereitschaft

Eltern müssen erziehungsgeeignet und -bereit sein, um die elterliche Sorge **überhaupt angemessen** ausüben zu können. Sind sie es nicht, kommt die Aufhebung der gemeinsamen Sorge in Betracht.[195]

→ *zur Erziehungseignung als Kindeswohlkriterium siehe 13.2.1*

7.4.2.2 Fehlende elterliche Konsensfähigkeit

Wenn Eltern in keiner Weise konsensfähig sind, wird vermutet, dass dies zu Belastungen auf Seiten des Kindes führt.[196] Das Kind wird in Loyalitätskonflikte hineingezogen.[197] Die Aufrechterhaltung der gemeinsamen elterlichen Sorge verlangt, dass Eltern konsensfähig sind, also Kooperationsfähigkeit und -bereitschaft bestehen.[198] Zur Konsensfähigkeit gehört, dass die Eltern sich **über Meinungsverschiedenheiten mit dem nötigen Respekt und dem Ziel der Einigung auseinandersetzen können**.[199] Wenn Eltern dies nicht können oder wollen – mithin nicht kooperieren – und das Kind hierdurch belastet wird, kann die Aufhebung der elterlichen Sorge dem Kindeswohl am besten entsprechen.

Einigung in relevanten Punkten

Die für die Ausübung der gemeinsamen Sorge erforderliche Konsensfähigkeit liegt vor, wenn Eltern sich zwar nicht in jedem Punkt einig sind, aber **zumindest in Angelegenheiten von erheblicher Bedeutung im Sinne von § 1687 Abs. 1 Satz 1 BGB einigen können.**[200] Hierzu gehören grundlegende Themen wie der Lebensmittelpunkt des Kindes, die Auswahl von Schule oder Kindertagesstätte oder wesentliche Gesundheitsfragen.

→ *zu den Angelegenheiten von erheblicher Bedeutung im Sinne von § 1687 Abs. 1 Satz 1 BGB siehe 6.1.1*

Verständigungsschwierigkeiten allein reichen für die Aufhebung der gemeinsamen Sorge nicht aus.[201] Gleiches gilt für übliche Konflikte, wie sie auch unter zusammenlebenden Eltern üblicherweise vorkommen. Der Elternkonflikt muss vielmehr ein Niveau erreicht haben, das zur Annahme berechtigt, dass **gemeinsame Entscheidungsprozesse gegenwärtig und künftig nicht gelingen** werden. Aus diesem Grund stellen auch voneinander weit entfernte Wohnorte oder die Strafhaft eines Elternteils keinen Grund für die Aufhebung der gemeinsamen Sorge dar. Maßgeblich ist, ob Entscheidungsprozesse durch fehlende Gelegenheiten der Kommunikation beeinträchtigt werden. Das ist bei den heutigen Möglichkeiten schneller und wenig aufwändiger Kommunikation via E-Mail, Skype etc. regelmäßig nicht der Fall. Bei erschwerten Kommunikationsmöglichkeiten ist vorrangig zu prüfen, ob die elterliche Sorge nicht bereits gemäß den §§ 1673 ff. BGB ruht.

→ *zum Ruhen der elterlichen Sorge aus tatsächlichen Gründen siehe 9.2*

tragfähige soziale Beziehung

Die Aufrechterhaltung der gemeinsamen Sorge setzt voraus, dass getrenntlebende Eltern über eine tragfähige soziale Beziehung verfügen.[202] Eine solche Beziehung liegt vor, wenn Eltern in der Lage sind, **trotz unterschiedlicher, ggf. auch entgegengesetzter Auffassungen gemeinsam Entscheidungen** zu treffen.

194 Heilmann/Keuter, Praxiskommentar Kindschaftsrecht 2. Auflage, § 1671 BGB Rn. 18.
195 BeckOK BGB/Veit, 60. Ed. 1.8.2021, BGB § 1671 Rn. 52.
196 Heilmann/Keuter, Praxiskommentar Kindschaftsrecht 2. Auflage, § 1671 BGB Rn. 17.
197 Heilmann/Keuter, Praxiskommentar Kindschaftsrecht 2. Auflage, § 1671 BGB Rn. 17.
198 BeckOK BGB/Veit, 60. Ed. 1.8.2021, BGB § 1671 Rn. 53.
199 Zur Prognoseentscheidung diesbezüglich siehe BeckOK BGB/Veit, 60. Ed. 1.8.2021, BGB § 1671 Rn. 61.
200 BeckOK BGB/Veit, 60. Ed. 1.8.2021, BGB § 1671 Rn. 55.
201 Vgl. BeckOK BGB/Veit, 60. Ed. 1.8.2021, BGB § 1671 Rn. 53.
202 BeckOK BGB/Veit, 60. Ed. 1.8.2021, BGB § 1671 Rn. 5

Verschulden

Welcher Elternteil die **Ursache** für die fehlende Kooperationsfähigkeit und -bereitschaft oder die fehlende tragfähige soziale Beziehung gesetzt hat, ist nicht entscheidend.[203] Maßgebend ist allein das Kindeswohl. Das Familiengericht entscheidet danach, ob die Aufhebung der gemeinsamen Sorge prognostisch positive Auswirkungen auf das Kindeswohl hat. Das Verschulden eines Elternteils am tiefgreifenden Elternkonflikt muss keine entscheidende Rolle spielen.

Unmöglichkeit gemeinsamer Entscheidungen

Für die Aufhebung der gemeinsamen Sorge muss zu erwarten sein, dass die Kommunikationsprobleme der Eltern eine gemeinsame Entscheidungsfindung gegenwärtig und künftig unmöglich machen.[204]

Wiederherstellung einer Kommunikationsebene

Das FamFG strebt eine einvernehmliche **Konfliktlösung durch die Eltern** selbst an; ohnehin sind Eltern gemäß § 1627 BGB verpflichtet, sich um Einigung zu bemühen.

→ zu den Einigungspflichten gemeinsam sorgeberechtigter Eltern gemäß § 1627 BGB siehe 2.10

Soweit erforderlich und erfolgversprechend, sind Eltern auf **Unterstützungsleistungen der Jugendhilfe**, zu denen insbesondere die Beratungsangebote des Jugendamtes gehören, aufmerksam zu machen. Das Familiengericht kann darüber hinaus anordnen, dass Eltern sich durch Fachkräfte beraten lassen. Maßgeblich bleibt etwa, ob die Eltern die Kommunikationsprobleme überwinden.

Eine **erheblich gestörte, zerrüttete Paarebene** wirkt sich in der Regel auf die Elternebene aus und entzieht der gemeinsamen Ausübung der elterlichen Sorge häufig die Basis. Derart tiefgreifende Störungen entstehen insbesondere durch Misshandlung. Wenn einem Elternteil die Zusammenarbeit mit dem anderen nicht mehr zuzumuten ist, etwa aufgrund erlebter Gewalt, ist die für die Beibehaltung der gemeinsamen Sorge notwendige tragfähige soziale Beziehung nicht gegeben.[205]

7.4.3 Zuweisung der partiellen oder vollständigen Sorge auf den Antragsteller

Kindeswohlprüfung2

Ist die Aufhebung der gemeinsamen Sorge im Sinne des Kindeswohls, muss das Familiengericht prüfen (= **zweite Kindeswohlprüfung**), ob die Zuweisung der partiellen oder vollständigen Alleinsorge auf den Antragsteller dem Kindeswohl am ehesten entspricht. Zu prüfen ist also, ob er eher als der andere die Entwicklung und Erziehung des Kindes zu einer eigenverantwortlichen und gemeinschaftsfähigen Persönlichkeit umzusetzen vermag. Darüber hinaus sind, vor allem wenn die Zuweisung zu einer Trennung des Kindes von einem Elternteil führt (etwa bei der Zuweisung des Aufenthaltsbestimmungsrechts), Bindungen an Eltern, Verwandte und eventuell noch an weitere Personen sowie die Bedeutung ihrer Aufrechterhaltung bei der Abwägung mit einzubeziehen.

→ zum Kindeswohlbegriff und den Kindeswohlkriterien siehe 13.1 und 13.2

Kindeswohlkriterien

Hierfür hat die Rechtsprechung im Zusammenhang mit § 1671 BGB Grundsätze entwickelt, denen kinderpsychologische und pädagogische Erkenntnisse und Erfahrungswerte zugrunde liegen. Diese Grundsätze sind bei der Entscheidungsfindung zur **Orientierung** heranzuziehen.

203 BeckOK BGB/Veit, 60. Ed. 1.8.2021, BGB § 1671 Rn. 60.
204 Heilmann/Keuter, Praxiskommentar Kindschaftsrecht 2. Auflage, § 1671 BGB Rn. 15: „voraussichtlich unmöglich".
205 BeckOK BGB/Veit, 60. Ed. 01.08.2021, BGB § 1671 Rn. 59.1.

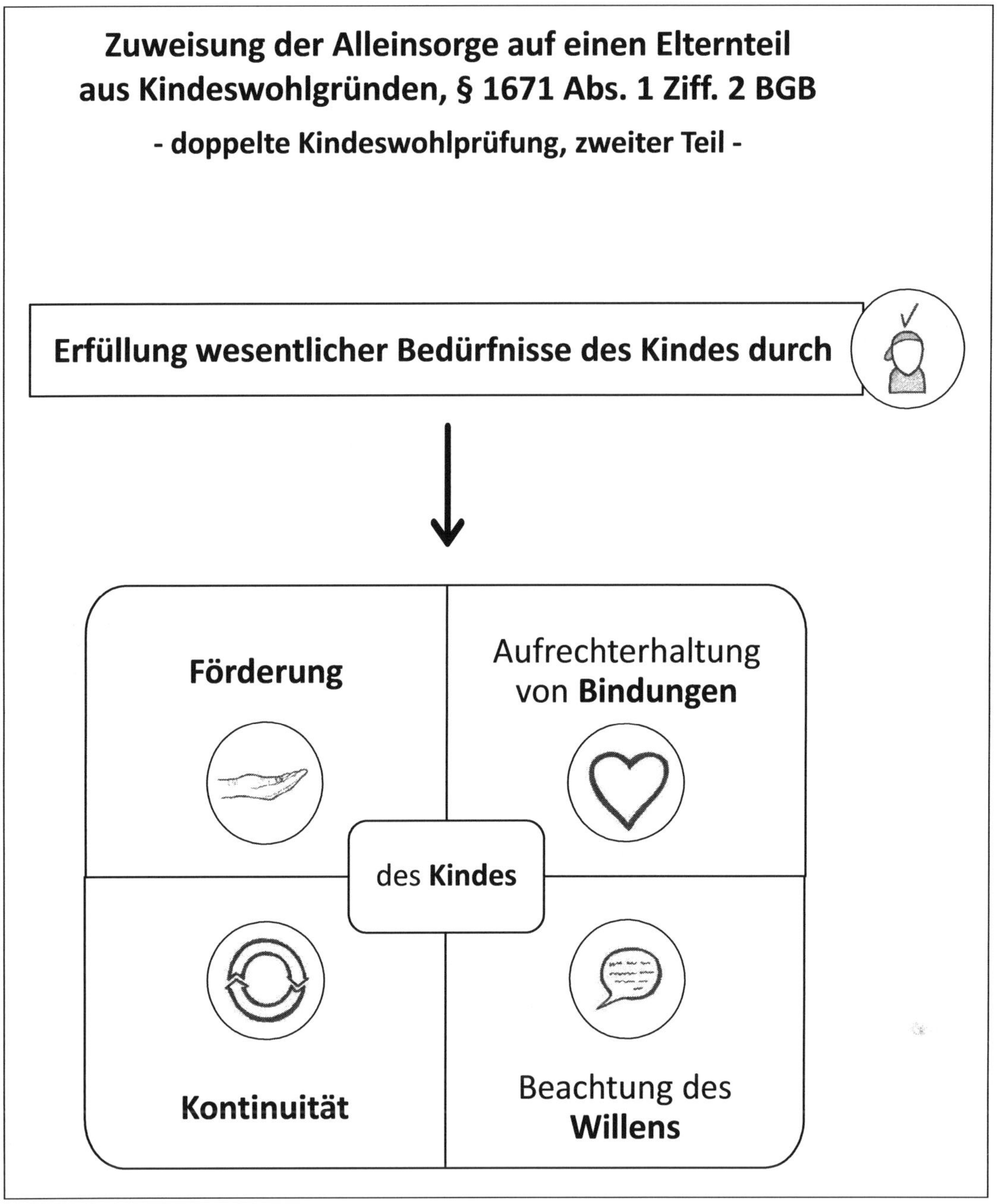

Abbildung 53

7.4.4 Entscheidungsgrundlagen

Beachtung der Verhältnismäßigkeit

Weil mit der Übertragung der partiellen oder vollständigen Alleinsorge auf einen Elternteil die Sorge auf Seiten des anderen Elternteils entzogen wird[206], muss das Familiengericht bei seiner Entscheidung die Verhältnismäßigkeit einer solchen Maßnahme beachten. Die gemeinsame elterliche Sorge darf **nur in dem Umfang aufgehoben werden, wie es aus Kindeswohlgründen erforderlich** ist. Das Gericht muss aus diesem Grund prüfen, ob die Übertragung einzelner Teilbereiche oder die Zuweisung einer einzelnen Entscheidungsbefugnis gemäß § 1628 BGB ausreicht, um dem Kindeswohl Rechnung zu tragen. Beispielsweise kann ein Elternteil die Alleinsorge beantragen und das Familiengericht die Zuweisung nur eines Teilbereichs, etwa der Gesundheitsfürsorge, für ausreichend halten. Dem Antrag würde dann insoweit stattgegeben, und im Übrigen würde er abgewiesen werden.[207]

206 BeckOK BGB/Veit, 60. Ed. 01.08.2021, BGB § 1671 Rn. 94.
207 Vgl. BeckOK BGB/Veit, 60. Ed. 01.08.2021, BGB § 1671 Rn. 95.

Zuweisung

In allen Fällen trifft das Familiengericht bei Stattgabe des Antrags **keine Entscheidungen zur konkreten Ausübung** der elterlichen Sorge. Stattdessen weist es die **Entscheidungsmacht** ganz oder in Teilbereichen einem Elternteil allein zu. Das Familiengericht entscheidet den Elternkonflikt also nicht inhaltlich. Es ordnet zum Beispiel nicht an, ob das Kind in einer bestimmten Schulform beschult, religiös erzogen werden oder bei welchem Elternteil es seinen Lebensmittelpunkt haben soll. Das Familiengericht entscheidet vielmehr, welcher Elternteil die entsprechenden Entscheidungen künftig allein treffen darf.

8 Übertragung der Alleinsorge auf den Vater, § 1671 Abs. 2 BGB

Ist die **Mutter allein sorgeberechtigt**, kann der Vater statt eines Antrags auf Übertragung der gemeinsamen Sorge nach § 1626a Abs. 1 Ziff. 3 BGB auch einen Antrag auf Zuweisung der Alleinsorge nach § 1671 Abs. 2 BGB stellen. Die Übertragung der Alleinsorge von der Mutter auf den Vater kann **einvernehmlich** oder **gegen den Willen der Mutter** erfolgen.

Übertragung der Alleinsorge von Mutter auf Vater, § 1671 Abs. 2 BGB

- rechtliche Ausgangssituation -

Getrenntleben der Eltern

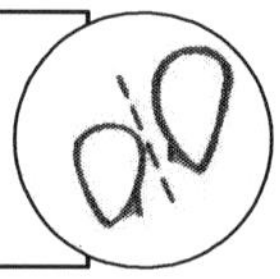

+

Alleinsorge der Mutter

gemäß § 1626a Abs. 3 BGB

- unverheiratete Eltern
- keine frühere, auch keine zwischenzeitlich beendete Mitsorge des Vaters (zum Beispiel aufgrund von § 1666 BGB oder § 1671 Abs. 1 BGB)

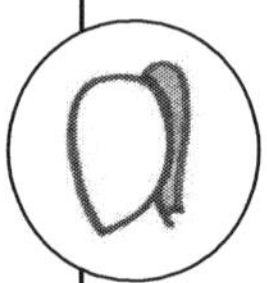

+

Vater strebt **Allein**sorge an

die umgekehrt auf Seiten der Mutter entzogen oder aufgegeben werden soll

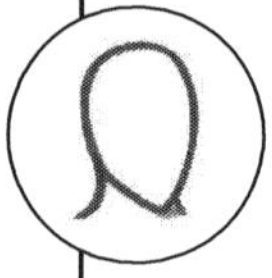

Abbildung 54

Wenn die **Mutter nicht aufgrund von § 1626a Abs. 3 BGB allein sorgeberechtigt ist**, kann kein Verfahren nach § 1671 Abs. 2 BGB geführt werden.

Alleinsorge der Mutter

Wenn sie gemäß **§ 1680 Abs. 3 i. V. m. Abs. 1 BGB allein sorgeberechtigt** ist, weil dem Vater die Sorge gemäß § 1666 BGB entzogen wurde, muss der Vater zur Wiederherstellung seiner elterlichen Sorge die Abänderung der früheren gerichtlichen Entscheidung betreiben. Er muss insoweit ein Abänderungsverfahren nach § 1696 BGB führen. Das Gleiche gilt, wenn die Mutter **alleinsorgeberechtigt ist, weil die Alleinsorge auf sie** in einem früheren Verfahren nach § 1671 Abs. 1 BGB übertragen wurde. Auch hier kann der Vater die Alleinsorge nicht nach § 1671 Abs. 2 BGB anstreben. Er muss bei Bedarf einen Antrag auf Abänderung der früheren Entscheidung nach § 1696 BGB stellen.

→ *zur Abänderung gerichtlicher Entscheidungen siehe 14.21*

8.1 Einvernehmliche Übertragung

Gemäß § 1671 Abs. 2 Ziff. 1 BGB gibt das Familiengericht dem Antrag statt, wenn bestimmte Voraussetzungen erfüllt sind.

Zustimmung und Widerspruch

Für die Zustimmung der Mutter und den fehlenden Widerspruch des mindestens 14 Jahre alten Kindes gelten die gleichen **Anforderungen wie bei § 1671 Abs. 1 Ziff. 1 BGB**.

→ *zu den verfahrensrechtlichen Anforderungen an Zustimmung und Widerspruch siehe die Ausführungen zu § 1671 Abs. 1 Ziff. 1 BGB, 7.3*

negative Kindeswohlprüfung

Im Rahmen einer **negativen Kindeswohlprüfung** muss das Familiengericht feststellen, dass die beantragte Sorgerechtsübertragung auf den Vater dem Kindeswohl **nicht widerspricht**.[208] Bei der Prüfung sind die **allgemeinen Kriterien zum Kindeswohl** heranzuziehen.

→ *zum Kindeswohlbegriff und den Kindeswohlkriterien siehe 13.1 und 13.2*

208 Näheres zur negativen Kindeswohlprüfung im Zusammenhang mit § 1671 Abs. 2 BGB siehe Heilmann/Keuter, Praxiskommentar Kindschaftsrecht 2. Auflage, § 1671 BGB Rn. 54.

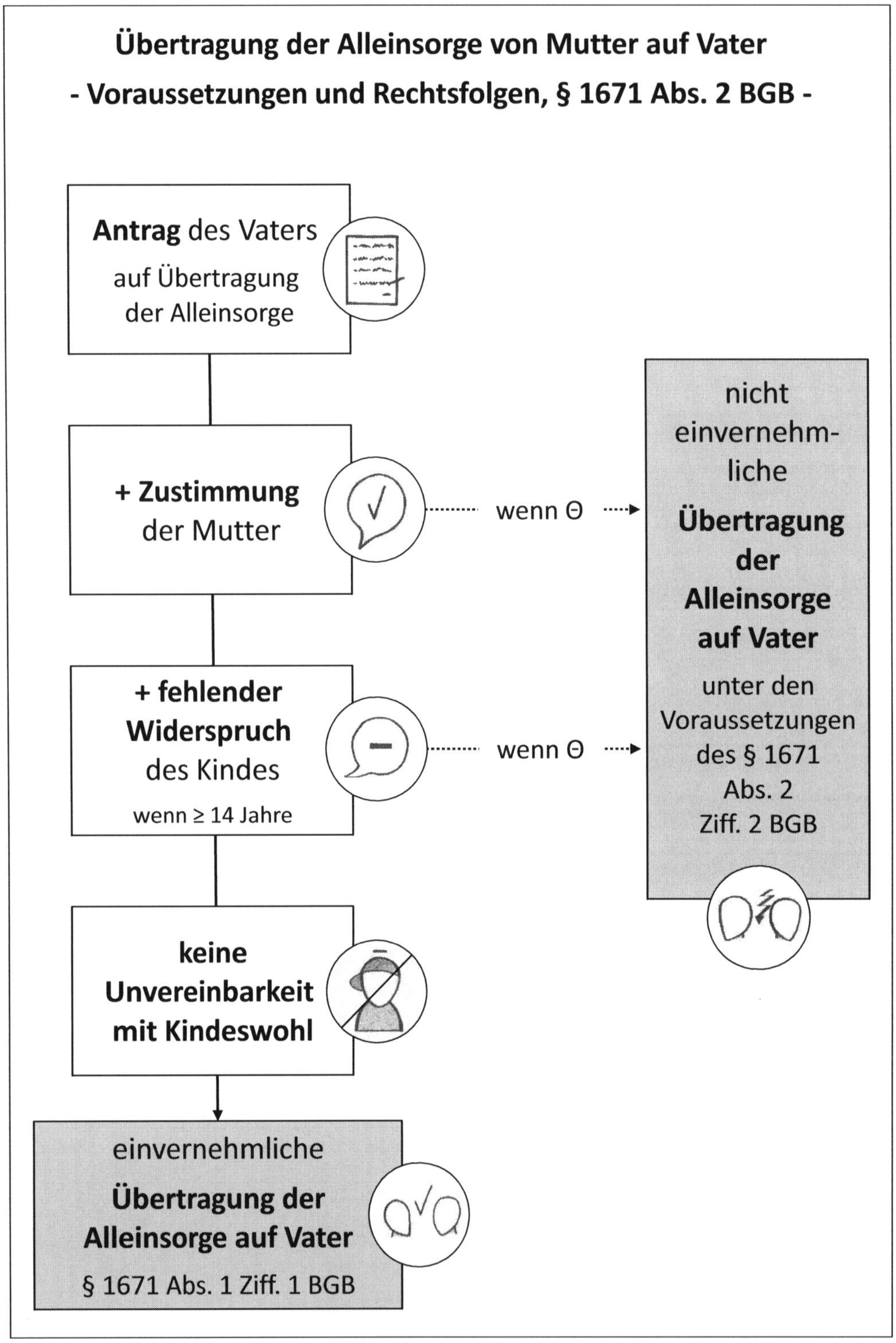

Abbildung 55

8.2 Übertragung gegen den Willen der Mutter und/oder bei Widerspruch des Kindes

Stimmt die Mutter der Übertragung der Alleinsorge auf den Vater nicht zu, erhöhen sich die Voraussetzungen für die Übertragung der Alleinsorge. Maßgeblich ist jetzt, ob die strengeren Voraussetzungen von § 1671 Abs. 2 Ziff. 2 BGB erfüllt sind. Danach darf eine gemeinsame Sorge nicht in Betracht kommen und es muss zu erwarten sein, dass die Übertragung auf den Vater dem Wohl des Kindes am besten entspricht. Vorrangig ist also zu prüfen, **ob eine gemeinsame Sorge in Betracht** kommt.[209]

Die Grundsätze, anhand derer beurteilt wird, ob die gemeinsame Sorge im konkreten Fall dem Kindeswohl dient oder nicht, entsprechen im Wesentlichen denen, die zur entsprechenden Fragestellung bei der Aufhebung der gemeinsamen Sorge entwickelt wurden.[210] Die Eltern müssen insbesondere konsensfähig sein und über ein Mindestmaß an Kommunikationsfähigkeit und -bereitschaft bzw. über eine tragfähige soziale Beziehung verfügen.

→ *zu den Voraussetzungen an die Aufrechterhaltung der gemeinsamen Sorge in Bezug auf § 1671 Abs. 1 Ziff. 2 BGB siehe 7.4.2*

Wenn eine **gemeinsame Sorge** aus Kindeswohlgründen **ausscheidet,** setzt die Übertragung der Alleinsorge auf den Vater voraus, dass wiederum dies dem Wohl des Kindes am besten entspricht. Das Gericht muss somit eine weitere **positive Kindeswohlprüfung** durchführen.

→ *zum Kindeswohlbegriff und den Kindeswohlkriterien siehe 13.1 und 13.2*

209 Heilmann/Keuter, Praxiskommentar Kindschaftsrecht 2. Auflage, § 1671 BGB Rn. 56.
210 Ähnlich Heilmann/Keuter, Praxiskommentar Kindschaftsrecht 2. Auflage, § 1671 BGB Rn. 56.

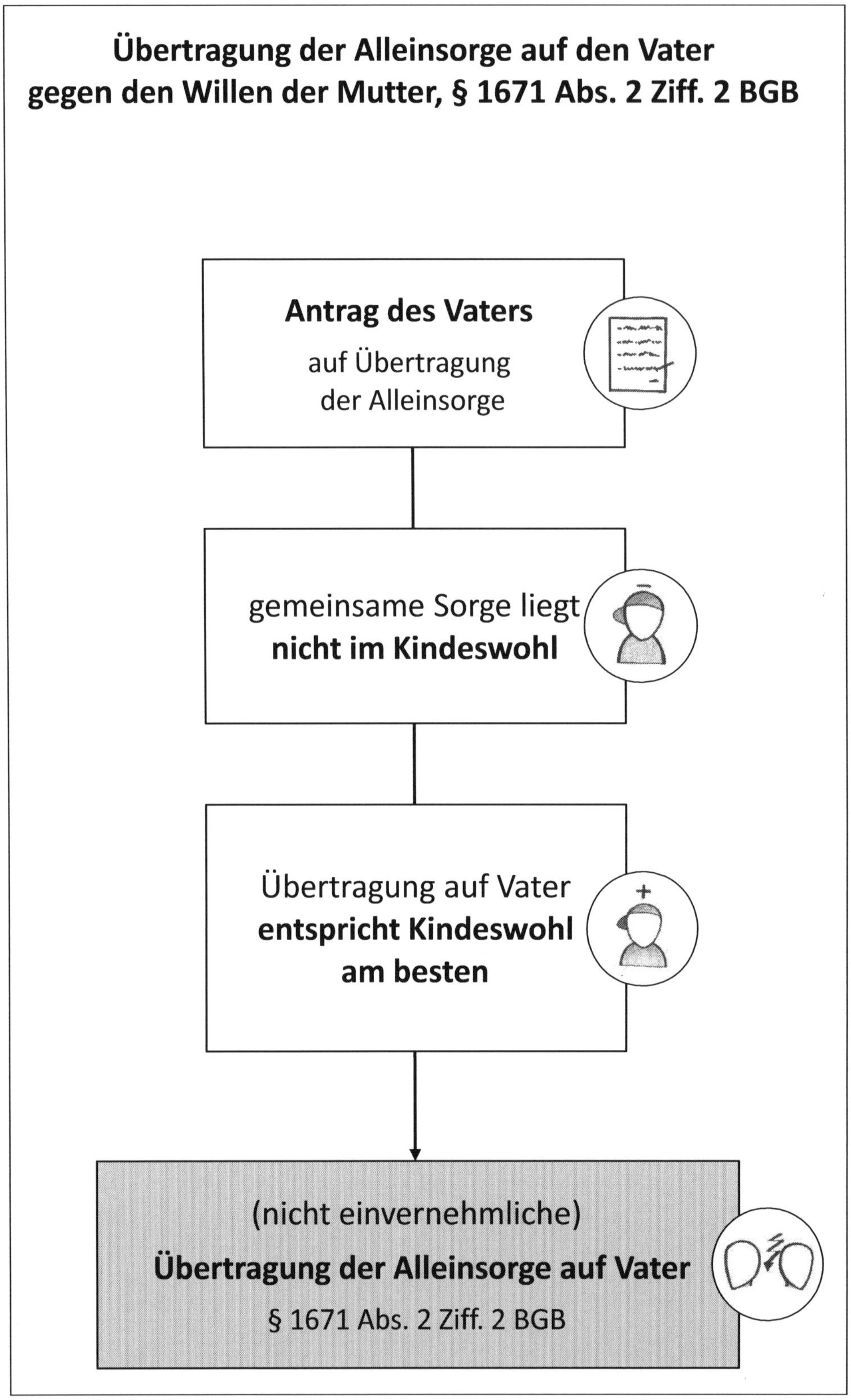

Abbildung 56

9 Ruhen der elterlichen Sorge

In welchen Fällen es zum Ruhen der elterlichen Sorge kommt, regeln die §§ 1673 bis 1674a BGB.

Das Ruhen der elterlichen Sorge führt nicht zum Verlust des Sorgerechts. Vielmehr ist der Elternteil, dessen Sorge ruht, **nicht berechtigt, die Sorge auszuüben**, § 1675 BGB. Das Ruhen der elterlichen Sorge stellt damit eine **erhebliche Einschränkung** für den sorgeberechtigten Elternteil dar. Allerdings besteht die Aussicht, nach Wegfall des zum Ruhen führenden Grundes das Sorgerecht (wieder) unbeschränkt ausüben zu können. Die Folgen sind daher weniger gravierend als beim Sorgerechtsentzug nach § 1666 BGB oder bei der Sorgerechtsübertragung nach § 1671 BGB.[211]

→ *zur Aufhebung der gemeinsamen Sorge nach § 1671 BGB bei Ruhen der elterlichen Sorge auf Seiten eines Elternteils siehe 7.1*

Die Auswirkungen auf das Kind regelt § 1678 BGB: So kann es für die Zeit des Ruhens zur alleinigen Ausübung der elterlichen Sorge durch den anderen Elternteil kommen oder zur Übertragung der Alleinsorge auf ihn. Wenn kein Elternteil für die Ausübung der elterlichen Sorge bereitsteht, muss für das Kind ein Pfleger (§ 1909 BGB) oder ein Vormund (§ 1773 BGB) bestellt werden.

9.1 Ruhen bei rechtlichen Hindernissen, § 1673 BGB

Geschäftsunfähigkeit

Die **Geschäftsunfähigkeit** eines Elternteils lässt die elterliche Sorge aus rechtlichen Gründen ruhen, § 1673 Abs. 1 BGB. Die Voraussetzungen der Geschäftsunfähigkeit sind in § 104 Ziff. 2 BGB geregelt. Es reicht aus, dass Geschäftsunfähigkeit hinsichtlich wesentlicher Belange, die im Rahmen der elterlichen Sorge entschieden werden müssen, besteht.[212] Gemäß § 1673 Abs. 2 BGB ruht die elterliche Sorge auch bei **Minderjährigkeit** aufgrund der damit verbundenen beschränkten Geschäftsfähigkeit gemäß § 106 BGB.

Das Ruhen tritt in diesen Fällen **kraft Gesetzes** ein.[213] Eine **gerichtliche Feststellung**, dass die Voraussetzungen des Ruhens vorliegen, wirkt nur **deklaratorisch**.[214]

9.2 Ruhen bei tatsächlichen Hindernissen, § 1674 BGB

fehlende tatsächliche Möglichkeiten, die Sorge auszuüben

Gemäß § 1674 Abs. 1 BGB ruht die elterliche Sorge aus tatsächlichen Gründen, wenn der Sorgeberechtigte längere Zeit **gehindert** ist, sie auszuüben.

gerichtliche Feststellung

Das Ruhen muss durch das Familiengericht festgestellt werden. Anders als beim Ruhen nach § 1673 BGB ist die gerichtliche Entscheidung notwendig, um die Rechtsfolgen des Ruhens auszulösen. Auch der Wegfall des Ruhens aus tatsächlichen Gründen tritt anders als bei § 1673 BGB nicht automatisch ein, sondern erst durch die entsprechende gerichtliche Entscheidung, vgl. § 1674 Abs. 2 BGB.

Tatsächliche **Hinderungsgründe** im Sinne von § 1674 BGB können psychische Erkrankungen sein, verbunden mit einem längerfristigen Aufenthalt in einer geschlossenen Klinik. Weiter in Betracht kommen Strafhaft, eine (längerfristige) Untersuchungshaft oder ein unbekannter Aufenthaltsort.[215]

211 Zur Anwendbarkeit des § 1671 BGB bei Ruhen der elterlichen Sorge siehe BeckOK BGB/Veit, 60. Ed. 01.08.2021, BGB § 1671 Rn. 14.

212 HK-BGB/Rainer Kemper, BGB, § 1675 Rn. 2.

213 Heilmann/Keuter, Praxishandbuch Familienrecht 2. Auflage, § 1673 BGB Rn. 4.

214 Heilmann/Keuter, Praxishandbuch Familienrecht 2. Auflage, § 1673 BGB Rn. 4.

215 Eine Übersicht von Gründen, die als tatsächliches Hindernis angesehen werden bzw. nicht, findet sich bei Heilmann/Keuter, Praxishandbuch Familienrecht 2. Auflage, § 1674 BGB Rn. 3.

9.3 Ruhen bei vertraulicher Geburt, § 1674a BGB

keine Bekanntgabe der Mutterschaft

Einen weiteren Tatbestand, wonach die elterliche Sorge ruht, enthält § 1674a BGB. Danach ruht die elterliche Sorge bei vertraulicher Geburt des Kindes im Sinne von § 25 Abs. 1 Schwangerschaftskonfliktgesetz (SchKG).[216] Das Ruhen der elterlichen Sorge tritt automatisch ein und endet, wenn die Mutter dem Familiengericht ihre Personenstandsdaten bekannt macht, § 1674a Satz 2 BGB. Für die Beendigung des Ruhens ist damit ein rechtsgestaltender Beschluss des Familiengerichts erforderlich.[217]

10 Gerichtliche Maßnahmen bei Kindeswohlgefährdung, §§ 1666, 1666a BGB

§ 1666 BGB ist die **zentrale Kinderschutznorm** im BGB.

Aber auch außerhalb des BGB gibt es Kinderschutznormen, etwa im SGB VIII: Auf den Kinderschutz bezogen sind dort insbesondere § 8a SGB VIII (Schutzauftrag bei Kindeswohlgefährdung) und 42 SGB VIII (Inobhutnahme von Kindern und Jugendlichen). Beide Vorschriften enthalten die Verpflichtung des Jugendamts, zum Schutz von Kindern das Familiengericht im Bedarfsfall anzurufen.

→ *zur Inobhutnahme nach § 42 SGB VIII siehe 15.5*

§ 1666 BGB setzt – wie die Kinderschutznormen des SGB VIII – das **staatliche Wächteramt** aus Art. 6 Abs. 2 Satz 2 BGB um.[218]

→ *zum staatlichen Wächteramt siehe 16.4.3*

§ 1666 BGB schützt **persönliche sowie finanzielle Belange** des Kindes. Die Vorschrift **ermächtigt und verpflichtet** das Familiengericht, in Rechte von Eltern und Dritten einzugreifen, wenn dies aus Kinderschutzgründen erforderlich ist. Dabei sind gemäß § 1666 BGB besonders schwerwiegende Grundrechtseingriffe wie der Entzug der Personensorge oder eine Familientrennung nur unter engen Voraussetzungen zulässig.

---

216 Näher siehe Heilmann/Keuter, Praxishandbuch Familienrecht 2. Auflage, § 1675a BGB Rn. 2.
217 Heilmann/Keuter, Praxishandbuch Familienrecht 2. Auflage, § 1675a BGB Rn. 8.
218 NK-BGB/Rakete-Dombek/Berning, § 1666 Rn. 1.

Abbildung 57

Der Anwendungsbereich von § 1666 Abs. 1 BGB ist eröffnet, wenn

- eine **Kindeswohlgefährdung** besteht, d. h. Rechtsgüter des Kindes gefährdet sind

und

- die **Eltern zu deren Abwehr nicht bereit oder in der Lage sind**.

Die Begriffe Kindeswohl und Kindeswohlgefährdung werden im Gesetz nicht definiert. Es handelt sich in beiden Fällen um **unbestimmte, auslegungsbedürftige Rechtsbegriffe**.

Auf der Rechtsfolgenseite wählt das Familiengericht **Maßnahmen zur Gefahrenbeseitigung** aus. Hierfür enthält § 1666 Abs. 3 BGB eine beispielhafte Aufzählung möglicher Maßnahmen.

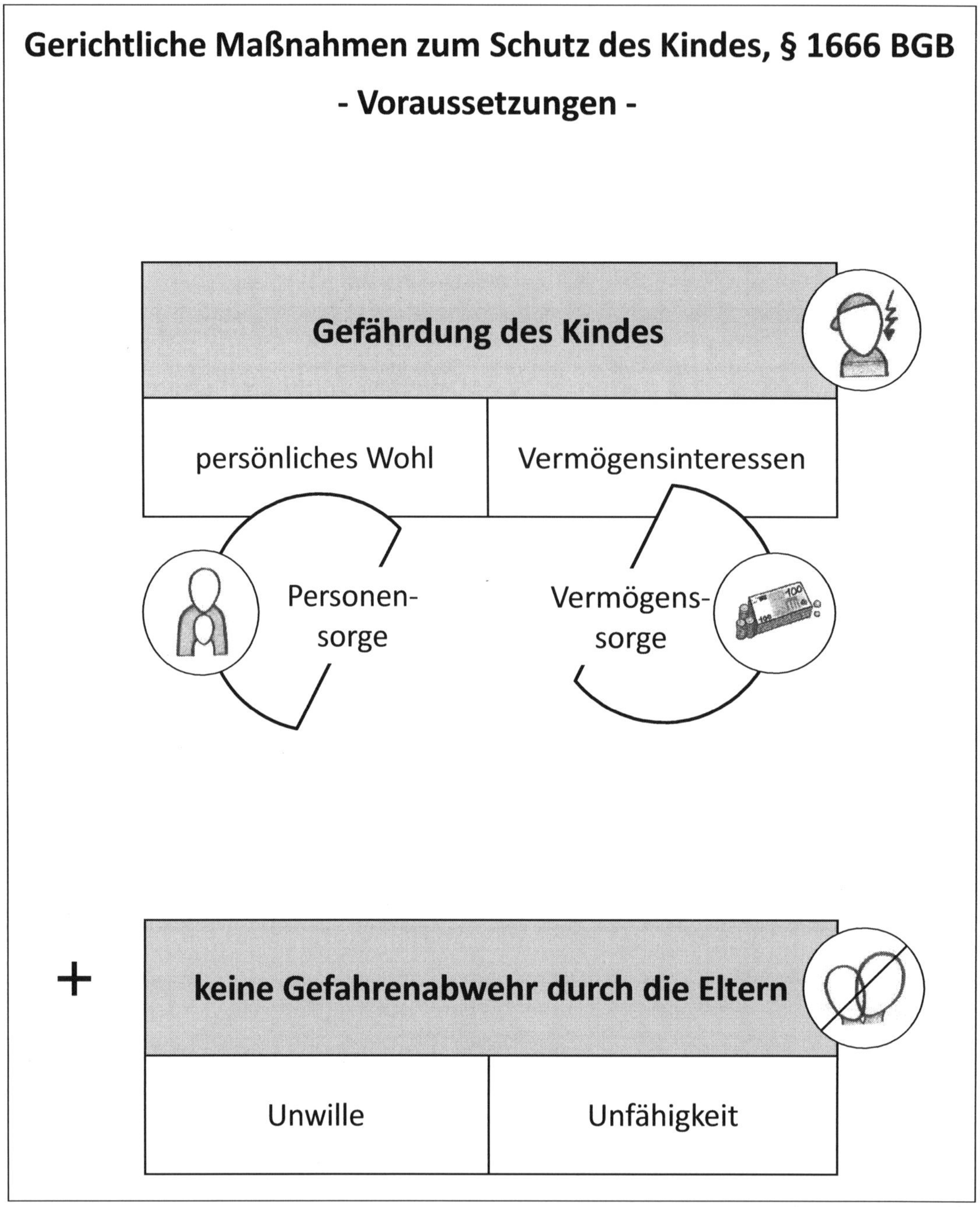

Abbildung 58

10.1 Persönlicher Anwendungsbereich

Zeitraum zwischen Geburt und Volljährigkeit

§ 1666 BGB dient dem Schutz von **Personen im Zeitraum zwischen ihrer Geburt und der Vollendung des 18. Lebensjahres.**[219] Dies entspricht gleichzeitig dem zeitlichen Umfang von Sorgerechten und -pflichten.

→ *zum zeitlichen Umfang von Sorgerechten und -pflichten siehe 2.7*

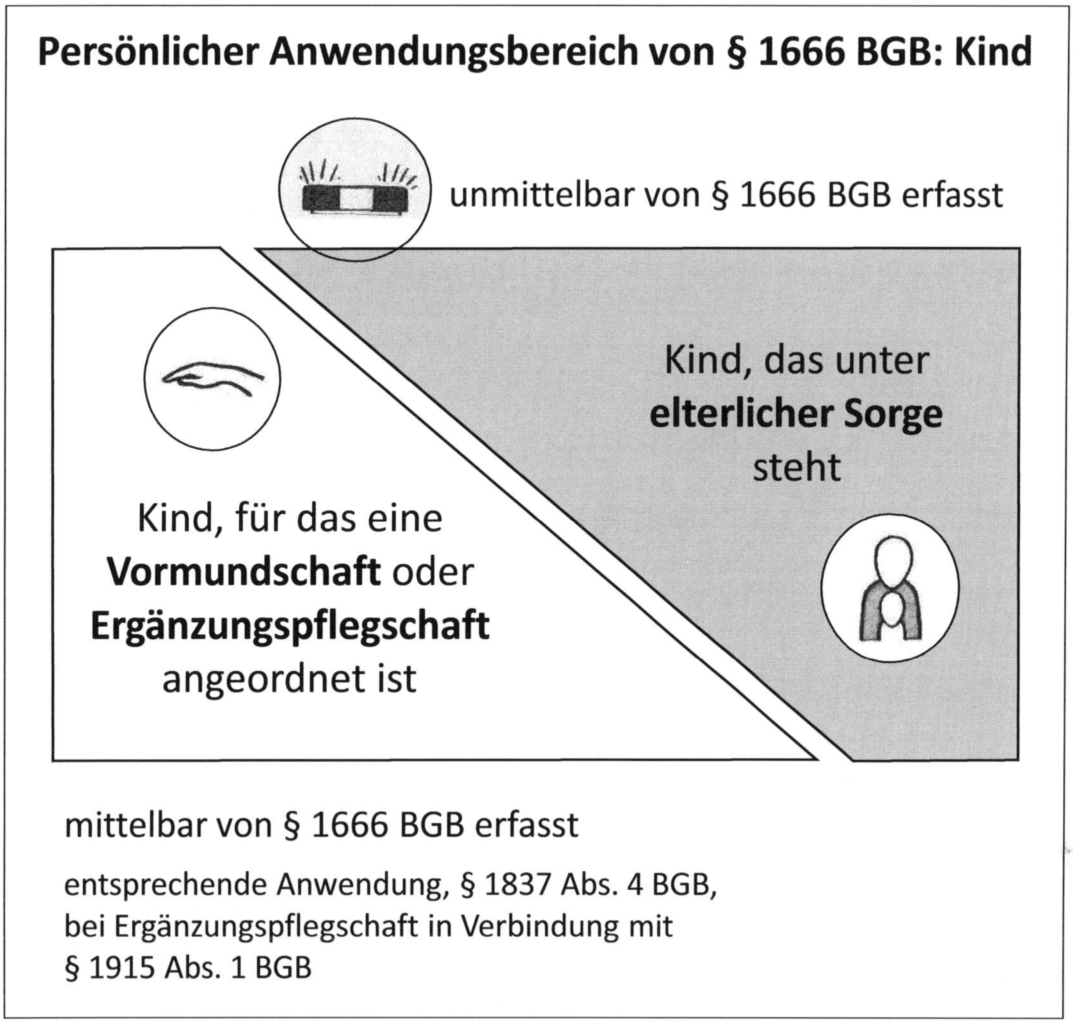

Abbildung 59

Zeitraum vor Geburt und nach Volljährigkeit

Dies hat zur Konsequenz:

- Wird das Kind während eines Kinderschutzverfahrens **volljährig** oder **stirbt**, endet das Verfahren bzw. entfallen seine Voraussetzungen.
- Ist ein Kind **noch nicht geboren**, ist zu differenzieren:

  Zwar wird auch das noch ungeborene Kind von § 1666 BGB geschützt und hat damit gleichzeitig einen Schutzanspruch. Da gleichzeitig die Rechte der schwangeren Frau nicht übergangen werden dürfen, bleibt für eine Anwendung des § 1666 BGB nur Raum, wenn diese einen strafbaren Schwangerschaftsabbruch beabsichtigt.[220]

→ *zu staatlichen Schutz- und Unterstützungsmaßnahmen für das noch nicht geborene sowie volljährige, hilfebedürftige Kind siehe 2.7*

219 Gemäß § 1 beginnt die Rechtsfähigkeit mit der Vollendung der Geburt; gemäß § 2 BGB tritt Volljährigkeit mit Vollendung des 18. Lebensjahres ein.
220 NK-BGB/Rakete-Dombek/Berning, § 1666 Rn. 4.

Adressaten gerichtlicher Maßnahmen

Die gerichtlichen Gefahrenabwehrmaßnahmen richten sich in erster Linie gegen die **Inhaber der elterlichen Sorge**. Dies geht aus den in § 1666 Abs. 3 BGB beispielhaft aufgeführten Kinderschutzmaßnahmen hervor, die vornehmlich auf die Einschränkung von Elternrechten abzielen. Dies sind vorrangig die **(teil-)sorgeberechtigten Eltern** des Kindes. Wird die Sorge durch einen **Vormund** oder einen **Ergänzungspfleger** ausgeübt, gelten die §§ 1666, 1666a BGB gemäß § 1837 Abs. 4 BGB (Vormundschaft) und § 1915 Abs. 1 BGB (Ergänzungspflegschaft) entsprechend.

Schutzmaßnahmen können aber auch an den **nichtsorgeberechtigten Elternteil** sowie (andere) **Dritte** adressiert sein, was aus § 1666 Abs. 4 BGB folgt.[221]

→ *zu Gefahrenabwehrmaßnahmen gegenüber Dritten siehe 10.4.6*

Bei einer Gefährdung des Kindes durch **Pflegeeltern** hat die Kinderschutznorm aus § 1688 Abs. 3 Satz 2, Abs. 4 BGB Vorrang.

Persönlicher Anwendungsbereich von § 1666 BGB: Eltern

unmittelbar von § 1666 BGB erfasst

Eltern, die **Inhaber von Sorgerechten** sind

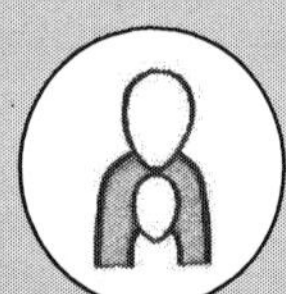

bei Gefährdung durch

- **nicht sorgeberechtigte Eltern**
- **andere Personen** wie Verwandte, Bekannte der Eltern etc.
- **Pflegepersonen** (Pflegeltern)
- **Vormund** und **Ergänzungspfleger**

- Anordnung von **Kinderschutzmaßnahmen** (zum Beispiel Weisungen, Kontakt- und Näherungsverbote) **mit Wirkung für und gegen nicht sorgeberechtigte Personen**, § 1666 Abs. 4 BGB
- Entlassung des **Vormunds/Ergänzungspflegers**, §§ 1886, 1915 Abs. 1 BGB

Abbildung 60

221 Vgl. BeckOK BGB/Veit, 56. Ed. 01.11.2019, BGB § 1666 Rn. 11–13.

10.2 Kindeswohlgefährdung

Bei der Eröffnung des Tatbestands kommt es darauf an, ob für die Zukunft eine Gefährdung des Kindeswohls anzunehmen ist.

Kindeswohlgefährdung im Sinne von § 1666 BGB

gegenwärtige **Gefahr**

- **aktuelle** und **konkrete** Gefahrenlage

bezogen auf

Wohl des Kindes

Nachteile für
- **Rechtsgüter**
- **schützenswerte Interessen**

des Kindes

+

Vorhersehbarkeit einer **erheblichen Schädigung** bei fehlender Intervention durch Familiengericht

- bei bereits erfolgtem Schadenseintritt: Eintritt weiterer Schäden?

Abbildung 61

Die **Elemente für die Annahme einer Kindeswohlgefährdung** sind folgende:[222]

(1) Wenn eine gegenwärtige, in einem solchen Maß vorhandene Gefahr festzustellen ist, dass

(2) eine erhebliche Schädigung des geistigen oder leiblichen Wohls des Kindes

(3) bei der weiteren Entwicklung der Dinge mit hinreichender Wahrscheinlichkeit zu erwarten ist.

Der **Auslöser der Gefährdung** ist für die Eröffnung des Tatbestands nicht maßgeblich. Die Tatsache, dass eine Kindeswohlgefährdung vorliegt, reicht aus. Ob die Gefährdung auf elterlichem Fehlverhalten beruht oder anderen Personen bzw. Umständen zuzuordnen ist, kann allerdings bei der Erörterung der elterlichen Gefahrenabwehr oder der angemessenen gerichtlichen Gefahrenabwehr eine Rolle spielen.

Familientrennung

Strebt das Familiengericht eine **Trennung zwischen Kind und Eltern** bzw. deren Aufrechterhaltung an, erhöhen sich die Anforderungen an die Feststellung einer Kindeswohlgefährdung. Eine solche Maßnahme darf nur unter strenger Beachtung des Verhältnismäßigkeitsgrundsatzes erfolgen, was sich bereits bei der Eröffnung des Anwendungsbereichs des § 1666 Abs. 1 BGB auswirkt.

Für eine vom Gericht angestrebte Familientrennung ist Voraussetzung, „dass das **elterliche Fehlverhalten ein solches Ausmaß** erreicht hat, dass das Kind bei den Eltern in seinem körperlichen, geistigen oder seelischen Wohl **nachhaltig gefährdet** wäre. Eine solche Gefährdung des Kindes ist dann anzunehmen, wenn bei ihm bereits ein Schaden eingetreten ist oder sich eine erhebliche Gefährdung mit ziemlicher Sicherheit voraussehen lässt."[223]

Das Gericht muss im Falle der Anordnung von Gefahrenabwehrmaßnahmen – die immer einen Eingriff in Rechte der Eltern, des Kindes und ggf. Dritter beinhalten –, **die dem Kind drohenden Schäden konkret benennen**. Dies verlangt eine **Bestimmung der angenommenen Gefährdung** nach[224]

(1) Art

(2) Schwere (Erheblichkeit)

(3) Eintrittswahrscheinlichkeit

Dies gilt auch in **einstweiligen Anordnungsverfahren**: Hier sinken zwar die Anforderungen an den Nachweis, nicht aber an die Darlegung und Begründung der Tatbestandsvoraussetzungen. Auch hier müssen die Fachgerichte Art, Schwere und Eintrittswahrscheinlichkeit der angenommenen Kindeswohlgefährdung konkret feststellen.[225]

→ *zu den Anforderungen an die gerichtliche Überzeugungsbildung im einstweiligen Anordnungsverfahren siehe 14.12.1.2*

10.2.1 Schutzgüter

Rechte und Rechtsgüter des Kindes, die im Rahmen von § 1666 BGB geschützt werden, sind:[226]

- das **körperliche, geistige und seelische Wohl** des Kindes (vgl. § 1666 Abs. 1 BGB)
- die **Möglichkeit** des Kindes
  - **gesund und ungefährdet** aufzuwachsen (vgl. §§ 1631 Abs. 2, 1666 Abs. 1 BGB)
  - sich zu einer **gemeinschaftsfähigen, selbstständigen und verantwortungsbewussten Persönlichkeit** zu entwickeln (vgl. § 1 SGB VIII)
- die **Stabilität und Kontinuität** der Eltern-Kind-Beziehung (vgl. Artikel 6 Abs. 1 GG)

222 BGH, Beschluss vom 06.02.2019 – XII ZB 408/18.
223 BVerfG, 10.06.2020 – 1 BvR 572/20.
224 BVerfG, 10.06.2020 – 1 BvR 572/20; BVerfG, 19.06.2020 – 1 BvR 1284/20.
225 BVerfG, 10.06.2020 – 1 BvR 572/20; BVerfG, 19.06.2020 – 1 BvR 1284/20.
226 Heilmann/Cirullies, Praxiskommentar Kindschaftsrecht 2. Auflage, § 1666 BGB Rn. 18 mit weiteren Nachweisen; Scholz/Kleffmann, Praxishandbuch Familienrecht, 38. EL April 2020, Teil E Rn. 135.

- die **Berücksichtigung seiner Persönlichkeit und Vorstellungen** (vgl. § 1626 Abs. 2 BGB)
- sein **Vermögen** und finanzielle Belange (vgl. § 1666 Abs. 1 BGB)

Bei § 1666 BGB geht es um die **Erfüllung der Grundbedürfnisse von Kindern und Jugendlichen**.[227] Was zu diesen gehört, richtet sich nach gesundheitlichen, kinder- und familienpsychologischen, pädagogischen und gesellschaftlichen Standards.

Die Grenzen sind fließend, denn körperliche Misshandlungen können mit seelischen Beeinträchtigungen einhergehen. Umgekehrt können Verletzungen an der Psyche eines Kindes somatische und somit körperliche Auswirkungen haben.[228]

→ *zum Begriff des Kindeswohls und zu den Kindeswohlkriterien siehe 13.1 und 13.2*

→ *zu Erziehungszielen und Richtlinien, die Eltern bei der Kindererziehung beachten müssen, siehe 2.9*

Die **bestmögliche Förderung des Kindes** wird nicht von § 1666 BGB geschützt. Auf diese hat das Kind keinen Anspruch; es nimmt an den sozioökonomischen Verhältnissen seiner Eltern teil.[229] Eine bessere Förderung des Kindes kann aber über die Inanspruchnahme von Hilfe von Erziehung gemäß §§ 27 ff. SGB VIII erreicht werden.

→ *zu Hilfemaßnahmen zur Erziehung nach den §§ 27 ff. SGB VIII siehe 15.1, zu weiteren Unterstützungsmaßnahmen der Jugendhilfe siehe 15.2, 15.3, 15.4*

10.2.1.1 Unmittelbare Betroffenheit

Ist das Kind unmittelbar von einem gefährdenden Verhalten betroffen und/oder zeigt es bereits Symptome einer fehlerhaften Entwicklung, lässt sich eine Kindeswohlgefährdung in der Regel nachweisen.

Von einer Kindeswohlgefährdung wird in folgenden Fällen stets auszugehen sein:[230]

- **fremd- und selbstgefährdendes Verhalten** wie Drogen- oder Alkoholmissbrauch, Gewaltbereitschaft, delinquentes Verhalten, Obdachlosigkeit/unbekannter Aufenthalt
- **Entwicklungsstörungen**, emotionale **Störungen**, **Verhaltensauffälligkeiten**, auch **Parentifizierung** (= Rollenumkehr zwischen Eltern und Kind) etc.
- **Schuldistanz, unregelmäßiger Schulbesuch des Kindes**

  Beim Schulbesuch geht es nicht nur um Wissensvermittlung. Durch den Schulbesuch soll dem Kind auch ermöglicht werden, am gemeinschaftlichen Leben teilzunehmen.[231] Er vermittelt wesentliche Grundlagen, mit zunehmendem Alter unabhängig und selbstbestimmt Ziele zu setzen, auch jenseits der familiären Vorgaben und Vorstellungen der Eltern. Schuldistanz indiziert daher grundsätzlich eine Kindeswohlgefährdung. Dennoch ist diese stets konkret und einzelfallbezogen festzustellen.

  → *zur Problematik der Eintrittswahrscheinlichkeit der Kindeswohlgefährdung bei Schuldistanz siehe 10.2.2*

10.2.1.2 Mittelbare Betroffenheit und Verdachtsfälle

Problematisches Verhalten der Eltern, des sozialen Umfelds und problematische Umgebungsfaktoren können kindeswohlgefährdend wirken. Ist das Kind aber nur mittelbar betroffen und zeigt (noch) keine Symptome, steigen die Anforderungen an die Feststellung einer Kindeswohlgefährdung.

227 http://www.kinderschutz-in-nrw.de/fuer-erwachsene/kindeswohl/begriffsbestimmungen.html
228 Heilmann/Cirullies, Praxiskommentar Kindschaftsrecht 2. Auflage, § 1666 BGB Rn. 18.
229 Heilmann/Cirullies, Praxiskommentar Kindschaftsrecht 2. Auflage, § 1666 BGB Rn. 18.
230 Zur Aufzählung siehe BeckOK BGB/Veit, 60. Ed. 01.11.2019, BGB § 1666 Rn. 27, jeweils mit Rechtsprechungsnachweisen.
231 Heilmann/Cirullies, Praxiskommentar Kindschaftsrecht 2. Auflage, § 1666 BGB Rn. 28.

> **Grundsatz**: *Problematische Verhältnisse und Verhaltensweisen Dritter – insbesondere der Eltern – sind ein Indiz, begründen für sich allein genommen jedoch keine Gefährdung. Festzustellen bzw. zu ermitteln ist,* ***ob und inwieweit*** *sich der vom Jugendamt oder dem Gericht* ***beanstandete Sachverhalt auf das Kindeswohl konkret auswirkt****.*

Zu Umständen, die den **Verdacht einer Kindeswohlgefährdung** zulassen, zählen folgende Fallgruppen:[232]

- **Alkohol- und Drogenmissbrauch der Eltern**

  Die Tatsache übermäßigen Konsums reicht nicht aus; es müssen die gefährdenden Auswirkungen auf das Kind festgestellt werden. Dabei gilt: Jüngere Kinder, die auf die Bedürfnisbefriedigung durch die Eltern angewiesen sind und über wenige eigene Ressourcen verfügen, sind grundsätzlich eher gefährdet als Jugendliche. Aber auch bei diesen kann Suchtverhalten der Eltern zur Vernachlässigung ihrer Bedürfnisse – etwa in Bezug auf Schulbesuch, Medienaufsicht etc. – führen.[233]

- **Erkrankungen der Eltern**

  Hier gilt das Vorgesagte im Grundsatz entsprechend; psychische oder physische Erkrankungen der Eltern lösen eine Kindeswohlgefährdung aus, wenn diese dazu führen oder beitragen, dass Grundbedürfnisse des Kindes nicht erfüllt werden.

- **strafbares Verhalten von Eltern oder nahestehenden Personen**

  Eine Straftat, die **an oder mit einem Kind** begangen wird, ist aus sich heraus kindeswohlgefährdend. Die Spanne reicht von der Abgabe von Alkohol, Drogen oder vergleichbaren Substanzen an Kinder über Misshandlung insbesondere in Form von Körperverletzung bis hin zu sexuellem Missbrauch.

  Passives Erleben von Straftaten wie das Erleben von körperlichen Auseinandersetzungen oder Drogenkonsum der Eltern kann kindeswohlgefährdend sein.[234]

  Bei Verdacht einer Straftat ist das Vorliegen einer Kindeswohlgefährdung eingehend zu prüfen, insbesondere wenn ein Elternteil dem anderen **sexuellen Missbrauch des Kindes vorwirft**, das Strafverfahren aber noch nicht beendet ist, eingestellt wurde oder mit einem Freispruch aus Mangeln an Beweisen endete. Allerdings ist in diesen Fällen nicht nur **die Einschätzung einer Kindeswohlgefährdung** schwierig. **Problematisch** ist **auch die Bestimmung von Gefahrabwehrmaßnahmen**, die – von der fraglichen Gefährdung abgesehen – dem Grundsatz der Verhältnismäßigkeit genügen müssen.

- **mangelhafte medizinische Versorgung**[235]

  Werden medizinisch gebotene Behandlungen unterlassen, bedeutet dies grundsätzlich eine Gefährdung der Gesundheit und des Wohlergehens des Kindes. Dies gilt auch für notwendige Impfungen und Therapien.[236] In der **fehlenden Durchführung von Vorsorge- und Früherkennungsuntersuchungen** ist demgegenüber nicht ohne Weiteres eine Kindeswohlgefährdung zu sehen, da diese nicht verpflichtend sind.[237] Dieser Umstand kann aber dazu führen, dass Anhaltspunkte für eine Kindeswohlgefährdung bestehen, weil gesundheitliche Vorsorge

232 Siehe hierzu auch überblicksweise Darstellung von Erscheinungsformen einer Kindeswohlgefährdung bei BeckOK BGB/Veit, 60. Ed. 01.11.2019, BGB § 1666 Rn. 27, jeweils mit Rechtsprechungsnachweisen. Eine ausführliche Darstellung verschiedener Gefährdungstatbestände ebenfalls mit Rechtsprechungsnachweisen findet sich außerdem bei Heilmann/Cirullies, Praxishandbuch Kindschaftsrecht 2. Auflage, § 1666 BGB Rn. 23 ff.

233 Zur Problematik eingehend und mit Nachweisen zur Rechtsprechung: Scholz/Kleffmann, Praxishandbuch Familienrecht, 38. EL April 2020, Teil E Rn. 138.

234 Siehe hierzu auch Heilmann/Cirullies, Praxiskommentar Kindschaftsrecht 2. Auflage, § 1666 BGB Rn. 25: Das Miterleben von Beziehungsgewalt kann posttraumatische Belastungsreaktionen, den Verlust emotionaler Sicherheit in der Familie oder aggressive Verhaltensmuster verursachen.

235 BeckOK BGB/Veit, 60. Ed. 1.11.2021, BGB § 1666 Rn. 17 mit weiteren Nachweisen.

236 Heilmann/Cirullies, Praxiskommentar Kindschaftsrecht 2. Auflage, § 1666 BGB Rn. 26.

237 Heilmann/Cirullies, Praxiskommentar Kindschaftsrecht 2. Auflage, § 1666 BGB Rn. 26.

und Aufsicht nicht stattfinden. Das Jugendamt kann dann aus Kinderschutzgründen zu Maßnahmen nach § 8a SGB VIII veranlasst sein.[238]

- **Erziehungsdefizite**

  Der **Missbrauch der elterlichen Sorge** löst grundsätzlich eine Kindeswohlgefährdung aus. Hierunter fällt u. a. ein elterliches Erziehungsverhalten, das auf **nicht akzeptable Erziehungsziele** und **-methoden** ausgerichtet ist. Zu nicht akzeptierten Erziehungsmethoden gehören **diktatorische und unterdrückende Erziehungsweisen**. Gemäß § 1626 Abs. 2 BGB ist die Erziehung je nach Entwicklungsstand des Kindes partnerschaftlich zu gestalten; die **Neigungen und die Persönlichkeit des Kindes sind bei sorgerechtlichen Entscheidungen einzubeziehen**.

  Bei einer **unterdrückenden Erziehungsweise** steht die Verletzung von Persönlichkeitsrechten des Kindes und damit eine Kindeswohlgefährdung im Raum. **Bindungen des Kindes werden unterdrückt**, wenn Eltern den Umgang mit dem anderen Elternteil oder wichtigen Bezugspersonen behindern. Ob Umgangsverweigerung und fehlende Bindungstoleranz eine Kindeswohlgefährdung begründen, ist im konkreten Fall zu ermitteln.[239]

  Erziehungsfehlverhalten oder sogar -versagen kann sich in **vernachlässigenden Verhaltensweisen** zeigen, etwa in der fehlenden Beaufsichtigung von Kindern und Jugendlichen.

- **Konflikte zwischen Kind und Eltern/Wunsch des Kindes, den elterlichen Haushalt zu verlassen**

  Konflikte begleiten den Prozess der Verselbstständigung und können nicht hinweggedacht werden. Dennoch müssen die Konflikte für das Kind im Rahmen des Erträglichen sein.[240]

  Bei der Beratung eines Jugendlichen, der sein Elternhaus verlassen will, kann auf die Möglichkeit der Inobhutnahme nach § 42 Abs. 1 Ziff. 1 SGB VIII hingewiesen werden.

  → *zur Inobhutnahme nach § 42 SGB VIII siehe 15.5*

  Bei der Beratung eines Personensorgeberechtigten kann auf die Möglichkeit hingewiesen werden, die Fremdunterbringung des Kindes als Maßnahme der Hilfe zur Erziehung nach § 27 SGB VIII zu beantragen und ggf. vor dem Verwaltungsgericht einzuklagen.

  → *zur Hilfe zur Erziehung nach den §§ 27 ff. SGB VIII siehe 15.1*

- **gefährdendes Verhalten Dritter**

  Fälle von gefährdendem Verhalten Dritter sind unter anderem **sexueller Missbrauch, Verleiten zur Alkohol- und Drogensucht, Prostitution oder Straftaten**.[241]

  Bei fehlenden Möglichkeiten der Eltern zur Einwirkung auf das Kind oder einer Gefährdungslage ist eine elterliche Gefahrenabwehr im Sinne von § 1666 Abs. 1 BGB nicht gegeben. Die Eltern zeigen Erziehungskompetenz, wenn sie in einem solchen Fall selbst das Familiengericht anrufen und zum Schutz des Kindes eine gerichtliche Gefahrenabwehr initiieren.

  Das Familiengericht hat erweiterte Möglichkeiten; es kann zum Beispiel gemäß § 1666 Abs. 4 BGB auf Personen, die das Kind gefährden oder einen gefährdenden Einfluss haben, mit Hilfe von Kontaktverboten einwirken.

  → *zur Abwehr von Gefahren durch Dritte siehe 10.4.6*

10.2.2 Eintrittswahrscheinlichkeit

Der Schadenseintritt muss wahrscheinlich, d. h. **vorhersehbar** sein (Eintrittswahrscheinlichkeit), was sowohl in tatsächlicher als auch in zeitlicher Hinsicht gilt. Dabei gestaltet sich die **Abgrenzung zwischen einer gegenwärtigen bzw. akuten und einer latenten Gefährdungslage** mitunter schwierig. Problematisch sind insbesondere **Verdachtsfälle** (Verdacht sexuellen Miss-

238 Heilmann/Cirullies, Praxiskommentar Kindschaftsrecht 2. Auflage, § 1666 BGB Rn. 26.

239 Heilmann/Cirullies, Praxiskommentar Kindschaftsrecht 2. Auflage, § 1666 BGB Rn. 31.

240 Zur Problematik eingehend und mit Nachweisen zur Rechtsprechung: Scholz/Kleffmann, Praxishandbuch Familienrecht, 38. EL April 2020, Teil E Rn. 139.

241 BeckOK BGB/Veit, 60. Ed. 01.11.2019, BGB § 1666 Rn. 66.

brauchs, anderer Misshandlungen, Drogenmissbrauch von Kindern und nahestehenden Personen, möglicherweise gefährdende Einflüsse Dritter etc.).

Der BGH hatte über das Vorliegen einer Kindeswohlgefährdung in einem Fall zu entscheiden, in der es um die Gefahr eines sexuellen Übergriffs durch einen wegen sexueller Missbrauchstaten vorbestraften Lebensgefährten der Mutter des Kindes ging. In der Entscheidung vom 06.02.2019 führte der BGH aus, dass **an die Wahrscheinlichkeit des Schadenseintritts umso geringere Anforderungen zu stellen sind, je schwerer der drohende Schaden** wiegt. Gleichzeitig muss die Feststellung auf **konkreten Verdachtsmomenten** beruhen; eine **bloß abstrakte Gefährdung genügt nicht**.[242]

Verdachtsmomente in tatsächlicher Hinsicht

Daraus folgt zum einen: **Konkrete Verdachtsmomente im Sinne von tatsächlichen Umständen** müssen darauf hindeuten, dass bei weiterem Abwarten – d. h. ohne gerichtliche Intervention – eine Schädigung des Kindeswohls zu erwarten ist.

Eine Kindeswohlgefährdung kann zum Beispiel in einer zu **befürchtenden Verletzung der Befugnisse des mitsorgeberechtigten Elternteils** liegen, der einer dauerhaften Verbringung des Kindes ins Ausland zustimmen muss (Angelegenheit von erheblicher Bedeutung im Sinne von § 1628 BGB). Für den Erlass eines Ausreiseverbots („Grenzsperre") muss aber eine durch **konkrete Umstände begründete Besorgnis** ersichtlich sein, wonach ein Elternteil die Absicht verfolgt, das Kind nach einer Ausreise nicht mehr zurückzubringen.[243]

Nicht ausreichend sind:

- **Besorgnis** aufgrund von **früheren kindeswohlgefährdenden Vorfällen**

  Vereinzelt gebliebene Fehlhandlungen der Eltern oder Vorfälle, die in der Vergangenheit zu einem Schadenseintritt geführt haben, reichen nicht aus.[244]

  Aber: Bei einem früheren Vorfall, der dem Kind geschadet hat, oder einem früheren schädigenden Verhalten der Eltern ist zu prüfen, ob diese auf eine gegenwärtige Kindeswohlgefährdung hinweisen:[245]

  - Hinweise auf eine **Wiederholungsgefahr** indizieren eine Kindeswohlgefährdung.
  - **Vereinzelt gebliebene Vorfälle oder Fehlverhalten** sprechen eher nicht für die Annahme einer Kindeswohlgefährdung

    Aus einer krisenhaften Episode wie eine **einmal geäußerte Suizidandrohung** sind zum Beispiel „keine hinreichend tragfähigen Anhaltspunkte" dafür abzuleiten, die eine Neuregelung des Aufenthaltsbestimmungsrechts fordern.[246]

Eine andere Entscheidung befasste sich mit einer früheren schweren Verletzung eines Kleinstkindes, aufgrund derer den Eltern das Sorgerecht entzogen wurde. Der Sorgerechtsentzug wurde später beendet. Eine Aufrechterhaltung des Sorgerechtsentzugs kam nicht mehr in Betracht, auch wenn die Ursache der zurückliegenden schweren Schädigung des Kindes nicht aufgeklärt werden konnte und möglicherweise auf die Eltern zurückging (was von ihnen bestritten wurde). Weil aber das Kind unter Begleitung von Jugendhilfemaßnahmen bereits in den elterlichen Haushalt zurückgeführt wurde, die Eltern durch Hilfemaßnahmen des Jugendamts die nötige Erziehungskompetenz erlangt haben (Abbau von Überforderung), diese mit dem Jugendamt kooperieren und außerdem das Kind älter geworden ist und die frühere Verletzung als solche sich nicht wiederholen kann (Schütteltrauma des Säuglings), war eine gegenwärtige Kindeswohlgefährdung nicht festzustellen.[247]

Verdachtsmomente in zeitlicher Hinsicht

Zum anderen muss auch der vermutete **Eintrittszeitpunkt auf konkreten Verdachtsmomenten** beruhen. Die Gefährdung muss demnach auch in zeitlicher Hinsicht **definierbar bzw. identi-**

242 BGH, 06.02.2019 – XII ZB 408/18.
243 OLG Frankfurt, 07.06.2018 – 1 UF 50/18.
244 Heilmann/Cirullies, Praxiskommentar Kindschaftsrecht 2. Auflage, § 1666 BGB Rn. 21.
245 Vgl. BeckOK BGB/Veit, 56. Ed. 01.11.2019, BGB § 1666 Rn. 18, 18.1.
246 OLG Brandenburg, 11.03.2019 – 9 UF 30/19.
247 OLG Frankfurt, 07.06.2018 – 1 UF 50/18.

fizierbar sein – sie darf **nicht im Ungefähren** verbleiben oder **nur abstrakt** bestehen. Ebenso wenig reichen eine nur latent bestehende Gefahrensituation oder eine künftige Gefährdung – künftig im Sinne von mittel- bis langfristig – nicht aus.[248]

Beispiele

*In einem Fall konnten trotz längerfristiger **Schuldistanz** eines 13-jährigen Kindes **keine Anhaltspunkte für eine konkrete Gefährdung** der körperlichen, kognitiven, sprachlichen, motivationalen, emotionalen oder sozialen Entwicklung festgestellt werden, obwohl die schulischen Fähigkeiten vergleichsweise rückständig (ein Schuljahr) waren. Das Kind schien sozial integriert; Rückstände treten auch bei beschulten Kindern auf. In diesem Fall war daher nur eine abstrakte Gefährdung anzunehmen, was für die Eröffnung des Tatbestands des § 1666 BGB nicht ausreichte.*[249]

*In einem anderen Fall wurde demgegenüber eine **konkrete Kindeswohlgefährdung** wegen Schuldistanz einer 14-jährigen Jugendlichen ab der 6. Klasse bejaht. Der fehlende Schulbesuch **nehme dem Kind die Möglichkeit, sich in einer Gemeinschaft zu entwickeln.** Auf der Rechtsfolgenseite hat das Gericht die Verhältnismäßigkeit familiengerichtlicher Maßnahmen aufgrund des entgegenstehenden Willens der Jugendlichen in Bezug auf eine Beschulung allerdings abgelehnt.*[250]

*Die Tatsache, dass der **Medienkonsum von den Eltern unkontrolliert zugelassen** wird, reicht für die Feststellung einer Kindeswohlgefährdung im Sinne von § 1666 BGB allein nicht aus. Dies gilt auch für die Nutzung einer Spielkonsole mit Spielen ohne Jugendfreigabe (wegen gewalttätiger Inhalte) durch ein Grundschulkind. Unkontrollierter, nicht altersangemessener Medienkonsum gilt zwar als schädlich. Für die Eröffnung des Tatbestands des § 1666 BGB muss die Kindeswohlgefährdung jedoch konkret, bezogen auf das betroffene Kind, festgestellt werden. Ferner muss sie gegenwärtig sein, das Kind also bereits **jetzt** betroffen. Dies war im vorliegenden Fall nicht festzustellen; das Kind wies zum Zeitpunkt der Entscheidung jedenfalls keine Schädigungen durch den unkontrollierten Medienkonsum auf.*[251]

Hinweis

*Auch wenn ein bestimmtes grundsätzliches Verhalten eines Kindes oder der Eltern (z. B. (Zulassen von) Schuldistanz oder nicht altersgerechtem Medienkonsum) als grundsätzlich schädigend gilt und eine Schädigung in der Zukunft demnach unter psychologischen und/oder pädagogischen Gesichtspunkten erwartet werden kann, reicht dieser Umstand allein für die Eröffnung des Tatbestandes nicht aus. Zum Zeitpunkt der Entscheidung muss nachgewiesen werden, wie sich das **grundsätzlich schädigende Verhalten konkret und gegenwärtig bereits schädigend ausgewirkt** hat.*

Gefahr sexuellen Missbrauchs

Die Tatsache, dass **Kinder in pornografischen Posen fotografiert** werden, reicht zur Annahme einer **schwerwiegenden Kindeswohlgefährdung** aus. Dies gilt umso mehr, wenn die Kinder die Anfertigung derartiger Fotos wegen ihres jungen Alters nicht bemerken oder einordnen können. Wenn einem Kind jede Möglichkeit fehlt, einen Übergriff abzuwehren und/oder sich anderen Personen anzuvertrauen und auf diese Weise Schutz zu suchen, wiegt die Gefährdung umso schwerer.[252]

248 Vgl. BeckOK BGB/Veit, 56. Ed. 01.11.2019, BGB § 1666 Rn. 18, 18.1. mit Nachweisen aus Rechtsprechung und Literatur.
249 OLG Düsseldorf, 25.07.2018 – II-2 UF 18/17.
250 OLG Schleswig, 27.12.2018 – 10 UF 176/18.
251 OLG Frankfurt, 15.06.2018 – 2 UF 41/18 (anders die Vorinstanz, die eine konkrete Kindeswohlgefährdung wegen gefährdendem Medienkonsum (Nutzung von Medieninhalten ohne Jugendfreigabe) bejaht hat, AG Hersfeld, 27.10.2017 – 63 F 290/17 SO).
252 OLG Frankfurt, 26.03.2018 – 1 UF 4/18.

Auch die Tatsache, dass die Mutter mit einem wegen sexuellen Missbrauchs von Kindern vorbestraften Lebensgefährten und ihrem Kind in einem Haushalt zusammenlebt, reicht für die Annahme einer Kindeswohlgefährdung aus. Die Problematik der fraglichen Eintrittswahrscheinlichkeit wirkt sich auf der Rechtsfolgenseite aus.[253]

10.2.3 Erheblichkeit

Intensität

Weiter ist die **Intensität** der dem Kind drohenden Gefahren **entscheidend**: Die Gefährdung muss aufgrund der Tatsache, dass gerichtliche Abwehrmaßnahmen in Grundrechte eingreifen, **erheblich** sein.[254]

Nicht ausreichend sind:[255]

- wenig optimale („unzweckmäßige, unpraktische oder ungeschickte") elterliche Verhaltensweisen
- Eltern, die wegen einschränkender Umstände nicht dieselbe Entwicklungschance bieten können wie andere Eltern

verschärfte Anforderungen gemäß §1666a bei Familientrennung oder Sorgerechtsentzug

Bei Familientrennung erhöhen sich die Anforderungen an die Intensität der Kindeswohlgefährdung: Bei gerichtlichen Maßnahmen, die auf eine **Trennung des Kindes von den Eltern** hinauslaufen, oder beim **Entzug der Personensorge** muss die Gefährdung gemäß § 1666a BGB **besonders schwerwiegend** und **nachhaltig** sein. Eine Trennung ist dann nur unter folgenden Voraussetzungen gerechtfertigt:[256]

1. Elternverhalten hat ein derartiges Ausmaß erreicht, dass
2. das Kind bei einem Verbleib in der Familie – oder bei einem Wechsel in die Familie – in seinem körperlichen, geistigen oder seelischen Wohl nachhaltig gefährdet wäre.

→ *zu den Anforderungen aus § 1666a BGB im Rahmen der Verhältnismäßigkeitsprüfung siehe 10.4.7.4*

einstweiliges Anordnungsverfahren

In **einstweiligen Anordnungsverfahren**, die auf die Trennung zwischen Eltern und Kind abzielen, müssen **neben der Dringlichkeit der Trennung belastbare Anhaltspunkte für das Vorliegen einer besonders schwerwiegenden und nachhaltigen Gefährdung** bestehen; ein Nachweis der Gefährdung (der in der Regel erst im Hauptsacheverfahren erbracht werden kann) ist nicht erforderlich.

- **Institutionalisierte, verbotene Misshandlung** von Kindern (hier: Züchtigung mit Ruten) rechtfertigt die sofortige Trennung im Rahmen einer gerichtlichen Eilentscheidung, auch wenn noch kein psychologisches Sachverständigengutachten vorliegt und dieses erst im Hauptsacheverfahren eingeholt werden kann.[257]
- Wenn **erhebliche, typischerweise bei Vernachlässigung auftretende Schäden beim Kind ersichtlich** sind, reicht dies zur Darlegung einer Kindeswohlgefährdung im einstweiligen Anordnungsverfahren aus. Wenn auch ohne gesicherte Ermittlungsgrundlage hinreichende Anhaltspunkte für das Vorliegen einer gegenwärtig nur durch einen vorläufigen Sorgerechtsentzug abwendbaren Kindeswohlgefährdung bestehen, ist die Trennung gerechtfertigt.[258]

Unvollständigkeit oder Unsicherheit der Tatsachengrundlage ist im einstweiligen Anordnungsverfahren unzureichend, wenn **nur wenige oder vage Anhaltspunkte ersichtlich oder die Erkenntnisquellen unzuverlässig** sind und deshalb die **erforderliche Abwägung der Folgen eines Sorgerechtsentzugs nicht erfolgen** kann. Ein Grundrechtseingriff ist dann nicht gerechtfertigt. Bei unsicherer Tatsachengrundlage stehen die Grundrechte von Eltern und Kindern einer

---

253 OLG Karlsruhe, 13.05.2019 – 18 UF 91/18) – hierbei handelt es sich um die Nachfolgeentscheidung zu BGH, 06.02.2019.
254 BeckOK BGB/Veit, 60. Ed. 01.11.2019, BGB § 1666 Rn. 19: Erforderlich ist eine „nachhaltige und schwerwiegende Gefährdung".
255 BeckOK BGB/Veit, 56. Ed. 01.11.2019, BGB § 1666 Rn. 20 mit Nachweisen aus der Rechtsprechung.
256 BeckOK BGB/Veit, 60. Ed. 01.11.2019, BGB § 1666 Rn. 21.
257 EuGHMR, Entscheidung vom 10.01.2019 – 18925/15.
258 BVerfG, Beschluss vom 23.04.2018 – 1 BvR 383/18.

eingriffsintensiven Maßnahme (z. B. Fremdunterbringung) entgegen, wenn der drohende Schaden gering und zeitlich entfernt ist.[259]

→ *zu den Anforderungen an die richterliche Sachverhaltsermittlung und Überzeugungsbildung im einstweiligen Anordnungsverfahren siehe 14.12.1.2*

10.3 Fehlende elterliche Gefahrenabwehr

Zur Kindeswohlgefährdung muss gemäß § 1666 Abs. 1 BGB hinzukommen, dass die Eltern zur Abwendung der Gefährdung **„nicht bereit oder nicht in der Lage sind"**. Die Voraussetzung geht auf den in Art. 6 Abs. 2 GG geschützten Erziehungsvorrang der Eltern und entsprechend angeordnete Subsidiarität staatlichen Eingreifens zurück.[260] Das Familiengericht darf also erst dann in die Erziehungsrechte der Eltern eingreifen, wenn diese – aus welchen Gründen auch immer – bei der Auflösung der Gefährdungslage ausfallen.

→ *zum verfassungsrechtlich geschützten Erziehungsvorrang der Eltern siehe 16.4*

Dabei darf sich die **elterliche Gefahrenabwehr nicht auf vordergründige Kooperation mit dem Jugendamt oder Versprechungen beschränken**. Die elterliche Gefahrenabwehr muss **prognostisch effektiv** sein.

Das ist dann nicht der Fall, wenn das Familiengericht nicht überzeugt ist, dass die Eltern[261]

1. die Gefährdungslage begreifen und einsehen und
2. an der Veränderung der Situation ernsthaft interessiert sind und engagiert mitwirken.

Das Gericht muss die fehlende elterliche Gefahrenabwehr im Rahmen einer **Prognose** feststellen. Der Prognose müssen **ausreichend umfassende Tatsachen** zugrunde liegen.[262]

! *Für die Prognose gilt als **Grundsatz**:*

***Je mehr** die Eltern hinter ihrer Verantwortung **zurückgeblieben** sind, **desto konkreter und gewichtiger** müssen die Umstände für eine positive Prognose sein.[263]*

Das Engagement der Eltern kann sich in der **Bereitschaft** zeigen, vom Jugendamt empfohlene Unterstützungsleistungen der Jugendhilfe, insbesondere **Hilfe zur Erziehung nach den §§ 27 ff. SGB VIII, in Anspruch zu nehmen**.[264]

→ *zu Hilfemaßnahmen zur Erziehung der Jugendhilfe siehe 15.1*

259 OLG Brandenburg, 07.02.2019 – 13 UF 8/19, wobei im dort entschiedenen Fall dem Kind, das sich seinen Eltern wegen deren Erziehungsverhalten entzog, schwere Schäden drohten.
260 Ähnlich BeckOK BGB/Veit, 60. Ed. 1.11.2021, BGB § 1666 Rn. 27 mit weiteren Nachweisen und Scholz/Kleffmann, Praxishandbuch Familienrecht, 38. EL April 2020, Teil E Rn. 150.
261 Zu dieser Thematik siehe BeckOK BGB/Veit, 60. Ed. 01.11.2019, BGB § 1666 Rn. 68, 69.
262 Scholz/Kleffmann, Praxishandbuch Familienrecht, 38. EL April 2020, Teil E Rn. 151.
263 Scholz/Kleffmann, Praxishandbuch Familienrecht, 38. EL April 2020, Teil E Rn. 151.
264 BeckOK BGB/Veit, 60. Ed. 01.11.2019, BGB § 1666 Rn. 69.

fehlende Gefahrenabwehr durch die sorgeberechtigten Eltern

§ 1666 Abs. 1 BGB

Unwille

„nicht bereit"

Anzeichen:

- **trotz Kindeswohlgefährdung keine Inanspruchnahme von Hilfe zur Erziehung,** §§ 27 ff. SGB VIII
- allein **passive und widerwillige Akzeptanz** notwendiger und angebotener Maßnahmen der Jugendhilfe
- **fehlende Kooperation** mit Polizei und Jugendamt

> erforderlich

- **Einsicht** in die Gefährdungslage
- **Entschlossenheit,** dieser entgegenzutreten

Unfähigkeit

„nicht in der Lage"

Anzeichen:

fehlende tatsächliche oder rechtliche Möglichkeiten, die Gefährdungslage zu beenden

- kein Einfluss auf Gefährdungsursache oder gefährdende Personen
- kein Einfluss auf Kind, das sich selbst gefährdet
- fehlende kognitive Erziehungskompetenzen

> erforderlich

- subjektiv und objektiv bestehende **Möglichkeiten der Einflussnahme**
- **auf Kind und Auslöser** der Gefährdung

Abbildung 62

10.4 Gefahrenabwehr

Liegen die Tatbestandsvoraussetzungen vor – besteht also eine durch die Eltern nicht abwendbare Kindeswohlgefährdung –, muss das Familiengericht gemäß § 1666 Abs. 1 BGB die zur Gefahrenabwehr erforderlichen Maßnahmen treffen.

Hierbei geht es um die Frage, welche familiengerichtliche Maßnahme dem Kindeswohl am ehesten entspricht. Folgende Aspekte spielen eine Rolle:

- Berücksichtigung von unterschiedlichen und individuellen Bedingungen
- Entwicklung problemangemessener Hilfen
- Abklärung und Abwägung von weniger schädlichen Alternativen

§ 1666 Abs. 3 BGB zählt mögliche Gefahrenabwehrmaßnahmen auf; die Aufzählung ist beispielhaft und **nicht abschließend**. Die Verwendung des Begriffs „insbesondere" macht deutlich, dass auch die Anordnung von Maßnahmen über die in Absatz 3 genannten hinaus möglich sind. Möglich ist auch die **Kombination** von Maßnahmen.

Im Sinne des **Verhältnismäßigkeitsgrundsatzes** beginnt die Aufzählung der gerichtlichen Maßnahmen in § 1666 Abs. 3 BGB mit solchen von **geringer Eingriffsintensität**, nämlich mit Geboten an die Eltern, auf Unterstützung ausgerichtete öffentliche Hilfen in Anspruch zu nehmen oder für die Einhaltung der Schulpflicht zu sorgen (Ziffer 1 und 2). Es folgen **schwerer wiegende Eingriffe** wie die Anordnung von Näherungs- und Kontaktverboten (Ziffer 3 und 4). Fortgesetzt von Eingriffen in einzelne elterliche Entscheidungsbefugnisse (Ziffer 5) endet die Aufzählung mit dem **intensivsten Eingriff in Elternrechte**, nämlich dem Entzug der gesamten elterlichen Sorge (Ziffer 6).

Der Maßnahmenkatalog wird in § 1666 Abs. 4 BGB ergänzt um die Ermächtigung des Gerichts, zur Gefahrenabwehr auch Maßnahmen gegen Dritte anzuordnen. Maßnahmen können sich daher auch auf Personen beziehen, die weder sorgeberechtigt noch Eltern des Kindes sind. In der familiengerichtlichen Praxis betrifft dies insbesondere die **Anordnung von Kontakt- und Näherungsverboten**.

Abbildung 63

Bei allen Maßnahmen, die auf eine Trennung des Kindes von den Eltern hinauslaufen, erfährt die Beachtung des Verhältnismäßigkeitsgrundsatzes durch § 1666a BGB eine besondere Intensität. Derart schwerwiegende Grundrechtseingriffe sind nur im absoluten Ausnahmefall und als letztes Mittel möglich.

→ *den Anforderungen aus § 1666a BGB im Rahmen der Verhältnismäßigkeitsprüfung siehe 10.4.7.4*

10.4.1 Öffentliche Hilfen, Ziffer 1

Weisungen und Auflagen

Ziffer 1 benennt als Maßnahme, „Gebote, öffentliche Hilfen wie zum Beispiel Leistungen der Kinder- und Jugendhilfe und der Gesundheitsfürsorge in Anspruch zu nehmen". Es geht um **Weisungen und Auflagen**, welche die Eltern etwa zur Beantragung einer bestimmten öffentlich-rechtlichen Leistung verpflichten. Die Ausgestaltung des Gebotes hängt von den Erfordernissen im konkreten Fall ab.

Im Zentrum stehen insbesondere folgende öffentliche Hilfen und Leistungsangebote:[265]

- **Hilfemaßnahmen der Jugendhilfe** gemäß §§ 27 ff. SGB VIII.

  Beispiele:[266]

  Verpflichtung zur Inanspruchnahme
  - einer sozialpädagogischen Familienhilfe nach § 31 SGB VIII
  - von Elterngesprächen bei der Erziehungs- und Familienberatungsstelle nach § 28 SGB VIII
  - eines Erziehungsbeistands nach § 30 SGB VIII
- **Beratungsangebote** nach den §§ 16 bis 18 SGB VIII
- **Fördermaßnahmen** nach §§ 22 ff. SGB VIII

  Beispiele:

  Verpflichtung zur Inanspruchnahme
  - einer Tageseinrichtung nach § 22a SGB VIII
  - einer Kindertagespflege nach §§ 23 ff. SGB VIII
- Gesundheitsvorsorge: **Früherkennungs- und Vorsorgeuntersuchungen**

Von besonderer Relevanz sind insbesondere die Hilfemaßnahmen zur Erziehung gemäß §§ 27 ff. SGB VIII, zu deren Inanspruchnahme das Familiengericht die Eltern anweisen kann. Die Jugendhilfe bietet **ambulante, teil- und vollstationäre Erziehungshilfen** an, die in den §§ 28 ff. SGB VIII – nicht abschließend – aufgeführt werden. Es können also auch ähnliche Hilfemaßnahmen beansprucht werden. Die Maßnahmen sind geordnet nach der jeweiligen pädagogischen Intensität im Hinblick auf den Verbleib des Kindes in der Familie.[267]

→ *zur Hilfe zur Erziehung siehe 15.1*

10.4.2 Einhaltung der Schulpflicht, Ziffer 2

Weisungen und Auflagen

Zur Abwehr einer kindeswohlgefährdenden Schuldistanz kann das Familiengericht bei kindeswohlgefährdender Schuldistanz **Weisungen und Auflagen** erteilen. Deren Inhalt hängt vom Einzelfall ab, insbesondere vom Grund der Schuldistanz.

Die sorgeberechtigten Eltern können etwa verpflichtet werden[268]

- das Kind regelmäßig zur Schule zu bringen,
- Kontakte zu Lehrern aufzunehmen und mit diesen zusammenzuarbeiten.

Bei verstetigter **Schuldistanz** oder wenn die Gründe der Schuldistanz beim Kind selbst liegen und nicht behoben werden können – das Kind selbst den Schulbesuch ablehnt und seine Verweigerungshaltung auch erzieherisch nicht aufgelöst werden kann, weil das Kind schon älter bzw. jugendlich ist und sich Anweisungen widersetzt –, reichen an die Eltern gerichtete Anordnungen in der Regel nicht aus bzw. sind wirkungslos. Maßnahmen im Sinne von Ziffer 2 scheiden dann wegen fehlender Eignung aus. In Betracht kommen grundsätzlich intensivere Maßnahmen wie der Entzug von Teilbereichen der elterlichen Sorge, welche die schulischen Angelegenheiten des Kindes betreffen. In der Praxis allerdings gelten auch intensivere Maßnahmen häufig als wirkungslos

265 BeckOK BGB/Veit, 56. Ed. 01.11.2019, BGB § 1666 Rn. 94 bis 94.2.
266 BeckOK BGB/Veit, 56. Ed. 01.11.2019, BGB § 1666 94.1 mit Nachweisen aus der Rechtsprechung.
267 Heilmann/Köhler, Praxiskommentar Kindschaftsrecht 2. Auflage, § 27 SGB VIII Rn. 3.
268 BeckOK BGB/Veit, 56. Ed. 01.11.2019, BGB § 1666 Rn. 102.

bzw. nicht durchsetzbar: Wenn die Schulpflicht – theoretisch – nur eingehalten werden könnte, wenn das Kind von den Eltern getrennt bzw. in einer Einrichtung getrennt von den Eltern untergebracht würde, wäre dies nur unter Beachtung der verschärften Anforderungen des § 1666a BGB zulässig. Ferner könnte diese Maßnahme zu einer sekundären Kindeswohlgefährdung führen – die Gefährdung des Kindes durch die Trennung von den Eltern – und auch insoweit nicht den Verhältnismäßigkeitsanforderungen genügen.

Hinweis

Die Tatsache, dass ein Kind dem Schulunterricht fernbleibt, mag Indiz einer Kindeswohlgefährdung sein – reicht für die Feststellung für sich genommen jedoch nicht aus (was häufig übersehen wird). Folgende Entscheidungen in der Rechtsprechung setzen sich damit auseinander:

- *Trotz unterbliebenem Schulbesuch und vergleichsweise rückständigen schulischen Fähigkeiten eines 13-jährigen Kindes wurde das Vorliegen einer Kindeswohlgefährdung verneint mit Verweis auf fehlende Anhaltspunkte für eine konkrete Gefährdung seiner Entwicklung; demzufolge waren familiengerichtliche Maßnahmen unzulässig.*[269]
- *In einem anderen Fall wird eine konkrete Kindeswohlgefährdung bei Schuldistanz eines 14-jährigen Jugendlichen ab der sechsten Klasse bejaht, da der fehlende Schulbesuch dem Kind die Möglichkeit nehme, sich in einer Gemeinschaft zu entwickeln. Familiengerichtliche Maßnahmen wurden dennoch nicht erlassen, da die Schuldistanz auf der ablehnenden Haltung des Kindes beruhte und Maßnahmen in diesem Fall unverhältnismäßig gewesen wären.*[270]

10.4.3 Schutzanordnungen, Ziffern 3 und 4

Schutzanordnungen kommen in Betracht, wenn **von einer bestimmten Person eine Gefährdung** für das Kind **ausgeht**. Dies kann insbesondere in **Gewalt- und Missbrauchsfällen** der Fall sein. Das Gericht kann dann verbieten, dass die gefährdende Person sich dem Kind in räumlicher und/oder persönlicher Hinsicht nähert. Der Kinderschutz wird umgesetzt durch **Umgangsverbote**, die **Wegweisung** eines Elternteils oder einer anderen Person aus der Wohnung, in welcher das Kind lebt, oder durch **sonstige Näherungs- und Kontaktverbote**. Bei Bedarf können Maßnahmen nach Ziffer 3 mit solchen nach Ziffer 4 verbunden werden.

Adressaten

Adressaten von Schutzanordnungen können **Eltern und** (über Abs. 4) **Dritte** sein.[271] Wenn sich die Maßnahme gegen die Eltern richtet, sind im Rahmen der Verhältnismäßigkeitsprüfung die verschärften Voraussetzungen des § 1666a BGB zu beachten. Grund ist die Familientrennung, welche die Maßnahme nicht nur bewirkt, sondern gerade beabsichtigt. Eine Wegweisung etwa darf also gegenüber einem Elternteil nur dann angeordnet werden, wenn der Gefahr nicht auf andere Weise, etwa durch familienunterstützende Maßnahmen der Jugendhilfe, abgeholfen werden kann.[272]

→ *zu den Anforderungen des § 1666a BGB im Rahmen der Verhältnismäßigkeitsprüfung siehe 10.4.7.4*

→ *zur Hilfe zur Erziehung siehe 15.1*

269 OLG Düsseldorf, 25.07.2018 – II-2 UF 18/17.
270 OLG Schleswig, 27.12.2018 – 10 UF 176/18.
271 BeckOK BGB/Veit, 56. Ed. 01.11.2019, BGB § 1666 Rn. 104.1.
272 BeckOK BGB/Veit, 56. Ed. 01.11.2019, BGB § 1666a Rn. 23.

räumliche Trennung

- Ziffer 3: **Aufenthalts- und Nutzungsverbote**

  Die nach Ziffer 3 möglichen gerichtlichen Aufenthalts- und Nutzungsverbote dienen dem **Wohnungs- und Ortsschutz** des Kindes, sind also auf eine **räumliche Trennung** gerichtet. Die Anordnungen können den **Wohnraum** des Kindes betreffen sowie **sonstige Orte, an denen es sich regelmäßig aufhält,** wie etwa die vom Kind besuchte Schule oder Kindertagesstätte.[273]

  Kontakt- und Näherungsverbote sind im Übrigen auch im Gewaltschutzgesetz enthalten (GewSchG) und finden sich dort in § 1 Abs. 1 GewSchG. Im Unterschied zu § 1666 BGB bedürfen die Anordnungen nach dem GewSchG jedoch eines Antrags.

persönliche Trennung

- Ziffer 4: **Kontakt- und Näherungsverbote**

  Ziffer 4 beinhaltet **Maßnahmen**, die auf eine **persönliche Trennung** zum Kind gerichtet sind. Hierzu können folgende Verbote gehören:[274]

  - mit dem Kind **Kontakt bzw. eine Verbindung aufzunehmen** – sei es via Telefon, E-Mail, SMS oder Messenger-Dienst
  - ein **Zusammentreffen** mit dem Kind herbeizuführen
  - vorübergehend oder dauerhaft die **Familienwohnung zu nutzen**
  - mit dem Kind **in Abwesenheit des betreuenden Elternteils Kontakt** zu haben

Adressaten

Adressaten eines Näherungs- und Kontaktverbots im Sinne von § 1666 Abs. 4 Ziff. 4 BGB kann **nur ein sorgeberechtigter Elternteil sein oder (über Abs. 4) ein Dritter, der kein Elternteil** ist.[275] Ermächtigungsgrundlage für ein Kontaktverbot, dass sich **gegen einen nicht (mehr) sorgeberechtigten Elternteil** richtet, ist allein § 1684 Abs. 4 BGB.

→ *zum Umgangsausschluss bzw. -einschränkung und den Voraussetzungen des § 1684 Abs. 4 BGB siehe 12.2.4*

Hinweise

Kontaktverbote gegenüber personensorgeberechtigten Eltern können sowohl auf Grundlage von § 1666 Abs. 3 Ziff. 4 als auch von § 1684 Abs. 4 BGB erlassen werden[276], gegenüber nicht personensorgeberechtigten Eltern nur auf Grundlage von § 1684 Abs. 4 BGB.

Dies führt zu prozessualen Nachteilen für den nicht sorgeberechtigten Elternteil: Eine einstweilige Anordnung auf Basis von § 1684 BGB ist im Gegensatz zu einer solchen auf Basis von § 1666 BGB nicht rechtsmittelfähig (vgl. § 57 Satz 1 FamFG).

In Verfahren gegen sorgeberechtigte Eltern, gerichtet zum einen auf Entzug bzw. Übertragung der elterlichen Sorge und zum anderen gleichzeitig auf Anordnung eines Kontaktverbotes, ist zu beachten: Bei Verlust der elterlichen Sorge muss das Gericht von Amts wegen ein Umgangsverfahren einleiten und über das angeregte Kontaktverbot im Rahmen dieses Verfahrens auf Basis von § 1684 Abs. 4 BGB entscheiden.[277]

273 BeckOK BGB/Veit, 56. Ed. 01.11.2019, BGB § 1666 Rn. 103.

274 BeckOK BGB/Veit, 56. Ed. 01.11.2019, BGB § 1666 Rn. 104.

275 OLG Frankfurt/Main, 02.04.2019 – 1 UF 247/17.

276 BeckOK BGB/Veit, 56. Ed. 01.11.2019, BGB § 1666 Rn. 104.2 mit Nachweisen aus der Rechtsprechung.

277 OLG Frankfurt/Main, 02.04.2019 – 1 UF 247/17: Das Beschwerdegericht prüft in einem Sorgerechtsverfahren keine umgangsrechtlichen Maßnahmen nach § 1684 Abs. 4 BGB; die Entscheidungskompetenz ist durch den Beschwerdegegenstand – hier eine sorgerechtliche Entscheidung – begrenzt. Das hat zur Folge, dass, wenn das Familiengericht hingegen im Rahmen eines Sorgerechtsverfahrens gleichzeitig den Entzug oder die Aufhebung der Sorge und gleichzeitig ein Kontaktverbot gemäß § 1666 Abs. 3 BGB anordnet, das Beschwerdegericht Letzteres aufheben wird.

10.4.4 Ersetzung von Erklärungen, Ziffer 5

Eine gerichtliche Maßnahme kann auch darauf gerichtet sein, eine zur Gefahrenabwehr **erforderliche, von den Eltern verweigerte Erklärung** zu ersetzen. Dies kann in folgenden Fällen der Fall sein:[278]

- verweigerte Zustimmung zu einer psychologischen Begutachtung oder Interaktionsbeobachtung des Kindes
- Durchführung einer Haaranalyse beim Kind
- Entbindung eines Lehrers oder Arztes von seiner Schweigepflicht
- Einwilligung in eine notwendige Heilbehandlung

Auch wenn die Ersetzung einer Sorgeerklärung als vertretbare Maßnahme erscheint, ist deren Erforderlichkeit im Einzelfall zu prüfen. Dies gilt insbesondere, wenn es um die **gerichtliche Ersetzung einer verweigerten Einwilligung in die Begutachtung eines Kindes** geht: Hier ist zu prüfen, ob der Sachverständige die erforderlichen Daten auch durch seine Anwesenheit und Mitwirkung bei der gerichtlichen Anhörung des Kindes erwerben kann. Denn das Familiengericht kann das Kind auch gegen den Willen des sorgeberechtigten Elternteils in Anwesenheit und unter Mitwirkung des Sachverständigen anhören. Der Entzug elterlicher Sorgerechte wie die Ersetzung der Einwilligung ist dann nicht erforderlich und wäre unverhältnismäßig.[279]

! *Eine zur Abwendung einer Kindeswohlgefährdung erforderliche, von den Personensorgeberechtigten jedoch verweigerte* ***Einwilligung zur Inanspruchnahme von Hilfe zur Erziehung*** *nach § 27 SGB VIII kann im Kinderschutzverfahren gemäß § 1666 Abs. 3 Ziff. 5 BGB zwar grundsätzlich ersetzt werden.[280] Bei längerfristigen Maßnahmen, die auf ein verändertes Erziehungsverhalten der Eltern gerichtet sind, wird dies zur Gefahrenabwendung jedoch nicht ausreichen. Es ist zweifelhaft, ob Eltern bei der erzwungenen Durchführung in der Weise mitwirken, dass die mit der Maßnahme verbundenen Ziele – die Gewährleistung des Kindeswohls – erreicht werden. Zu erwägen ist dann ein (Teil-)Sorgerechtsentzug nach § 1666 Abs. 3 Ziff. 6 BGB.[281]*

→ *zur Geeignetheit einer Gefahrenabwehrmaßnahme im Rahmen der Verhältnismäßigkeitsprüfung siehe 10.4.7.1*

10.4.5 Teilweiser oder vollständiger Sorgerechtsentzug, Ziffer 6

Eine gerichtliche Maßnahme kann auch darin bestehen, dass den Eltern oder einem Elternteil die elterliche Sorge in Teilen oder in der Gesamtheit entzogen wird:

- Der **partielle Sorgerechtsentzug** bezieht sich auf den **Entzug einzelner Teilbereiche** der elterlichen Sorge.
- Der Entzug der **gesamten elterlichen Sorge** führt zur **Aberkennung des Sorgerechts**.

Rechtsfolgen

An einen (Teil-)Sorgerechtsentzug schließen sich entweder das alleinige (Teil-)Sorgerecht des anderen vom Sorgerechtsentzug nicht betroffenen Elternteils gemäß § 1680 BGB an oder – als dann notwendige weitere gerichtliche Entscheidung – die Anordnung von Ergänzungspflegschaft oder Vormundschaft.

→ *zu den Rechtsfolgen bei Sorgerechtsentzug siehe 11*

Wegen der **Schwere des Eingriffs in die verfassungsrechtlich geschützten Erziehungsrechte** der Eltern kommt ein Sorgerechtsentzug nur dann in Betracht, wenn alle anderen Maß-

278 BeckOK BGB/Veit, 56. Ed. 01.11.2019, BGB § 1666 Rn. 105 mit Nachweisen aus der Rechtsprechung.
279 OLG Hamm, Beschluss vom 04.09.2020 – 2 UF 2020.
280 BeckOK BGB/Veit, 56. Ed. 01.11.2019, BGB § 1666 Rn. 105 mit Nachweisen aus der Rechtsprechung und dem Hinweis, dass bei Uneinigkeit der Eltern vorrangig ein Verfahren nach § 1628 BGB in Betracht kommt.
281 Siehe auch MüKoBGB/Tillmanns, 8. Aufl. 2020, SGB VIII § 27 Rn. 4 zum familiengerichtlichen Vorgehen bei Verweigerung von Hilfemaßnahmen.

nahmen nicht mehr greifen. Der Sorgerechtsentzug muss **verhältnismäßig im engeren Sinne** sein, wobei der Prüfung der Angemessenheit besonderes Gewicht zukommt.

Ist die **Maßnahme mit einer Trennung verbunden** (was zum Beispiel beim Entzug des Aufenthaltsbestimmungsrechts in der Regel gegeben ist) oder erwägt das Gericht, die Personensorge in ihrer Gesamtheit zu entziehen, sind bei der Verhältnismäßigkeitsprüfung **die strengen Anforderungen des § 1666a BGB zusätzlich** zu beachten.

→ *zu den einzelnen Teilbereichen der elterlichen Sorge siehe 4.2*

10.4.6 Maßnahmen gegen Dritte

§ 1666 Abs. 4 BGB ermächtigt das Familiengericht zum Erlass von Maßnahmen gegen Dritte. Dritte im Sinne dieser Vorschrift können Pflegeeltern, Großeltern, Geschwister, Nachbarn, Freunde und sonstige Personen sein.[282]

Es kommen insbesondere die Anordnung von Auflagen sowie Näherungs- und Kontaktverbote im Sinne von § 1666 Abs. 3 Ziff. 3 und 4 BGB in Betracht.

→ *zu Schutzanordnungen im Sinne von § 1666 Abs. 3 Ziff. 3 und 4 BGB siehe 10.4.3*

Beim **nicht sorgeberechtigten Elternteil** ist zu differenzieren: Dieser kann als Dritter im Sinne dieser Vorschrift **Adressat einer Grenzsperre sein, nicht aber eines Kontaktverbotes**.

→ *zu Näherungs- und Kontaktverboten gegen den nicht sorgeberechtigten Elternteil siehe 10.4.3. (Schutzanordnungen im Sinne von § 1666 Abs. 3 Ziff. 3 und 4 BGB) und 12.2.4. (Umgangseinschränkung und -ausschluss gemäß § 1684 Abs. 4 BGB)*

10.4.7 Verhältnismäßigkeit

Das Gericht hat im Hinblick auf die zu treffenden Gefahrenabwehrmaßnahmen ein **Auswahlermessen**.[283] Der Entscheidungsspielraum wird eingeschränkt durch den **Grundsatz der Verhältnismäßigkeit**. Ob eine Maßnahme verhältnismäßig ist, erfordert eine **Prüfung in drei Schritten**: Die Maßnahme muss zur Gefahrenabwehr **geeignet** und **erforderlich** sein. Darüber hinaus muss sie **angemessen** sein.[284]

282 BeckOK BGB/Veit, 60. Ed. 01.11.2019, BGB § 1666 Rn. 12.
283 BeckOK BGB/Veit, 60. Ed. 01.11.2019, BGB § 1666 Rn. 82.
284 BeckOK BGB/Veit, 60. Ed. 01.11.2019, BGB § 1666 Rn. 83, 84.

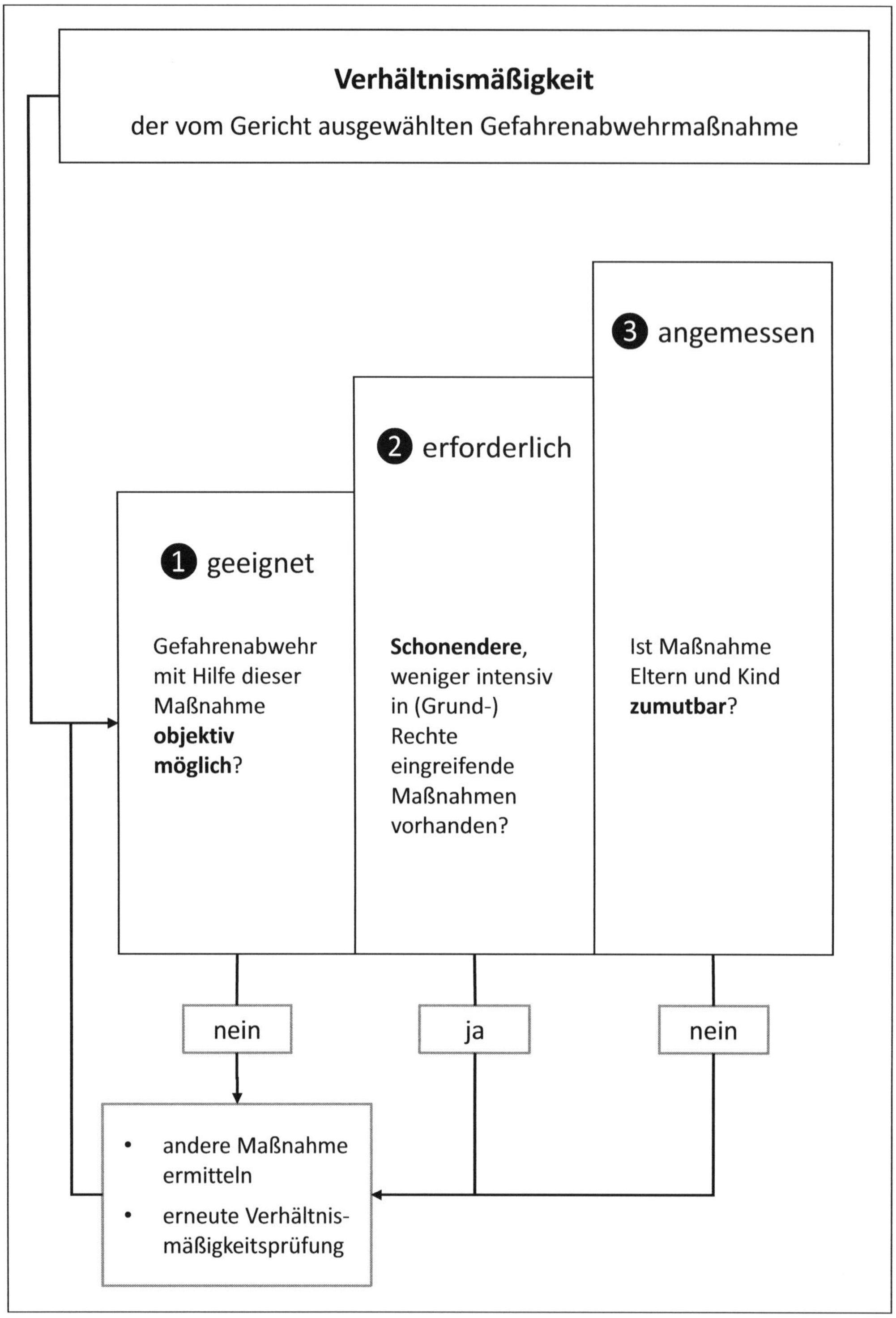

Abbildung 64

10.4.7.1 Geeignetheit

Effektivität

Eine Maßnahme ist geeignet, wenn sie **zur Gefahrenabwehr beiträgt**. Umgekehrt ist sie ungeeignet – und scheidet aus –, wenn ersichtlich ist, dass die Gefahrenabwehr weder erreicht noch gefördert werden kann.[285]

285 Ähnlich BeckOK BGB/Veit, 60. Ed. 01.11.2019, BGB § 1666 Rn. 86.

10.4.7.2 Erforderlichkeit

Ermittlung weniger einschneidender Maßnahmen

Erforderlich ist ein Eingriff nur dann, wenn das Ziel nicht mit einem milderen Mittel erreicht werden kann.[286] Die familiengerichtliche Gefahrenabwehrmaßnahme ist daher dann erforderlich – und nur dann zulässig –, wenn es **keine die Eltern- und Kinderrechte schonendere Maßnahme** gibt, die ebenso erfolgversprechend ist.

Bei der Auswahl einer bestimmten Gefahrenabwehrmaßnahme muss das Gericht zunächst also prüfen, ob es **weitere, gleich geeignete Maßnahmen** gibt. Gibt es alternative Maßnahmen, muss das Gericht prüfen, ob diese **weniger intensiv in das elterliche Sorgerecht** eingreifen. Bei mehreren gleich geeigneten Gefahrenabwehrmaßnahmen muss das Gericht die Maßnahme mit der **geringsten Eingriffsintensität** auswählen. Die Anforderungen an die Erforderlichkeit erfüllt also nur die Maßnahme, welche die Rechte der Eltern, des Kindes und (mit-)betroffener Dritter am meisten schont.

10.4.7.3 Angemessenheit

Schließlich muss die als geeignet und als erforderlich beurteilte Maßnahme angemessen sein. Andere Bezeichnungen hierfür sind die Gebotenheit der Maßnahme oder ihre Verhältnismäßigkeit im engeren Sinne.[287]

Zumutbarkeit

Angemessen ist eine Maßnahme, wenn die **Gefahrenabwehr nicht außer Verhältnis zur Schwere des Eingriffs in das Sorgerecht steht**. Bei der Angemessenheitsprüfung geht es also um die Überlegung, dass die gewählte Maßnahme nicht nur geeignet und erforderlich, sondern den Eltern – und nicht zuletzt auch dem Kind – auch im konkreten Fall **zumutbar** sein muss.

Abwägung

Die Gefahrenabwehr zum Schutz des Kindes ist ins **Verhältnis** zum Erziehungsvorrecht der Eltern und dem Schutz der Freiheitssphäre der Familie zu setzen. Hierbei ist entscheidend, welches Gewicht die Gefahrenabwehr auf der einen Seite und der Schutz der Elternrechte auf der anderen Seite hat. Die Intensität der zu schützenden Rechtsgüter des Kindes spielt eine Rolle, ebenso die Intensität der Maßnahme, wie sie sich auf das familiäre Zusammenleben im konkreten Fall auswirkt. Es macht einen Unterschied, ob hochrangige Rechtsgüter wie die körperliche und psychische Unversehrtheit eines Kindes unmittelbar bedroht sind oder aber eine Gefährdung eher mittelfristig zu erwarten ist bzw. weniger hochrangige Rechtsgüter betroffen sind.

10.4.7.4 Verschärfte Anforderungen gemäß § 1666a BGB

zusätzliche Überprüfung der Verhältnismäßigkeit

Bei allen Maßnahmen, die auf das **Getrenntleben von Kind und Eltern oder den Entzug der gesamten Personensorge** hinauslaufen, sind bei der Verhältnismäßigkeitsprüfung zusätzliche Vorgaben aus § 1666a BGB zu beachten. Eine vom Familiengericht erzwungene Trennung des Kindes ist der **denkbar schwerste Eingriff in die Elternrechte aus Artikel 6 Abs. 1, 2 GG**. Dem steht der Entzug der gesamten Personensorge in nichts nach, weil den Eltern jede erzieherische Einflussnahme auf ihr Kind abgesprochen wird. Derart schwere Grundrechtseingriffe bedürfen einer strengen Überprüfung auf Geeignetheit, Erforderlichkeit und Angemessenheit, was § 1666a BGB betont. Die in § 1666a BGB geregelten erhöhten Anforderungen an die Verhältnismäßigkeit gehen auf Art. 6 Abs. 3 GG zurück.[288]

10.4.7.4.1 Trennung des Kindes von den Eltern und umgekehrt

Anwendungsbereich

§ 1666a Abs. 1 Satz 1 BGB erhöht die Anforderungen an die Verhältnismäßigkeit von Maßnahmen, die „mit (...) einer Trennung des Kindes von der elterlichen Familie verbunden" sind. Maßnahmen in diesem Sinne sind solche der **faktischen Trennung**. Eine solche liegt vor, wenn das Kind gegen den Willen der Eltern oder eines Elternteils in eine Pflegefamilie, zu einer anderen Person (die auch der andere Elternteil sein kann) oder in ein Heim gebracht wird. Auch **rechtliche Maßnahmen** wie der **Entzug des Aufenthaltsbestimmungsrechts** oder ein **Umgangsausschluss** gehören hierzu, da sie auf eine Familientrennung hinauslaufen.[289]

286 BeckOK BGB/Veit, 60. Ed. 01.11.2019, BGB § 1666 Rn. 87.
287 Vgl. BeckOK BGB/Veit, 60. Ed. 01.11.2019, BGB § 1666 Rn. 91.
288 BeckOK BGB/Veit, 60. Ed. 01.11.2019, BGB § 1666a Rn. 1.
289 BeckOK BGB/Veit, 60. Ed. 01.11.2019, BGB § 1666a Rn. 2 ff.

§ 1666a Abs. 1 Satz 2 BGB nennt einen Fall der faktischen Trennung, und zwar die **Wegweisung eines Elternteils** aus der Wohnung, in der das Kind lebt.[290] Die strengen Anforderungen an die Verhältnismäßigkeit einer solchen Maßnahme gelten nämlich auch dann, „wenn einem Elternteil vorübergehend oder auf unbestimmte Zeit die Nutzung der Familienwohnung untersagt" wird. Hier geht es um Maßnahmen im Sinne von § 1666 Abs. 3 Ziffer 3 BGB, die auf die Herstellung einer räumlichen Distanz zum Kind gerichtet sind.

zusätzliche Anforderungen an die Verhältnismäßigkeit

Für solche Maßnahmen sieht § 1666a BGB einschränkend vor, dass sie nur ergriffen werden dürfen, „wenn der Gefahr nicht auf andere Weise, auch nicht durch öffentliche Hilfen, begegnet werden kann". Andere schonendere Maßnahmen bzw. öffentliche Hilfen in diesem Sinne sind insbesondere die **familienunterstützenden Leistungen nach den §§ 11 bis 41 SGB VIII.**[291] Zu diesen müssen die Eltern aber auch bereit sein und sie mit dem nötigen Engagement verfolgen. Der Maßnahmenkatalog des SGB VIII muss bei der Prüfung milderer Mittel zwar in Betracht gezogen, aber **nicht zwangsläufig ausgeschöpft** werden. Das Bedürfnis des Kindes, keinen (weiteren) Gefährdungen ausgesetzt zu werden, hat Vorrang.[292]

10.4.7.4.2 Entzug der gesamten Personensorge

Nach § 1666a Abs. 2 BGB darf „die gesamte Personensorge (...) nur entzogen werden, wenn andere Maßnahmen erfolglos geblieben sind oder wenn anzunehmen ist, dass sie zur Abwendung der Gefahr nicht ausreichen.

Schonendere Maßnahmen

Die gesamte Personensorge – damit ist die Personensorge sowohl in rechtlicher als auch in tatsächlicher Hinsicht gemeint – darf demnach nur entzogen werden, wenn **mildere Maßnahmen entweder bereits fehlgeschlagen sind oder keine Aussicht auf Erfolg** versprechen. Zu milderen Maßnahmen in diesem Sinne können solche im Sinne von § 1666 Abs. 3 Ziff. 1 bis 5 BGB zählen, aber auch der Entzug lediglich von Teilbereichen der elterlichen Sorge nach § 1666 Abs. 3 Ziff. 6, 1. Alt. BGB, die Ersetzung von Erklärungen des Sorgeberechtigten oder der Erlass einer Verbleibensanordnung gemäß den §§ 1632 Abs. 4, 1682 BGB.[293]

Die **Verhältnismäßigkeit eines Sorgerechtsentzugs** setzt außerdem voraus, dass die **Anordnung des Ruhens der elterlichen Sorge nach § 1674 BGB als milderes Mittel nicht in Betracht** kommt.[294]

Mildere Mittel wie die Inanspruchnahme öffentlicher Hilfen müssen geeignet sein, der Kindeswohlgefährdung wirksam entgegenzutreten.

10.4.7.5 Folgenabwägung im einstweiligen Anordnungsverfahren

Im **einstweiligen Anordnungsverfahren** ist im Rahmen der Verhältnismäßigkeitsprüfung zusätzlich eine **Folgenabwägung** vorzunehmen – erst recht in Fällen, in denen es um die Trennung zwischen Kind und Eltern geht, aber auch bei anderen weniger schwerwiegenden Sorgerechtseingriffen. Abzuwägen sind die **Folgen – die Nachteile für das Kindeswohl –, die ohne oder mit Erlass der einstweiligen Anordnung eintreten würden**, wenn im Hauptsacheverfahren eine andere bzw. gegenteilige Entscheidung fällt.

→ *zur Amtsermittlung und Anforderungen an die richterliche Überzeugungsbildung im einstweiligen Anordnungsverfahren siehe 14.12.1.2*

→ *zur Folgenabwägung im einstweiligen Anordnungsverfahren siehe 14.22*

290 Siehe auch die Bezugnahme bei BeckOK BGB/Veit, 60. Ed. 01.11.2019, BGB § 1666a Rn. 21.
291 BeckOK BGB/Veit, 60. Ed. 01.11.2019, BGB § 1666a Rn. 14.
292 BeckOK BGB/Veit, 60. Ed. 01.11.2019, BGB § 1666a Rn. 15, 16.
293 BeckOK BGB/Veit, 60. Ed. 01.11.2019, BGB § 1666a Rn. 27.
294 OLG Brandenburg, Beschluss vom 03.08.2020 – 13 UF 64/19.

11 Rechtsfolgen bei Einschränkung und Beendigung der elterlichen Sorge

Die elterliche Sorge kann auf Seiten eines Elternteils eingeschränkt oder beendet werden durch das **Ruhen** gemäß § 1678 BGB, die **Übertragung auf den anderen Elternteil** gemäß § 1671 BGB oder den **Entzug** der elterlichen Sorge gemäß § 1666 BGB.

→ *zum Ruhen der elterlichen Sorge siehe 9*

→ *zur Übertragung der elterlichen Sorge siehe 7*

→ *zum Entzug der elterlichen Sorge siehe 10*

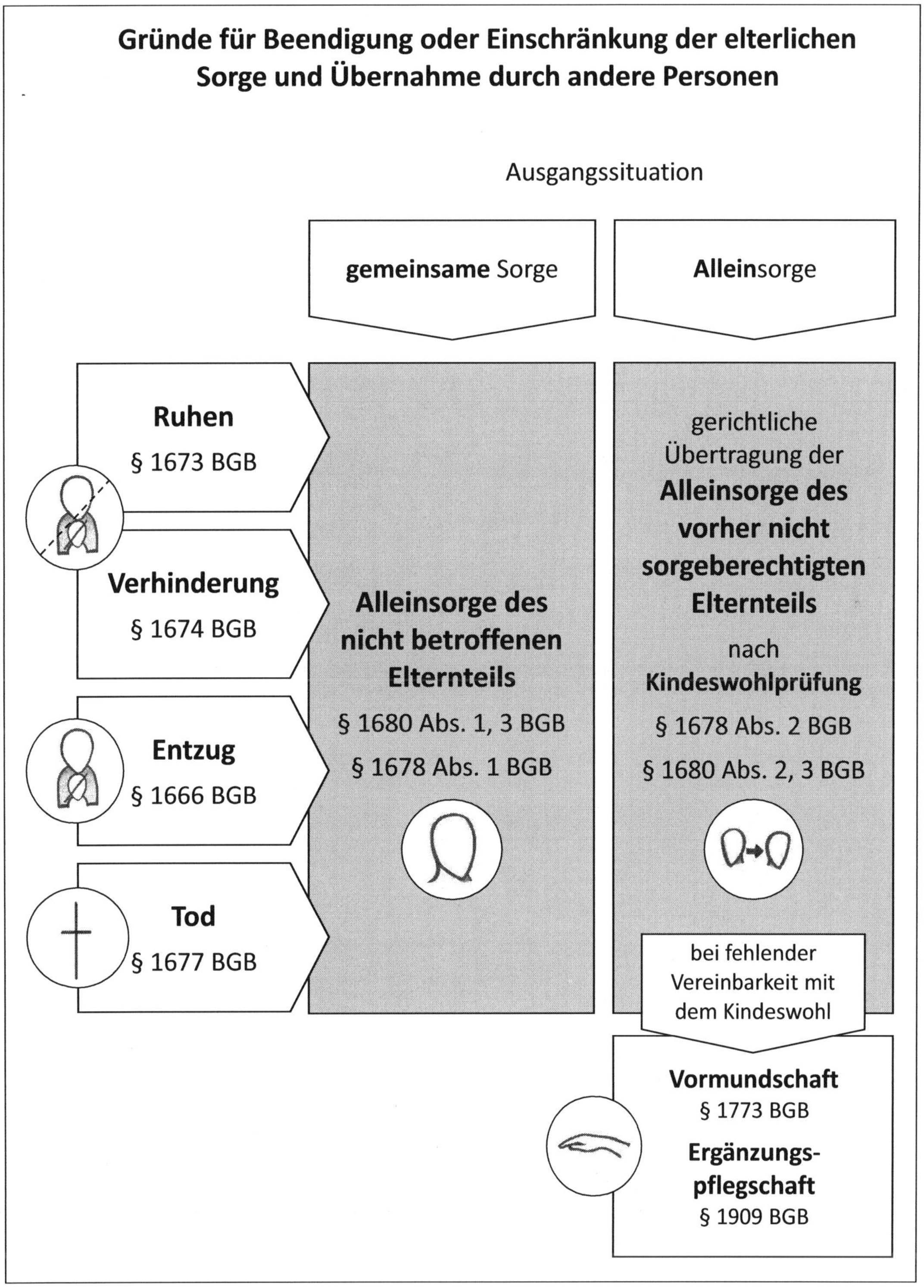

Abbildung 65

Rechtsfolgen

Bei Vorliegen eines dieser Tatbestände kommt es **grundsätzlich zur Alleinsorge des anderen Elternteils**. Steht dieser zur Ausübung nicht zur Verfügung, muss für das Kind ein Pfleger (§ 1909 BGB) oder ein Vormund (§ 1773 BGB) eingesetzt werden.

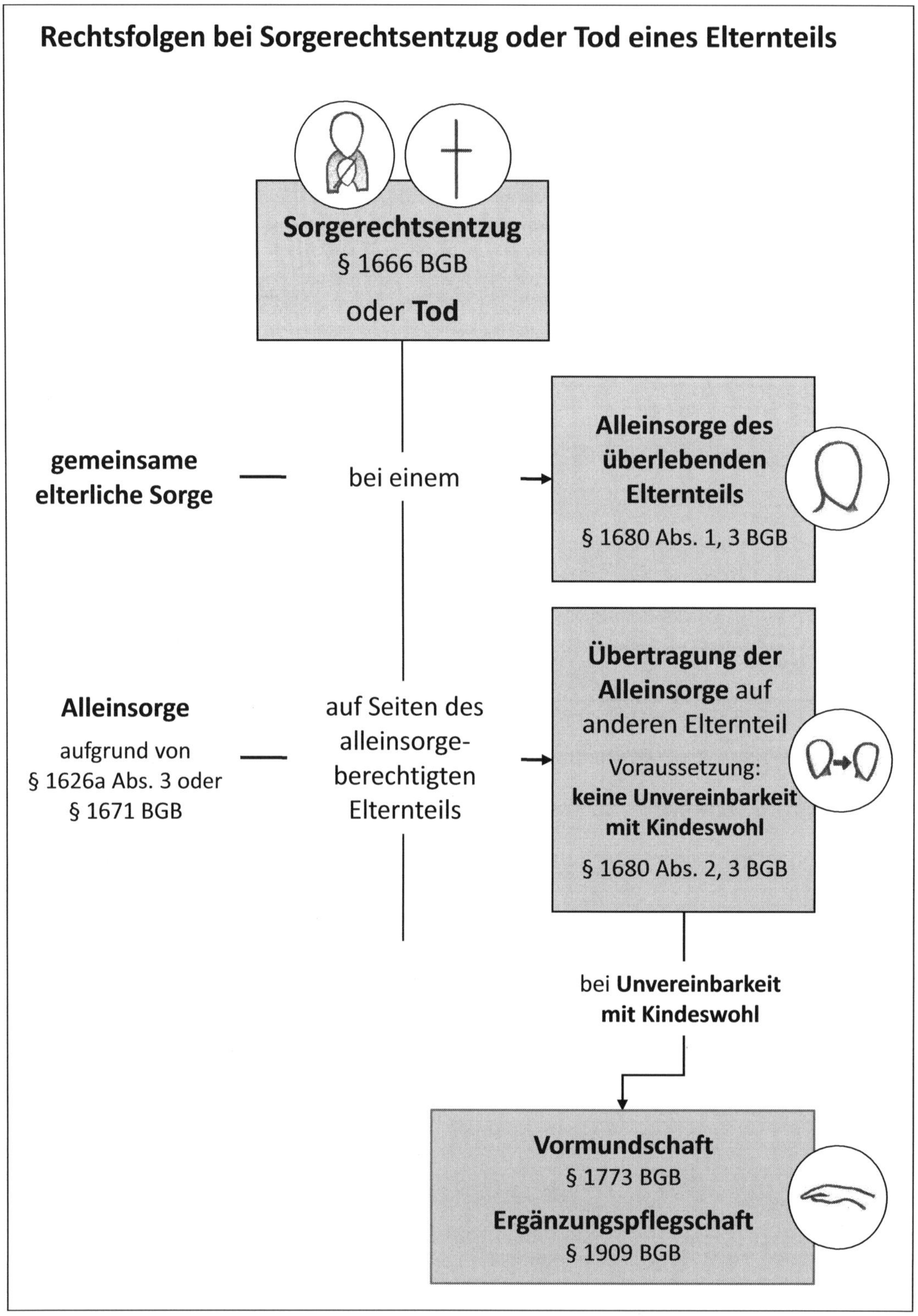

Abbildung 66

12 Umgang

Umgangsrechte vermitteln das Recht, **regelmäßigen und persönlichen Kontakt** zum Kind aufzunehmen und fortzusetzen. Gleichzeitig wirken sie mittelbar zugunsten des Kindes. Denn sie tragen dazu bei, Bindungen und Beziehungen des Kindes zu Personen, mit denen es nicht zusammenlebt, zu schützen.

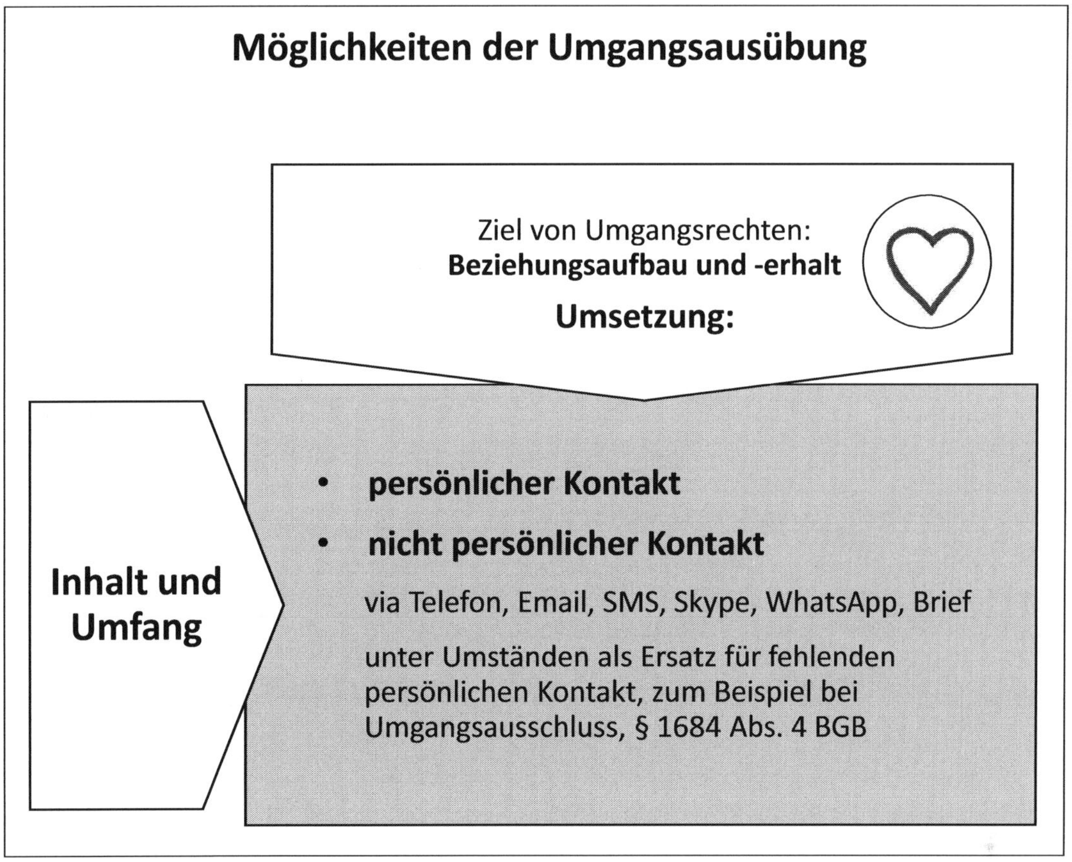

Abbildung 67

12.1 Personenkreis der Umgangsberechtigten

Umgangsberechtigte nach § 1684 BGB sind die **Eltern** des Kindes und im Rahmen dieser Beziehung auch das **Kind selbst**.

Gemäß § 1685 BGB sind darüber hinaus **Großeltern**, **Geschwister** und **enge Bezugspersonen des Kindes** umgangsberechtigt.

Weiter verfügt gemäß § 1686a BGB auch der **leibliche, nicht rechtliche Vater** über ein Umgangsrecht, sollte ihm nicht schon oder gleichzeitig ein Umgangsrecht als Bezugsperson nach § 1685 BGB zustehen.

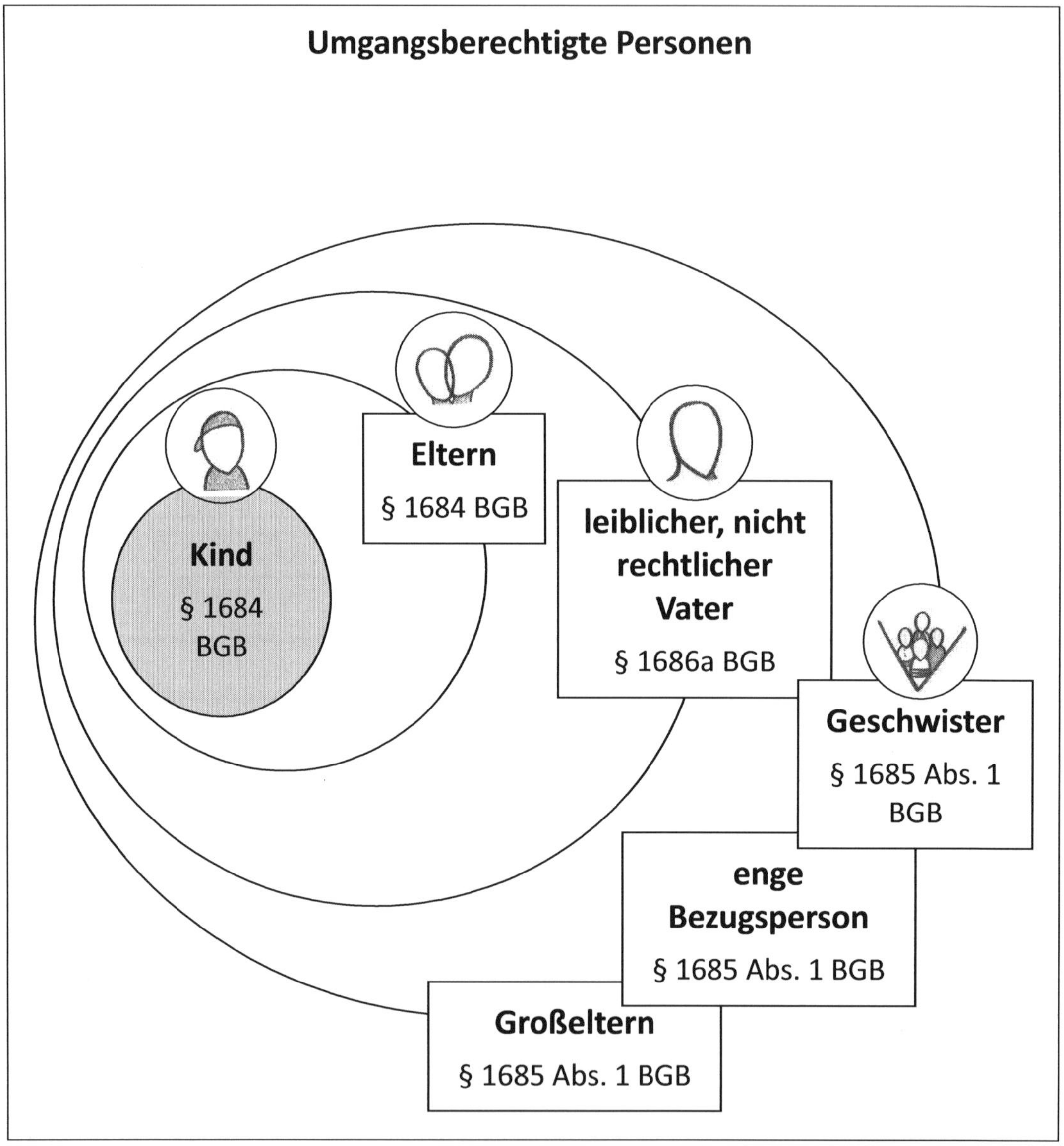

Abbildung 68

Eltern

Der **Umgang zwischen Eltern und Kindern** unterliegt **keinen weiteren Voraussetzungen**. Die Tatsache der verwandtschaftlichen Beziehung reicht aus. Bei Eltern und Kindern muss daher nicht das „Ob", sondern nur das „Wie" – der Umfang des Umgangs nach Kindeswohlgesichtspunkten – bestimmt werden. Erst die Einschränkung des elterlichen Umgangsrechts unterliegt bestimmten Voraussetzungen.

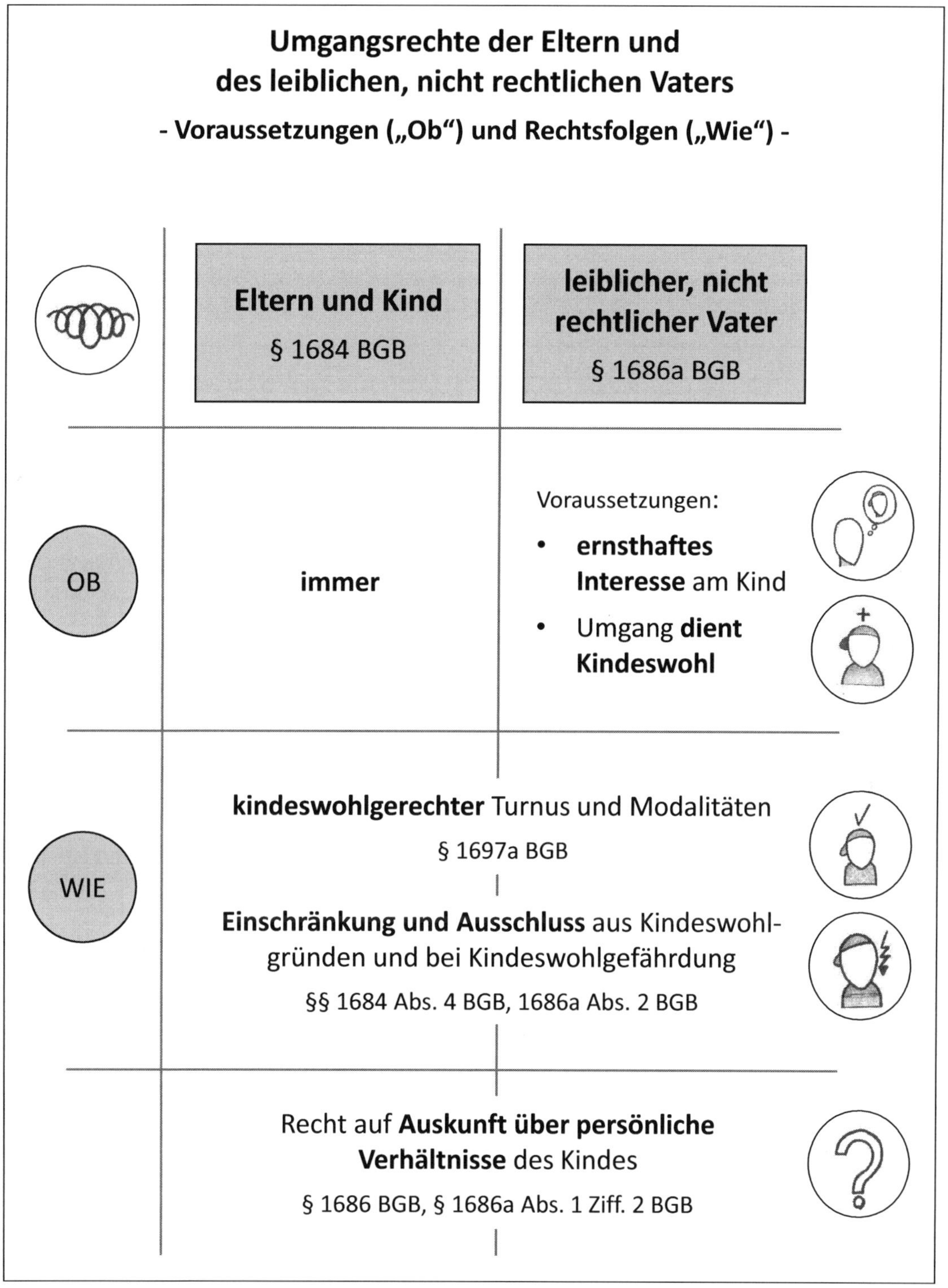

Abbildung 69

Dritte

Demgegenüber sind **Großeltern, Geschwister, Bezugspersonen des Kindes** und der **leibliche, nicht rechtliche Vater** nur unter **bestimmten Voraussetzungen** umgangsberechtigt. Hier müssen daher sowohl das „Ob" als auch das „Wie" des Umgangs festgelegt werden.

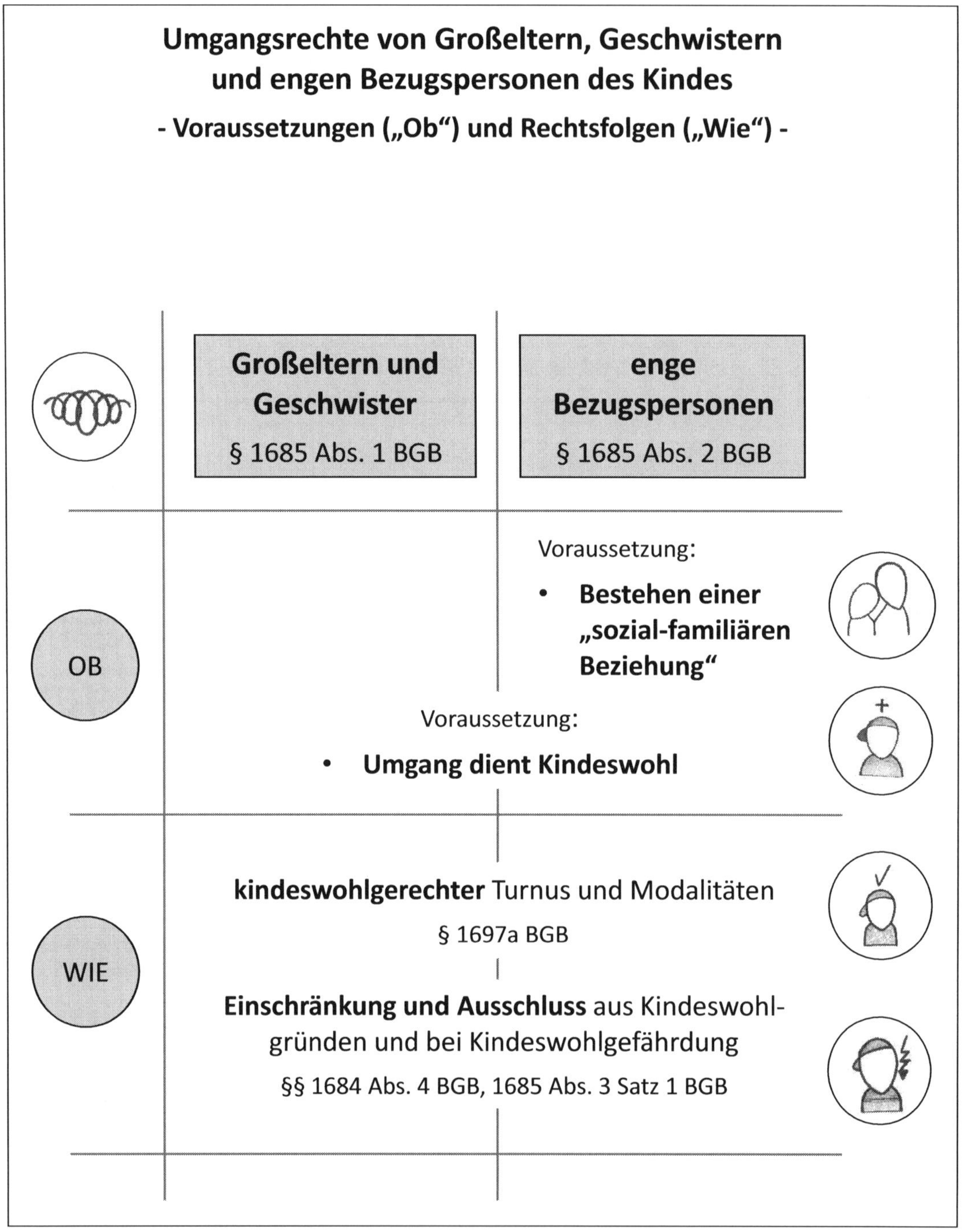

Abbildung 70

Kind

Das **Kind selbst** hat gegenüber den in den §§ 1685, 1686a BGB genannten und nicht genannten Personen wie Nachbarn, Freunde und Schulkameraden **keine gesetzlich geregelten Umgangsansprüche**. Allerdings sind die Eltern bei der Erziehung gehalten, auf die Persönlichkeit des Kindes Rücksicht zu nehmen und es, soweit es sein Entwicklungsstand zulässt, partnerschaftlich zu erziehen. Insoweit müssen Eltern Rücksicht auf die Neigungen und Bindungen des Kindes nehmen.

→ *zu den Leitvorstellungen der elterlichen Sorge siehe 2.9*

Das Kind kann ein bestimmtes Erziehungsverhalten nicht einklagen. Nur im Falle einer Kindeswohlgefährdung kann das Familiengericht auf das Erziehungsverhalten der Eltern einwirken und **gerichtliche Maßnahmen zum Schutz bestimmter Beziehungen** ergreifen. Das Kind hat nur demnach mittelbar und in verhältnismäßig engen Grenzen die Möglichkeit, Kontaktwünsche und Aufnahme bzw. Aufrechterhaltung von Beziehungen gerichtlich durchzusetzen.

Mit zunehmender Selbstständigkeit setzen Kinder und Jugendliche ihre Kontaktwünsche selbst durch, ggf. auch gegen den Willen der Eltern. Wenn die **Beziehungen des Kindes gefährdend** sind oder Dritte einen gefährdenden Einfluss auf das Kind ausüben, sind Eltern gehalten, erzieherisch einzuwirken und – soweit sie die Unterhaltung der Kontakte nicht verhindern können – für ein **gerichtliches Kontaktverbot** zu sorgen.

→ *zu gerichtlichen Gefahrenabwehrmaßnahmen gegen Dritte gemäß § 1666 Abs. 4 BGB siehe 10.4.6*

12.2 Umgangsrecht nach § 1684 BGB – Eltern und Kinder

Nach § 1684 BGB Absatz 1 hat das Kind **Recht auf Umgang mit jedem Elternteil**; jeder Elternteil ist zum **Umgang mit dem Kind verpflichtet und berechtigt**. Nach Absatz 2 haben die Eltern alles zu unterlassen, was das Verhältnis des Kindes zum jeweils anderen Elternteil beeinträchtigt oder die Erziehung erschwert. Dies gilt auch, wenn sich das Kind in der Obhut einer anderen Person befindet.

berechtigter Personenkreis

Umgangsberechtigte nach § 1684 BGB sind die **Eltern** des Kindes und das **Kind selbst**. Maßgeblich ist das Bestehen einer rechtlichen Eltern-Kind-Beziehung; es kommt somit auf die Elternstellung nach den §§ 1591 ff. BGB an.[295] Zum Beispiel sind die **leiblichen, aber nicht (mehr) rechtlichen Eltern** (etwa bei Adoption des Kindes von Dritten) nur unter den Voraussetzungen des § 1685 BGB umgangsberechtigt.[296] Der nicht rechtlich anerkannte, leibliche Vater kann nicht nach § 1684 BGB Umgangsrechte geltend machen, sondern nur unter den sehr eingeschränkten Voraussetzungen von § 1685 BGB oder § 1686a BGB.

Einigung über den Umgang

Grundsätzlich legen die sorgeberechtigten Eltern den Umgang fest. Können sie sich nicht einigen oder ist es aus anderen Gründen erforderlich, kann das Familiengericht gemäß § 1684 Abs. 3 BGB den **Umfang des Umgangsrechts** regeln. § 1684 Abs. 4 BGB regelt die Voraussetzungen für Einschränkungen oder – in Extremfällen – den Ausschluss des elterlichen Umgangsrechts. Beides ist nur aus Kindeswohlgründen bzw. bei Kindeswohlgefährdung zulässig.

Regelungszweck

Die Umgangsrechte aus § 1684 BGB dienen dem **Schutz der Eltern-Kind-Beziehung**. Dies hat vor allem Bedeutung für den **Elternteil, der mit dem Kind nicht zusammenlebt**. Die Wahrnehmung von Umgang mit dem getrenntlebenden Elternteil dient dem Kind; es wird davon ausgegangen, dass das Kind ein Bedürfnis nach Aufbau oder Erhalt von Beziehungen zu beiden Elternteilen hat.[297] Beziehungen zu beiden Eltern tragen dazu bei, dass sich das Kind zu einer Persönlichkeit entwickeln kann, „die sich um ihrer selbst willen geachtet weiß und sich selbst wie andere zu achten lernt."[298]

Das Umgangsrecht dient auch dem getrenntlebenden Elternteil. Das Umgangsrecht soll ihm ermöglichen, das Befinden des Kindes und seine Entwicklung wahrzunehmen, die Beziehungen zu ihm aufrechtzuerhalten und einer Entfremdung vorzubeugen.[299]

---

295 BeckOK BGB/Veit, 60. Ed. 01.11.2019, BGB § 1684 Rn. 6.

296 BeckOK BGB/Veit, 60. Ed. 01.11.2019, BGB § 1684 Rn. 6.1 mit weiteren Hinweisen, insbesondere zur Elternschaft in gleichgeschlechtlichen Partnerschaften.

297 BeckOK BGB/Veit, 60. Ed. 01.11.2019, BGB § 1684 Rn. 1 ff.

298 BeckOK BGB/Veit, 60. Ed. 01.11.2019, BGB § 1684 Rn. 1 mit Verweis auf Entscheidungen des BVerfG.

299 BeckOK BGB/Veit, 60. Ed. 01.11.2019, BGB § 1684 Rn. 1 ff.

12.2.1 Umgangsrecht des Kindes

Gemäß § 1684 Abs. 1 BGB hat das Kind einen eigenen Anspruch auf Umgang mit seinen Eltern; dieses Recht wird durch eine entsprechende Verpflichtung der Eltern ergänzt.

12.2.1.1 Familiengerichtliches Verfahren

Vertretung

Das Kind bedarf bei der Geltendmachung von Umgangsrechten der Vertretung.[300] Dies kann durch einen Elternteil geschehen, der dann aber (insoweit) allein sorgeberechtigt sein muss, da sich das Umgangsverfahren gegen den anderen richtet und bei gemeinsamer Sorge die Eltern das Kind nur gemeinschaftlich vertreten können. Die Vertretung des Kindes kann nach vorherigem (Teil-)Sorgeentzug auch durch einen Ergänzungspfleger oder einen Vormund wahrgenommen werden.

→ *zur Vertretung des Kindes im familiengerichtlichen Verfahren siehe 14.8*

→ *zur Verfahrensfähigkeit des Kindes im familiengerichtlichen Verfahren siehe 14.7*

→ *zur Beteiligtenstellung des Kindes im familiengerichtlichen Verfahren siehe 14.6*

Anregung eines Umgangsverfahrens

Zur Wahrung der Umgangsrechte des Kindes bieten sich folgende Schritte an:

- Das Kind kann gemäß § 18 Abs. 3 Satz 1 BGB **beim Jugendamt Unterstützung und Beratung** einholen.
- Es kann, etwa mit Unterstützung des Jugendamtes, beim Familiengericht ein **Umgangsverfahren nach § 1684 Abs. 3 BGB anregen**.[301] Ein gerichtliches Umgangsverfahren kann auch von Amts wegen eingeleitet werden.
- Auch Personen aus dem Umfeld des Kindes können bei Bedarf ein **gerichtliches Umgangsverfahren anregen**. Dies können die Großeltern des Kindes sein oder seine Pflegeeltern, aber auch der in einem anderen familiengerichtlichen Verfahren bestellte Verfahrensbeistand. Auch der betreuende Elternteil kann ein Umgangsverfahren anregen.[302]

→ *zu den Möglichkeiten der Einleitung eines Amtsverfahrens siehe 14.4.1*

12.2.1.2 Erzwingen von Umgang gegen den Willen eines Elternteils

Erzwingen von Umgang

§ 1684 Abs. 1, 2. Halbsatz BGB verpflichtet die Eltern zum Umgang, weshalb das Familiengericht im Grundsatz eine Umgangsregelung gegen den Willen des getrenntlebenden, umgangsunwilligen Elternteils anordnen kann.[303] Das Familiengericht kann also die **Umgangspflicht eines Elternteils anordnen**.[304] Probleme bereitet jedoch nicht nur die Vollstreckung einer solchen gerichtlichen Umgangsentscheidung. Es bestehen auch Bedenken, ob der auf diese Weise erzwungene Umgangskontakt dem Kindeswohl dient. Eine Umgangsregelung bzw. deren zwangsweise Durchsetzung kommt daher nur in Betracht, wenn der Umgang dem Kindeswohl dient, was nur ausnahmsweise der Fall sein dürfte.[305]

12.2.2 Umgangsrecht der Eltern

Das Umgangsrecht ist **unverzichtbar** und **unübertragbar.**[306] Es kann auch **nicht verwirkt** werden.[307] Umgang kann daher auch nicht mit der Begründung ausgeschlossen oder verweigert werden, dass der Umgangsberechtigte sich in der Vergangenheit nicht um einen Kontakt zum Kind bemüht habe oder gleichgültig gewesen sei. Hat längere Zeit kein Umgang stattgefunden, ist auf der Ebene des „Wie" vielmehr zu ermitteln, in welcher Weise der Umgang angebahnt werden kann.

---

300 BeckOK BGB/Veit, 60. Ed. 01.11.2019, BGB § 1684 Rn. 75.
301 Heilmann/Gottschalk, Praxiskommentar Kindschaftsrecht 2. Auflage, § 1684 BGB Rn. 14.
302 Heilmann/Gottschalk, Praxiskommentar Kindschaftsrecht 2. Auflage, § 1684 BGB Rn. 14.
303 Heilmann/Gottschalk, Praxiskommentar Kindschaftsrecht 2. Auflage, § 1684 BGB Rn. 17.
304 BeckOK BGB/Veit, 60. Ed. 01.11.2019, BGB § 1684 Rn. 75.
305 Vgl. BeckOK BGB/Veit, 60. Ed. 01.11.2019, BGB § 1684 Rn. 95, 95.1. auch zur Rechtsprechung bzgl. dieser Problematik.
306 BeckOK BGB/Veit, 60. Ed. 01.11.2019, BGB § 1684 Rn. 5.
307 BeckOK BGB/Veit, 60. Ed. 01.11.2019, BGB § 1684 Rn. 5.

12.2.2.1 Verhältnis zum Sorgerecht

Das Umgangsrecht **besteht unabhängig vom Sorgerecht**.[308] Umgangsberechtigt und -verpflichtet sind auch Eltern, die nicht sorgeberechtigt sind. Auch der Entzug der elterlichen Sorge beeinträchtigt das Umgangsrecht nicht. Gleiches gilt, wenn Eltern die elterliche Sorge nicht ausüben können, etwa weil sie ruht. Einwände gegen die Ausübung von Umgangsrechten aus Kindeswohlgründen sind auf der Ebene des „Wie" zu klären.

Das Umgangsrecht führt zur **Einschränkung der Erziehungsrechte** des (Mit-)Sorgeberechtigten im Umfang des einvernehmlich oder gerichtlich geregelten Umgangs.[309] Umgekehrt berechtigt die Wahrnehmung von Umgangsrechten nicht zur Erziehung oder zur Entscheidung von erzieherischen Belangen; diese stehen allein dem oder den sorgeberechtigten Eltern zu. Die Wahrnehmung von Umgang führt allerdings zu **Alleinentscheidungsrechten** in dieser Zeit, § 1687 Abs. 1 Satz 4 und 5, ggf. i. V. m. § 1687a BGB.[310]

→ *zu den Alleinentscheidungsrechten bei der Ausübung von Umgang siehe 6.3*

12.2.2.2 Umgang – Frage des „Ob"

„Ob"

Die Umgangsberechtigung von Eltern unterliegt keinen Voraussetzungen. Der Gesetzgeber hat die Frage des „Ob" entschieden und eine Regelung geschaffen, die auf das Bestehen einer **rechtlichen Verwandtschaft** abstellt. Dahinter steht das gesetzliche Leitbild, wonach der **Umgang zwischen Eltern und Kindern grundsätzlich im Kindeswohl** liegt.

Prozessual wirkt sich dieser Umstand in der Weise aus, dass der den Umgang beantragende Elternteil **nicht ausführen muss, warum er einen Antrag stellt**. Er muss weder begründen, ob Umgang stattfinden sollte, ob dieser dem Kind guttut etc. Zu diskutieren und am Ende gerichtlich festzulegen ist nur das „Wie" des Umgangs. Im Prinzip reicht es daher aus mitzuteilen, welche Umgangsgestaltung im Kindeswohlinteresse liegt.

12.2.2.3 Umgang – Frage des „Wie"

„Wie"

Auf der Ebene des „Wie" geht es um die **Ausgestaltung des Umgangsrechts**. Der Umgang umfasst **alle Formen des Kontakts** und damit persönliche Begegnungen und Besuche, aber auch Korrespondenz in digitaler, schriftlicher oder telefonischer Form.[311] Die Möglichkeit, über Briefe, elektronische Medien oder telefonisch Kontakt zu halten, wird umso wichtiger, wenn der persönliche Kontakt ausgeschlossen oder erschwert ist. Dies ist insbesondere dann der Fall, wenn das Kind krank ist, von den Eltern weit entfernt lebt, das Gericht den persönlichen Kontakt gemäß § 1684 Abs. 4 BGB wegen Kindeswohlgefährdung ausgeschlossen hat oder ein Beteiligter in Strafhaft ist. Der Umgang ist im Sinne des **Kindeswohls** zu regeln.

12.2.2.3.1 Elterliche Umgangsregelung

fehlende Einigung über Umgang

Grundsätzlich bestimmen die sorgeberechtigten Eltern den Umfang des Umgangs. Können sie sich **nicht einigen**, kann das **Familiengericht** gemäß § 1684 Abs. 3 BGB die Ausübung des Umgangs regeln. Ein Umgangsverfahren wird eingeleitet durch einen Antrag eines Elternteils, der vom Gericht als Anregung behandelt wird.

→ *zum Umgangsverfahren als Amtsverfahren und zu den Voraussetzungen der Einleitung siehe 14.4.1*

---

308 BeckOK BGB/Veit, 60. Ed. 01.11.2019, BGB § 1684 Rn. 7.
309 BeckOK BGB/Veit, 60. Ed. 01.11.2019, BGB § 1684 Rn. 5, 7.
310 BeckOK BGB/Veit, 60. Ed. 01.11.2019, BGB § 1684 Rn. 7 ff.
311 BeckOK BGB/Veit, 60. Ed. 01.11.2019, BGB § 1684 Rn. 10.

kindeswohlgefährdende Umgangsregelung

Einigen sich die Eltern auf eine Umgangsregelung bzw. Umgangspraxis, die den Bedürfnissen des Kindes nicht entspricht oder sogar **kindeswohlgefährdend** ist, kommt ein familiengerichtliches Eingreifen in Betracht. Das Familiengericht kann in die Umgangsgestaltung mit Auflagen eingreifen, § 1684 Abs. 3 BGB. Bei Kindeswohlgefährdung kommt die Einschränkung oder sogar der Ausschluss des Umgangs nach § 1684 Abs. 4 BGB in Betracht.

→ *zur gerichtlichen Umgangsregelung siehe nachfolgend 12.2.2.3.2*

→ *zur Umgangseinschränkung oder -ausschluss siehe 12.2.4*

12.2.2.3.2 Gerichtliche Umgangsregelung

Das Familiengericht entscheidet gemäß § 1684 Abs. 3 BGB über den Umgang, wenn dies erforderlich ist. Es muss den Umgang **vollstreckbar** regeln. Die Umgangsregelung, die das Gericht trifft, muss daher so **konkret** sein, dass alle Beteiligten wissen, wann und wie lange der Umgang stattfindet. Bei Bedarf kann das Gericht **Auflagen** anordnen, § 1684 Abs. 3 Satz 2 BGB. **Entscheidungsmaßstab** ist immer das Kindeswohl, § 1697a BGB.

Mindestumfang

Das Familiengericht muss **Umfang, Art und nähere Ausgestaltung** des Umgangs regeln.[312] Die gerichtliche Entscheidung muss, um vollstreckbar zu sein, daher folgende Festlegungen enthalten:[313]

- Art (begleitet oder unbegleitet)
- Ort (an welchem der Umgang beginnt und endet, ggf. auch wo der Umgang ausgeübt wird)
- Zeit (Turnus, Dauer/Zeitraum, Beginn der Umgangsregelung)

Zur Umsetzung des Umgangs haben sich **Erfahrungswerte und Grundsätze** herausgebildet (siehe hierzu die Abbildungen 71 und 72). Im Einzelfall muss geprüft werden, ob diese dem Kindeswohl im konkreten Fall entsprechen und von den Eltern umsetzbar sind. Es sind Regelungen erforderlich sowohl zum **laufenden**, das heißt regelmäßigen Umgang als auch zum **Feiertags- und Ferienumgang**.

312 Heilmann/Gottschalk, Praxiskommentar Kindschaftsrecht 2. Auflage, § 1684 BGB Rn. 28.

313 Zur Aufzählung siehe Heilmann/Gottschalk, Praxiskommentar Kindschaftsrecht 2. Auflage, § 1684 BGB Rn. 28.

Laufender Umgang: kindeswohlgerechte Gestaltung

laufender Umgang

Häufigkeit und Dauer

- Berücksichtigung von **Freizeitbeschäftigungen** des Kindes
- **Schulkinder**:
  grundsätzlich 14-tägiger Wochenendumgang plus Ausweitung bei Bedarf
- **Kleinkinder:**
  häufigere (mindestens wöchentliche) und kürzere Umgänge

Übernachtungen

- **altersunabhängig**
  (auch Säuglinge und Kleinkinder)
- maßgeblich: **Bindung des Kindes** zum Umgangsberechtigten und **dessen Fähigkeiten und Möglichkeiten** zur Versorgung über Nacht
- Nichtgewährung von Übernachtungsumgang = zu rechtfertigende, **umgangseinschränkende Maßnahme** im Sinne von § 1684 Abs. 4 BGB

Nachholtermine

empfehlenswert: klarstellende Regelungen
zur Vermeidung von Konflikten

Beispiele:

- Klarstellung, dass ausgefallene Umgänge nicht nachgeholt werden
- Vorlage eines ärztlichen Attestes bei krankheitsbedingtem Ausfall von Umgang

vgl. Heilmann/Gottschalk, Praxiskommentar Kindschaftsrecht 2. Auflage, § 1684 BGB Rn. 34 ff.

Abbildung 71

Ferien- und Feiertagsumgang: kindeswohlgerechte Gestaltung

Ferien

grundsätzlich Hälfte der gesetzlichen Schulferien

- bei Kleinkindern: bei Bedarf kürzere Ferienblöcke
- empfehlenswert: klarstellende Regelung, dass Umgangsberechtigter zu **(Fern-) Reisen mit dem Kind berechtigt** ist
- **Vorrang von Ferienumgang** gegenüber laufendem und Feiertagsumgang

Feiertage
Geburtstag des Kindes
einmalige Feste

- **jährlicher Wechsel**
  abwechselnd beim umgangsberechtigten und betreuenden Elternteil

  oder

  Vorrang des betreuenden Elternteils
  hohe Feiertage mit betreuendem und jeweils zweiten Feiertag (zweiter Weihnachtsfeiertag, Ostermontag) mit umgangsberechtigtem Elternteil
- **einmalige Feste**
  (z. B. Kommunion, Konfirmation) grundsätzlich mit betreuendem Elternteil
- **Vorrang** von Feiertagsumgang gegenüber laufendem Umgang
- **Nachrang** von Feiertagsumgang gegenüber Ferienumgang

vgl. Heilmann/Gottschalk, Praxiskommentar Kindschaftsrecht 2. Auflage, § 1684 BGB Rn. 40 ff.

Abbildung 72

gerichtlich gebilligte Umgangsvereinbarung

Einigen Eltern sich vor Gericht auf eine bestimmte Umgangsregelung, muss das Gericht diese **gerichtlich billigen**, § 156 Abs. 2 FamFG. Die gerichtliche Billigung setzt voraus, dass der **vereinbarte Umgang im Kindeswohl** liegt. Für die Ermittlung des kindeswohlgerechten Umgangs gelten die von der Rechtsprechung entwickelten Grundsätze zum Kindeswohl.

→ *zum Begriff des Kindeswohls und den Kindeswohlkriterien siehe unter 13.1 und 13.2*

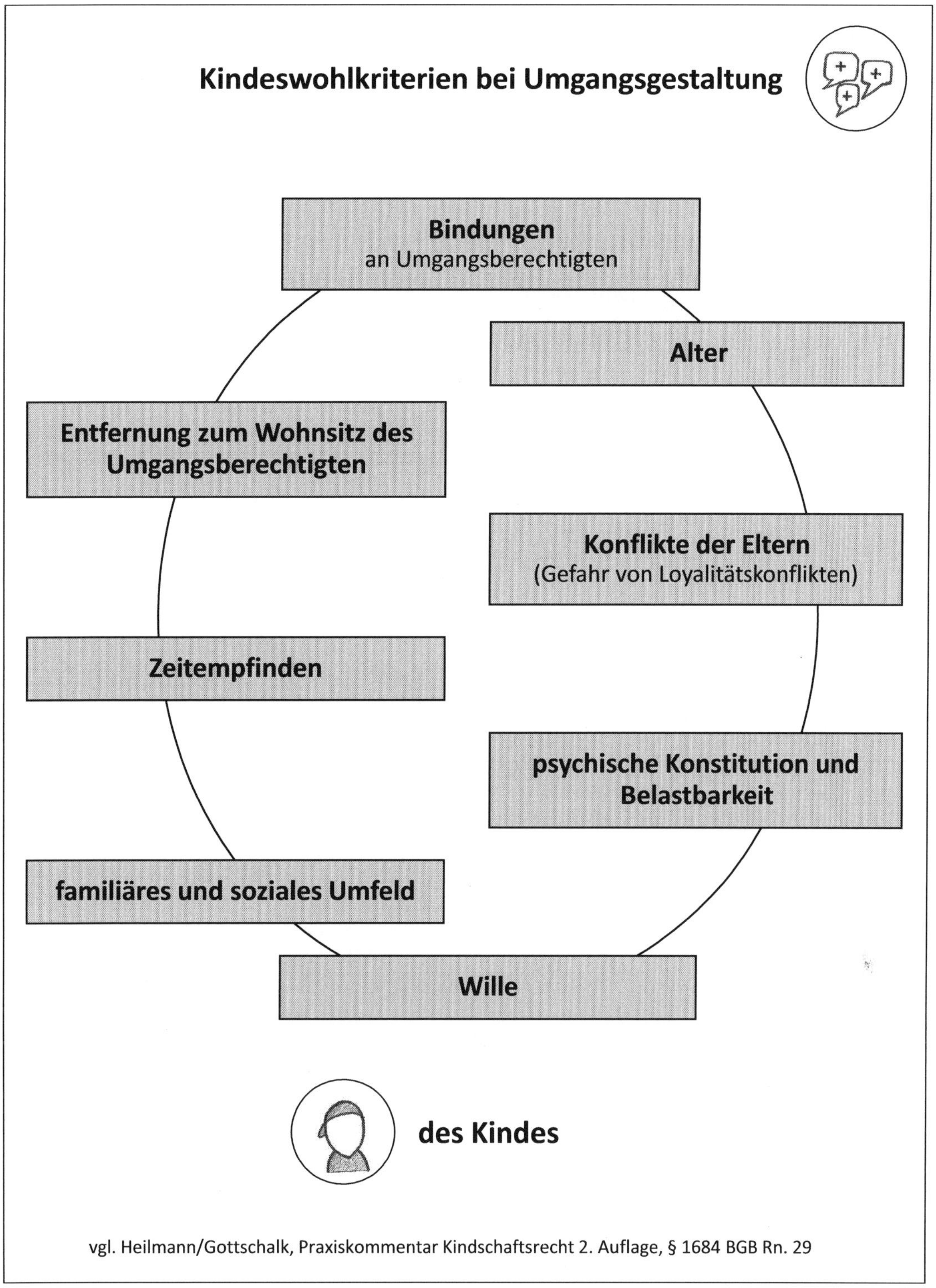

Abbildung 73

Umgangskosten

Die Kosten des Umgangs trägt **grundsätzlich der umgangsberechtigte Elternteil**.[314] Der betreuende Elternteil hat den Umgang zu fördern und sicherzustellen, muss sich aber an den Kosten nicht beteiligen.

Mitwirkung des betreuenden Elternteils

Prinzipiell besorgt darüber hinaus der umgangsberechtigte Elternteil das Abholen und Zurückbringen des Kindes. In **Ausnahmefällen** kann das Familiengericht aber auch den betreuenden Elternteil zur Mitwirkung heranziehen. Insbesondere, wenn Kind und umgangsberechtigter Elternteil weit voneinander entfernt wohnen und der Umgang nur umgesetzt werden kann, wenn der be-

314 Heilmann/Gottschalk, Praxiskommentar Kindschaftsrecht 2. Auflage, § 1684 BGB Rn. 53.

treuende Elternteil das Kind zum Bahnhof oder Flughafen bringt, muss der betreuende Elternteil zusätzlich aktiv werden.[315]

Umgangsgestaltung: Umsetzung

Holen und Bringen

umgangsberechtigter Elternteil

- Holen und Bringen grundsätzlich **in eigener Verantwortung und auf eigene Kosten**
- Ausnahme: **Mitwirkung des betreuenden Elternteils erforderlich,** zum Beispiel Bringen und Abholen des Kindes am Bahnhof oder am Flughafen bei entfernt wohnendem Umgangsberechtigten

betreuender Elternteil

- **Bereithalten** des Kindes bei Umgangsbeginn
- **Empfangnahme** des Kindes bei Umgangsende
- **positive Einstimmung** des Kindes auf Umgang

Kinder ab Grundschulalter

- selbstständige Bewältigung des Weges/Bahn- oder Flugreise bei Fähigkeit und Bereitschaft des Kindes

vgl. Heilmann/Gottschalk, Praxiskommentar Kindschaftsrecht 2. Auflage, § 1684 BGB Rn. 44 ff.

Abbildung 74

Umgangsgestaltung

Der Umgangsberechtigte kann den Umgang **grundsätzlich frei gestalten.** Er kann festlegen, was während der Umgangszeit geschieht, was unternommen wird und welche anderen Personen daran teilnehmen, zum Beispiel der neue Lebensgefährte oder auch andere Personen. Er bestimmt auch, wo der Umgang stattfindet. Der andere Elternteil hat dies zu akzeptieren. Die Selbstbestimmungsrechte des umgangsberechtigten Elternteils zeigen sich auch an seinen Alleinentscheidungsrechten aus § 1687 Abs. 1 Satz 4 BGB.

→ zu den Alleinentscheidungsrechten des umgangsberechtigten, mitsorge- und nichtsorgeberechtigten Elternteils aus § 1687 Abs. 1 Satz 4 BGB siehe 6.3

315 Heilmann/Gottschalk, Praxiskommentar Kindschaftsrecht 2. Auflage, § 1684 BGB Rn. 21.

Die einzige **Grenze**, die dem Umgangsberechtigten gesetzt ist, ist das Kindeswohl bzw. eine Kindeswohlgefährdung: Führt der Umgang zur Belastung oder zur Gefährdung des Kindes, kann das Familiengericht den Umgang gemäß § 1684 Abs. 3 BGB mit Auflagen versehen oder gemäß § 1684 Abs. 4 BGB einschränken oder sogar ausschließen.

Verstoß gegen gerichtliche Umgangsregelung

Bei Verstoß gegen die gerichtliche Umgangsregelung kann jeder Elternteil beantragen, dass gegen den anderen Elternteil **Ordnungsmittel** verhängt werden (Ordnungsgeld, ersatzweise Ordnungshaft, §§ 88 ff. FamFG). Bestehen trotz einer gerichtlichen Regelung des Umgangs Unstimmigkeiten, kann ein **Umgangsvermittlungsverfahren** nach § 165 FamFG eingeleitet werden.

12.2.3 Wohlverhaltenspflicht der Eltern

Loyalität

Die Eltern müssen gemäß § 1684 Abs. 2 Satz 1 BGB alles unterlassen, was die Beziehung des Kindes zum jeweils anderen Elternteil oder die Erziehung des Kindes durch ihn behindert. Nach Satz 2 gilt dies entsprechend, wenn sich das Kind in der Obhut Dritter – zum Beispiel bei Pflegeeltern – befindet. Verboten sind damit sämtliche Maßnahmen, die auf illoyales Verhalten gegenüber dem anderen Elternteil gerichtet sind.

- Hierzu gehören von Seiten des **betreuenden Elternteils** insbesondere die Vereitelung oder Behinderung des Umgangs mit dem anderen Elternteil – offen oder subtil, bewusst oder unbewusst. Hierzu gehören auch Verhaltensmaßnahmen, die geeignet sind, beim Kind in Bezug auf den Kontakt mit dem umgangsberechtigten Elternteil eine negative Haltung einzunehmen.[316]
- Der umgangsberechtigte Elternteil muss bei Ausübung des Umgangsrechts das (Mit-)Sorgerecht des anderen Elternteils achten, ebenso dessen Alleinentscheidungsrechte in Bezug auf die Angelegenheiten des täglichen Lebens. Er darf dessen Erziehungsanstrengungen weder vereiteln noch behindern. Auch er darf das Kind nicht negativ gegen den betreuenden Elternteil beeinflussen.[317]

Rechtsfolgen bei Verstoß

§ 1684 Abs. 2 BGB sieht keine Sanktionen bei Verstößen gegen die Wohlverhaltenspflicht vor. Deren Verletzung kann aber **mittelbare Folgen** haben. So kann dem betreuenden Elternteil bei **Umgangsvereitelung** und einer hierdurch ausgelösten Kindeswohlgefährdung der Entzug der elterlichen Sorge nach § 1666 BGB drohen. Bei Umgangsvereitelung kann das Gericht auch eine Pflegschaft für die Durchführung des Umgangs (**Umgangspflegschaft**), § 1684 Abs. 3 Satz 3 BGB, anordnen.[318]

12.2.4 Umgangseinschränkung oder -ausschluss

Das Familiengericht kann sowohl ein **noch nicht geregeltes Umgangsrecht** als auch eine **gerichtliche Umgangsregelung** einschränken oder ausschließen.

Kasuistik

Einschränkungen oder Ausschluss des Umgangs sah die Rechtsprechung unter anderem in folgenden Fällen als geboten an[319]:

- psychische Belastung des Kindes durch den Umgang, (drohende) Loyalitätskonflikte des Kindes, Miterleben von Gewalt gegenüber einem Elternteil, Erleben des Umgangsberechtigten als Fremden
- hohes Konfliktpotenzial zwischen den Eltern, häusliche Gewalt

  Eine Ausnahme kann in Betracht zu ziehen sein bei strafrechtlicher Verurteilung, Verbüßung der Strafe und anschließender Unauffälligkeit.

316 Zu den Wohlverhaltenspflichten des betreuenden Elternteils siehe BeckOK BGB/Veit, 60. Ed. 01.11.2019, BGB § 1684 Rn. 18.

317 BeckOK BGB/Veit, 60. Ed. 01.11.2019, BGB § 1684 Rn. 19.

318 Weiterführend zur Umgangspflegschaft siehe Heilmann/Gottschalk, Praxiskommentar Kindschaftsrecht 2. Auflage, § 1684 BGB Rn. 57 ff.

319 Zur Kasuistik siehe BeckOK BGB/Veit, 60. Ed. 01.11.2019, BGB § 1684 Rn. 54.2, mit Rechtsprechungsnachweisen. Rn. 54.1 enthält eine Aufzählung von Sachverhalten, bei denen die Rechtsprechung die Voraussetzungen für eine Beschränkung des Umgangs als nicht gegeben ansah.

- Gefahr für die körperliche Unversehrtheit und das Leben der Hauptbezugsperson der dann ebenfalls und mittelbar gefährdeten Kinder
- (drohende) Misshandlungen des Kindes durch den Umgangsberechtigten
- fehlende Erziehungseignung des Umgangsberechtigten, fehlende Fähigkeit zum feinfühligen und adäquaten Umgang mit kindlichen Bedürfnissen
- ein das Kindeswohl gefährdendes Milieu, in welchem sich der Umgangsberechtigte aufhält

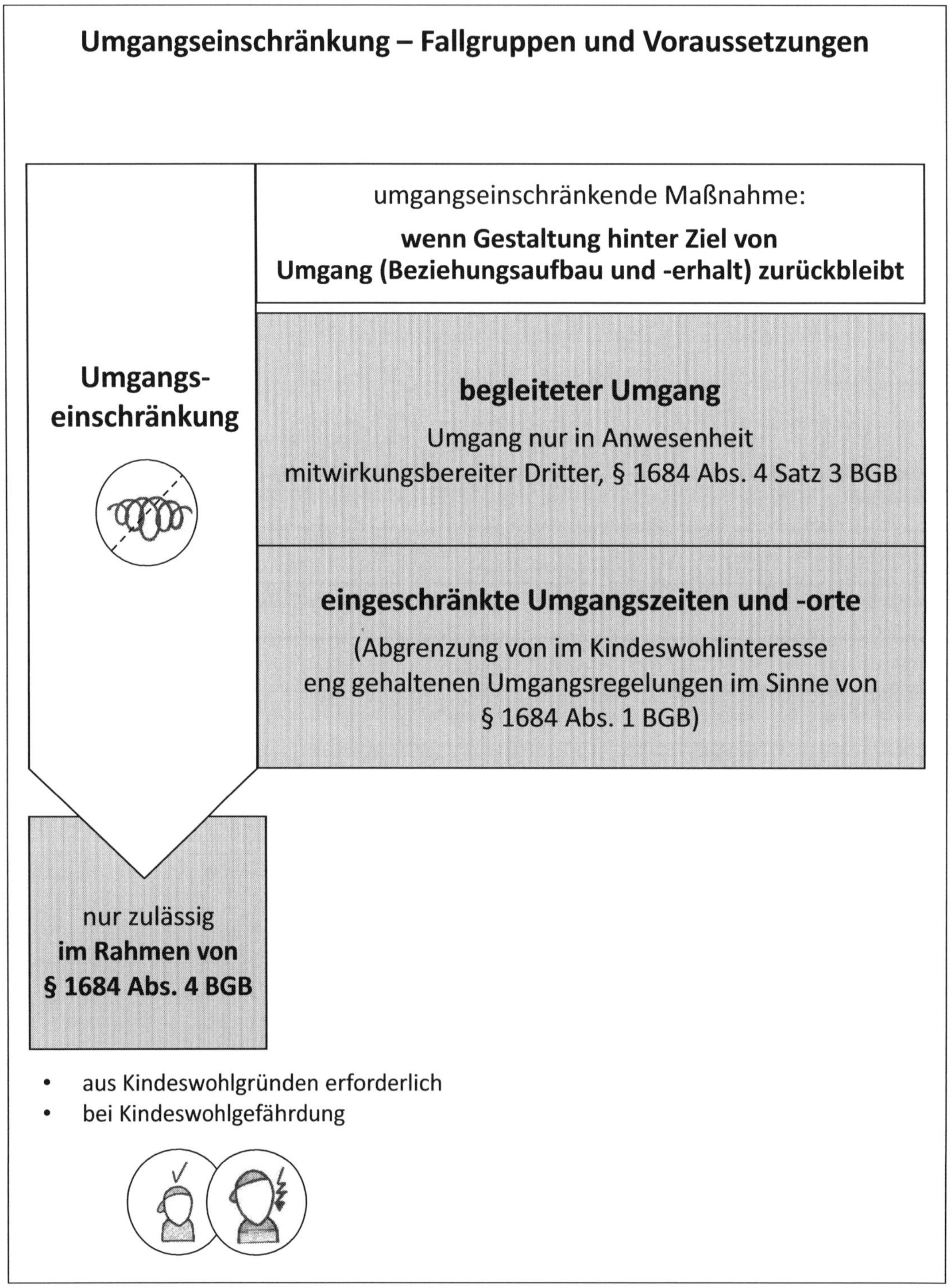

Abbildung 75

12.2.4.1 Umgangseinschränkung

Begriff

Von einer Umgangseinschränkung wird gesprochen, wenn eine Umgangsregelung **hinter dem Zweck des Umgangsrechts zurückbleibt.**[320] Das Umgangsrecht soll dem umgangsberechtigten Elternteil ermöglichen, „sich von dem körperlichen und geistigen Befinden des Kindes und seiner Entwicklung durch Augenschein und gegenseitige Aussprache fortlaufend zu überzeugen, die verwandtschaftlichen Beziehungen zu ihm aufrechtzuerhalten, einer Entfremdung vorzubeugen und das gegenseitige Liebesbedürfnis zu erfüllen."[321] Wenn die Umgangsregelung dem nicht genügt – die Umgangskontakte etwa zu selten, zu kurz, nicht persönlich (stattdessen nur telefonisch) oder nur begleitet stattfinden, ebenso wenig Ferien- und Feiertagsumgang –, wird das Umgangsrecht eingeschränkt. Derartige Einschränkungen sind nur unter den Voraussetzungen des § 1684 Abs. 4 BGB zulässig.

Abgrenzung zur Umgangsregelung

Mitunter ist es in der Praxis problematisch, zwischen einer uneingeschränkten, aber eng bemessenen Umgangsregelung und einer Umgangseinschränkung zu unterscheiden. Orientierungslinie ist, ob der vorgenannte Zweck durch die Regelung erfüllt wird (dann uneingeschränkte Umgangsregelung) oder nicht (dann Umgangseinschränkung).

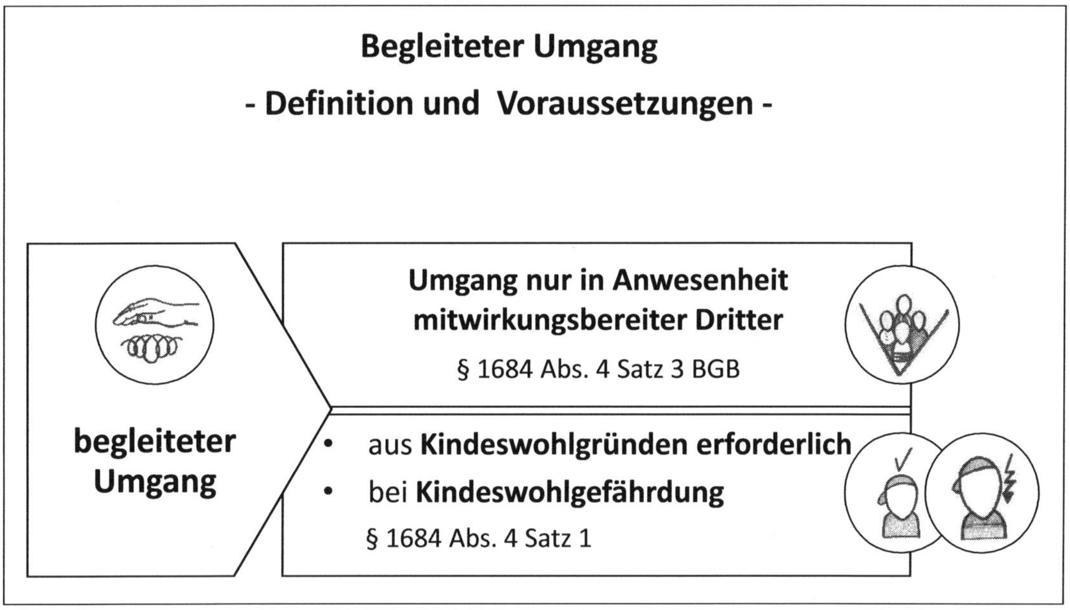

Abbildung 76

begleiteter Umgang

Eine in der familiengerichtlichen Praxis **häufig vorkommende Form der Umgangseinschränkung** stellt der begleitete Umgang dar.[322] Die Ablehnung von begleitetem Umgang hat regelmäßig zur Folge, dass der Umgang (befristet) auszuschließen ist, um die bei unbegleitetem Umgang drohende Kindeswohlgefährdung zu vermeiden. Das Gericht muss hier die Gefährdung des Kindes sowohl bei unbegleitetem Umgang als auch bei ausgeschlossenem Umgang (Kontaktabbruch) prüfen.[323]

320 OLG Schleswig, FamRZ 2016, 1788 ff.
321 BeckOK BGB/Veit, 60. Ed. 01.11.2019, BGB § 1684 Rn. 1 ff.
322 Ausführlich zum begleiteten Umgang siehe Klinkhammer/Prinz, Handbuch Begleiteter Umgang.
323 Vgl. Heilmann/Gottschalk, Praxiskommentar Kindschaftsrecht 2. Auflage, § 1684 BGB Rn. 74.

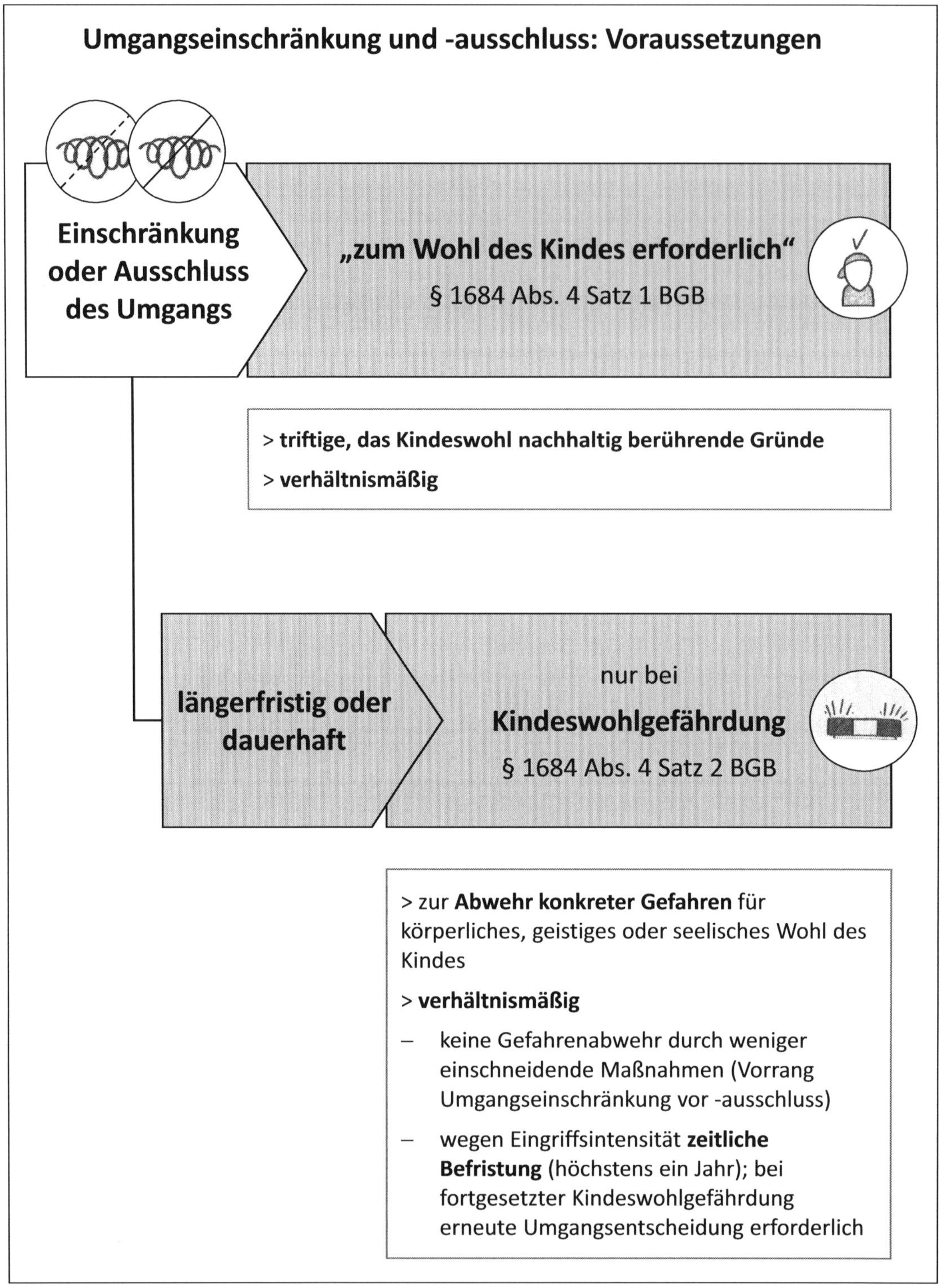

Abbildung 77

12.2.4.2 Umgangsausschluss

absolutes und umfassendes Kontaktverbot

Umgangsausschluss bedeutet, dass **überhaupt kein Umgang** stattfinden darf – weder persönlich noch fernmündlich, schriftlich, via SMS oder mittels anderer Kommunikationsformen. Kontakt darf weder aufgenommen noch unterhalten werden.

Ein Umgangsausschluss erfolgt aus Gründen der Verhältnismäßigkeit in der Regel **nur befristet**. Läuft die Frist ab, liegen die Voraussetzungen für einen Ausschluss aber immer noch vor, muss der Ausschluss erneut vom Gericht beschlossen werden.

12.2.4.3 Voraussetzungen

Voraussetzungen

Die Voraussetzungen für umgangseinschränkende oder -ausschließende Maßnahmen werden in § 1684 Abs. 4 Satz 1 BGB genannt. Es sind **verschiedene Eingriffsschwellen** zu beachten. Bei einer Umgangseinschränkung oder einem Umgangsausschluss ist immer zu bestimmen, ob dies eine **länger- oder kurzfristige Maßnahme** darstellt, weil hiervon Voraussetzungen und Rechtsfolgen abhängen.

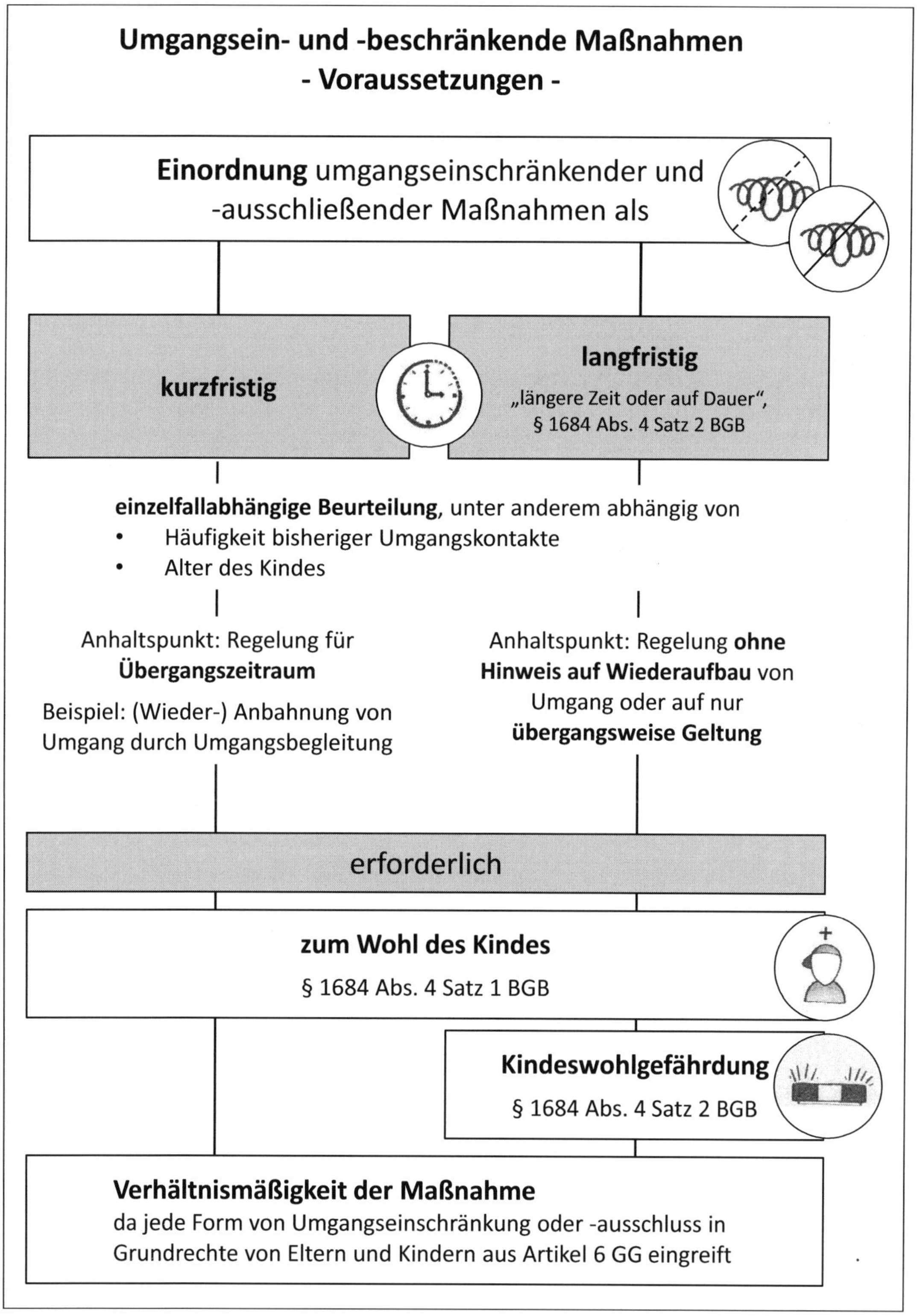

Abbildung 78

Verhältnismäßigkeit

Zu beachten ist, dass solche Maßnahmen immer schwere Eingriffe in die Elternrechte aus Art. 6 Abs. 2 Satz 1 BGB darstellen.[324] Aus diesem Grund ist bei der Anordnung umgangseinschränkender oder -ausschließender Maßnahmen stets der Verhältnismäßigkeitsgrundsatz zu beachten.

→ *zur Verhältnismäßigkeitsprüfung familiengerichtlicher Maßnahmen siehe 11.4.7*

Vorrang der Umgangseinschränkung

Grundsätzlich kommt eine **Einschränkung des Umgangs als milderes Mittel** im Verhältnis zum Ausschluss **vorrangig** in Betracht. Der Umgangsausschluss ist **nur in Extremfällen zulässig** und muss – da er auf eine Familientrennung hinausläuft – den strengen Vorgaben des § 1666a BGB genügen. Diese sind bei der Verhältnismäßigkeitsprüfung zusätzlich zu berücksichtigen.

→ *zu den verschärften Anforderungen des § 1666a BGB siehe 10.4.7.4*

12.2.5 Auskunft über die persönlichen Verhältnisse des Kindes

Getrenntlebende Eltern können gemäß § 1686 BGB vom anderen Elternteil bei berechtigtem Interesse Auskunft über die persönlichen Verhältnisse des Kindes verlangen. Voraussetzung ist, dass die Auskunftserteilung dem Kindeswohl nicht widerspricht.

Personenkreis

Der Auskunftsanspruch aus § 1686 BGB ist in der Regel nur für den **getrenntlebenden, nichtsorgeberechtigten Elternteil** von Bedeutung. Ein sorgeberechtigter, vom Kind getrenntlebender Elternteil kann sich nötige Informationen in der Regel selbstständig, zum Beispiel über Lehrer oder Ärzte, besorgen. Gemeinsam sorgeberechtigte Eltern müssen darüber hinaus gemäß § 1627 BGB kooperieren und sich demzufolge zwangsläufig über den Entwicklungsstand des Kindes austauschen. Leben sie getrennt, müssen sie hinsichtlich gewichtiger sorgerechtlicher Entscheidungen Einvernehmen erzielen, § 1687 Abs. 1 Satz 1 BGB. Auch insoweit muss der eine Elternteil den anderen informieren und umgekehrt.

Umfang des Auskunftsanspruchs

Der Umfang der geschuldeten Auskunft hängt vom Einzelfall ab. Sie kann nur gefordert werden im Hinblick auf die **persönlichen Verhältnisse** des Kindes. Hierzu gehören zum Beispiel seine Entwicklung, Schulleistungen und gesundheitlichen Verhältnisse, ggf. auch seine Wohnverhältnisse. Es besteht kein Anspruch auf Informationen über das Kind in allen Details; es müssen **nur wesentliche Punkte** zu den persönlichen Belangen mitgeteilt werden. Eine Dokumentation des Alltags oder Ähnliches kann nicht verlangt werden.[325]

Voraussetzungen

Der Anspruch auf Erteilung von Auskunft über die persönlichen Verhältnisse des Kindes setzt das Vorliegen bestimmter Umstände voraus.

324 Heilmann/Gottschalk, Praxiskommentar Kindschaftsrecht 2. Auflage, § 1684 BGB Rn. 65, spricht von einem „schwerstmöglichen Eingriff".

325 Zum Umfang siehe Heilmann/Gottschalk, Praxiskommentar Kindschaftsrecht 2. Auflage, § 1686 BGB Rn. 10, zur Häufigkeit der geschuldeten Auskunft siehe Rn. 11.

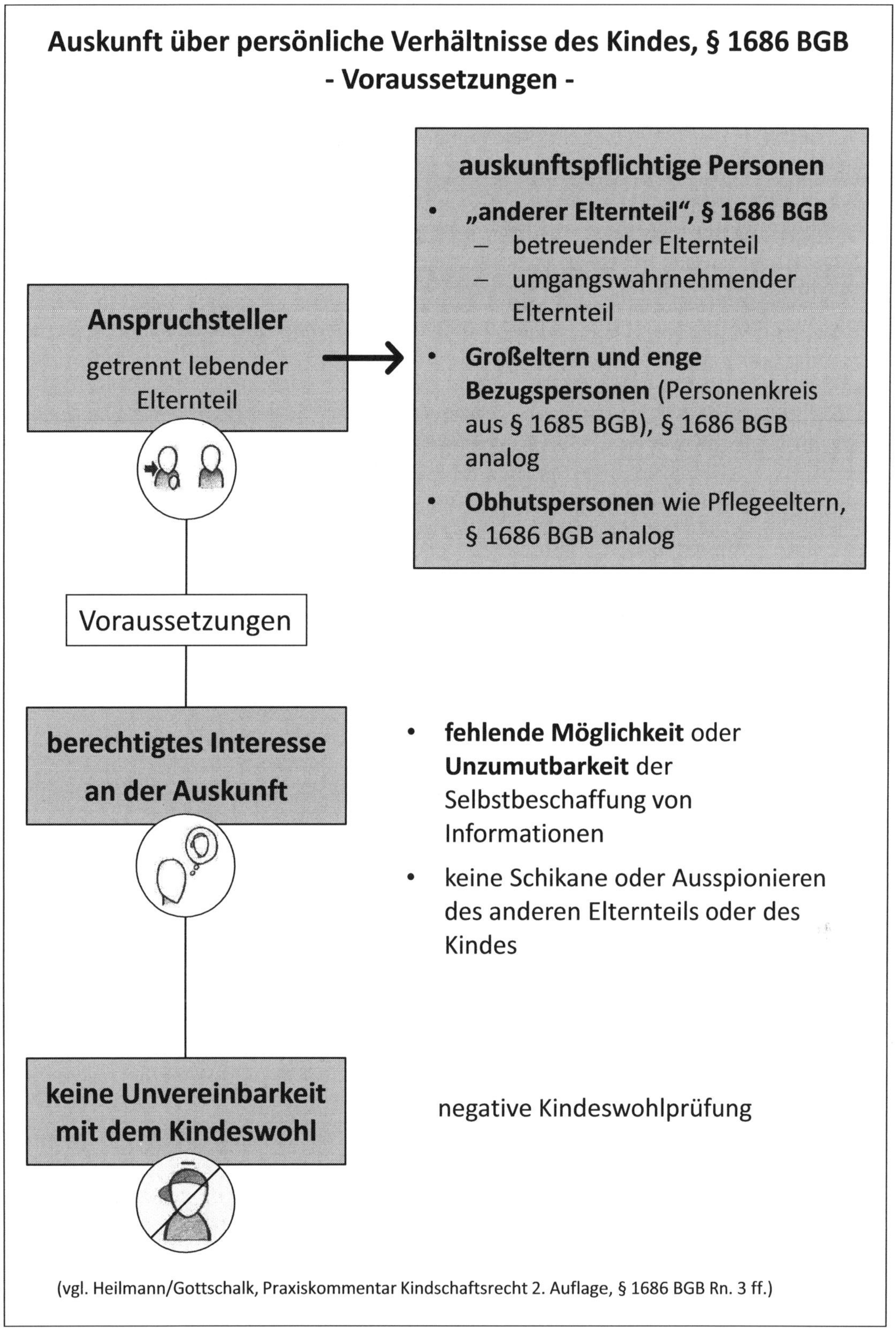

Abbildung 79

berechtigtes Interesse

Das erforderliche berechtigte Interesse des Anspruchstellers liegt nicht vor, wenn die Auskunft **mit wenig Aufwand selbst beschafft** werden kann. Der Auskunftsanspruch aus § 1686 BGB besteht insbesondere dann, wenn Umgang nicht stattfindet und der Umgangsberechtigte aus diesem Grund auf die Erteilung von Auskünften **angewiesen** ist. Gleiches gilt, wenn das Kind – zum Beispiel wegen seines Alters oder einer Erkrankung – keine Informationen über seine Entwicklung geben kann.[326]

Wenn regelmäßiger Umgang stattfindet bzw. stattfinden könnte, spricht gegen ein berechtigtes Interesse, dass der umgangsberechtigte Elternteil sich selbst über das Kind und seine persönlichen Belange informieren kann.[327]

Negative Kindeswohlprüfung

Negativvoraussetzung ist, dass die Auskunftserteilung dem Wohl des Kindes nicht widerspricht. Wenn die Auskunftserteilung das **Kind gefährdet oder Nachteile für das Kind zu befürchten** sind, besteht kein Auskunftsanspruch. Das **Kindeswohl begrenzt** somit den Auskunftsanspruch.[328]

Bei der Kindeswohlprüfung sind die von der Rechtsprechung entwickelten Kriterien zum Kindeswohl heranzuziehen.

→ zum Begriff des Kindeswohls und den Kindeswohlkriterien siehe 13.1 und 13.2

Die Art und Weise der Auskunftserteilung ist **abhängig vom Inhalt der zu erteilenden Auskunft**.

326 Heilmann/Gottschalk, Praxiskommentar Kindschaftsrecht 2. Auflage, § 1686 BGB Rn. 6.
327 Ähnlich Heilmann/Gottschalk, Praxiskommentar Kindschaftsrecht 2. Auflage, § 1686 BGB Rn. 6.
328 Heilmann/Gottschalk, Praxiskommentar Kindschaftsrecht 2. Auflage, § 1686 BGB Rn. 7.

Auskunft über persönliche Verhältnisse des Kindes, § 1686 BGB
- „Was" und „Wie" -

Inhalt der Auskunft
- „Was" -

persönliche Verhältnisse des Kindes
alle für Befinden und Entwicklung des Kindes maßgeblichen Umstände

Anspruchsteller soll **Überblick über Entwicklung des Kindes** erhalten

- einzelfallabhängig
- keine Vermögensauskünfte
- in der Regel: schulischer Fortgang, außerschulische Betätigungen, Krankheiten (von Gewicht), soziale Entwicklung

Art, Umfang, Häufigkeit
- „Wie" -

Art

- nicht zwingend höchstpersönlich, auch über Mittelspersonen möglich (Beispiel: über das Jugendamt)
- auch via Email oder SMS

Umfang

- Schulzeugnisse, Fotografien des Kindes, Abriss über gesundheitliche Entwicklung
- Wohnanschrift und Telefonnummer nur, wenn keine Missbrauchsgefahr

Häufigkeit

- einzelfallabhängig, abhängig von Veränderungen bei der Entwicklung
- üblich: regelmäßige Zeitabstände (viertel-, halbjährlich oder jährlich)

vgl. Heilmann/Gottschalk, Praxiskommentar Kindschaftsrecht 2. Auflage, § 1686 BGB Rn. 8 ff.

Abbildung 80

12.3 Umgangsrecht nach § 1685 Abs. 1 BGB – Großeltern und Geschwister

Gemäß § 1685 Abs. 1 BGB haben Großeltern und Geschwister Umgangsrechte, wenn der Umgang dem Wohl des Kindes dient.

12.3.1 Umgang – Frage des „Ob"

„Ob"

Das Umgangsrecht setzt ein rechtlich anerkanntes Abstammungsverhältnis voraus, ferner, dass der Umgang dem Wohl des Kindes dient. Das „Ob" des Umgangs unterliegt daher einer weiteren vom Gericht positiv festzustellenden Voraussetzung.

12.3.1.1 Großeltern und Geschwister

Verwandtschaft

Großeltern und Geschwister des Kindes haben ein Umgangsrecht allein aufgrund ihres **engen Verwandtschaftsgrades**. Anders als die engen Bezugspersonen im Sinne von § 1685 Abs. 2 BGB müssen sie eine **enge Bindung nicht nachweisen**. Der Gesetzgeber geht vom Bestehen einer nahen Beziehung aus.[329]

12.3.1.2 Kindeswohlprüfung

Kindeswohlprüfung

Der Umgang muss dem Kindeswohl dienen, d. h. das Kind **in guter Weise beeinflussen.** Im gerichtlichen Verfahren muss das Familiengericht die Vereinbarkeit des Umgangs mit dem Kindeswohl positiv bewerten.[330] Die Frage, ob der Umgang im Kindeswohlinteresse liegt, kann unter anderem unter Zugrundelegung der Kindeswohlkriterien ermittelt werden.

→ *zum Begriff des Kindeswohls und den Kindeswohlkriterien siehe 13.1 und 13.2*

Bei Großeltern kann angenommen werden, dass der Umgang dem Kindeswohl dient, wenn ein **Kontakt bereits besteht**, dieser aufrechterhalten werden sollte und keine kindeswohlbelastenden Konflikte zwischen Großeltern und Eltern bestehen.[331] Großeltern sollten sich also loyal gegenüber den Eltern verhalten und deren erzieherischen Entscheidungen respektieren, ansonsten steht die Kindeswohldienlichkeit des Umgangs in Frage.

Wenn das **Kind weder eine Bindung noch Interesse** an den Großeltern hat, ist die Vereinbarkeit des angestrebten Umgangs mit dem Kindeswohl zweifelhaft.[332]

---

329 Heilmann/Gottschalk, Praxiskommentar Kindschaftsrecht 2. Auflage, § 1685 BGB Rn. 5.
330 Heilmann/Gottschalk, Praxiskommentar Kindschaftsrecht 2. Auflage, § 1685 BGB Rn. 9.
331 Heilmann/Gottschalk, Praxiskommentar Kindschaftsrecht 2. Auflage, § 1685 BGB Rn. 9.
332 Vgl. Heilmann/Gottschalk, Praxiskommentar Kindschaftsrecht 2. Auflage, § 1685 BGB Rn. 10: Ablehnung des Umgangs durch das Kind.

Umgangsrechte von Großeltern, Geschwistern und engen Bezugspersonen aus § 1685 BGB

- Kindeswohlprüfung -

Kindeswohldienlichkeit des Umgangs

als positiv festzustellende Tatsache

> Umgang muss **Kindeswohl fördern**

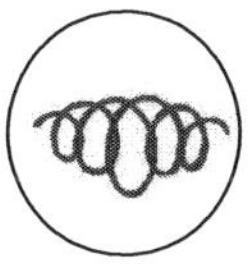

- **bestehende Bindungen**

Umgang mit Personen, zu denen Kind eine Bindung hat, deren Aufrechterhaltung förderlich ist, liegt regelmäßig im Kindeswohl, § 1626 Abs. 3 Satz 2 BGB

- **Beachtung des Kindeswillens**

Beispiel: Wunsch des Kindes nach persönlichem Kontakt/keine Verweigerung von Umgang

- **Beachtung des sozialen und familiären Umfelds**

Alltagsgestaltung des Kindes lässt Umgangstermine zu

keine das Kindeswohl beeinträchtigenden Konflikte zwischen sorgeberechtigtem Elternteil und Anspruchsteller

- **Loyalität des Anspruchstellers gegenüber sorgeberechtigten Eltern**

Akzeptanz des Erziehungsvorrangs des Sorgeberechtigten

keine negative Beeinflussung des Kindes durch Anspruchsteller

- **keine Ablehnung des Umgangs durch Sorgeberechtigten aus nachvollziehbaren Gründen**
- **kein Missbrauch**

keine Nutzung des Umgangs, um Umgangsausschluss anderer Personen zu umgehen (Beispiel: Ermöglichen von Kontakten zu Personen, denen Umgang mit Kind verboten wurde)

(vgl. Heilmann/Gottschalk, Praxiskommentar Kindschaftsrecht 2. Auflage, § 1685 BGB Rn. 9 ff.)

Abbildung 81

12.3.2 Umgang – Frage des „Wie“

Wenn unter den oben genannten Voraussetzungen ein Umgangsrecht besteht, muss es auf der Ebene des „Wie“ **kindeswohlgerecht** ausgefüllt werden. Die Regelung des kindeswohlgerechten Umgangs folgt den allgemein anerkannten Kriterien, die die Rechtsprechung zum Kindeswohl entwickelt hat. **„Wie?“**

→ zum Begriff des Kindeswohls und den Kindeswohlkriterien siehe 13.1 und 13.2

Zum „Wie" des kindeswohlgerechten Umgangs gehört auch, dass das Kind nicht überfordert werden darf durch eine Vielzahl von Umgangskontakten mit verschiedenen Umgangsberechtigten.[333]

Ferner gelten gemäß § 1685 Abs. 3 BGB die Regelungen in § 1684 Abs. 2 bis 4 BGB entsprechend. Das bedeutet, dass das **Familiengericht** den Umgang auf Antrag des Umgangsberechtigten regelt, wenn mit den sorgeberechtigten Eltern außergerichtlich keine Umgangsregelung gefunden wird, § 1684 Abs. 3 BGB. Bei **Kindeswohlgefährdung** kann das Gericht den Umgang außerdem einschränken oder ausschließen, was aus der Verweisung auf § 1684 Abs. 4 BGB folgt. Eine **Umgangspflegschaft** nach § 1684 Abs. 3 Satz 3 bis 5 BGB kann das Familiengericht nur anordnen, wenn die Voraussetzungen des § 1666 Abs. 1 BGB erfüllt sind.

Haben die Großeltern oder die Geschwister **gefährdenden Einfluss** auf das Kind, kann das Familiengericht gemäß § 1666 Abs. 1, Abs. 4 BGB Maßnahmen wie zum Beispiel ein Kontaktverbot erlassen.

12.4 Umgangsrecht nach § 1685 Abs. 2 BGB – enge Bezugspersonen

§ 1685 Abs. 2 BGB regelt ein Umgangsrecht für einen Personenkreis, der **keinen verwandtschaftlichen Status** aufweisen muss. Enge Bezugspersonen des Kindes, die nicht mit ihm verwandt sein müssen, können unter bestimmten Voraussetzungen ein Umgangsrecht haben, das die Erziehungsrechte der Eltern insoweit einschränkt.

12.4.1 Umgang – Frage des „Ob"

„Ob"

Wenn Umgangsrechte auf Grundlage von § 1685 Abs. 2 BGB geltend gemacht werden, muss zunächst ermittelt werden, ob die den Umgang beanspruchende Person zum Personenkreis der engen Bezugspersonen gehört. Ferner müssen die weiteren in der Vorschrift genannten Voraussetzungen erfüllt sein.

12.4.1.1 Enge Bezugsperson

sozial-familiäre Beziehung

Enge Bezugspersonen haben gemäß § 1685 Abs. 2 Satz 1 BGB ein Umgangsrecht, wenn sie für das Kind **tatsächliche Verantwortung tragen oder getragen** haben. Das Vorliegen eines solchen Verhältnisses wird im Gesetz als **sozial-familiäre Beziehung** bezeichnet. Nach § 1685 Abs. 2 Satz 2 BGB wird die Übernahme tatsächlicher Verantwortung vermutet, wenn die Person mit dem Kind längere Zeit **in häuslicher Gemeinschaft zusammengelebt** hat. Eine häusliche Gemeinschaft in diesem Sinne zeichnet sich unter anderem durch regelmäßige Übernachtungen über einen längeren Zeitraum hinweg aus. Beispielhaft wurde ein halbes Jahr in der Rechtsprechung als zu wenig erachtet, ein Jahr als ausreichend.[334]

Personenkreis

Zum Personenkreis der engen Bezugsperson im Sinne von § 1685 Abs. 2 BGB können (ehemalige) **Ehepartner, Lebenspartner** und **nichteheliche Lebensgefährten** des betreuenden Elternteils gehören, die mit dem Kind längere Zeit zusammengelebt haben. Kommt es zur Trennung vom betreuenden Elternteil und damit gleichzeitig vom Kind, kann dies Grund für die Geltendmachung von Umgangsrechten sein. Auch der **leibliche, nicht rechtliche Vater** kann eine enge Bezugsperson sein. Wenn nicht, bleiben ihm nur noch Umgangsrechte aus § 1686a BGB. Enge Bezugspersonen des Kindes im Sinne von § 1685 Abs. 2 BGB können auch die **früheren Pflegeeltern** sein, bei denen das Kind bis zur Rückführung zu seinen Eltern gelebt hat.[335]

Das (frühere) Bestehen einer häuslichen Gemeinschaft indiziert zwar eine sozial-familiäre Beziehung, ist jedoch **keine zwingende Voraussetzung.**[336] Die Übernahme der erforderlichen tatsächlichen Verantwortung kann auch auf andere Weise erfolgt sein, zum Beispiel durch die **regel-**

333 Heilmann/Gottschalk, Praxiskommentar Kindschaftsrecht 2. Auflage, § 1685 BGB Rn. 10 mit Rechtsprechungshinweis.

334 Heilmann/Gottschalk, Praxiskommentar Kindschaftsrecht 2. Auflage, § 1685 BGB Rn. 15.

335 Zur Gruppe der engen Bezugspersonen siehe Heilmann/Gottschalk, Praxiskommentar Kindschaftsrecht 2. Auflage, § 1685 BGB Rn. 12.

336 Heilmann/Gottschalk, Praxiskommentar Kindschaftsrecht 2. Auflage, § 1685 BGB Rn. 14.

mäßige Betreuung des Kindes, wobei es dann auch einen Willen zur Übernahme von Verantwortung gegeben haben muss.[337] Haben der Antragsteller und das Kind zusammengewohnt, kann die Vermutung bzgl. der Übernahme tatsächlicher Verantwortung des § 1685 Abs. 2 Satz 2 BGB eingreifen.

12.4.1.2 Kindeswohlprüfung

Kindeswohlprüfung

Enge Bezugspersonen des Kindes haben ein Umgangsrecht, wenn der Umgang dem Kindeswohl dient. Dies folgt aus dem Verweis auf § 1685 Abs. 1 BGB, wo diese Voraussetzung für den Umgang des Kindes mit Großeltern und Geschwistern geregelt ist. Der angestrebte Umgang muss demnach positive Auswirkungen auf das Kind haben.

Wird ein Verfahren nach § 1685 Abs. 2 BGB geführt, muss daher – wie im Falle eines Verfahrens nach § 1685 Abs. 1 BGB – die Kindeswohldienlichkeit des Umgangs ermittelt und positiv festgestellt werden. Auf die dortigen Ausführungen zur Feststellung der Kindeswohldienlichkeit des Umgangs kann daher verwiesen werden. Wenn das Kind mit dem Anspruchsteller lange zusammengelebt hat und eine enge Beziehung besteht, spricht vieles dafür, dass die Aufrechterhaltung des Kontaktes im Kindeswohl liegt bzw. umgekehrt der Bindungsabbruch dem Kindeswohl schadet.

→ *zur Kindeswohlprüfung im Rahmen des § 1685 Abs. 1 BGB siehe 12.3.1.2*

12.4.2 Umgang – Frage des „Wie"

„Wie"

Besteht ein Umgangsrecht, d. h., sind die Voraussetzungen auf der Ebene des „Ob" erfüllt, ist die **kindeswohlgerechte Ausgestaltung** des Umgangs zu ermitteln („Wie"). Auch hierfür sind die üblichen Grundsätze zum Kindeswohl heranzuziehen, ferner die Umstände im Einzelfall. „Umgangstourismus" sollte vermieden werden. Zudem ist zu beachten, dass das Kind Freizeit bedarf, die nicht durch Umgang mit verschiedenen Umgangsberechtigten aus dem familiären und außerfamiliären Umkreis verplant ist. Auch an dieser Stelle kann auf die entsprechenden Ausführungen zur Umgangsgestaltung des Kindes mit Großeltern und Geschwistern im Rahmen des § 1685 Abs. 1 BGB verwiesen werden.

Gemäß § 1685 Abs. 3 BGB gilt § 1684 Abs. 2 bis 4 BGB entsprechend. Darüber hinaus kann das Familiengericht eine **Umgangspflegschaft** nach § 1684 Abs. 3 Satz 3 bis 5 BGB nur anordnen, wenn die Voraussetzungen des § 1666 Abs. 1 BGB erfüllt sind. Auch insoweit wird auf die Ausführungen zu den Umgangsrechten von Großeltern und Geschwistern aus § 1685 Abs. 1 BGB verwiesen, für die das Gleiche gilt.

12.5 Umgangsrecht nach § 1686a BGB – leiblicher, nicht rechtlicher Vater

rechtliche Vaterschaft eines anderen Mannes

§ 1686a BGB regelt das Umgangsrecht des leiblichen, nicht rechtlichen Vaters. Dem liegt die Konstellation zugrunde, dass der leibliche Vater weder rechtlicher Vater ist noch werden kann, weil die Vaterschaft eines anderen Mannes besteht. Das Kind hat also einen rechtlichen Vater, der **aber nicht sein leiblicher Vater** ist.[338] Der rechtliche Vater kann etwa gemäß § 1592 Ziff. 1 BGB der Ehemann der Mutter sein, der aber nicht Erzeuger des Kindes ist. Wenn dessen Vaterschaft nicht angefochten werden kann, kann der leibliche Vater den rechtlichen Status als Vater und die damit verbundenen Rechte – insbesondere Sorge- und Umgangsrecht aus den §§ 1626 ff. BGB und aus § 1684 BGB – nicht in Anspruch nehmen.

keine enge Bezugsperson

Wenn der leibliche, nicht rechtliche Vater eine **enge Bezugsperson** des Kindes im Sinne von § 1685 BGB ist, kann er Umgangsrechte aufgrund von § 1685 BGB geltend machen. Ansonsten bleibt ihm nur die Möglichkeit, unter den Bedingungen des § 1686a BGB eine Verbindung zum Kind aufzubauen.

337 Heilmann/Gottschalk, Praxiskommentar Kindschaftsrecht 2. Auflage, § 1685 BGB Rn. 14.

338 Vgl. Heilmann/Gottschalk, Praxiskommentar Kindschaftsrecht 2. Auflage, § 1686 BGB Rn. 12: Voraussetzung des Umgangsrechts ist, dass das Kind einen rechtlichen Vater hat.

erforderlich: eidesstattliche Versicherung

Um Rechte aus § 1686a BGB gerichtlich geltend zu machen, muss der leibliche, nicht rechtliche Vater gemäß § 167a Abs. 1 FamFG **eidesstattlich versichern, der Mutter des Kindes während der Empfängniszeit beigewohnt** zu haben. Wenn die Mutter die biologische Vaterschaft bestreitet, wird diese im Verfahren ggf. inzident festgestellt, vgl. § 167a Abs. 2 FamFG.[339]

12.5.1 Umgang – Frage des „Ob"

„Ob"

Während ein rechtlich anerkannter Vater Umgang nach § 1684 BGB wahrnehmen kann und keine weiteren Voraussetzungen als die des bestehenden Verwandtschaftsverhältnisses erfüllen muss, unterliegt das Umgangsrecht des leiblichen, nicht rechtlichen Vaters auf der Ebene des „Ob" mehreren Voraussetzungen.

Die Geltendmachung von Rechten aus § 1686a Abs. 1 BGB setzt voraus, dass der leibliche Vater ein „**ernsthaftes Interesse an dem Kind gezeigt hat**". Das ernsthafte Interesse wird zum Beispiel indiziert durch die Begleitung der Mutter während der Schwangerschaft, durch Kontaktbemühungen zum Kind, durch Geltendmachung von Auskunftsrechten, durch das Bekenntnis zur leiblichen Vaterschaft und durch (angebotene) Verantwortungsübernahme.[340] Nicht ausreichend für den Nachweis eines ernsthaften Interesses sind bloße Kontaktaufnahmen zum Jugendamt und die Einleitung von Gerichtsverfahren.[341]

Kindeswohlprüfung

Ferner muss der Umgang **dem Kindeswohl dienen** (Ziff. 1). Bei einer gerichtlichen Auseinandersetzung muss somit die Kindeswohlverträglichkeit des Umgangs positiv bewertet werden. Das Gericht muss prüfen und feststellen, dass der Umgang des leiblichen, nicht rechtlichen Vaters im Kindeswohl liegt und es fördert. Die Kindeswohlprüfung folgt den üblichen Grundsätzen.

→ *zum Begriff des Kindeswohls und den Kindeswohlkriterien siehe 13.1 und 13.2*

Bei der Kindeswohlprüfung im Rahmen von § 1686a BGB sind **zusätzliche Aspekte** einzubeziehen; diese unterscheiden sich von denen, anhand derer die Kindeswohldienlichkeit des Umgangs zwischen Kind und Bezugspersonen festgestellt wird.[342] So muss ermittelt werden, ob und in welchem Maße Umgangskontakte mit dem leiblichen Vater für das Kind eine Belastung darstellen könnten, auch im Hinblick darauf, dass es außerdem einen rechtlichen Vater hat.[343] Bei Konflikten zwischen Mutter und leiblichem Vater ist zu erwägen, ob sie es schaffen werden, diese im Kindeswohlinteresse beizulegen oder zumindest zu begrenzen.[344] Grundsätzlich dient es nicht dem Kindeswohl, wenn Umgänge zu Konflikten führen, in deren Zentrum das Kind steht. Wenn das familiäre Leben des Kindes mit der Mutter und seinem rechtlichen Vater durch den Umgang mit dem biologischen Vater prognostisch beeinträchtigt wird, entspricht der Umgang nicht dem Kindeswohl.[345]

12.5.2 Umgang – Frage des „Wie"

„Wie"

Liegen auf der Ebene des „Ob" die Voraussetzungen für ein Umgangsrecht des leiblichen Vaters vor, muss eine **kindeswohlgerechte Umgangsregelung** gefunden werden. Hier gelten die gleichen Grundsätze wie bei der Ausgestaltung von Umgangsrechten aus § 1685 BGB von Großeltern, Geschwistern und engen Bezugspersonen.

→ *zur Umgangsgestaltung (Umgang – Frage des „Wie") bei Umgangsrechten von Großeltern und Geschwister aus § 1685 Abs. 1 BGB siehe 12.3.2*

Gemäß § 1686a Abs. 2 BGB findet § 1684 Absatz 2 bis 4 BGB entsprechende Anwendung, § 1686a Abs. 2 BGB. Das heißt, dass eine **außergerichtliche Einigung** zwischen den sorgebe-

---

339 Heilmann/Gottschalk, Praxiskommentar Kindschaftsrecht 2. Auflage, § 1686a BGB Rn. 2, 6.

340 Siehe beispielhafte Aufzählungen, die der Gesetzesbegründung folgen, bei Heilmann/Gottschalk, Praxiskommentar Kindschaftsrecht 2. Auflage, § 1686a BGB Rn. 10.

341 Heilmann/Gottschalk, Praxiskommentar Kindschaftsrecht 2. Auflage, § 1686a BGB Rn. 14.

342 Heilmann/Gottschalk, Praxiskommentar Kindschaftsrecht 2. Auflage, § 1686a BGB Rn. 16: Wegen anderer Ausgangssituation – im Rahmen von § 1685 Abs. 2 BGB wird vom Bestehen einer sozial-familiären Beziehung ausgegangen – kann nicht auf die dortigen Kriterien verwiesen werden.

343 HK-BGB/Kemper, BGB § 1686a Rn. 5.

344 Ähnlich HK-BGB/Kemper, BGB § 1686a Rn. 5.

345 Ähnlich Heilmann/Gottschalk, Praxiskommentar Kindschaftsrecht 2. Auflage, § 1686a BGB Rn. 17: Wenn der leibliche Vater bewusst Unfrieden in die Familie des Kindes bringt, entspricht der Umgang nicht dem Kindeswohl.

rechtigten Eltern (zu denen auch der rechtliche Vater gehören kann) mit dem biologischen Vater Vorrang hat. Kommt es zu keiner Einigung, kann der leibliche Vater beantragen, dass das **Familiengericht** über den Umgang gemäß § 1684 Abs. 3 BGB entscheidet. Ist der **Umgang mit dem leiblichen Vater kindeswohlgefährdend**, kann das Familiengericht diesen nach § 1684 Abs. 4 BGB einschränken oder ausschließen. Wenn er das Kind gefährdet, kommen außerdem gegen ihn gerichtete gerichtliche Maßnahmen nach § 1666 Abs. 3, Abs. 4 BGB in Betracht.

Eine **Umgangspflegschaft** nach § 1684 Absatz 3 Satz 3 bis 5 kann das Familiengericht gemäß § 1686a Abs. 2 BGB allerdings nur anordnen, wenn die Voraussetzungen des § 1666 Absatz 1 BGB erfüllt sind. Das ist dann der Fall, wenn eine von den sorgeberechtigten Eltern nicht abwendbare Kindeswohlgefährdung vorliegt.

12.5.3 Auskunftsrecht

Darüber hinaus hat der leibliche, nicht rechtliche Vater ein Auskunftsrecht aus § 1686a Abs. 1 Ziff. 2 BGB gegen die rechtlichen Eltern des Kindes – also gegen die Mutter und den (rechtlichen) Vater – im Hinblick auf die **persönlichen Verhältnisse** des Kindes.

Das Auskunftsrecht ist dem aus § 1686 BGB in wesentlichen Teilen nachgebildet.[346] Zu den Voraussetzungen des berechtigten Interesses und der negativen Kindeswohlprüfung kann daher auf die dortigen Ausführungen verwiesen werden.

→ *zu den Voraussetzungen der Auskunftsrechte aus § 1686 BGB siehe 12.2.5*

Voraussetzungen

Auch für die Durchsetzung des Auskunftsrechts ist erforderlich, dass der biologische Vater ein **ernsthaftes Interesse** am Kind gezeigt hat. Auf die obigen Ausführungen wird verwiesen.

Ferner muss er gemäß § 1686a Abs. 1 Ziff. 2 BGB ein **berechtigtes Interesse an der Auskunft** haben. Dieses wird grundsätzlich bereits durch die Tatsache der nur leiblichen Vaterschaft indiziert. Schließlich hat der leibliche, nicht rechtliche Vater keine andere Möglichkeit, als über das Auskunftsrecht aus § 1686a Abs. 1 Ziff. 2 BGB zu Informationen über sein Kind zu kommen, wenn sie nicht freiwillig erteilt werden[347]. Ein berechtigtes Interesse besteht umso mehr, wenn kein Umgang stattfindet und der leibliche Vater sich nicht aus eigener Anschauung über die Entwicklung des Kindes informieren kann.

negative Kindeswohlprüfung

Voraussetzung ist, dass die **Auskunftserteilung dem Wohl des Kindes nicht widerspricht**. Bei der negativen Kindeswohlprüfung sind die in der Rechtsprechung entwickelten Kindeswohlkriterien zu beachten.

→ *zum Begriff des Kindeswohls und den Kindeswohlkriterien siehe 13.1 und 13.2*

Wenn das Auskunftsrecht dadurch motiviert ist, einen nicht gewährten Umgang mit dem Kind zu umgehen oder Unfrieden in die Familie des Kindes zu bringen, scheidet die Vereinbarkeit mit dem Kindeswohl aus.[348]

346 Heilmann/Gottschalk, Praxiskommentar Kindschaftsrecht 2. Auflage, § 1686a BGB Rn. 20.
347 Heilmann/Gottschalk, Praxiskommentar Kindschaftsrecht 2. Auflage, § 1686a BGB Rn. 21.
348 Heilmann/Gottschalk, Praxiskommentar Kindschaftsrecht 2. Auflage, § 1686a BGB Rn. 24.

13 Kindeswohl und Kindeswohlprüfung

Kindeswohlprinzip

Gemäß § 1697a BGB gilt in sämtlichen sorge- und umgangsrechtlichen Verfahren das Kindeswohlprinzip. Das Gericht muss eine Entscheidung treffen, die unter Berücksichtigung der tatsächlichen Gegebenheiten und Möglichkeiten sowie der berechtigten Interessen der Beteiligten **dem Wohl des Kindes am besten** entspricht. Das Gericht muss die kindeswohlgerechte Entscheidung **im Einzelfall** ermitteln.

§ 1697a BGB ergänzt die sorge- und umgangsrechtlichen Vorschriften, in denen in der Regel ohnehin auf das Kindeswohl als Prüfkriterium hingewiesen wird. Die Anforderungen an die Kindeswohlprüfung können allerdings unterschiedlich sein.

13.1 Kindeswohl und Kindeswohlprüfung

Begriff

Der Begriff des Kindeswohls wird im Gesetz nicht definiert. Es handelt sich um einen **unbestimmten Rechtsbegriff**. Er ist daher auszulegen, was eine konkrete Betrachtung der Persönlichkeit des Kindes und auch der sozialen Umgebung, in der es mit seinen Eltern lebt, einschließt.

Zu den wesentlichen Elementen des Kindeswohls gehören[349]

- **Möglichkeit** des Kindes
  - **gesund und ungefährdet** aufzuwachsen (vgl. §§ 1631 Abs. 2, 1666 BGB)
  - sich zu einer **gemeinschaftsfähigen, selbstständigen und verantwortungsbewussten Persönlichkeit** zu entwickeln (vgl. § 1 SGB VIII)
- **Stabilität und Kontinuität** der Eltern-Kind-Beziehung (vgl. Artikel 6 Abs. 1 GG)
- **Berücksichtigung von Persönlichkeit und Vorstellungen** des Kindes (vgl. § 1626 Abs. 2 BGB)

Beim Kindeswohl geht es um die **Gewährleistung der Rechte des Kindes und seiner Entwicklungsmöglichkeiten**. Hierzu gehört das Anrecht des Kindes auf Schutz seines „**körperlichen, geistigen und seelischen Wohls**" gemäß § 1666 BGB. Aus § 1 Abs. 1 SGB VIII folgt weiter das Recht „auf **Förderung seiner Entwicklung** und auf **Erziehung zu einer eigenverantwortlichen und gemeinschaftsfähigen Persönlichkeit**". Das Kindeswohl ist gewährleistet, wenn die Grundbedürfnisse des Kindes erfüllt werden. Die Voraussetzungen für das Heranwachsen zu einer eigenverantwortlichen und gemeinschaftsfähigen Persönlichkeit sind dann gegeben.[350] Vom Kindeswohl erfasst werden auch das kindliche **Bedürfnis nach Kontinuität und Stabilität** von Beziehungen. Gleiches gilt für die Berücksichtigung von **Neigungen und Bindungen** des Kindes.

Kindeswohlprüfung

Bei der Kindeswohlprüfung sind die unterschiedlichen gesetzlichen Vorgaben zu beachten: Teils wird eine positive Kindeswohlprüfung verlangt, teils muss die Unvereinbarkeit mit dem Kindeswohl festgestellt werden (negative Kindeswohlprüfung) oder eine negative Prognose für das Kindeswohl bzw. für die Entwicklung des Kindes. Bei Normen ohne ausdrücklich genannten Kindeswohlmaßstab gilt § 1687a BGB.

349 Heilmann/Cirullies, Praxiskommentar Kindschaftsrecht 2. Auflage, § 1666 BGB Rn. 18; Scholz/Kleffmann, Praxishandbuch Familienrecht, 38. EL April 2020, Teil E Rn. 135.

350 http://www.kinderschutz-in-nrw.de/fuer-erwachsene/kindeswohl/begriffsbestimmungen.html.

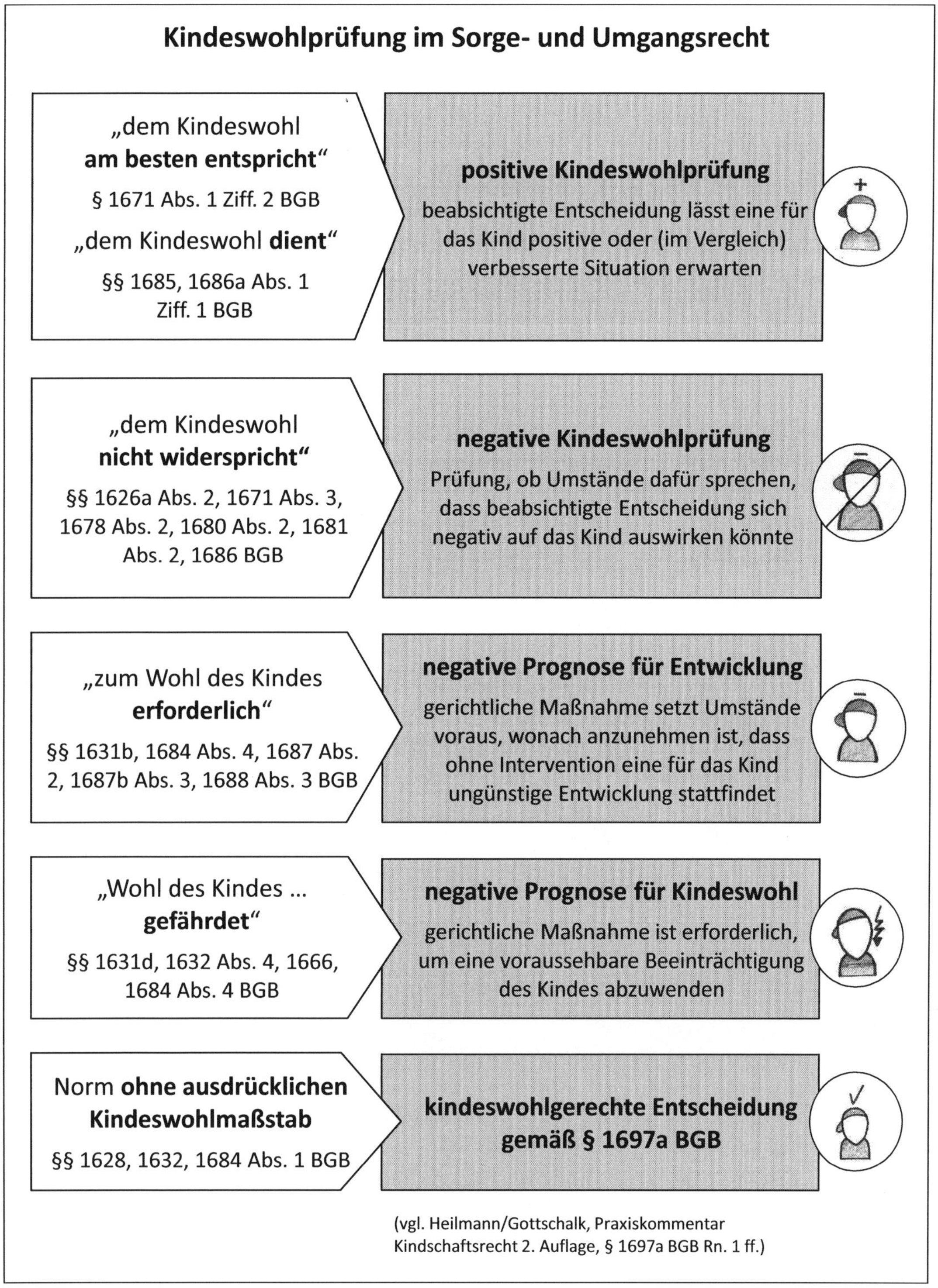

Abbildung 82

13.2 Kindeswohlkriterien

Die Rechtsprechung hat für die Ermittlung, welche Entscheidung im Kindeswohl liegt, **auf Grundlage kinderpsychologischer und pädagogischer Erkenntnisse und Annahmen** verschiedene Kriterien entwickelt. Es gibt unter den einzelnen Kriterien keine Hierarchie. Es ist im Einzelfall zu entscheiden, **welches Kriterium besonderes Gewicht entfaltet und ausschlaggebend** ist.

13.2.1 Erziehungseignung

Erziehungsfähigkeit

Für die Ausübung von Erziehungsrechten müssen Eltern über eine Erziehungseignung verfügen.[351]

Die Erziehungseignung liegt vor bei einer **stabilen und verlässlichen Elternpersönlichkeit**, die bereit ist, Verantwortung für die Erziehung und Pflege des Kindes zu übernehmen. Diese Fähigkeit wird sichtbar durch eine **gewachsene und gefestigte Bindung** zum Kind. Sie kann sich auch zeigen in der Bereitschaft, das Kind persönlich betreuen zu wollen.[352]

Die Erziehungskompetenz hängt darüber hinaus von den Fähigkeiten der Eltern ab, das Kind in seiner Entwicklung zu **fördern**.[353] Hierzu wird auf die nachfolgenden Ausführungen zum Förderprinzip verwiesen.

---

351 Vgl. Grüneberg/Götz, BGB, § 1671 Rn. 15 ff., 22: Bei fehlender Erziehungseignung eines Elternteils kann diesem die Ausübung der gemeinsamen Sorge nicht überlassen werden.

352 Vgl. BeckOK BGB/Veit, 60. Ed. 01.08.2021, BGB § 1671 Rn. 52–52.4 mit einer Kasuistik über Verhaltensweisen, die für oder gegen die Erziehungseignung und/oder -bereitschaft sprechen.

353 Heilmann/Keuter, Praxiskommentar Kindschaftsrecht 2. Auflage, § 1671 BGB Rn. 32.

Einschränkungen der Erziehungskompetenz

fehlende Erziehungseignung

→ **Misshandlung** des anderen Elternteils

nicht: einmaliges Fehlverhalten

persönliche, schwerwiegende Defizite mit negativer Auswirkung auf Kindeswohl

akute und aktuelle Suchtproblematik; stark vernachlässigte Haushalts- und Lebensführung; fehlende Erziehungskompetenzen (z. B. Unfähigkeit, Grenzen zu setzen); psychische Erkrankung

nicht ohne weiteres: gelegentlicher Drogen- und Alkoholkonsum, früheres Suchtverhalten, schwächere berufliche oder persönliche Verhältnisse, Zugehörigkeit zu (nicht kindeswohlgefährdenden) Sekten und Glaubensgemeinschaften, gesellschaftlich abgelehnte Verhaltensweisen und Neigungen

fehlende Erziehungs-bereitschaft

→ **Gleichgültigkeit und Desinteresse** am Kind, seiner Entwicklung und Erziehung

erkennbar z. B. bei fehlendem Umgang trotz Möglichkeit, Verletzung von Unterhaltspflichten

(vgl. BeckOK BGB/Veit, 60. Ed. 1.8.2021, BGB § 1671 Rn. 52-52.4)

Abbildung 83

13.2.2 Förderprinzip

Förderung von Selbstständigkeit, Eigenverantwortung und Einbindung in die Gemeinschaft

Es liegt im Kindeswohl, dass die Eltern die Entwicklung des Kindes zu einer selbstständigen, eigenverantwortlichen und gemeinschaftsfähigen Persönlichkeit unterstützen.[354] Ein wichtiges Kindeswohlkriterium ist daher die **Fähigkeit und Bereitschaft der Eltern, ihr Kind in dieser Weise zu fördern.**

→ *zu den Leitvorstellungen der elterlichen Sorge siehe 2.9*

354 Heilmann/Keuter, Praxiskommentar Kindschaftsrecht 2. Auflage, § 1671 BGB Rn. 32.

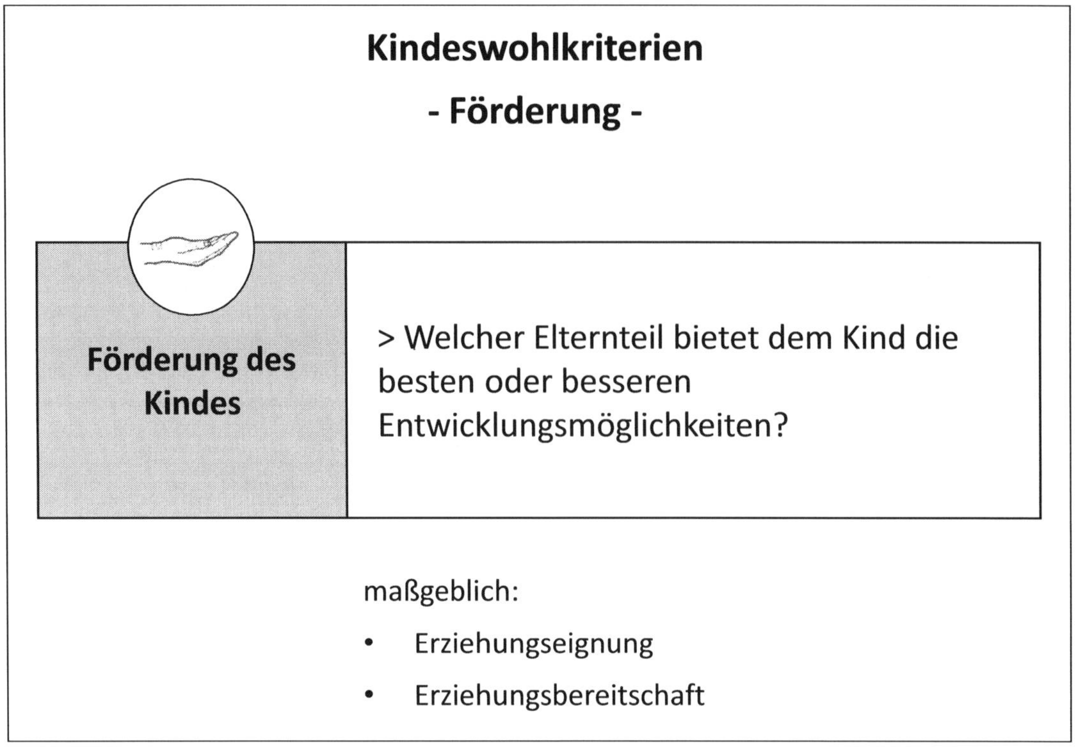

Abbildung 84

persönliche Betreuung

Eignung und Bereitschaft zur Verantwortungsübernahme zeigen sich insbesondere an der **Bereitschaft eines Elternteils zur Betreuung** des Kindes. Das führt nicht automatisch zur Annahme, dass der nicht oder nur teilweise berufstätige Elternteil das Kind besser fördern könne als der voll berufstätige Elternteil und diesem gegenüber zwangsläufig im Vorteil ist. Die Entwicklung des Kindes wird auch durch die geistige und emotionale Auseinandersetzung zwischen Elternteil und Kind geprägt.

Gleichzeitig ist die persönliche Betreuung eines Kindes unabdingbar für seine Entwicklung und darf nicht übermäßig an Dritte delegiert werden. Der vollzeitig berufstätige Elternteil, der für die ganztägige Betreuung des Kindes eine Betreuung durch Dritte oder Einrichtungen in Anspruch nimmt, muss darauf achten, dass die Eltern-Kind-Beziehung ausreichend gepflegt werden kann.[355]

Elterliches Versagen

Die mit einer fördernden Erziehungsweise eng verbundene Erziehungseignung scheidet aus bei elterlichem Versagen. **Elterliches Versagen** liegt vor bei gewalttätigem Verhalten, körperlichen Züchtigungen, sexuellem Missbrauch und anderen **Misshandlungen.**[356]

Förderung des Umgangs zum anderen Elternteil

Erziehungseignung zeichnet sich durch Bindungstoleranz aus.[357] Ein erziehungskompetenter Elternteil erkennt an, dass das Kind auch zum anderen Elternteil eine zu fördernde Beziehung hat. § 1626 Abs. 3 BGB weist ausdrücklich darauf hin, dass der Umgang mit beiden Elternteilen im Kindeswohl liegt und fordert von den Eltern daher **Loyalität** und **Bindungstoleranz**. Verstößt ein Elternteil gegen diesen Grundsatz, missachtet er gesetzliche Erziehungsvorgaben. Eine fehlende Bindungstoleranz, auch **Bindungsintoleranz** genannt, zeigt sich in jedweder Be- oder Verhinderung des kindeswohlgerechten Umgangs. Bei **Missachtung und Behinderung der Beziehungen des Kindes zum anderen Elternteil** bestehen daher erhebliche Zweifel an der Erziehungseignung.

äußere Lebensverhältnisse

Die Förderqualitäten eines Elternteils stehen auch in Frage, wenn sich seine **Lebensumstände gefährdend oder belastend auf das Kindeswohl auswirken** können. Hierzu können Vorstrafen eines Elternteils gehören, aber auch eine dauerhafte Erkrankung.[358] Diese kann physisch oder psy-

355 BeckOK BGB/Veit, 60. Ed. 01.08.2021, BGB § 1671 Rn. 71.
356 Ähnlich BeckOK BGB/Veit, 60. Ed. 01.08.2021, BGB § 1671 Rn. 74.
357 BeckOK BGB/Veit, 60. Ed. 01.08.2021, BGB § 1671 Rn. 75 mit näheren Ausführungen zur Problematik.
358 BeckOK BGB/Veit, 60. Ed. 01.08.2021, BGB § 1671 Rn. 77 ff. mit Kasuistik.

chisch sein. Zu Letzterem zählt Alkoholismus ebenso wie jede andere schwerwiegende Suchterkrankung. Suchtdruck kann dazu führen, dass Kindeswohlbelange nicht erkannt und bedient werden können.

Sonstige schwierige persönliche Voraussetzungen wie zum Beispiel nachteilige wirtschaftliche Verhältnisse können, müssen sich aber nicht negativ auf die Möglichkeiten auswirken, ein Kind angemessen zu fördern. Auf ein etwaiges Verschulden eines Elternteils an seiner Situation kommt es nicht an. Maßgebend ist allein, ob ein Elternteil gewillt und in der Lage ist, ein Kind in seiner Persönlichkeitsentwicklung zu fördern. Entscheidend sind die tatsächlich bestehenden Möglichkeiten.

13.2.3 Kontinuitätsgrundsatz

Gewichtung

Die Aufrechterhaltung von Kontinuität ist in familiengerichtlichen Verfahren zum Lebensmittelpunkt des Kindes nach Trennung der Eltern ein wichtiges, häufig auch ausschlaggebendes Kriterium. Dem Kontinuitätsprinzip kommt insbesondere dann ausschlaggebende Bedeutung zu, wenn die Eltern in gleichem Maße alle anderen Kindeswohlkriterien erfüllen.[359]

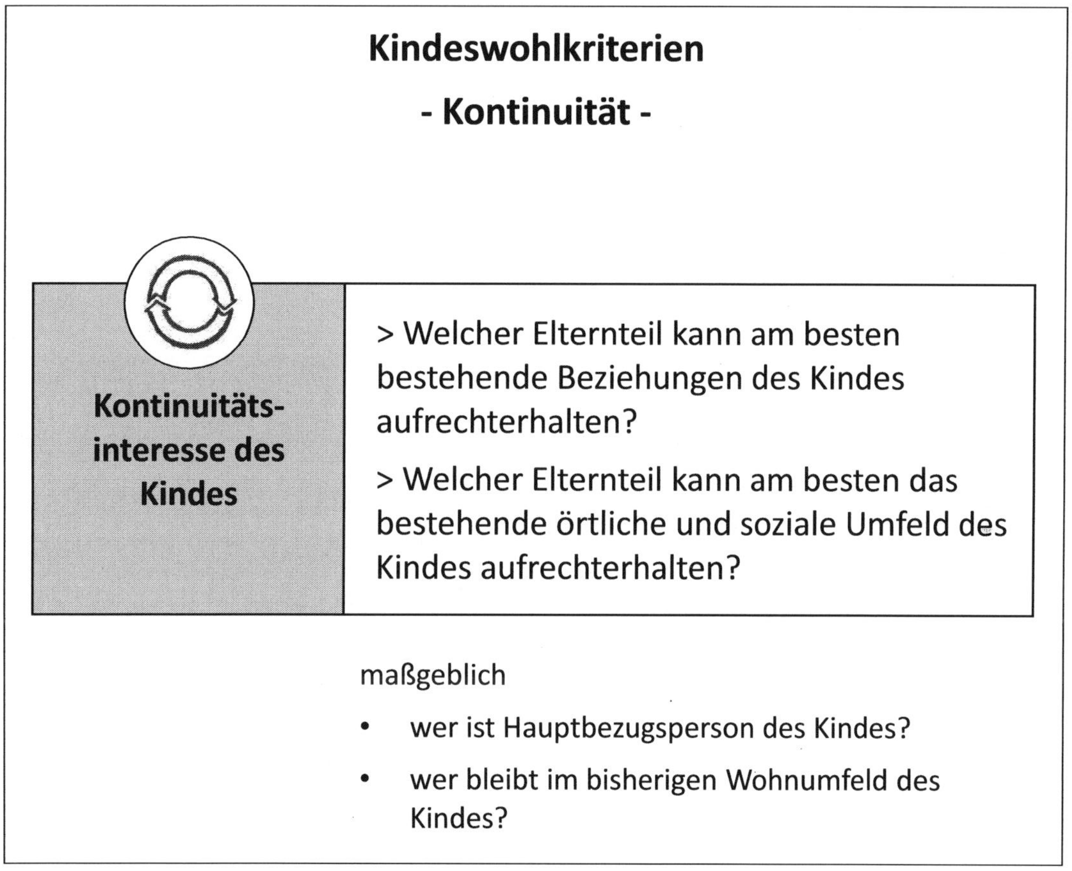

Abbildung 85

Bedürfnis nach Kontinuität

Das Kontinuitätsprinzip nimmt einen wichtigen Aspekt des Förderprinzips auf, nämlich das kindliche Bedürfnis an der **Aufrechterhaltung von Bindungen zu Bezugspersonen und des sozialen Umfeldes** (Kontinuitätsinteresse).[360] Im Rahmen der Kindeswohlprüfung wird geprüft, welcher Elternteil dem Kind am ehesten eine gleichmäßige, stabile und stetige Erziehung bieten kann.[361] Bezugspunkte können sowohl die persönliche Kontinuität als auch die örtliche Kontinuität sein.

359 BeckOK BGB/Veit, 60. Ed. 01.08.2021, BGB § 1671 Rn. 81.
360 BeckOK BGB/Veit, 60. Ed. 01.08.2021, BGB § 1671 Rn. 81.
361 Heilmann/Keuter, Praxiskommentar Kindschaftsrecht 2. Auflage, § 1671 BGB Rn. 38.

persönliche Kontinuität

Die persönliche Kontinuität hat eine umso größere Bedeutung, je jünger das Kind ist.[362] Die **Beibehaltung der Hauptbezugsperson** wird vor allem für Klein- und Kleinstkinder als sehr wichtig angesehen.

Aufgrund des kindlichen Kontinuitätsinteresses soll ein **Wechsel der Hauptbezugsperson** aus Kindeswohlgründen nur dann in Betracht kommen, wenn die fehlende Erziehungseignung und -bereitschaft des bisher betreuenden Elternteils feststeht oder ein Wechsel aus anderen wichtigen Gründen wichtig erscheint. Dies kann zum Beispiel bei einer negativen Entwicklung des Kindes gegeben sein[363], die eine Veränderung des Lebensmittelpunktes erforderlich macht.

örtliche Kontinuität

Das Interesse eines Kindes an örtlicher Kontinuität erlangt vor allem dann Bedeutung, wenn es um die **Beibehaltung der häuslichen Umgebung und des sozialen Umfeldes** wie Kindergarten oder Schule geht. Die örtliche Kontinuität gilt bei noch nicht schulpflichtigen Kindern eher als nachrangig. Bei älteren Kindern nimmt sie an Gewicht zu, wenn sie über ein Lebensumfeld von Schule und Freunden verfügen, das im Kindeswohlinteresse stabil gehalten werden sollte.[364]

Wegzug des Kindes

Das Kontinuitätsinteresse des Kindes ist **sowohl in örtlicher als auch persönlicher Hinsicht** insbesondere dann zu prüfen, wenn ein Elternteil einen **Wegzug** mit dem Kind anstrebt. Bei der Kindeswohlprüfung ist danach zu fragen, welches Gewicht dem Interesse des Kindes an der Aufrechterhaltung des bisherigen örtlichen und sozialen Umfeldes, mithin seinem Kontinuitätsinteresse, zukommt. Die Vor- und Nachteile des Umzugs sind abzuwägen. Ist der wegziehende Elternteil die bisherige Hauptbezugsperson, ist ein mögliches Kontinuitätsinteresse des Kindes hinsichtlich dieser Beziehung zu beachten.

Ein geplanter Wegzug kann einem Elternteil im Übrigen grundsätzlich nicht vorgehalten werden. Es handelt sich um eine persönliche Lebensentscheidung, die ihm – theoretisch – nicht zum Vorwurf gemacht werden darf. Die Motive für den Wegzug bleiben bei der Kindeswohlprüfung außer Betracht, auch wenn der Wegzug sich einschränkend auf den Umgang mit dem anderen Elternteil auswirken sollte. In diesen Fällen ist immer danach zu fragen, welche Lösung – etwa eine gut strukturierte Umgangsregelung – für das Kind die Belastungen mindert, wenn ein Wegzug in Betracht kommt.

Eigenmacht

Probleme in der Kindeswohlprüfung stellen Fälle sog. **ertrotzter Kontinuität** auf. Eine ertrotzte Kontinuität findet etwa statt, wenn ein Elternteil ohne Wissen und Zustimmung des anderen Elternteils mit dem Kind wegzieht und an einem anderen Ort einen neuen Lebensmittelpunkt begründet. Er unterbricht die Bindungen zum anderen Elternteil, in der Regel sogar über einen längeren Zeitraum. Denn der andere Elternteil muss die Rückführung des Kindes über ein familiengerichtliches (Eil-)Verfahren erst durchsetzen.

Auch wenn erhebliche Zweifel an der Erziehungskompetenz des eigenmächtig handelnden Elternteils bestehen, ist nicht ausgeschlossen, dass er sich im familiengerichtlichen Verfahren zum Aufenthaltsbestimmungsrecht durchsetzen wird. Denn sobald das Kind sich eingelebt hat, am neuen Wohnort etwa eingeschult oder auf andere Weise in soziale Strukturen eingebunden wurde, kann ein **erneuter Ortswechsel und Wechsel der Bezugspersonen nicht zumutbar** sein. Vielmehr könnte nunmehr ein Kontinuitätsinteresse des Kindes an der Aufrechterhaltung der (rechtswidrig geschaffenen) Betreuungssituation bestehen.[365]

In nicht wenigen Fällen entscheidet das Familiengericht am Ende zugunsten des eigenmächtig handelnden Elternteils und weist ihm das Aufenthaltsbestimmungsrecht zu. Es ist immer ein bitteres Ergebnis für den anderen Elternteil, der letztlich aushalten muss, dass Eigenmacht und ein an sich kindeswohlgefährdendes Verhalten zu Vorteilen im familienrechtlichen Verfahren geführt haben.

362 Heilmann/Keuter, Praxiskommentar Kindschaftsrecht 2. Auflage, § 1671 BGB Rn. 39.

363 BeckOK BGB/Veit, 60. Ed. 01.08.2021, BGB § 1671 Rn. 82, 82.1.

364 Ähnlich Heilmann/Keuter, Praxiskommentar Kindschaftsrecht 2. Auflage, § 1671 BGB Rn. 40.

365 Umfassend zur Problematik: BeckOK BGB/Veit, 60. Ed. 01.08.2021, BGB § 1671 Rn. 85, 85.1.

13.2.4 Bindungen des Kindes

Elternbindung

Besondere Bedeutung im Rahmen einer Kindeswohlprüfung haben die **Bindungen des Kindes an seine Eltern.**[366] Diese sind stets bedeutsam. Sie haben nicht nur aus kinderpsychologischen, sondern auch aus verfassungsrechtlichen Erwägungen (Artikel 6 GG) Vorrang.

Geschwisterbindung

Auch Bindungen zu **Geschwistern**, einschließlich Halb- und Stiefgeschwistern, sind zu beachten.[367] Bei **Geschwistern**, die zusammengelebt haben, gilt wegen der dann im Regelfall bestehenden engen Bindungen der Grundsatz, dass sie nach einer Trennung der Eltern auch weiterhin gemeinsam aufwachsen sollen.

Weitere beachtenswerte Bindungen

Weitere beachtenswerte Bindungen können bestehen zu **Großeltern, Partnern der Eltern** und weiteren Personen wie **Freunden, Nachbarn und Schulkameraden des Kindes.**[368] Großeltern, Geschwister und enge Bezugspersonen des Kindes verfügen zum Schutz dieser Bindungen unter den Voraussetzungen von § 1685 BGB über Umgangsrechte.

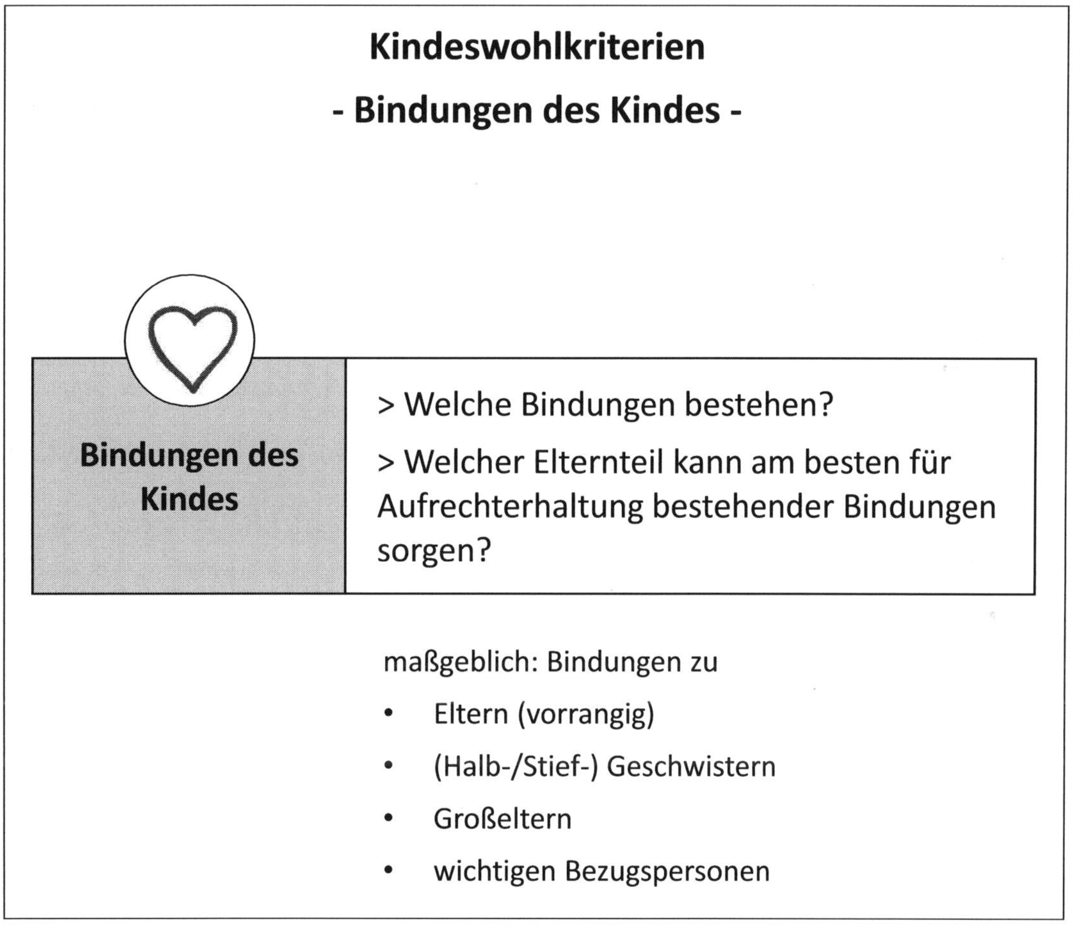

Abbildung 86

366 BeckOK BGB/Veit, 60. Ed. 01.08.2021, BGB § 1671 Rn. 87.
367 BeckOK BGB/Veit, 60. Ed. 01.08.2021, BGB § 1671 Rn. 88.
368 BeckOK BGB/Veit, 60. Ed. 01.08.2021, BGB § 1671 Rn. 89.

Manipulierte Bindungen

Auch die Aufrechterhaltung von manipulierten Bindungen kann im Kindeswohlinteresse liegen. Manipulation in diesem Sinne liegt vor, wenn bestehende oder aufgegebene **Bindungen des Kindes auf Beeinflussung zurückgehen**. Im Mittelpunkt familienrechtlicher Auseinandersetzungen steht insbesondere die Manipulation durch einen Elternteil. Wurde das Kind erfolgreich negativ oder positiv beeinflusst, ist dies ein Faktor, der in die Kindeswohlprüfung einfließt. Denn auch eine manipulierte Bindung ist eine Bindung, die für das Kind Bedeutung haben kann.[369]

Das Familiengericht muss die **Tatsache einer entstandenen starken Bindung bzw. einer beschädigten Bindung** bei der Kindeswohlprüfung berücksichtigen, grundsätzlich **unabhängig von der Schuldfrage**. Allerdings lässt manipulatives Verhalten eines Elternteils an seiner Erziehungseignung zweifeln, was in die Kindeswohlprüfung ebenso einzubeziehen ist.[370]

13.2.5 Kindeswille

Der Wille des Kindes ist ein wichtiges Kriterium in der Kindeswohlprüfung, da er die **Bindungen des Kindes** vermittelt und darüber hinaus ab einem gewissen Entwicklungsstand **Ausdruck von Selbstbestimmung und Wahrnehmung von Persönlichkeitsrechten** ist.[371]

Abbildung 87

369 Zur Problematik und dem Umgang mit beeinflussten Bindungen im familiengerichtlichen Verfahren siehe BeckOK BGB/Veit, 60. Ed. 01.08.2021, BGB § 1671 Rn. 87.
370 Zur Problematik siehe BeckOK BGB/Veit, 60. Ed. 1.11.2021, BGB § 1671 Rn. 79 mit Nachweisen.
371 Ähnlich BeckOK BGB/Veit, 60. Ed. 01.08.2021, BGB § 1671 Rn. 90.

Verfahren

Der Kindeswille wird in das familiengerichtliche Verfahren eingeführt durch die **Anhörung des Kindes** gemäß § 159 FamFG. Zur Feststellung des Kindeswillens und dessen Einbringen ins Verfahren setzt das Familiengericht in der Regel einen **Verfahrensbeistand** ein. Der Verfahrensbeistand hat die Aufgabe, die Interessen des Kindes zu ermitteln und im Verfahren zum Ausdruck zu bringen.

→ zur Kindesanhörung siehe 14.16

→ zur Verfahrensbeistandschaft siehe 14.17

Gewichtung

Da es sich bei Willensäußerungen um **Handlungen der Selbstbestimmung** handelt, erfährt der Kindeswille mit zunehmendem Alter und Selbstständigkeit des Kindes bei der Kindeswohlprüfung zunehmende Bedeutung.[372] Eltern müssen die Persönlichkeitsrechte des Kindes aus Artikel 2 GG beachten, die mit zunehmendem Alter und Persönlichkeitsentwicklung des Kindes an Bedeutung gewinnen.

→ zu Erziehungszielen und den Leitvorstellungen bei Ausübung der elterlichen Sorge siehe 2.9.2

Im Verfahren ist zunächst festzustellen, welche Neigungen und Bindungen durch die Äußerungen des Kindes zum Ausdruck gebracht werden, und mit welcher Intensität. Hält das Gericht den Kindeswillen für beachtlich – auch mit Blick auf das Selbstbestimmungsrecht des Kindes –, kommt es auf die Auswirkungen an. Es ist zu ermitteln, welche Folge es mutmaßlich haben wird, wenn der Wille des Kindes übergangen oder ihm stattgegeben wird. Das in der Abbildung dargestellte Modell bietet sich als eine erste Überlegung an.

Manipulierter Kindeswille

Bei einem von Eltern **beeinflussten Kindeswillen** gelten die gleichen Grundsätze wie bei manipulierten Bindungen: Auch ein beeinflusster Wille ist bei der Kindeswohlprüfung als Abwägungskriterium einzubeziehen, wenn auch ggf. mit geringerem Gewicht. Ein manipulierter bzw. stark beeinflusster Wille kann zwar nicht als Ausdruck von Selbstbestimmung gelten. Dennoch spiegelt er emotionale Bindungen wider, die für das Kindeswohl beachtlich sein können.[373]

372 BeckOK BGB/Veit, 60. Ed. 01.08.2021, BGB § 1671 Rn. 90.
373 Zur Problematik siehe BeckOK BGB/Veit, 60. Ed. 01.08.2021, BGB § 1671 Rn. 92.

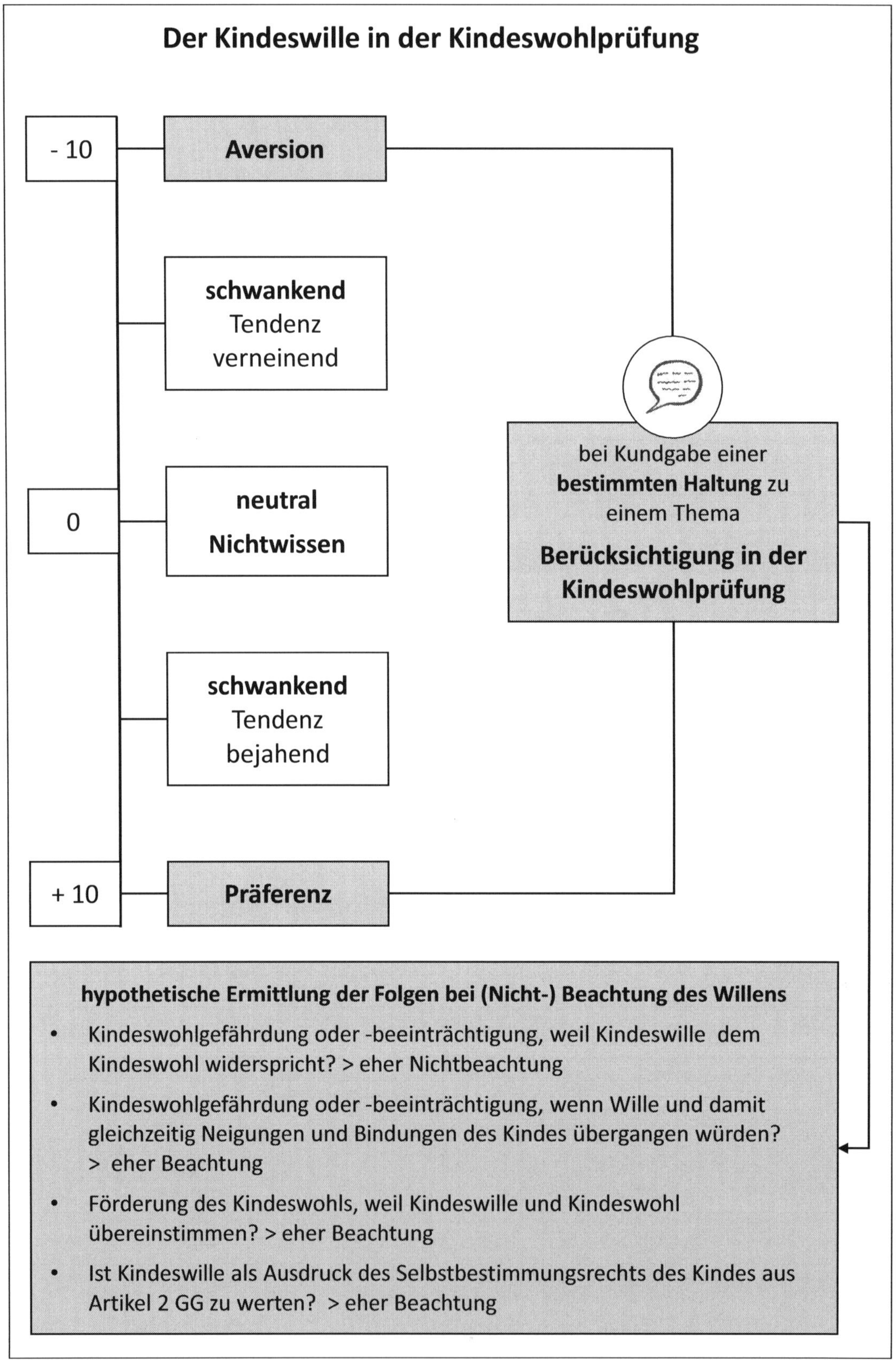

Abbildung 88

14 Familiengerichtliches Verfahren im Überblick

Die nachfolgenden Ausführungen betreffen ausschließlich Kindschaftssachen i. S. d. § 151 Nr. 1–3 FamFG. [374]

14.1 Kindeswohlprinzip

Der **Grundsatz des Kindeswohls** wird als **allgemeiner Rechtsgedanke** in § 1697a BGB zum Ausdruck gebracht. Der Grundsatz kommt **auch im Verfahrensrecht** zur Anwendung:[375]

- Sämtliche **Verfahrensvorschriften sind im Sinne des Kindeswohlprinzips auszulegen**.
- Das Gericht muss bei **Ermessensentscheidungen das Kindeswohl als maßgebliches Kriterium** berücksichtigen.

  Bei der Verfahrensgestaltung, etwa bei der Umsetzung des Vorrang- und Beschleunigungsgebotes, muss das Gericht zum Beispiel Kindeswohlerwägungen anstellen, auch wenn das Beschleunigungsgebot in § 155 FamFG das Kindeswohlprinzip nicht ausdrücklich erwähnt.[376]

→ *zum Kindeswohlbegriff siehe 13.1*

14.2 Kindschaftssachen und Zuständigkeit des Familiengerichts

Kindschaftssachen

Kindschaftssachen sind gemäß § 111 Nr. 2 FamFG **Familiensachen**. Zu den Kindschaftssachen zählen nach § 151 FamFG Verfahren über

- die elterliche **Sorge** (Ziff. 1)
- das **Umgangsrecht** und das **Recht auf Auskunft über die persönlichen Verhältnisse des Kindes** (Ziff. 2)
- die **Kindesherausgabe** (Ziff. 3)
- die **Vormundschaft** (Ziff. 4)
- die **Pflegschaft** oder die gerichtliche **Bestellung eines sonstigen Vertreters** für einen Minderjährigen oder für eine Leibesfrucht (Ziff. 5)
- die **Genehmigung der freiheitsentziehenden Unterbringung und freiheitsentziehenden Maßnahmen** eines Minderjährigen (§§ 1631b, 1800 und 1915 BGB; Ziff. 6)
- die **Anordnung der freiheitsentziehenden Unterbringung** eines Minderjährigen nach den Landesgesetzen über die Unterbringung psychisch Kranker (Ziff. 7)
- die **Aufgaben nach dem Jugendgerichtsgesetz** (Ziff. 8)

Familiensachen

Kindschaftssachen sind gemäß § 111 Ziff. 2 FamFG Familiensachen und fallen damit in die **Zuständigkeit des Familiengerichts,** § 111 Ziff. 2 i. V. m. § 151 Ziff. 1 FamFG. Das Familiengericht ist eine Abteilung des Amtsgerichts.

grenzüberschreitende Familiensachen

Bei **grenzüberschreitenden Familiensachen** ist zu prüfen, ob die Kollisionsnormen für das elterliche Sorgerecht in Artikel 21 EGBGB anzuwenden sind. Zu beachten sind auch die (vorrangigen) Regeln des Haager Kinderschutzabkommens, welche die Normen in Artikel 21 EGBGB verdrängen.[377]

Zuständigkeit bei Inobhutnahme

Nicht in die Zuständigkeit der Familiengerichte, sondern in die Zuständigkeit der Verwaltungsgerichte fällt die Überprüfung der **Rechtmäßigkeit oder Rechtswidrigkeit einer Inobhut-**

374 Die Ausführungen sind nicht ohne Weiteres übertragbar auf Familienstreitsachen oder andere Familien- oder Ehesachen. Hier gelten zum Teil deutlich abweichende Verfahrensregelungen.

375 Vgl. Bumiller, in: Bumiller/Harders/Bumiller, 12. Auflage 2019, FamFG § 155 Rn. 2 mit Verweis auf BT-Drs. 16/6308, 414.

376 Vgl. Bumiller, in: Bumiller/Harders/Bumiller, 12. Auflage 2019, FamFG § 155 Rn. 2.

377 HK-BGB/Kemper, BGB Vorbemerkung zu den §§ 1626 bis 1704, Rn. 11.

nahme (ggf. ist aber an eine inzidente Prüfung im Rahmen eines zivilgerichtlichen Schadensersatzprozesses zu denken).

14.3 Begriffsbezeichnungen

Das Familienverfahrensgesetz (FamFG) verwendet zum Teil eine andere Terminologie als die Zivilprozessordnung (ZPO):[378]

Bezeichnung im FamFG	Bezeichnung in der ZPO
Verfahren	Prozess
Antrag	Klage
Antragsteller	Kläger
Antragsgegner	Beklagter
Beteiligter	Partei
Beschluss	Urteil
Beschwerde	Berufung

14.4 Verfahrensarten

Bestimmte Verfahren können **nur auf Antrag** eingeleitet (Antragsverfahren) werden, andere **auch von Amts wegen** (unechtes Antragsverfahren), wiederum andere **nur von Amts wegen** (Amtsverfahren).

Die Verfahrensart entscheidet über die Voraussetzungen ihrer Einleitung und Beendigung. Abhängig von der Verfahrensart wirken sich außerdem Verfahrenshandlungen wie Rücknahme- oder Erledigungserklärungen aus. Auch die Möglichkeit eines verfahrensbeendenden Vergleichs (Einigung) hängt von der Verfahrensart ab.

In allen Verfahrensarten können **Anträge und Erklärungen** gemäß § 25 FamFG **zur Niederschrift der zuständigen Geschäftsstelle** (z. B. bei der Rechtsantragsstelle des zuständigen Familiengerichts) abgegeben werden, da in Kindschaftssachen kein Anwaltszwang gilt.

Alle Verfahren werden, unabhängig von den Voraussetzungen ihrer Einleitung, im Wege der Amtsermittlung geführt.[379]

→ *zur Amtsermittlung siehe 14.12.1*

14.4.1 Amtsverfahren

Für Amtsverfahren gilt § 24 FamFG. In dieser Verfahrensart übt das Gericht **Rechtsfürsorge** aus. Amtsverfahren werden von Amts wegen (also von Seiten des Gerichts) eingeleitet.

Zu den Verfahren, die von Amts wegen eingeleitet werden können, gehören insbesondere:[380]

- **Kinderschutzverfahren** nach den §§ 1666 bis 1667 BGB (Kindeswohlgefährdung), § 1684 Abs. 4 BGB (Einschränkung und Ausschluss des Umgangs)
- **Umgangsverfahren** nach § 1684 Abs. 1 BGB

  In der Regel wird ein Umgangsverfahren eingeleitet durch den Antrag eines Elternteils. Dieser wird als Anregung i. S. d. § 24 FamFG behandelt.

378 Zu weiteren wesentlichen Unterschieden siehe weiterführend Gomille, Beweiserhebung – Unterschiede zwischen ZPO- und FamFG-Verfahren, NZFam 2014, 100.

379 Vgl. BeckOK FamFG/Burschel, 41. Ed. 1.1.2022, FamFG § 23 Rn. 2, 3 mit Ausnahmen bzgl. Verfahren außerhalb des Kindschaftsrechts.

380 BeckOK FamFG/Burschel, 41. Ed. 1.1.2022, FamFG § 24 Rn. 2.

Ein Umgangsverfahren zwischen Kind und getrenntlebenden Elternteil kann also auch vom betreuenden Elternteil und vom betroffenen Kind angeregt werden, aber auch von außenstehenden Personen und Einrichtungen wie beispielsweise dem im Sorgerechtsverfahren bestellten Verfahrensbeistand oder dem Jugendamt.

Darüber hinaus kann das Familiengericht bei Bekanntwerden eines Regelungsbedürfnisses von Amts wegen tätig werden und ein Umgangsverfahren einleiten.

Wenn das Gericht im Rahmen eines Sorgerechtsverfahrens, das auf Übertragung der Alleinsorge gerichtet ist, das Bedürfnis für eine Umgangseinschränkung sieht, kann es ein Umgangsverfahren von Amts wegen einleiten, auch gegen den Willen der beteiligten Eltern.

- **Umgangsverfahren** nach § 1685 Abs. 1 BGB

  Zur Einordnung als Amts- und nicht als Antragsverfahren gibt es in Literatur und Rechtsprechung unterschiedliche Auffassungen.[381]

  In der Praxis leitet das Familiengericht in der Regel nur dann ein Verfahren ein, wenn einer der Umgangsberechtigten – also Großeltern, Geschwister oder Bezugsperson – Umgang geltend macht, was dann als Anregung i. S. d. § 24 Abs. 1 FamFG behandelt wird.

- **Abänderungsverfahren**, § 1696 BGB[382]

  Die Beteiligten sind in Amtsverfahren **nicht dispositionsbefugt** über den Verfahrensgegenstand. Sie können also z. B. keinen verfahrensbeendenden Vergleich schließen oder das Verfahren durch die Rücknahme eines Umgangsantrags beenden. Die Rücknahme eines Umgangsantrags kann aber zur Erledigung des Verfahrens führen.

→ *zur Erledigung siehe 14.19*

Verfahrenseinleitung

Ein **Antrag ist zur Verfahrenseinleitung nicht erforderlich**; er kann, muss aber nicht gestellt werden. Die Einleitung eines Verfahrens kann mittels eines Antrags aber **angeregt** werden im Sinne von § 24 Abs. 1 FamFG.

Der betreuende Elternteil hat kein Recht auf Regelung des Umgangs des Kindes mit dem anderen Elternteil. Berechtigt sind der betroffene Elternteil und das Kind, § 1684 Abs. 1 BGB. Der betreuende Elternteil kann eine Umgangsregelung jedoch anregen im Sinne des § 24 FamFG. Das Gericht behandelt seinen Umgangs-„Antrag" als Anregung im Sinne des § 24 FamFG und entscheidet, ob es ein Umgangsverfahren einleitet oder hierfür kein Bedürfnis sieht.[383]

Ablehnung der Einleitung

Lehnt das Gericht die Einleitung eines Verfahrens auf eine Anregung hin ab, ist es gemäß § 24 Abs. 2 FamFG bei berechtigtem Interesse zur **Unterrichtung** über diese Entscheidung verpflichtet.

Regt man die Einleitung eines Verfahrens an, sollte ggf. unter Hinweis auf § 24 Abs. 2 FamFG um Unterrichtung gebeten werden; gleichzeitig sollte zu den Umständen vorgetragen werden, aus denen das berechtigte Interesse folgt.

---

381 Siehe BeckOK BGB/Veit, 60. Ed. 1.11.2019, BGB § 1685 Rn. 22 zur Einordnung und Stand der Diskussion.

382 BeckOK BGB/Veit, 60. Ed. 1.11.2021, BGB § 1696 Rn. 64 f.; NK-BGB/Harms/Bisping § 1696 Rn. 49: grundsätzlich Amtsverfahren, die Abänderung eines familiengerichtlich gebilligten Vergleichs bedarf allerdings des Antrags mindestens eines Elternteils.

383 So z. B. OLG Saarbrücken, Beschluss vom 5.10.2020 – 6 UF 122/20: keine Zurückweisung eines Umgangsantrags wegen vermeintlich fehlender Antragsbefugnis eines Elternteils. Der Entscheidung lag ein Umgangsantrag der (mit-)betreuenden Mutter zur Aufhebung des bislang gelebten paritätischen Wechselmodells vor.

14.4.2 Unechte Antragsverfahren

Bei unechten Antragsverfahren handelt es sich um Verfahren, die alternativ, nämlich **sowohl auf Antrag als auch von Amts wegen** eingeleitet werden können. Sie werden in der Praxis in der Regel **ebenfalls als Amtsverfahren** bezeichnet. Wie bei diesen sind die Beteiligten im Hinblick auf den Verfahrensgegenstand nicht dispositionsbefugt.[384] Eine Antragsrücknahme beendet daher nicht das Verfahren, wie es in Antragsverfahren der Fall ist.

Mit den Antragsverfahren haben die unechten Antragsverfahren gemeinsam, dass der Antragsteller Beteiligter im Sinne des § 7 Abs. 1 FamFG und infolgedessen auch beschwerdeberechtigt nach § 59 Abs. 1 FamFG ist.[385]

Beispiele

Zu den unechten Antragsverfahren zählen:[386]

- § 1632 Abs. 4 BGB (**Verbleibensanordnung**)
- 1682 BGB (**Verbleibensanordnung von Bezugspersonen**)

Eine Verbleibensanordnung kann von Amts wegen oder auf Antrag der Pflegeperson erfolgen, wenn das Kindeswohl durch Wegnahme durch die Eltern (oder hier durch den Vormund) gefährdet würde. Bei einem länger andauernden Pflegeverhältnis und dadurch entstehender Bindung zwischen Pflegeeltern und -kind kann sich auch die Pflegefamilie auf Schutz durch Art. 6 Abs. 1 GG berufen mit der Folge, dass auch die Vorgaben des Art. 6 Abs. 3 GG bei der Entscheidung über die Herausnahme des Kindes aus der Pflegefamilie als seiner sozialen Familie zu beachten sind.[387]

- § 1887 Abs. 2 BGB (Entlassung des Jugendamtes als Vormund)

Bezüglich der **Antragstellung** gelten die **nachfolgenden Ausführungen**.

14.4.3 Antragsverfahren

Auf Antragsverfahren findet § 23 FamFG Anwendung. Sie werden nur auf Antrag eingeleitet (und sodann im Wege der Amtsermittlung geführt). Anders als bei Amtsverfahren und unechten Antragsverfahren darf das Gericht also **nur (und erst dann) tätig** werden, wenn **ein Antrag vorliegt**.

Das Antragserfordernis folgt aus dem Verfahrens- oder dem materiellen Recht.

Zu den Antragsverfahren gehören insbesondere folgende Verfahren:[388]

- Übertragung der **elterlichen Sorge** nach § 1671 Abs. 1 BGB
- Übertragung von **Entscheidungsbefugnissen** nach § 1628 BGB
- **Umgang mit dem leiblichen, nicht rechtlichen Vater** nach § 1686a BGB
- Übertragung der elterlichen Sorge auf eine **Pflegeperson**, 1630 Abs. 3 BGB
- Übertragung der elterlichen Sorge im Falle des **Todes eines Elternteils**, § 1681 Abs. 2 BGB
- Begründung der **gemeinsamen elterlichen Sorge** nach § 1626a BGB
- Entscheidung über **Herausgabe- und Umgangsbestimmungsrechte**, § 1632 Abs. 3 BGB

Dispositionsbefugnis

In dieser Verfahrensart können die Beteiligten das Verfahren durch Rücknahme des Antrags beenden. Eine elterliche Einigung kann ein Verfahren nach § 1671 Abs. 1 BGB jedoch nicht beenden, wenn auch dessen Entscheidung unter Umständen beeinflussen. Über die Übertragung der elterli-

384 BeckOK FamFG/Burschel, 41. Ed. 1.1.2022, FamFG § 23 Rn. 3.
385 BeckOK FamFG/Burschel, 41. Ed. 1.1.2022, FamFG § 23 Rn. 3.
386 Bumiller, in: Bumiller/Harders/Bumiller, 12. Aufl. 2019, FamFG § 22 Rn. 7.
387 OLG Brandenburg, Beschluss vom 04.06.2020 – 9 UF 212/19 zur Rückführung des Pflegekindes in den Haushalt der Pflegemutter im Rahmen einer Verbleibensanordnung.
388 Vgl. den Überblick über die Antragsverfahren bei BeckOK FamFG/Burschel, 41. Ed. 1.1.2022, FamFG § 23 Rn. 4, 5.

chen Sorge entscheidet das Gericht im Beschlusswege und wird die Einigung in den Entscheidungsgründen berücksichtigen.[389]

Anforderungen an Antragstellung

§ 23 FamFG führt auf, welche **Elemente ein verfahrenseinleitender Antrag** beinhalten soll. Zwar handelt es sich nicht um eine Muss-, sondern um eine Soll-Bestimmung, weshalb begründete Ausnahmen im Einzelfall zugelassen sind. Wenn der Antrag die nachfolgenden Elemente jedoch nicht enthält, kann das Gericht den Antrag aber auch ablehnen.

Inhalt eines Antrags

Zu den **Elementen, die ein Antrag enthalten soll**, gehören:

- **Begründung**
- Angabe der **Tatsachen und Beweismittel**, welche der Begründung dienen
- Benennung der Personen, die als **Beteiligte** in Betracht kommen
- in geeigneten Fällen: Angabe, ob eine Mediation oder eine anderweitige außergerichtliche Maßnahme der Konfliktbeilegung versucht wurde bzw. ob Gründe einer außergerichtlichen Lösung entgegenstehen

14.5 Örtliche Zuständigkeit

Allgemeine **Zuständigkeitsregelungen** sind in den §§ 2–5 FamFG enthalten, eine besondere Regelung zu Kindschaftssachen in § 152 FamFG.

14.5.1 Allgemeine Bestimmungen

§ 2 FamFG regelt den für die Zuständigkeitsbestimmung **maßgeblichen Zeitpunkt**.

erstmalige Befassung des Gerichts

Für die Bestimmung der **örtlichen Zuständigkeit** kommt es auf die **Verhältnisse im Zeitpunkt an**, in dem das Gericht mit der Angelegenheit **erstmals befasst wird**, § 2 Abs. 1 FamFG.

- In **Amtsverfahren** ist das Gericht befasst, sobald es **amtlich von Tatsachen Kenntnis erhält, die Anlass zur Einleitung** eines Verfahrens oder zu gerichtlichen Maßnahmen geben.[390]
- In **Antragsverfahren** wird das Gericht **ab Eingang des Antrags** befasst[391], also ab **Anhängigkeit** (nicht erst Rechtshängigkeit) des Verfahrens.

Bei **Veränderungen** gilt: Ist eine **örtliche Zuständigkeit einmal begründet, bleibt diese grundsätzlich bestehen**. Dies gilt gemäß § 2 Abs. 2 FamFG auch dann, wenn sich die sie begründenden Umstände ändern.

§ 3 FamFG enthält Regelungen zur **Verweisung** bei örtlicher oder sachlicher Unzuständigkeit. Die Verweisentscheidung ist **nicht anfechtbar** und für das Gericht, an welches die Sache verwiesen wird, **bindend** (vgl. § 3 Abs. 3 FamFG). **§ 4 FamFG** enthält Regelungen zur **Abgabe** eines Verfahrens aus wichtigem Grund an ein anderes Gericht.

Beispiel: Ein Umgangsverfahren wird in Berlin eingeleitet, wo die alleinsorgeberechtigte Mutter mit dem Kind lebt. Kurz darauf ziehen beide nach München. An der Zuständigkeit des Berliner Familiengerichts ändert sich dadurch nichts.

Das Familiengericht in Berlin kann aber prüfen, ob gemäß § 4 FamFG eine Abgabe des Verfahrens an ein Familiengericht in München in Betracht kommt.

Gemäß **§ 5 FamFG** wird die örtliche Zuständigkeit bei **Verhinderung, Ungewissheit oder Kompetenzkonflikten durch die OLG/das KG** bestimmt.

389 Lack, in: Lack/Hammesfahr, Psychologische Gutachten im Familienrecht, Rn. 459.

390 Bumiller, in: Bumiller/Harders/Bumiller, 12. Aufl. 2019, FamFG § 152 Rn. 1; BeckOK FamFG/Schlünder, 38. Ed. 01.04.2021, FamFG § 152 Rn. 3.

391 Bumiller, in: Bumiller/Harders/Bumiller, 12. Aufl. 2019, FamFG § 152 Rn. 1; BeckOK FamFG/Schlünder, 38. Ed. 01.04.2021, FamFG § 152 Rn. 3.

14.5.2 Besondere Bestimmungen

§ 152 FamFG konkretisiert die örtliche Zuständigkeit in Kindschaftssachen.

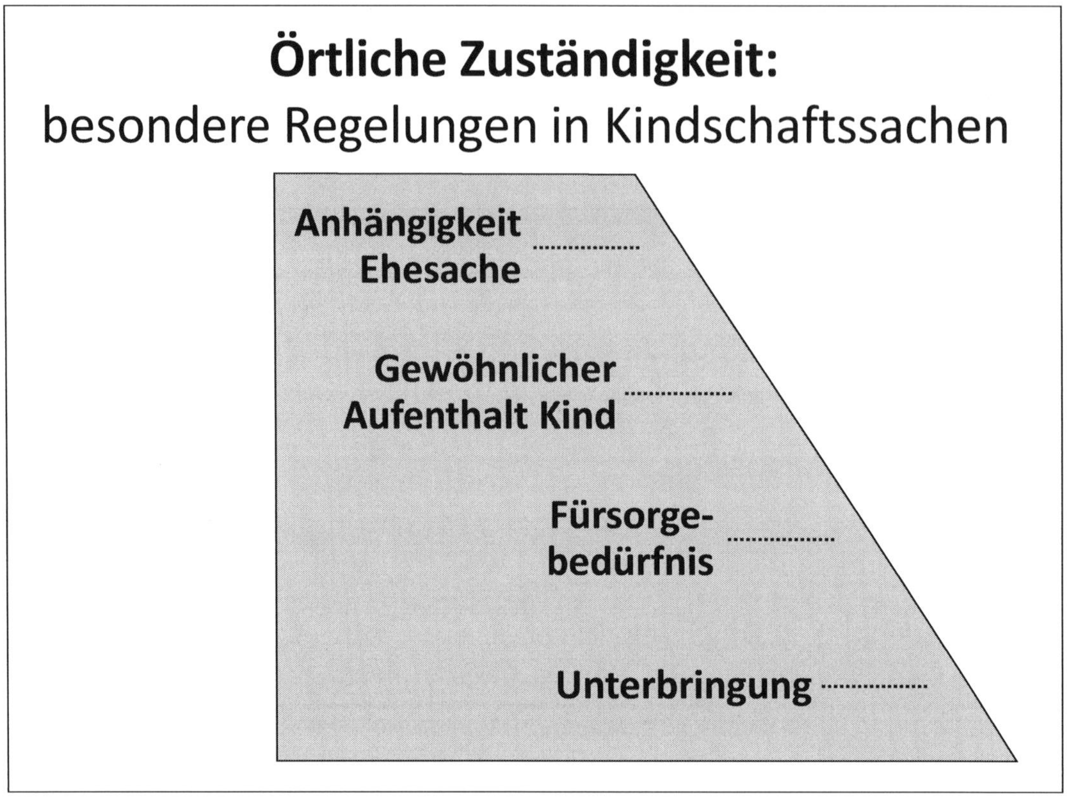

Abbildung 88a

14.5.2.1 Anhängigkeit einer Ehesache

§ 152 Abs. 1 FamFG regelt die **Konzentration von Kindschaftssachen bei Anhängigkeit einer Ehesache.** Es handelt sich um eine **Regelung der ausschließlichen Zuständigkeit**. Das bedeutet, dass während des Bestehens der ausschließlichen Zuständigkeit **keine Abgabe** nach § 4 FamFG erfolgen kann.

Prüfungsfolge

Es ist im **ersten Schritt** zu prüfen, ob eine **Ehesache zwischen den Eltern des betroffenen Kindes anhängig** (nicht notwendigerweise auch schon rechtshängig) ist. Wenn dies der Fall ist, ist das **Familiengericht der Ehesachen auch örtlich zuständig für die Kindschaftssache**.

Beginn und Ende

Die Anhängigkeit der Ehesache **beginnt** bei **Eingang des Scheidungsantrags** bei Gericht.

Die Anhängigkeit der Ehesache **endet** in folgenden Fällen:[392]

- **rechtskräftige Entscheidung über den Scheidungsausspruch**
- **Rücknahme des Scheidungsantrags**
- **übereinstimmende Erledigungserklärung**
- **Tod** (§ 131 FamFG) eines Ehepartners

Anhängigkeit der Kindschaftssache vor Scheidungssache

Wird die **Kindschaftssache vor Anhängigkeit der Ehesache anhängig**, wird das Gericht der Ehesache gemäß § 153 FamFG im **Zeitpunkt ihrer Rechtshängigkeit** (in diesem Fall nicht schon bei Anhängigkeit[393]) für die Kindschaftssache örtlich zuständig.[394] Das für die Kindschaftssache

392 BeckOK FamFG/Schlünder, 38. Ed. 01.04.2021, FamFG § 152 Rn. 5; ähnlich Bumiller, in: Bumiller/Harders/Bumiller, 12. Aufl. 2019, FamFG § 152 Rn. 3.

393 Gemäß § 153 FamFG kommt es auf Rechtshängigkeit (nicht nur Anhängigkeit) der Ehesache an. Diese tritt mit Zustellung der Antragsschrift ein (vgl. § 253 Abs. 1 ZPO).

394 BeckOK FamFG/Schlünder, 38. Ed. 01.04.2021, FamFG § 152 Rn. 4a.

angerufene Gericht muss die Sache von Amts wegen an das nunmehr zuständig gewordene Gericht der Ehesache **abgeben**, § 153 Satz 2 FamFG i. V. m. § 281 Abs. 2 und 3 Satz 1 ZPO.

Befindet sich die **Ehesache in der zweiten Instanz**, ist für die Kindschaftssache das Gericht zuständig, das in erster Instanz die Ehesache behandelt hat.[395]

14.5.2.2 Gewöhnlicher Aufenthalt des Kindes

Ist **keine Ehesache (mehr) anhängig**, bestimmt sich die örtliche Zuständigkeit nach den weiteren Ziffern der Vorschrift.

Bestimmung des gewöhnlichen Aufenthalts

Im zweiten Schritt ist daher § 152 Abs. 2 FamFG zu prüfen. Danach ist das Gericht zuständig, in dessen Gerichtsbezirk das Kind seinen gewöhnlichen Aufenthalt hat. Der gewöhnliche Aufenthalt wird bestimmt von einer auf längere Dauer angelegten sozialen Eingliederung, die einen Ort als **Mittelpunkt der Lebensführung** ausweist.[396] Der gewöhnliche Aufenthalt setzt also **sowohl den Aufenthalt des Kindes als auch seine soziale Integration an diesem Ort** voraus. Beide Umstände zeichnen sich durch eine **gewisse Dauer und Regelmäßigkeit** aus.[397] Eine **kurzzeitige Aufnahme in einem Frauenhaus** begründet zum Beispiel keinen gewöhnlichen Aufenthalt im Sinne des § 152 Abs. 2 FamFG.[398]

Problemfälle

Die Bestimmung des gewöhnlichen Aufenthaltsorts eines Kindes kann in folgenden Fällen problematisch sein:

- **Aufenthalts- und Obhutswechsel**

  Beim Aufenthalts- und Obhutswechsel kommt es darauf an, ob eine **soziale Integration** des Kindes am aktuellen Ort stattgefunden hat. Dies ist individuell zu beurteilen und hängt auch vom Alter des Kindes ab, denn die soziale Integration erfolgt bei Kindern verschiedenen Alters auch in zeitlicher Hinsicht unterschiedlich.[399]

  Indizien können die Aufnahme eines Kita- oder Schulbesuchs am neuen Ort sein.

  Bei Eigenmacht von Eltern kann § 154 FamFG zur Anwendung kommen.

- **vorübergehende Abwesenheit**

  Ist das Kind vorübergehend abwesend – verbringt es etwa ein Jahr im Ausland – **ändert dieser Umstand grundsätzlich nichts** an seinem gewöhnlichen Aufenthaltsort. Dieser bleibt so lange bestehen, bis eindeutig ist, dass das Kind an diesen Ort nicht zurückkehren wird.

- **Auseinanderfallen von Wohnsitz und gewöhnlichem Aufenthalt**

  Der Wohnsitz ist für die Bestimmung der örtlichen Zuständigkeit nicht entscheidend. Es kommt also nicht darauf an, wo das Kind ordnungsrechtlich gemeldet ist.[400]

- **mehrere gewöhnliche Aufenthaltsorte**

  Ein Kind kann auch mehr als einen gewöhnlichen Aufenthalt haben.[401] Dies ist zum Beispiel dann der Fall, wenn das Kind im **paritätischen Wechselmodell** betreut wird.

  Hat das Kind mehrere gewöhnliche Aufenthalte in verschiedenen Gerichtsbezirken, können **mehrere Gerichte zuständig** sein. Bei mehreren Verfahren mit gleichem Verfahrensziel bestimmt sich der Vorrang nach § 2 Abs. 1 FamFG: Zuständig ist das Gericht, das zuerst mit der Sache befasst wurde.

- **eigenmächtiger Wohnortwechsel/Verbringen**

  Verändert ein Elternteil gegen den Willen des anderen Elternteils den gewöhnlichen Aufenthalt des Kindes und ändert sich hierdurch die örtliche Zuständigkeit, kann **§ 154 FamFG (Verweisung bei einseitigem Aufenthaltswechsel)** zur Anwendung kommen. Nach dieser Vor-

395 Bumiller, in: Bumiller/Harders/Bumiller, 12. Aufl. 2019, FamFG § 152 Rn. 3
396 Bumiller, in: Bumiller/Harders/Bumiller, 12. Aufl. 2019, FamFG § 152 Rn. 2.
397 Bumiller, in: Bumiller/Harders/Bumiller, 12. Aufl. 2019, FamFG § 152 Rn. 6.
398 OLG Hamm, Beschluss vom 27.10.2020 – 13 WF 204/20.
399 Bumiller, in: Bumiller/Harders/Bumiller, 12. Aufl. 2019, FamFG § 152 Rn. 6.
400 Bumiller, in: Bumiller/Harders/Bumiller, 12. Aufl. 2019, FamFG § 152 Rn. 2.
401 Bumiller, in: Bumiller/Harders/Bumiller, 12. Aufl. 2019, FamFG § 152 Rn. 7.

schrift **kann das infolge des Aufenthaltswechsels zuständig gewordene Gericht das Verfahren an das Gericht verweisen, dass ohne die eigenmächtige Aufenthaltsveränderung zuständig gewesen wäre**. Voraussetzung ist, dass der Elternteil, der sich gegen die Aufenthaltsveränderung des Kindes wehrt, Inhaber des Aufenthaltsbestimmungsrechts ist.

Die Verweisung ist nicht zwingend, sondern steht im **Ermessen des Gerichts** („kann … verweisen"). Entscheidend bei der Ermessensausübung ist das Kindeswohl[402]: **Keine Verweisung** erfolgt bei **entgegenstehenden schutzwürdigen Belangen** des Kindes. Dies ist gemäß § 154 Satz 2 FamFG der Fall, wenn die Änderung des Aufenthaltsortes zum Schutz des Kindes oder des betreuenden Elternteils erforderlich war. Beispiele: erforderlicher Aufenthaltswechsel wegen Gewalt und Drohungen gegen das Kind und/oder den betreuenden Elternteil.[403]

14.5.2.3 Fürsorgebedürfnis

Wenn **weder eine Ehesache anhängig ist noch der gewöhnliche Aufenthalt des Kindes festgestellt werden kann**, bestimmt sich die Zuständigkeit nach § 152 Abs. 3 FamFG. Danach ist das Gericht zuständig, in dessen Bezirk ein Fürsorgebedürfnis besteht. Es handelt sich um eine **weit auszulegende Auffangvorschrift**.

Kasuistik

Eine Zuständigkeit nach § 152 Abs. 3 FamFG kann insbesondere in folgenden Fällen zur Anwendung kommen:

- **unbekannter Aufenthaltsort des Kindes**

  Wenn einem Elternteil der gewöhnliche Aufenthalt des Kindes z. B. wegen einer Auskunftssperre nicht bekannt ist, kann er das Gericht anrufen, in dessen Gerichtsbezirk der andere Elternteil vor dem Umzug polizeilich gemeldet war.[404]

  Ist der Aufenthaltsort des Kindes unbekannt, ist nach dem **Auffangtatbestand des § 152 Abs. 3 FamFG** das Gericht örtlich zuständig, in dessen Bezirk ein **Fürsorgebedürfnis** hervortritt. Dies kann auch der Aufenthaltsort des Elternteils sein, der Kindeswohlbelange – etwa einen zu regelnden Umgang – familiengerichtlich anhängig machen will. Im Rahmen der Amtsermittlung (Einwohnermeldeauskunft) muss das Gericht herausfinden, wo der andere Elternteil mit dem Kind lebt. Ggf. ist das Verfahren dann an das Wohnortgericht des Kindes abzugeben.

- **ungeborenes Kind**

  Wenn ein Regelungsbedürfnis etwa für die Einleitung eines Kinderschutzverfahrens besteht, besteht ein Fürsorgebedürfnis an seinem (voraussichtlichen) Geburtsort.[405]

14.5.2.4 Unterbringungsmaßnahmen

gerichtliches Fürsorgebedürfnis

§ 152 Abs. 4 FamFG schafft eine **zusätzliche örtliche Zuständigkeit** in bestimmten Fällen, die sich durch ein **besonderes gerichtliches Fürsorgebedürfnis** auszeichnen:

- § 1693 BGB und 1846 BGB (Unterbringungsmaßnahmen und Verhinderung der Eltern bei der Ausübung der elterlichen Sorge)
- Artikel 24 Abs. 3 EGBGB (Anordnung von Vormundschaft oder Pflegschaft für ausländische Minderjährige)

Die Zuständigkeit nach Absatz 4 **entfällt**[406]

- mit Wegfall des Fürsorgebedürfnisses
- bei Tätigwerden des in der Hauptsache zuständigen Gerichts

402 Bumiller, in: Bumiller/Harders/Bumiller, 12. Aufl. 2019, FamFG § 154 Rn. 3.
403 Vgl. Bumiller, in: Bumiller/Harders/Bumiller, 12. Aufl. 2019, FamFG § 154 Rn. 3.
404 Bumiller, in: Bumiller/Harders/Bumiller, 12. Aufl. 2019, FamFG § 152 Rn. 8.
405 Bumiller, in: Bumiller/Harders/Bumiller, 12. Auflage 2019, FamFG § 152 Rn. 11 und 12.
406 Bumiller, in: Bumiller/Harders/Bumiller, 12. Aufl. 2019, FamFG § 152 Rn. 16.

Das aufgrund von § 152 Abs. 4 FamFG zuständige Gericht ist allerdings **allein zu einstweiligen Maßnahmen** befugt. Angeordnete Maßnahmen werden **gegenstandslos**, wenn das zuständige Gericht eine abweichende Regelung trifft.[407]

Begrenzung gerichtlicher Entscheidungen

Das gemäß § 152 Abs. 4 FamFG tätig gewordene Gericht muss die angeordneten Maßnahmen **dem Gericht mitteilen, bei dem eine Vormundschaft oder Pflegschaft anhängig** ist, § 152 Abs. 4 Satz 2 FamFG.

14.6 Beteiligte

§ 7 FamFG bestimmt den Kreis der Beteiligten bzw. zu Beteiligenden. Die Regelung strebt die **rechtzeitige Einbindung** der in materiellen Rechten betroffenen Personen oder Behörden wie insbesondere das Jugendamt an. § 7 FamFG ist eine **Generalklausel**, die durch **weitere Regelungen ergänzt** wird. Im Rahmen des Sorge- und Umgangsrechts ist dies insbesondere die Regelung zur Beteiligung des Jugendamts in Kindschaftssachen in § 162 Abs. 2 FamFG. Darüber hinaus findet keine Beteiligung statt, insbesondere nicht durch eine Einbeziehung in das Verfahren: Gemäß § 7 Abs. 6 FamFG erfolgt keine Beteiligtenstellung allein durch Anhörung oder Auskunftserteilung, wenn die Voraussetzungen von § 7 Abs. 2 und Abs. 3 FamFG nicht vorliegen.

Beteiligtenbegriff

Der in § 7 FamFG eingeführte Beteiligtenbegriff kennt

- Beteiligte **kraft Gesetzes**, § 7 Abs. 1 FamFG **(Antragsteller)**

  Dies können außer den antragstellenden Eltern oder dem Kind auch z. B. Pflegeeltern sein im Verfahren auf Erlass einer Verbleibensanordnung nach § 1632 Abs. 4 BGB oder Großeltern im Umgangsverfahren nach § 1685 BGB.

- Beteiligte **kraft Hinzuziehung**

  Das Gericht muss gemäß § 7 Abs. 2 FamFG einen bestimmten Personenkreis zwingend als Beteiligte hinzuziehen und gemäß § 7 Abs. 3 FamFG nach Ermessen.

  - § 7 Abs. 2 FamFG **(Muss-Beteiligte)**, siehe nachfolgend
  - § 7 Abs. 3 FamFG **(Kann-Beteiligte)**, siehe nachfolgend

Übergehen eines Beteiligten

Bei **fehlender Beteiligung** besteht die Gefahr einer **unzulässigen Teilentscheidung**, die im Rahmen des Beschwerdeverfahrens aufhebbar ist.

→ *zur Aufhebung und Zurückweisung der Sache wegen fehlender Sachentscheidung siehe 14.24.5.2*

Die Beteiligtenstellung **vermittelt** – Verfahrensfähigkeit vorausgesetzt – **Verfahrensrechte und Befugnisse**, etwa Rechte auf Akteneinsicht oder Einlegung von Rechtsbehelfen.

→ *zur Verfahrensfähigkeit des minderjährigen Kindes siehe 14.7*

14.6.1 Muss-Beteiligte aufgrund persönlicher Betroffenheit

Das Gericht **muss** die Personen als Beteiligte hinzuziehen, deren **Rechte durch das Verfahren unmittelbar betroffen** werden, § 7 Abs. 2 Nr. 1 FamFG. Wer dazugehört, muss das Gericht von Amts wegen (§ 26 FamFG) ermitteln. Der Verfahrensgegenstand (bzw. der Verfahrensausgang) muss geeignet sein, eine direkte (= unmittelbare und nicht nur mittelbare) Auswirkung (= Betroffenheit) auf ein materielles bzw. subjektives Recht zu haben.

Unmittelbar betroffen in eigenen Rechten sind in Kindschaftssachen immer:

- in Antragsverfahren der oder die **Antragsgegner**
- die **sorgeberechtigten Eltern**

  In einem Umgangsverfahren etwa sind alle sorgeberechtigten Eltern zu beteiligen, da die Frage, mit wem und in welchem Umfang ein Kind Umgang hat, vom Inhaber der elterlichen Sorge zu

407 Vgl. Bumiller, in: Bumiller/Harders/Bumiller, 12. Aufl. 2019, FamFG § 152 Rn. 16.

entscheiden ist.[408] Daher ist z. B. die **sorgeberechtigte Mutter in einem Verfahren über den Umgang der Großeltern mit dem Kind** zu beteiligen – auch dann, wenn sich das Kind in einer Pflegefamilie befindet.[409] Weiter ist in einem Umgangsverfahren des leiblichen, nicht rechtlichen Vaters nicht nur die Mutter, sondern auch der rechtliche Vater zu beteiligen.[410]

Das Bestehen der elterlichen (Mit-)Sorge muss ggf. von Amts wegen ermittelt werden.[411]

- das vom Verfahren betroffene **Kind**

  Das Kind wird vertreten durch seine gesetzlichen Vertreter.[412]

  → *zur Vertretung des minderjährigen Kindes im Verfahren siehe 14.8*

> **!** *Hinweis: Ein Kind kann gemäß § 163a FamFG weder als Zeuge noch als Beteiligter vernommen werden; eine Belastung durch eine Befragung in Anwesenheit der Eltern oder anderer Beteiligter scheidet auf diese Weise aus.[413]*

- der **nicht sorgeberechtigte Vater in einem auf Sorgerechtsentzug gerichteten Verfahren nach § 1666 BGB gegen die sorgeberechtigte Mutter**[414]

  Ursächlich ist die Regelung des § 1680 Abs. 2 Satz 2, Abs. 3 BGB. Im Falle eines Sorgerechtsentzugs ist die Übertragung der elterlichen Sorge auf den Vater aus Kindeswohlgründen zu prüfen.[415]

- **Pflegeltern** im Verfahren auf **Erlass einer Verbleibensanordnung** nach § 1632 Abs. 4 BGB

  Pflegeeltern sind unmittelbar in eigenen Rechten betroffen. Das zwischen ihnen und dem Kind entstandene Verhältnis steht unter dem verfassungsrechtlichen Schutz des Artikel 6 Abs. 1 und Abs. 3 GG.[416]

  In einem solchen Verfahren können sie außerdem als Antragsteller Beteiligte sein.

Keine unmittelbare Betroffenheit liegt demgegenüber vor:

- bei nicht (mehr) **sorgeberechtigten Eltern** in **Verfahren über Wechsel oder Entlassung eines Vormundes**[417]

  Zu beteiligen sind hingegen Eltern, die noch über Teilbereiche der elterlichen Sorge wie das Aufenthaltsbestimmungsrecht verfügen.[418]

- bei **Großeltern** in **Sorgerechtsverfahren** nach §§ 1666, 1666a BGB[419]

14.6.2 Muss-Beteiligte von Amts wegen oder auf Antrag

Das Gericht **muss** ferner als Beteiligte hinzuziehen, wer **aufgrund des FamFG oder eines anderen Gesetzes von Amts wegen** oder **auf Antrag** zu beteiligen ist, § 7 Abs. 2 Nr. 2 FamFG.

- Muss-Beteiligter von Amts wegen, d. h. auch **ohne Antrag** (§ 7 Abs. 2 Nr. 2 Alt. 1 FamFG):

---

408 BeckOK FamFG/Burschel, 39. Ed. 1.7.2021, FamFG § 7 Rn. 14.

409 Bumiller, in: Bumiller/Harders/Schwamb, FamFG 12. Auflage 2019, § 7 Rn. 8 mit Nachweisen aus der Rechtsprechung.

410 OLG Frankfurt a. M., Beschluss vom 17.3.2021 – 6 UF 20/21.

411 OLG Saarbrücken, Beschluss vom 30.6.2020 – 6 UF 82/20 zur erforderlichen amtswegigen Aufklärung des Sorgerechts der Eltern zur Prüfung ihrer Hinzuziehung als Beteiligte; es ging in der Entscheidung um ein Verfahren auf Genehmigung der geschlossenen Unterbringung eines Kindes nach § 1631b BGB.

412 Bumiller, in: Bumiller/Harders/Schwamb, FamFG 12. Auflage 2019, § 7 Rn. 8.

413 Bumiller/Harders/Bumiller, 12. Auflage 2019, FamFG § 163a.

414 Bumiller, in: Bumiller/Harders/Schwamb, FamFG 12. Auflage 2019, § 7 Rn. 8 mit Nachweisen aus der Rechtsprechung.

415 Bumiller, in: Bumiller/Harders/Schwamb, FamFG 12. Auflage 2019, § 7 Rn. 8 mit Nachweisen aus der Rechtsprechung.

416 BeckOK FamFG/Burschel, 39. Ed. 1.7.2021, FamFG § 7 Rn. 14d mit Verweisen auf Rechtsprechung.

417 Bumiller, in: Bumiller/Harders/Schwamb, FamFG 12. Auflage 2019, § 7 Rn. 8 mit Nachweisen aus der Rechtsprechung.

418 BeckOK FamFG/Burschel, 39. Ed. 1.7.2021, FamFG § 7 Rn. 14 mit Verweisen auf die Rechtsprechung.

419 Bumiller, in: Bumiller/Harders/Schwamb, FamFG 12. Auflage 2019, § 7 Rn. 8 mit Nachweisen aus der Rechtsprechung; BeckOK FamFG/Burschel, 38. Ed. 01.04.2021, FamFG § 7 Rn. 7 mit Verweisen auf die Rechtsprechung.

  - **Verfahrensbeistand**, § 158 Abs. 3 Satz 2 FamFG
  - **Jugendamt in Kinderschutzverfahren** nach den §§ 1666, 1666a BGB, § 162 Abs. 2 Satz 1 FamFG
- Muss-Beteiligte **auf Antrag** (§ 7 Abs. 2 Nr. 2 Alt. 2 FamFG): **Jugendamt** in
  - **anderen Kindschaftssachen** außerhalb der Verfahren nach den §§ 1666, 1666a BGB, § 162 Abs. 2 Satz 2 FamFG
  - **Abstammungssachen** gemäß § 172 Abs. 2 FamFG, **Adoptionssachen** gemäß § 188 Abs. 2 FamFG, **Ehewohnungssachen** gemäß § 204 FamFG und in **Gewaltschutzsachen** gemäß § 212 FamFG (wenn Kinder im Haushalt leben)

Auf einen Beteiligungsantrag hin muss das Gericht die Hinzuziehung veranlassen; es besteht kein Ermessensspielraum (**Beteiligungspflicht auf Antrag**).

Das **Jugendamt** kann in diesen Verfahren wählen, ob

- es (nur) im Rahmen der Anhörung am Verfahren teilnimmt
- es als Beteiligter am Verfahren mitwirkt

Bei Beteiligung erhält das Jugendamt alle Verfahrensrechte; umgekehrt kann es als Beteiligter auch mit Verfahrenskosten belastet werden.

Um eine Antragstellung zu ermöglichen, muss das Gericht das Jugendamt von der Einleitung des Verfahrens benachrichtigen und über das Antragsrecht belehren, vgl. § 7 Abs. 4 FamFG.

14.6.3 Kann-Beteiligte aufgrund gesetzlicher Anordnung

Gemäß § 7 Abs. 3 FamFG kann das Gericht von Amts wegen oder auf Antrag weitere Personen hinzuziehen, soweit dies im FamFG oder in einem anderen Gesetz angeordnet ist. Als Kann-Beteiligte kommt in Kindschaftssachen insbesondere die **Pflegeperson bei längerer Familienpflege**, § 161 Abs. 1 FamFG, in Betracht.

Das Gericht entscheidet nach **Ermessen**, ob es einen Kann-Beteiligten von Amts wegen zuzieht und/oder einem Zuziehungsantrag entspricht.[420] Bei der Ermessensentscheidung kommt es auf die Frage an, ob die Beteiligung **verfahrensfördernd** und **sachdienlich** ist und außerdem, ob die Beiziehung den **Interessen des Kindes** entspricht.[421] Im Rahmen der Ermessensentscheidung bzgl. der Beiziehung der Pflegeperson kommt es etwa (allein) darauf an, ob diese dem Kindeswohl dienen kann; die Betroffenheit der Pflegeperson selbst ist hingegen nicht maßgeblich.[422]

14.7 Verfahrensfähigkeit Minderjähriger

Die Verfahrensfähigkeit des Minderjährigen ist in § 9 Abs. 1 Nr. 3 FamFG geregelt und als **Verfahrensvoraussetzung und von Amts wegen** zusätzlich sowie in jeder Lage des Verfahrens zu prüfen.[423] Verfahrensfähigkeit ist die Fähigkeit eines Beteiligten, eigene Rechte im Verfahren auszuüben. Bei fehlender Verfahrensfähigkeit sind dennoch vorgenommene Verfahrenshandlungen unwirksam.

Die Verfahrensfähigkeit eines Minderjährigen kann zu folgenden **Rechten** führen:

- **Mandatierung** eines Rechtsanwalts

  Die Verfahrensfähigkeit eines Minderjährigen nach § 9 Abs. 1 Nr. 3 FamFG umfasst das Recht, sich durch einen **selbst gewählten Rechtsanwalt vertreten** zu lassen.[424] Die Mandatierung

420 BeckOK FamFG/Burschel, 39. Ed. 1.7.2021, FamFG § 7 Rn. 11.
421 Vgl. BeckOK FamFG/Burschel, 39. Ed. 1.7.2021, FamFG § 7 Rn. 11.
422 BeckOK FamFG/Burschel, 39. Ed. 1.7.2021, FamFG § 7 Rn. 11 mit Rechtsprechungsverweis.
423 BeckOK FamFG/Burschel, 38. Ed. 01.04.2021, FamFG § 9 Rn. 1.
424 OLG Hamburg, Beschluss vom 10.12.2020 – 7 WF 102/20, zuvor bereits OLG Hamburg, Beschluss vom 29.12.2017 – 12 WF 111/17.

eines Rechtsanwalts ist bei fehlender Verfahrensfähigkeit des Minderjährigen, aber auch bei fehlender Mitwirkung des gesetzlichen Vertreters unwirksam.[425]

- Inanspruchnahme von **Verfahrenskostenhilfe**
- **Akteneinsicht** (bei anwaltlicher Vertretung)[426]
- Einlegung von **Rechtsbehelfen**

Verhältnis zum Beschwerderecht von Minderjährigen

Die **Verfahrensfähigkeit für das erstinstanzliche Verfahren und die Beschwerdebefugnis nach § 60 FamFG können auseinanderfallen**. Unabhängig vom Bestehen oder Nichtbestehen der Verfahrensfähigkeit kann das Beschwerderecht eines Jugendlichen bestehen: § 60 Satz 1, Satz 3 FamFG verleiht dem Minderjährigen, der das 14. Lebensjahr vollendet hat, ein eigenes und vom materiellen Recht unabhängiges Beschwerderecht in allen seine Person betreffenden Angelegenheiten. Zusammen mit der Beschwerdebefugnis verleiht ihm dieses Recht eine auf die Beschwerdeinstanz beschränkte Verfahrensfähigkeit.[427]

→ *zum Beschwerderecht eines Minderjährigen siehe 14.24.1*

Die Verfahrensfähigkeit des Minderjährigen begründet aber **kein Recht**, **Sachanträge** zu stellen. Auch das verfahrensfähige Kind kann also nicht

- ein Verfahren nach § 1628 BGB (Entscheidung bei Meinungsverschiedenheiten) einleiten
- einen Antrag zur Regelung des Sorgerechts stellen

14.7.1 Geltendmachung eigener Rechte

Nach § 9 Abs. 1 FamFG sind verfahrensfähig die nach bürgerlichem Recht **beschränkt Geschäftsfähigen bei Vollendung des 14. Lebensjahres, die in einem ihre Person betreffendem Verfahren ein ihnen nach bürgerlichem Recht zustehendes Recht geltend** machen (§ 9 Abs. 1 Nr. 3 FamFG).

Voraussetzungen der Verfahrensfähigkeit Minderjähriger sind demnach:

(1) **Jugendlicher** (= Vollendung des 14. Lebensjahres)

(2) **Verfahren**, das **den Jugendlichen betrifft** (was in Kindschaftssachen immer der Fall ist)

(3) **Geltendmachung** ihm zustehender Rechte

Der Minderjährige muss das ihm zustehende Recht **in Anspruch nehmen, also** (willentlich) **geltend machen**.[428]

Als einem Kind **zustehende Rechte** kommen in Betracht:[429]

- **Widerspruchsrecht** im Rahmen eines Antrags eines Elternteils auf Übertragung der elterlichen Sorge, § 1671 Abs. 2 Ziff. 1 BGB
- **Umgangsrecht** mit jedem Elternteil, § 1684 Abs. 1 Satz 1 BGB
- **Einwilligungsvorbehalt** bei Adoption, § 1746 Abs. 1, Abs. 2 BGB
- **Entscheidungsrecht** nach § 5 des Gesetzes über die religiöse Kindererziehung
- **Auswahl und Entlassung des Vormunds**, vgl. § 1778 Abs. Ziff. 5 BGB bzw. § 1887 Abs. 2 BGB[430]
- **Auskunft** über die persönlichen Verhältnisse des Kindes nach § 1686 BGB

---

425 OLG Koblenz, Beschluss vom 12.12.2018 – 13 WF 986/18.

426 Zum Akteneinsichtsrecht eines Minderjährigen infolge seiner Verfahrensfähigkeit gemäß § 9 Abs. 1 Nr. 3 FamFG siehe auch VerfGH Berlin, Beschluss vom 17.03.2021 – 23 A/21: Das Akteneinsichtsrecht eines Minderjährigen bei einem Antrag auf Entlassung des Amtsvormunds ist Folge des Rechts aus § 9 Abs. 1 Nr. 3 FamFG in Verbindung mit § 1887 Abs. 2 BGB. Davon ist auch das Recht auf Bevollmächtigung eines Rechtsanwalts für die Akteneinsicht erfasst; dieser muss keine Bevollmächtigung des gesetzlichen Vertreters seines Mandanten vorlegen.

427 Meyer-Holz in: Keidel, FamFG, § 60 Rn. 3

428 Vgl. OLG Koblenz, Beschluss vom 12.12.2018 – 13 WF 986/18.

429 Zur Aufzählung siehe BeckOK FamFG/Burschel, 38. Ed. 01.04.2021, FamFG § 9 Rn. 7, 7a mit Nachweisen aus der Rechtsprechung.

430 Siehe hierzu auch OLG Hamburg, Beschluss vom 10.12.2020 – 7 WF 102/20.

Keine dem Kind zustehenden Rechte bestehen in folgenden Verfahren:

- Kinderschutzverfahren nach § 1666 BGB

  Zeitweise war umstritten, ob ein Jugendlicher in Kinderschutzverfahren nach den §§ 1666, 1666a BGB verfahrensfähig sein kann. Diese Frage hat der BGH nunmehr entschieden; es besteht **keine Verfahrensfähigkeit Minderjähriger in Verfahren nach § 1666 BGB**.[431]
- Umgang nach § 1685 BGB
- Einschränkung oder Ausschluss des Umgangsrechts nach § 1684 Abs. 4 BGB[432]

  In diesen Verfahren geht es um Eingriffsbefugnisse des Gerichts, nämlich den Ausschluss des Umgangsrechts aus Kinderschutzgründen.[433]
- Kindesherausgabe[434]

14.7.2 Gesetzliche Anordnung

Gemäß § 9 Abs. 1 Ziff. 4 FamFG i. V. m. § 167 Abs. 3 FamFG ist ein Kind, das das **14. Lebensjahr vollendet** hat, in einem **Unterbringungsverfahren** verfahrensfähig. Weitere Voraussetzungen bestehen anders als bei § 9 Abs. 1 Ziff. 3 FamFG nicht.

14.8 Vertretung Minderjähriger

Die Vertretung eines Minderjährigen im Verfahren findet **grundsätzlich durch die sorgeberechtigten Eltern** statt.

widerstreitende Interessen

Dies gilt prinzipiell auch dann, wenn diese **selbst am Verfahren beteiligt sind und selbst bei Interessengegensätzen**, die in anderen Fällen die Bestellung eines Ergänzungspflegers erforderlich machen, vgl. §§ 1629 Abs. 2 Satz 3, 1796 BGB. Die Vertretungsbefugnis kann bei **erheblichen Interessengegensätzen** nicht entzogen werden, wenn als **milderes Mittel die Bestellung eines Verfahrensbeistands** zur Wahrung der Kindesinteressen in Betracht kommt[435], auch wenn dieser das Kind gesetzlich nicht vertritt.

→ *zur Verfahrensbeistandschaft siehe 14.17*

Bestehen keine elterlichen Sorgerechte oder ruhen diese, erfolgt die gesetzliche Vertretung des Kindes im Verfahren durch einen **Vormund bzw. Ergänzungspfleger**.

→ *zu den Rechtsfolgen bei Entzug oder Einschränkung der elterlichen Sorge siehe 11*

Vaterschaftsanfechtungsverfahren

Im **Vaterschaftsanfechtungsverfahren** sind der mitsorgeberechtigte rechtliche Vater (dessen Vaterschaft angefochten wird) und die mit ihm verheiratete Mutter **von der Vertretung** des Kindes **ausgeschlossen**, §§ 1629 Abs. 2 Satz 1, 1795 Abs. 1 Nr. 3 BGB. Für das Kind ist auch in diesem Fall ein Ergänzungspfleger zu seiner Vertretung im Verfahren zu bestellen. Ist die Mutter hingegen mit dem rechtlichen Vater nicht (mehr) verheiratet, ist sie vom gesetzlichen Sorgerechtsausschluss nicht betroffen, sodass das Kind von ihr allein vertreten wird.[436]

---

431 BGH, Beschluss vom 12.05.2021 – XII ZB 34/21. Das Ausgangsgericht, OLG Frankfurt a. M., Beschluss vom 16.12.2020 – 4 WF 188/20, sprach sich zuvor (ebenfalls) gegen die Verfahrensfähigkeit des Minderjährigen in Kinderschutzverfahren aus mit der Begründung, dass die in § 1631 Abs. 1 und Abs. 2 BGB genannten Rechte des Kindes auf Pflege und Erziehung bzw. auf gewaltfreie Erziehung keine durchsetzbaren Ansprüche begründen. Ferner, dass die Ausübung des staatlichen Wächteramts nach §§ 1666, 1666a BGB keine subjektiven Abwehrrechte und deshalb auch keine Verfahrensfähigkeit Jugendlicher begründen. Für die Verfahrensfähigkeit von Jugendlichen in Kinderschutzverfahren (zum Teil im Hinblick auf Kinderschutz-Umgangsverfahrens nach § 1684 Abs. 4 BGB) sprachen sich hingegen das OLG Schleswig, Beschluss vom 08.11.2018 – 8 WF 170/18, das OLG Hamburg, Beschluss vom 29.12.2017 – 12 WF 111/17 und das OLG Hamburg, Beschluss vom 10.12.2020 – 7 WF 102/20 aus.

432 Siehe hierzu aber auch in der vorstehenden Fußnote OLG Hamburg, Beschluss vom 29.12.2017 – 12 WF 111/17.

433 Sternal, in: Keidel, FamFG, § 9 Rn. 12.

434 OLG Koblenz, Beschluss vom 12.12.2018 – 13 WF 986/18.

435 Die Bestellung eines Ergänzungspflegers ist in Ausnahmefällen erforderlich, etwa in Abstammungssachen (vgl. BeckOK FamFG/Burschel, 38. Ed. 01.04.2021, FamFG § 9 Rn. 12a mit Nachweisen und weiteren Beispielen).

436 BGH, Beschluss vom 24.3.2021 – XII ZB 364/19.

14.9 Jugendamt

§ 162 FamFG regelt die **Mitwirkung und Beteiligung des Jugendamts in Kindschaftssachen**. Erfasst werden alle Kindschaftssachen über die **Personensorge**; Verfahren über die Vermögenssorge fallen nicht unter diese Regelung.[437]

richterliche Pflichten

Zu den **Verpflichtungen des Gerichts** in Bezug auf die Einbeziehung des Jugendamts gehören:

- **Anhörung**

  Gemäß § 162 Abs. 1 muss das Gericht das Jugendamt anhören; das Jugendamt kann sich mündlich oder schriftlich äußern. Eine mündliche Anhörung ist gemäß § 155 Abs. 2 Satz 3 FamFG verpflichtend im Erörterungstermin, der im Hinblick auf die Umsetzung des Vorrang- und Beschleunigungsgebot anberaumt wird.

  → *zu den Verfahren, die dem Vorrang- und Beschleunigungsgebot unterliegen, siehe 14.10.1*

  Das Gericht muss das **sachlich und örtlich zuständige Jugendamt anhören**; die Anhörung eines unzuständigen Jugendamtes ist verfahrensfehlerhaft.[438] Die örtliche Zuständigkeit des anzuhörenden bzw. zu beteiligenden Jugendamts folgt aus den §§ 87 Abs. 1 Satz 1, 86 SGB VIII, die sachliche Zuständigkeit aus § 85 SGB VIII. Nur bei **Gefahr im Verzug** darf das Familiengericht **ohne vorherige Anhörung des Jugendamts Anordnungen** treffen, insbesondere einstweilige Anordnungen erlassen. Die **Anhörung ist in diesen Fällen unverzüglich nachzuholen**, § 162 Abs. 1 Satz 2 FamFG.

- **Beteiligung**

  Gemäß § 162 Abs. 2 FamFG muss das Gericht das Jugendamt in bestimmten Kindschaftssachen **beteiligen** (allein durch die Anhörung wird das Jugendamt nicht zum Verfahrensbeteiligten, vgl. § 7 Abs. 6 FamFG). Diese Pflicht gilt in folgenden Verfahren:

  - bei Verfahren nach den §§ 1666 und 1666a BGB von Amts wegen
  - bei anderen Verfahren auf Antrag des Jugendamts hin

- **Benachrichtigung**

  Gemäß § 162 Abs. 3 Satz 1 FamFG muss das Gericht das Jugendamt von **Terminen und Entscheidungen in Kindschaftssachen benachrichtigen**.

Rechtsmittelberechtigung

Das Jugendamt ist gemäß § 162 Abs. 3 Satz 2 FamFG **beschwerdeberechtigt**. Es besteht jedoch **keine Verfassungsbeschwerdebefugnis** in Sorgerechtssachen.[439]

14.10 Vorrang- und Beschleunigungsgebot

Gemäß § 155 Abs. 1 FamFG sind **bestimmte Kindschaftssachen bevorzugt und beschleunigt** durchzuführen.

Regelungszweck

Mit dem Beschleunigungsgebot wird angestrebt:[440]

- **Umsetzung des Kindeswohls**

  Ein zügig geführtes und abgeschlossenes Verfahren entspricht dem Kindeswohlinteresse in der Regel am besten.

---

437 Bumiller, in: Bumiller/Harders/Bumiller, 12. Auflage 2019, FamFG § 162 Rn. 1.

438 Bumiller, in: Bumiller/Harders/Bumiller, 12. Auflage 2019, FamFG § 162 Rn. 4 mit Verweis auf Rechtsprechung.

439 BVerfG, Beschluss vom 15.12.2020 – 1 BvR 1395/19: Es besteht kein Bedarf für eine Prozessstandschaft zur Geltendmachung von Kinderrechten aus Art. 6 Abs. 2 GG durch das Jugendamt, wenn die Rechte des Kindes durch einen Ergänzungspfleger oder durch einen Verfahrensbeistand geltend gemacht werden können. Im vorliegenden Fall wäre die Bestellung eines Ergänzungspflegers zur Vertretung des Kindes im Verfassungsbeschwerdeverfahren erforderlich gewesen; die Eltern waren wegen Interessenwiderstreit an der Vertretung gehindert.

440 Bumiller, in: Bumiller/Harders/Bumiller, 12. Auflage 2019, FamFG § 155 Rn. 2.

- **keine Vorwegnahme von Sachentscheidungen durch Zeitablauf**

  Zeitablauf bewirkt in der Regel eine Veränderung oder Verfestigung von Bindungs- und Beziehungsverhältnissen.[441]

Verfahrensgestaltung

Die Verfahrensgestaltung im Hinblick auf die Einhaltung des Vorrang- und Beschleunigungsgebotes liegt im **richterlichen Ermessen**. Das Gericht **wägt ab** zwischen den Interessen des Kindes im konkreten Fall[442] an einem zeitnahen Verfahrensabschluss und dem Erfordernis einer sachgerechten Entscheidung. Diese benötigt für die erforderliche Sachaufklärung Zeit.

14.10.1 Anwendungsbereich

Das Vorrang- und Beschleunigungsgebot **erfasst nur bestimmte Verfahren, nämlich Verfahren** über

- das **Aufenthaltsbestimmungsrecht**, § 1631 Abs. 1 BGB
- die **Herausgabe** des Kindes, § 1632 Abs. 1 BGB
- **Umgangsrechte** nach den §§ 1684, 1685, 1686a BGB
- **Kinderschutz**, §§ 1666, 1666a, 1667 BGB

Es gilt **in jeder Lage des Verfahrens und in allen Rechtszügen** etwa bei Entscheidungen über[443]

- Bestimmung von **Terminen**
- **Fristsetzung** zur Abgabe des Sachverständigengutachtens (§ 163 FamFG)

Ein Verstoß gegen das Vorrang- und Beschleunigungsverbot kann z. B. darin bestehen, dass das Gericht den beauftragten Sachverständigen über einen längeren Zeitraum nur an die Erstellung des Gutachtens erinnert, ohne Ordnungsmittel festzusetzen.[444]

Ein Verstoß gegen das Beschleunigungsgebot liegt auch vor, wenn das Familiengericht Anhaltspunkten auf Kindeswohlgefährdung nicht nachgeht (zum Beispiel bei Bekanntwerden durch Mitteilungen des Jugendamts, dass gegen die Eltern Strafverfahren anhängig sind), sondern die Entscheidung bzw. den Fortgang des Familienverfahrens vom Ausgang der Strafverfahren gegen die Eltern abhängig machen will. Diese haben keine präjudizielle Wirkung für das Sorgeverfahren; das Familiengericht ist verpflichtet, im Rahmen der Amtsermittlung selbst zu ermitteln.[445]

→ *zur Aussetzung des Verfahrens aus wichtigem Grund siehe 14.11*

14.10.2 Termin

§ 155 Abs. 2 FamFG trifft besondere Anordnungen zur Umsetzung des Beschleunigungsgebotes im Hinblick auf die Durchführung eines Termins.

Gemäß § 155 Abs. 3 FamFG **soll** das Gericht das **persönliche Erscheinen der verfahrensfähigen Beteiligten** zum Termin anordnen. Nur im begründeten Ausnahmefall (z. B. familiärer Gewalt[446]) kann das Gericht hiervon absehen.

- **Erörterung im Termin**

  Zur Förderung einer einvernehmlichen Konfliktlösung soll das Familiengericht die Sache mit den Beteiligten mündlich in einem Termin erörtern (Satz 1). Im Termin soll auch bereits das **Jugendamt mündlich angehört** werden, § 155 Abs. 2 Satz 3 FamFG.

---

441 Vgl. Bumiller, in: Bumiller/Harders/Bumiller, 12. Auflage 2019, FamFG § 155 Rn. 2.
442 Vgl. Bumiller, in: Bumiller/Harders/Bumiller, 12. Auflage 2019, FamFG § 155 Rn. 2.
443 Bumiller, in: Bumiller/Harders/Bumiller, 12. Auflage 2019, FamFG § 155 Rn. 1, 2.
444 Vgl. Bumiller, in: Bumiller/Harders/Bumiller, 12. Auflage 2019, FamFG § 155 Rn. 2 mit Verweis auf Rechtsprechung.
445 OLG Brandenburg, Beschluss vom 27.07.2020 – 15 WF 166/20.
446 Bumiller, in: Bumiller/Harders/Bumiller, 12. Auflage 2019, FamFG § 155 Rn. 8.

- **Terminierung binnen Monatsfrist** ab Einleitung des Verfahrens (Satz 2).

  Ausnahmen erfordern das Vorliegen eines begründeten Ausnahmefalles. Eine Abweichung von der Monatsfrist kann zum Beispiel dann in Betracht kommen, wenn kurz vor Einleitung des Hauptsacheverfahrens im Rahmen einer einstweiligen Anordnung ein Termin stattgefunden hat oder lediglich eine geringfügige Erweiterung des Umgangs verlangt wird.[447]
- **Die Verlegung eines Termins** ist **nur ausnahmsweise** zulässig, nämlich gemäß § 155 Abs. 2 Satz 4 FamFG allein aus **zwingenden Gründen**, die zudem glaubhaft zu machen sind.
- Das Verfahren kommt weder durch eine Beschleunigungsrüge noch durch eine -beschwerde zum Stillstand, es muss auch bei ausstehenden Entscheidungen über die Beschleunigungsrüge bzw. -beschwerde weiter betrieben werden.[448]

14.10.3 Beschleunigungsrüge

Gemäß § 155b FamFG kann die Einhaltung des Vorrang- und Beschleunigungsgebotes **mit einer Beschleunigungsrüge erzwungen** werden.[449] **Rügeberechtigt** sind **allein die Beteiligten**. Außer den Eltern können daher auch das Kind, das (beteiligte) Jugendamt und der (beteiligte) Verfahrensbeistand eine Beschleunigungsrüge geltend machen.[450]

Die Beschleunigungsrüge ist damit zu begründen, dass die richterliche Verfahrensführung nicht dem Vorrang- und Beschleunigungsgebot des § 155 Abs. 1 FamFG entspricht.

Das Gericht **muss über die Beschleunigungsrüge binnen Monatsfrist** nach ihrem Eingang durch Beschluss **entscheiden**, § 155b Abs. 2 FamFG:

- Ist die Rüge **begründet**, stellt das Gericht dies fest und muss **unverzüglich Maßnahmen zur Verfahrensförderung treffen und insbesondere den Erlass einstweiliger Anordnungen** prüfen.
- Ist die Rüge **unbegründet**, **weist das Gericht diese zurück**.
- Ist die Rüge **nicht oder nicht hinreichend begründet**, wird das Gericht sie als **unzulässig verwerfen**.

Die Beschleunigungsrüge **erledigt** sich, wenn das Gericht **in der Sache abschließend entscheidet**. Auch einer Erledigungs- oder Feststellungserklärung des Gerichts bedarf es dann nicht mehr.[451]

14.10.4 Beschleunigungsbeschwerde

Die Einlegung einer Beschleunigungsbeschwerde ist in **zwei Konstellationen** möglich:

- **gegen den Beschluss**, mit dem eine Beschleunigungsrüge als unzulässig verworfen oder zurückgewiesen wird, § 155c Abs. 1 Satz 1 FamFG. Die Beschleunigungsbeschwerde muss in diesem Fall innerhalb einer **Frist von zwei Wochen** eingelegt werden; die Frist beginnt mit der Bekanntmachung des Beschlusses durch Zustellung (§ 41 Abs. 1 Satz 2 FamFG).
- **bei fehlendem Beschluss** über die Beschleunigungsrüge, wenn das Gericht **nach ihrer Erhebung keine Entscheidung binnen Monatsfrist** trifft – weder in der Hauptsache noch über die Beschleunigungsrüge, § 155c Abs. 4 FamFG i. V. m. § 155b Abs. 2 Satz 1 FamFG. Für die Beschleunigungsbeschwerde läuft in diesem Fall eine **Frist von zwei Monaten ab Eingang der Beschleunigungsrüge** bei Gericht, § 155c Abs. 4 Satz 2 FamFG. Die Beschleunigungsbeschwerde ist **beim Beschwerde- und nicht beim Ausgangsgericht einzulegen**.

---

447 Bumiller, in: Bumiller/Harders/Bumiller, 12. Auflage 2019, FamFG § 155 Rn. 4.

448 Vgl. Bumiller, in: Bumiller/Harders/Bumiller, FamFG § 155c.

449 Eine erfolgreiche Beschleunigungsrüge kann Erstattungsansprüche begründen. Gemäß §§ 198 ff. GVG kann eine überlange Verfahrensdauer zu Entschädigungsansprüchen führen. Die Beschleunigungsrüge wird gemäß § 155b Abs. 3 FamFG als Verzögerungsrüge im Sinne des § 198 Abs. 3 GVG behandelt.

450 MüKoFamFG/Schumann, 3. Aufl. 2018, FamFG § 155b Rn. 4.

451 Vgl. Bumiller/Harders/Bumiller, 12. Auflage 2019, FamFG § 155b.

14.11 Aussetzung

Das FamFG kennt weder Unterbrechung noch Ruhen des Verfahrens (wie im Zivilprozess, dort §§ 239–245 ZPO). Gründe, die im Zivilverfahren zur Unterbrechung oder zum Ruhen führen, können aber eine Aussetzung begründen. Die Aussetzung eines Verfahrens gemäß § 21 Abs. 1 FamFG setzt einen **wichtigen Grund** voraus. Dieser kann vorliegen, wenn eine **vorgreifliche Entscheidung in einem anderen anhängigen Verfahren** oder einer Verwaltungsbehörde abzuwarten ist. Die Entscheidung muss von einem anderen anhängigen zivil- oder öffentlich-rechtlichen Verfahren **abhängig** sein; die **Möglichkeit der Beeinflussung** der Entscheidung aus diesem anderen Verfahren **reicht nicht**.[452] Das Vorliegen unklarer Sachverhalte allein rechtfertigt keine Aussetzung, insoweit gilt die Amtsermittlungspflicht. Ein Vaterschaftsanfechtungsverfahren ist zum Beispiel vorgreiflich für ein Verfahren über die Regelung der elterlichen Sorge. Es ist aber nicht auch ohne Weiteres vorgreiflich für ein Umgangsverfahren, denn auch einer bisherigen Bezugsperson des Kindes kann ein Umgangsrecht zustehen (§ 1685 Abs. 2 BGB).[453]

Aber auch bei Vorliegen eines wichtigen Grundes besteht **keine generelle Verpflichtung zur Aussetzung;** die Entscheidung liegt im **richterlichen Ermessen**.[454] Im Rahmen der Ermessensentscheidung hat das Gericht zu berücksichtigen, dass die Aussetzung eine **Entscheidung zwangsläufig verzögert**. Diese Folge muss den Beteiligten, insbesondere dem Kind, zumutbar sein.

Die Aussetzung führt in entsprechender Anwendung des § 249 ZPO (vgl. § 21 Abs. 1 Satz 2 FamFG) zur **Beendigung laufender Fristen** (gesetzliche und richterlich gesetzte Fristen im Sinne des § 16 FamFG). Wenn für das Fristende ein bestimmter Termin gesetzt war, fällt dieser durch die Aussetzung weg. Nach Beendigung der Aussetzung beginnen die Fristen von Neuem zu laufen.[455]

Der **Beschluss** über die Aussetzung oder die Ablehnung einer von einem Beteiligten angeregten oder beantragten Aussetzung (Letzteres muss nicht im Beschlusswege erfolgen[456]) ist mit der **sofortigen Beschwerde (Zwei-Wochen-Notfrist)** in entsprechender Anwendung der §§ 567–572 ZPO **anfechtbar**, § 21 Abs. 2 FamFG.

14.12 Amtsermittlung und Mitwirkung

Die Amtsermittlungspflicht des Gerichts und die Mitwirkungspflichten der Beteiligten stehen im Zusammenhang und beeinflussen einander, denn die Aufklärung des entscheidungserheblichen Sachverhalts erfordert die Mitwirkung der Beteiligten.

Ein **Verstoß gegen die Mitwirkungsverpflichtung** hat direkte **Auswirkungen auf die richterliche Aufklärungspflicht:** Wenn keine Aussichten auf anderweitige erfolgversprechende Ermittlungen bestehen, hat das Gericht seine Aufklärungspflichten erfüllt. Die **Amtsermittlungspflicht ist auf das dem Gericht Mögliche begrenzt**. Das Verhalten der Beteiligten setzt dieser Verpflichtung somit Grenzen.

452 BeckOK FamFG/Burschel, 38. Ed. 01.04.2021, FamFG § 21 Rn. 11.
453 BeckOK FamFG/Burschel, 38. Ed. 01.04.2021, FamFG § 21 Rn. 11 mit Rechtsprechungsnachweisen.
454 BeckOK FamFG/Burschel, 38. Ed. 01.04.2021, FamFG § 21 Rn. 9.
455 BeckOK FamFG/Burschel, 38. Ed. 01.04.2021, FamFG § 21 Rn. 15, 16.
456 BeckOK FamFG/Burschel, 38. Ed. 01.04.2021, FamFG § 21 Rn. 14.

Abbildung 88b

14.12.1 Richterliche Überzeugungsbildung

Es gilt gemäß § 26 FamFG der **Grundsatz der Amtsermittlung**; das Gericht muss die entscheidungserheblichen Tatsachen **ermitteln** und **bei Bedarf geeignet erscheinende Beweise erheben**. Die Verfahrensgestaltung soll die **Grundlagen für eine kindeswohlgerechte Entscheidung** schaffen. Dementsprechend richten sich Umfang und Intensität der Amtsermittlung nach den **Erfordernissen im Einzelfall**[457] und sind damit in erster Linie davon abhängig, inwieweit Vorbringen der Beteiligten oder anderweitige Erkenntnisse **Anlass** geben. Sie richten sich aber auch nach den **prozessualen Anforderungen des betroffenen Verfahrens**.

14.12.1.1 Hauptsacheverfahren

Im Hauptsacheverfahren muss das Gericht vom Vorliegen bzw. Fehlen einer entscheidungserheblichen Tatsache **überzeugt** sein bzw. sich diese Überzeugung mittels der Erhebung von Beweisen verschaffen. Das Maß an richterlicher Überzeugung in Kinderschutzverfahren entspricht den Anforderungen des § 286 ZPO im Zivilprozess.[458] Bei **fehlender oder unzureichender Sachkunde** muss das Gericht ein **Sachverständigengutachten** einholen.[459]

In Kinderschutzverfahren trifft das Gericht außerdem die **Feststellungslast**, nicht die Beteiligten. Wenn es **nicht** von den Voraussetzungen einer Gefahrenabwehrmaßnahme **überzeugt** ist, dürfen diese **nicht angeordnet werden**.[460]

14.12.1.2 Einstweiliges Anordnungsverfahren

In einstweiligen Anordnungsverfahren bestehen **geringere Anforderungen** an die richterliche Überzeugungsbildung und an den Nachweis der Anordnungsgründe. Die volle Überzeugung des Gerichts ist nicht erforderlich.[461] Das Gericht muss das Vorliegen einer Tatsache für **überwiegend wahrscheinlich** halten[462] – für das Vorliegen der Tatsache muss also mehr sprechen als dagegen. Zum Nachweis reicht gemäß § 51 Abs. 1 Satz 2 FamFG die **Glaubhaftmachung von Tatsachenbehauptungen aus**.

457 MüKoBGB/Lugani, BGB § 1666 Rn. 224.
458 BVerfG, 10.12.2019 – 1 BvR 2214/19.
459 MüKoBGB/Lugani, BGB § 1666 Rn. 225.
460 BVerfG, 10.12.2019 – 1 BvR 2214/19.
461 OLG Brandenburg, Beschluss vom 05.08.2020 – 15 UF 126/20.
462 OLG Brandenburg, Beschluss vom 05.08.2020 – 15 UF 126/20.

14.12.2 Mitwirkungspflicht der Beteiligten

Die Beteiligten sind gemäß § 27 Abs. 1 FamFG zur Mitwirkung verpflichtet.

Die Mitwirkungspflichten der Beteiligten umfassen:

- Mitwirkung an **Sachverhaltsaufklärung**

  Erfüllung durch **wahrheitsgemäße und vollständige Erklärungen über tatsächliche Umstände**, vgl. § 27 Abs. 2 FamFG

- **Förderung** des Verfahrens

  Erfüllung durch **fristgerechten Tatsachenvortrag sowie Teilnahme am Termin** bei Anordnung persönlichen Erscheinens

Die **Erfüllung der Mitwirkungspflichten** kann das Gericht nur bedingt bzw. nur in Bezug auf bestimmte Maßnahmen **erzwingen**:

- **Verstoß gegen Anordnung persönlichen Erscheinens**

  Das Gericht kann wegen unentschuldigten Ausbleibens im Termin ein **Ordnungsgeld** festsetzen oder die **Vorführung** beschließen, § 33 Abs. 3 FamFG.

- **Verstoß gegen andere Anordnungen**

  Bei **Verstoß gegen eine richterliche Anordnung** bzgl. der Vornahme oder Unterlassung einer Handlung kann **Zwangsgeld oder Zwangshaft** angeordnet werden, § 35 Abs. 1 FamFG.

- **Be- oder Verhinderung der Sachverhaltsaufklärung**

  Die fehlende oder unzureichende Mitwirkung der Beteiligten an der Sachverhaltsaufklärung kann zu einer **nachteiligen Kostenentscheidung** führen.

14.13 Beweisverfahren

Das Beweisverfahren dient der **richterlichen Überzeugungsbildung**. Erforderlich ist die **Beweisaufnahme über entscheidungserhebliche Tatsachen**. Entscheidungserhebliche Tatsachen sind solche, die für den Tatbestand oder die Rechtsfolge einer Norm von Bedeutung sind. Keines Beweises bedürfen offenkundige und gerichtsbekannte Tatsachen (vgl. § 37 FamFG).[463]

Es sind **zwei Beweisverfahren** zu unterscheiden:

- **Freibeweisverfahren,** § 29 FamFG

  In Sorge- und Umgangssachen gilt das **Freibeweisverfahren als Regel und das Strengbeweisverfahren als Ausnahme**.

- **Strengbeweisverfahren**, § 30 FamFG[464]

Die Ergebnisse der Beweisaufnahme unterliegen einer **Dokumentationspflicht**; das Gericht muss sie aktenkundig machen, § 29 Abs. 3 FamFG.

Über Termine zur Beweisaufnahme oder zur Anhörung muss das Gericht einen **Vermerk** erstellen, § 28 Abs. 4 Satz 1 FamFG (gemäß § 29 Abs. 3 FamFG auch bei Beweiserhebungen außerhalb eines Termins, etwa bei telefonischen Befragungen).[465]

463 BeckOK FamFG/Burschel, 39. Ed. 1.7.2021, FamFG § 29 Rn. 5.

464 Die Vorschrift findet im Übrigen keine Anwendung in Ehe- und Familienstreitsachen, vgl. § 121 FamFG bzw. § 112 FamFG. In beiden Verfahren gelten die Vorschriften der ZPO und damit die über den Strengbeweis.

465 BeckOK FamFG/Burschel, 39. Ed. 1.7.2021, FamFG § 29 Rn. 18.

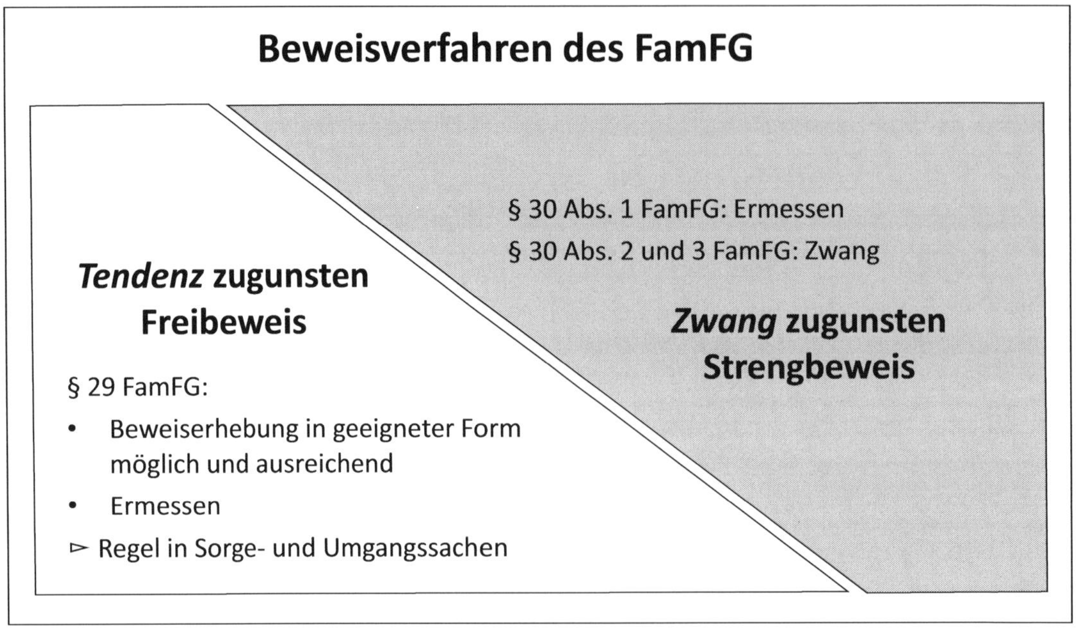

Abbildung 88c

14.14 Sachverständigengutachten

Das Gericht holt ein Sachverständigengutachten ein, wenn die eigene **Sachkunde zur angemessenen Beurteilung des Sachverhalts oder der Entscheidungsgrundlagen nicht ausreicht**. Sachverständigengutachten werden in der Regel bei spezifischen Fragestellungen, hoher Komplexität der Fallgestaltung und/oder bei intensiv eingreifenden Maßnahmen erforderlich.

Grundsätzlich gilt: **Je intensiver und eingreifender die gerichtlichen Maßnahmen** – etwa in Verfahren, in denen die Entziehung des Sorgerechts oder ein Umgangsausschluss im Raum stehen –, **desto höher fallen die Anforderungen an die Ermittlung des entscheidungserheblichen Sachverhalts** aus.

Absehen von Gutachten

Sieht das Gericht in Fällen mit hoher Eingriffsintensität von der Einholung eines Sachverständigengutachtens ab, muss es

1. über eine **zuverlässige Entscheidungsgrundlage** verfügen und
2. diese in der **Begründung deutlich** machen.

Gleiches gilt, wenn das Gericht **von fachkundigen Feststellungen abweicht**.

Verweigerung der Eltern an ihrer oder an der Exploration des Kindes

Die Eltern können die **Mitwirkung an ihrer Exploration** verweigern. Wenn sie die Untersuchung des Kindes verweigern bzw. keine Zustimmung erteilen, kann die Zustimmung gemäß § 1666 BGB ersetzt werden. Zu beachten ist, dass das Gericht dem Sachverständigen die Möglichkeit geben kann, Kind und Eltern im Zuge ihrer Anhörung zu explorieren. Diese Möglichkeit ist vor dem Entzug von Sorgerechten, die bei der familiengerichtlichen Ersetzung einer Zustimmung stattfindet, als milderes Mittel in Betracht zu ziehen.[466]

→ zur familiengerichtlichen Ersetzung von Sorgeerklärungen im Rahmen von § 1666 BGB siehe 10.4.4

14.15 Anhörung

Das Gericht muss Beteiligte gemäß § 34 Abs. 1 Nr. 1 und Nr. 2 FamFG anhören, wenn dies zur **Gewährung rechtlichen Gehörs erforderlich oder die Anhörung gesetzlich vorgeschrieben** ist.

---

466 OLG Hamm, Beschluss vom 04.09.2020 – II-2 UF 154/2020.

Zu den **gesetzlich geregelten persönlichen Anhörungspflichten** i. S. d. § 34 Abs. 1 Ziff. 2 FamFG gehören insbesondere folgende Regelungen:

gesetzliche Anhörungspflicht

- **Kindesanhörung**, § 159 FamFG

  Gerade die persönliche Anhörung des Kindes dient zum einen der Aufklärung des entscheidungserheblichen Sachverhalts, zum anderen sollen durch die Anhörung die Verfahrensinteressen des Kindes Eingang ins Verfahren finden. Auch und insbesondere dem Kind soll als (zentralem) Verfahrensbeteiligten rechtliches Gehör gewährt werden.[467]

- **Anhörung der Eltern**, § 160 Abs. 1 FamFG

Verstoß auf Seiten des Gerichts

Ein **Verstoß** gegen Anhörungspflichten kann im Rahmen eines **Beschwerdeverfahrens** die Änderung bzw. Aufhebung der Entscheidung und Zurückverweisung der Sache begründen. Denn eine erforderliche, aber unterbliebene Anhörung führt zur **Verletzung** wesentlicher Verfahrensvorschriften im Sinne des § 69 Abs. 1 Satz 3 FamFG. In Betracht kommen die

- Verletzung von **Verfahrensrechten der Beteiligten** entgegen § 159 FamFG (Kind), 160 FamFG (Eltern)
- Verletzung der **Amtsermittlungspflicht** (keine oder nicht ausreichende Sachaufklärung) entgegen § 26 FamFG

Verstoß auf Seiten des Anhörungspflichtigen

Wenn ein Beteiligter zur Anhörung **unentschuldigt nicht erscheint**, kann das Verfahren ohne seine Anhörung beendet werden. Auf diese Folge des Ausbleibens muss das Gericht hinweisen, § 34 Abs. 3 FamFG. Gleichzeitig kann eine **Nachholung der Anhörung** im Rahmen **der Amtsermittlung geboten** sein – und eine Entscheidung ohne Nachholung der Anhörung einen Verfahrensfehler auslösen, der im Beschwerdeverfahren zur Aufhebung und Zurückverweisung der Sache berechtigt.

Unterlassen der Anhörung

Nach § 34 Abs. 2 FamFG kann die **Anhörung unterbleiben**, wenn erhebliche gesundheitliche Nachteile zu besorgen sind oder der Beteiligte offensichtlich nicht in der Lage ist, seinen Willen kundzutun.

Dokumentation

Über die **persönliche Anhörung** muss das Gericht gemäß § 28 Abs. 4 Satz 1 FamFG einen **Vermerk** erstellen.

Der Vermerk muss die **wesentlichen Vorgänge der persönlichen Anhörung** abbilden. Dies ist u. a. erforderlich, um dem Rechtsmittelgericht die Würdigung der Beweisergebnisse und die Prüfung zu ermöglichen, ob und inwieweit alle entscheidungserheblichen Fragen erörtert worden sind bzw. eine erneute Anhörung erforderlich ist.[468]

14.16 Kindesanhörung

§ 159 FamFG regelt die persönliche Anhörung des Kindes. Die Regelung wurde **zum 01.07.2021 neu gefasst**. Es gelten nunmehr

- **der Grundsatz der altersunabhängigen, persönlichen Anhörung und Verschaffung eines persönlichen Eindrucks** des Kindes, § 159 Abs. 1 FamFG

  Ausnahmen sind in § 159 Abs. 2 FamFG geregelt; diese muss das Gericht in der Entscheidung darlegen, § 159 Abs. 3 Satz 1 FamFG. Weiterhin gilt gemäß § 159 Abs. 3 Satz 3 FamFG, dass eine wegen Gefahr in Verzug unterbliebene Anhörung oder Verschaffung eines persönlichen Eindrucks unverzüglich nachzuholen sind.

- **verschärfte Anforderungen** an die Durchführung der Kindesanhörung in **Kinderschutzverfahren**

467 Vgl. BeckOK FamFG/Schlünder, 38. Ed. 01.04.2021, FamFG § 159 Rn. 4 mit Rechtsprechungsnachweisen.

468 Vgl. BeckOK FamFG/Schlünder, 38. Ed. 01.04.2021, FamFG § 160 Rn. 10 mit Verweis auf OLG Saarbrücken FamRZ 2010, 2085.

Durchführung

§ 159 Abs. 4 FamFG enthält Regelungen zur **Durchführung** der Anhörung. Diese dürfte künftig **nur noch präsent** zulässig sein.

- **„Persönlich“** im Sinne des § 159 FamFG meint die **mündliche Anhörung** des Kindes.[469]
- Die Neufassung des § 159 FamFG, der nicht nur die **persönliche Anhörung verpflichtend** macht, sondern auch eine Verpflichtung beinhaltet, nach der das Gericht sich einen **persönlichen Eindruck vom Kind verschaffen muss,** dürfte die Anforderungen an Präsenz und Intensität der Anhörung steigern.

Anwesenheit des Verfahrensbeistands

Gemäß § 159 Abs. 4 Satz 3 FamFG (a. F. und n. F.) **„soll“** die persönliche Anhörung des Kindes in **Anwesenheit des (bestellten) Verfahrensbeistandes** stattfinden. Es handelt sich um eine Soll-Vorschrift, die Ausnahmen in begründeten Fällen zulässt. Zumindest aber soll das Gericht dem Verfahrensbeistand die Teilnahme an der Kindesanhörung ermöglichen.[470]

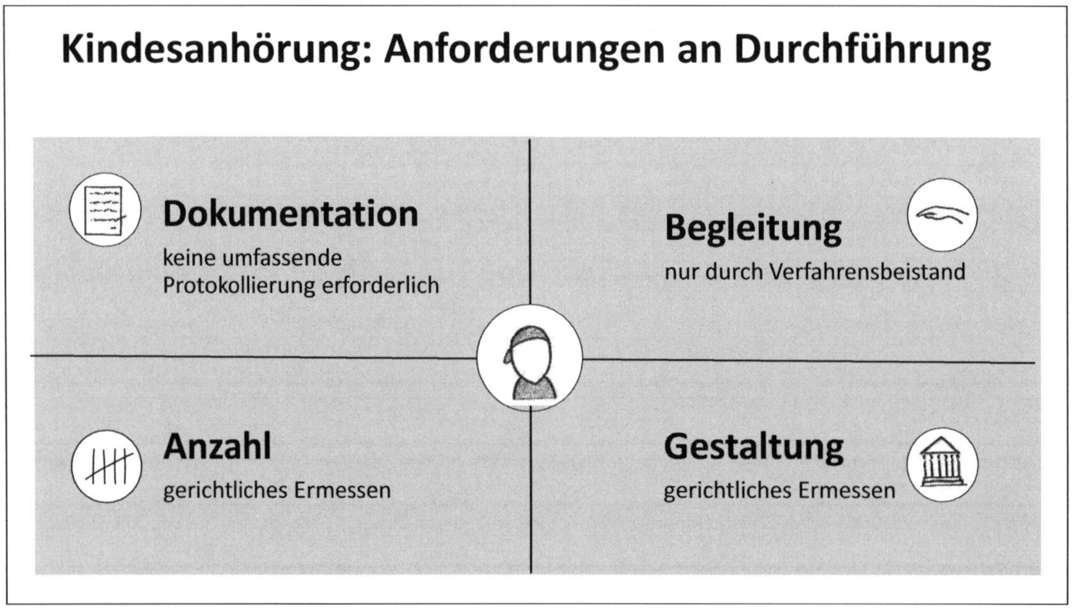

Abbildung 88d

14.17 Verfahrensbeistand

§§ 158 ff. FamFG regeln die Voraussetzungen für die Bestellung und Entpflichtung eines Verfahrensbeistands, ferner sein Aufgabenfeld.

Gemäß § 158 Abs. 1 FamFG muss das Gericht dem minderjährigen Kind in Kindschaftssachen, die **seine Person betreffen** – hierbei handelt es sich in der Regel um alle Verfahren der elterlichen Sorge und des Umgangs –, einen **fachlich und persönlich geeigneten Verfahrensbeistand** bestellen, soweit dies zur Wahrnehmung der Interessen des Kindes erforderlich ist; der Verfahrensbeistand ist **möglichst frühzeitig** zu bestellen.

Überblick über die neuen Regelungen in § 158 FamFG:

- Fälle der Bestellungs**pflicht**, Abs. 2
- Fälle **regelhafter** Bestellung, Abs. 3
- **Aufhebung**, Abs. 4
- Entscheidungen über Bestellung und Aufhebung sind „**nicht selbstständig anfechtbar**“, 158 Abs. 5 FamFG; möglich ist aber die **inzidente Überprüfung der Entscheidung im Beschwerdeverfahren**, vgl. § 58 Abs. 2 FamFG.

469 BeckOK FamFG/Schlünder, 38. Ed. 01.04.2021, FamFG § 159 Rn. 2a zu § 159 FamFG a.F.
470 BeckOK FamFG/Schlünder, 38. Ed. 01.04.2021, FamFG § 159 Rn. 9.

Bestellungspflicht

§ 158 Abs. 2 FamFG sieht eine **Bestellungspflicht** vor, wenn im jeweiligen Verfahren folgende Entscheidungen im Raum stehen:

- teilweise oder vollständige Entziehung der Personensorge nach den §§ 1666 und 1666a BGB (Nr. 1)
- Ausschluss des Umgangsrechts nach § 1684 BGB (Nr. 2)
- Verbleibensanordnung nach § 1632 Abs. 4 oder § 1682 BGB (Nr. 3)

Regelfall einer Bestellung

Darüber hinaus führt § 158 Abs. 3 Satz 1 FamFG Konstellationen auf, die eine Bestellung erforderlich machen:

- **erheblicher Interessengegensatz** zwischen Kind und gesetzlichem Vertreter (Nr. 1)
- **Trennung** des Kindes von der Obhutsperson (Nr. 2)
- **Herausgabe** des Kindes (Nr. 3)
- wesentliche **Beschränkung des Umgangsrechts** (Nr. 4)

Sieht das Gericht in den vorgenannten Fällen von der Bestellung eines Verfahrensbeistands ab, ist dies gemäß § 158 Abs. 3 Satz 2 FamFG in der Endentscheidung zu begründen.

Ende und Aufhebung der Bestellung

Gemäß § 158 Abs. 4 Satz 1 FamFG **endet** die Bestellung

- mit ihrer Aufhebung
- mit Rechtskraft der Endentscheidung
- mit dem sonstigen Abschluss des Verfahrens

Gemäß § 158 Abs. 4 Satz 2 FamFG ist die Bestellung **aufzuheben** in folgenden Fällen:

- **Aufhebungsantrag des Verfahrensbeistands** und seiner Entlassung stehen keine erheblichen Gründe entgegen (Ziff. 1)
- **Gefährdung der Interessen des Kindes** bei Fortführung des Amtes (Ziff. 2)

  Gemäß § 158 Abs. 4 Satz 2 Nr. 2 FamFG kann ein **Beteiligter** beim Familiengericht die Aufhebung der Bestellung des Verfahrensbeistands **anregen**. Infolge einer solchen Anregung ist das Familiengericht zur Prüfung und Entscheidung durch Beschluss verpflichtet.[471]

Die Bestellung eines Verfahrensbeistands oder deren Aufhebung sowie die Ablehnung einer derartigen Maßnahme sind **nicht selbstständig anfechtbar**.

14.18 Antragsrücknahme, Beendigungserklärung

14.18.1 Rücknahme

Zulässigkeit und Folgen der Rücknahme eines Antrags in FG-Familiensachen sind in § 22 FamFG geregelt.

Formale Anforderungen

Für die Erklärung der Rücknahme bestehen keine Formerfordernisse. Die Erklärung, bei der es sich um eine Verfahrenshandlung handelt, muss gegenüber dem Gericht erfolgen; sie ist bedingungsfeindlich, unwiderruflich und unanfechtbar.[472]

Gemäß § 22 Abs. 1 Satz 1 FamFG ist die **Rücknahme eines Antrags bis Rechtskraft** (§ 45 FamFG) **der Endentscheidung** möglich. Die Rücknahme kann also **noch nach Erlass einer Endentscheidung** erklärt werden, vgl. § 22 Abs. 1 Satz 2 FamFG. Die Rücknahme bedarf ab diesem Zeitpunkt dann allerdings der **Zustimmung** der übrigen Beteiligten. Die Zustimmung kann auch **konkludent** erfolgen (zum Beispiel durch Stellung eines Kostenantrags).[473]

471 Zu den Voraussetzungen für die Aufhebung der Bestellung eines Verfahrensbeistandes nach § 158 Abs. 4 Satz 2 Nr. 2 FamFG n. F. siehe KG, Beschluss vom 20.8.2021 – 16 UF 2/21.

472 Vgl. BeckOK FamFG/Burschel, 38. Ed. 01.04.2021, FamFG § 22 Rn. 4.

473 Vgl. BeckOK FamFG/Burschel, 38. Ed. 01.04.2021, FamFG § 22 Rn. 7.

Auswirkungen auf das Verfahren

Die Rücknahme eines Antrags hat **unmittelbare Auswirkungen** auf das Verfahren. Allerdings hängen diese von der Verfahrensart – Antrags- oder Amtsverfahren – ab: **Abhängig von der Verfahrensart** kann die Rücknahmeerklärung das **Verfahren beenden oder nicht**. Daher ist in einem ersten Schritt zu unterscheiden, ob die Antragsrücknahme ein Amtsverfahren, ein unechtes Antragsverfahren (Verfahren, die sowohl auf Antrag als auch von Amts wegen eingeleitet werden können) oder ein Antragsverfahren betrifft.[474]

→ *zu den Verfahrensarten und ihrer Unterscheidung in Amtsverfahren, Antragsverfahren und unechte Antragsverfahren siehe 14.4*

Antragsverfahren

- Für **Antragsverfahren gelten auch die weiteren Absätze des § 22 FamFG**. Das noch nicht rechtskräftig abgeschlossene Verfahren wird durch die Antragsrücknahme beendet. Im Falle einer **Antragsrücknahme nach Erlass einer Entscheidung** (vor deren Rechtskraft, siehe oben) **wird die Entscheidung wirkungslos**. Einer ausdrücklichen Aufhebung bedarf es nicht, § 22 Abs. 2 Satz 1 FamFG. Die Wirkungslosigkeit tritt automatisch ein, unabhängig von bereits eingelegten Rechtsmitteln.[475] Es kann (z. B. aus Gründen der Rechtssicherheit und -klarheit) **beantragt** werden, dass das Gericht die **Wirkungslosigkeit durch Beschluss feststellt**. Der Beschluss hat deklaratorische Wirkung und ist demzufolge auch nicht anfechtbar (§ 22 Abs. 2 Satz 2).

Amts- und unechte Antragsverfahren

- Für **Amts- und unechte Antragsverfahren** gilt gemäß § 22 Abs. 4 FamFG **nur § 22 Abs. 1 FamFG**.

  Dies hat zur Folge, dass die Rücknahme von Anträgen und Anregungen **nicht zwangsläufig zur Beendigung des Verfahrens** führt; der Verfahrensgegenstand unterliegt nicht der Dispositionsbefugnis der Beteiligten.[476]

  Die Antragsrücknahme führt allerdings zur **Prüfung von Amts wegen**, ob das Verfahren

  - dennoch **fortzusetzen** und/oder
  - eine **Sachentscheidung** zu treffen ist oder ob
  - das Verfahren **ohne Sachentscheidung zu beenden** ist.[477]

  Eine amtswegige Prüfung zum Fortgang des Verfahrens wird zum Beispiel dann erforderlich, wenn in einem Umgangsverfahren nach § 1684 BGB der Umgangsantrag zurückgenommen wird. Amts- und unechte Antragsverfahren sind **von Amts wegen einzustellen**, wenn die Umstände, die zur Einleitung geführt haben, wegfallen oder aus anderen Gründen kein Regelungsbedürfnis mehr besteht.[478] Das Verfahren hat sich dann **erledigt**.

mittelbare Wirkungen

Die Antragsrücknahme im Hauptsacheverfahren kann sich auf eine in einem Parallelverfahren erlassene **einstweilige Anordnung** mit entsprechendem Verfahrensgegenstand auswirken: Diese tritt gem. § 56 Abs. 2 Nr. 1 FamFG **außer Kraft**, wenn der Antrag in der Hauptsache zurückgenommen wird.

Anders als eine Klagerücknahme nach § 269 ZPO führt die Antragsrücknahme nach § 22 Abs. 1 FamFG **nicht zwingend zur Kostentragung des Antragstellers**. Ihm sind nicht allein wegen der Antragsrücknahme die Kosten des Verfahrens aufzuerlegen. Für die Kostenentscheidung gelten vielmehr die allgemeinen Grundsätze zur Kostenpflicht in § 81 FamFG entsprechend, vgl. § 83 Abs. 2 FamFG.

Die Antragsrücknahme hat **keine materiell-rechtliche Wirkung**. Der Antragsteller kann also nach der Rücknahme einen neuen Antrag stellen.[479]

474 Vgl. BeckOK FamFG/Burschel, 38. Ed. 01.04.2021, FamFG § 22 Rn. 2.
475 Bumiller, in: Bumiller/Harders/Bumiller, FamFG § 22 Rn. 5.
476 BeckOK FamFG/Burschel, 38. Ed. 01.04.2021, FamFG § 22 Rn. 2.
477 BeckOK FamFG/Burschel, 38. Ed. 01.04.2021, FamFG § 22 Rn. 20.
478 BeckOK FamFG/Burschel, 38. Ed. 01.04.2021, FamFG § 22 Rn. 20.
479 BeckOK FamFG/Burschel, 38. Ed. 01.04.2021, FamFG § 22 Rn. 11.

14.18.2 Übereinstimmende Beendigungserklärung

Gemäß § 22 Abs. 3 FamFG kann ein (Antrags-)Verfahren auch dadurch beendet werden, dass **alle Beteiligten erklären, das Verfahren nicht fortsetzen zu wollen**. Die übereinstimmende Beendigungserklärung ist **abzugrenzen von der übereinstimmenden Erledigung der Hauptsache.**

Systematisch entspricht sie vielmehr einer **Antragsrücknahme in Verbindung mit einer Zustimmungserklärung** aller Beteiligten.[480] Auch die **Formanforderungen und Rechtsfolgen** einer übereinstimmenden Beendigungserklärung entsprechen im Wesentlichen denen der Antragsrücknahme.

14.19 Erledigung, Vergleich

Erledigung

Eine Hauptsache in FamFG-Verfahren ist **erledigt**, wenn der **Verfahrensgegenstand durch ein tatsächliches Ereignis, welches eine Veränderung der Sach- und Rechtslage herbeiführt, weggefallen ist** und dies dazu führt, dass eine Sachentscheidung nicht mehr möglich ist.[481] Eine Erledigung der Hauptsache kann **auch in Amtsverfahren** eintreten. Zum Beispiel erledigt sich ein Verfahren nach § 1666 BGB bei Volljährigkeit des Kindes.

Gemäß § 83 Abs. 2 Alt. 1 FamFG gelten die **allgemeinen Grundsätze** zur Kostentragung in § 81 FamFG entsprechend.

Vergleich

Gemäß § 36 Abs. 1 FamFG können die Beteiligten das Verfahren mit einer Einigung oder einem **Vergleich** beenden, soweit sie über den Gegenstand des Verfahrens **verfügen** können. In Verfahren, die von Amts wegen eingeleitet werden – zum Beispiel in Kinderschutzverfahren –, ist dies nicht der Fall.[482]

14.20 Beschluss

In allen Familiensachen und damit auch in Kindschaftssachen entscheidet das Gericht durch Beschluss, § 38 Abs. 1 FamFG.

Bekanntgabe

Der **Beschluss ist den Beteiligten bekannt zu geben**, § 41 FamFG.

Die Bekanntgabe eines Beschlusses (vgl. § 15 Abs. 1 FamFG) erfolgt gemäß § 15 Abs. 2 FamFG durch

- **Zustellung** nach den §§ 166–195 ZPO
- **Aufgabe zur Post**

Im Inland gilt der Beschluss **drei Tage nach Aufgabe als bekannt gegeben**, wenn der Beteiligte nicht glaubhaft macht, dass ihm das Schriftstück nicht oder später zugegangen ist.

Bekanntgabe bei Beschwerderecht des Kindes

Wenn ein Kind über ein Beschwerderecht verfügt, gilt für die Bekanntgabe des Beschlusses, der die erste Instanz beendet, § 164 FamFG. Gemäß § 164 FamFG ist die Entscheidung **dem Kind bekannt zu machen**, wenn es das 14. Lebensjahr vollendet hat und nicht geschäftsunfähig ist.

Im Übrigen besteht bei Bestehen eines Beschwerderechts des Kindes außerdem eine **Begründungspflicht** (§ 38 Abs. 3 FamFG); § 164 Satz 3 FamFG erklärt § 38 Abs. 4 Nr. 2 FamFG (Ausnahmen von der Begründungspflicht) für nicht anwendbar. Gemäß § 164 Satz 2 FamFG soll dem Kind eine Begründung allerdings dann nicht mitgeteilt werden, wenn Nachteile für dessen Entwicklung, Erziehung oder Gesundheitszustand zu befürchten sind. Das Unterbleiben der Begründung ist in einer gesonderten Entscheidung auszusprechen; auch diese Entscheidung ist den Beteiligten und dem Kind bekannt zu geben.[483]

480 BeckOK FamFG/Burschel, 38. Ed. 01.04.2021, FamFG § 22 Rn. 15: „systematisch betrachtet".

481 BeckOK FamFG/Burschel, 38. Ed. 01.04.2021, FamFG § 22 Rn. 13.

482 OLG Schleswig, Beschluss vom 29.05.2019 – 13 UF 13/19: keine Beendigung eines Kinderschutzverfahrens nach § 1666 BGB durch Teilvergleich über Entzug und Übertragung von Teilbereichen der elterlichen Sorge auf das Jugendamt.

483 Bumiller, in: Bumiller/Harders/Bumiller, FamFG § 164 Rn. 1–9.

Berichtigung

Der Beschluss kann unter den Voraussetzungen des § 42 FamFG **berichtigt** werden. Die Berichtigung erfolgt von Amts wegen, kann aber auch beantragt oder angeregt werden. Eine Frist gibt es nicht.

Ergänzung

Der Beschluss kann gemäß § 43 Abs. 1 FamFG auf Antrag **bei übergangenen Anträgen oder fehlender Kostenentscheidung ergänzt** werden. Die nachträgliche (ergänzende) Entscheidung des Gerichts muss binnen einer Frist von zwei Wochen ab schriftlicher Bekanntgabe beantragt werden, § 42 Abs. 2 FamFG.

Wirksamwerden und Rechtskraft

Die **formelle Rechtskraft** tritt nach Ablauf der Rechtsbehelfsfristen ein (§ 45 FamFG). Bei Einlegung eines Rechtsmittels wird der Eintritt der Rechtskraft gehemmt.

Die Rechtskraft einer Hauptsacheentscheidung kann mit ihrer **Wirksamkeit** auseinanderfallen. Grundsätzlich werden Beschlüsse nach § 40 Abs. 1 FamFG sofort wirksam, nämlich mit der Bekanntgabe an den Beteiligten, für den er seinem wesentlichen Inhalt nach bestimmt ist. Die **sofortige Wirksamkeit** einer erstinstanzlichen Entscheidung führt – ungeachtet ihrer Anfechtbarkeit – zur **sofortigen Handlungsfähigkeit** des begünstigten Elternteils. Die Übertragung des Aufenthaltsbestimmungsrechts etwa berechtigt zum sofortigen Umzug mit dem Kind, eine Umgangsentscheidung zu deren sofortigen Umsetzung. Will der andere Elternteil gegen den erstinstanzlichen Beschluss vorgehen, sollte er an die Möglichkeit denken, nicht nur den Beschluss anzugreifen, sondern zusätzlich gegen dessen sofortige Wirksamkeit vorzugehen.

→ *siehe zur Aussetzung der sofortigen Vollziehbarkeit bzw. Wirksamkeit im Rahmen eines Beschwerdeverfahrens 14.24.5.3*

Bei manchen Beschlüssen tritt die **Wirksamkeit erst ab Rechtskraft** ein, was das Gericht im Beschluss entsprechend feststellen muss. Wirksamkeit erst ab Rechtskraft entfalten folgende Beschlüsse in Sorge- und Umgangssachen:

- **Beschluss über die Genehmigung eines Rechtsgeschäfts** (z. B. eine familiengerichtliche Genehmigung), § 40 Abs. 2 FamFG
- Beschluss über die beantragte Ersetzung der **Ermächtigung oder Zustimmung eines anderen zu einem Rechtsgeschäft**, § 40 Abs. 3 FamFG

Begründung

Der Beschluss ist zu **begründen**, § 38 Abs. 3 FamFG. Im Sorge- und Umgangsrecht bestehen (anders als in Ehesachen, Abstammungssachen und anderen Verfahrensarten, siehe hierzu § 38 Abs. 4 und 5 FamFG) keine Ausnahmen von der Begründungspflicht.

Bezüglich der Anforderungen an die **Konkretisierung von entscheidungserheblichen Tatsachen** gilt: Die Beschlussbegründung muss konkrete Feststellungen zu allen entscheidungserheblichen Tatsachen liefern.

Bei einer Familientrennung zur Abwehr einer Kindeswohlgefährdung bedarf es etwa einer **konkreten Benennung** der drohenden Schäden für das Kind, ferner einer **Folgenabwägung**. Es reicht nicht, dass Fachgerichte zur Begründung der Kindeswohlgefährdung auf inhaltlich nicht oder nur rudimentär wiedergegebene Erkenntnisquellen (zum Beispiel auf einen Anhörungsvermerk) Bezug nehmen.[484]

Dies gilt **auch im einstweiligen Anordnungsverfahren**. Hier sinken zwar die Anforderungen an den Nachweis – nicht aber an die Darlegung entscheidungserheblicher Tatsachen. Im Falle eines **Kinderschutzverfahrens** folgt für die Fachgerichte aus Artikel 6 Abs. 2 und Abs. 3 GG, dass die dem Kind drohenden Schäden **konkret benannt** werden müssen.[485]

484 BVerfG, 19.06.2020 – 1 BvR 1284/20.
485 BVerfG, 10.06.2020 – 1 BvR 572/20; BVerfG, 19.06.2020 – 1 BvR 1284/20.

14.21 Abänderung und Überprüfung einer Hauptsacheregelung

14.21.1 Abänderung

Voraussetzungen des § 1696 BGB

§ 166 Abs. 1 FamFG erlaubt die gerichtliche Abänderung einer Umgangs- oder Sorgeentscheidung sowie eines gerichtlich gebilligten Vergleichs **mit andauernder Wirkung nach Maßgabe des § 1696 BGB**.[486] Nach § 1696 Abs. 1 BGB ist eine Entscheidung zum Sorge- oder Umgangsrecht oder ein gerichtlich gebilligter Vergleich zu ändern, wenn dies aus triftigen, für das Wohl des Kindes nachhaltigen Gründen angezeigt ist.

Die Abänderung verlangt zum einen die Änderung von Umständen, die der Erstentscheidung zugrunde lagen und heute zu einer anderen Beurteilung des Sachverhalts führen. Dies gilt auch für Tatsachen, die bei der Ausgangsentscheidung bereits vorlagen, aber nicht bekannt waren.[487]

Zum anderen müssen die **besonderen Anforderungen** des § 1696 Abs. 1 BGB erfüllt sein. Die Anforderungen an die Kindeswohlprüfung sind **deutlich strenger als nach** § 1697a BGB. Nicht ausreichend ist, dass die Neuregelung dem Kindeswohl genügt.[488] Vielmehr muss der Änderungsgrund **von solch erheblicher Bedeutung** sein, dass er es rechtfertigt, den Grundsatz der Erziehungskontinuität zu übergehen. Weiter müssen die Vorteile die mit der Änderung verbundenen Nachteile für die Entwicklung des Kindes deutlich überwiegen.[489] Die Änderung der früheren Regelung muss darüber hinaus **angezeigt** sein.[490]

selbstständiges Verfahren

Das Abänderungs- oder Überprüfungsverfahren ist ein **selbstständiges Verfahren**, auch im Verhältnis zur Ausgangsentscheidung. Die Zuständigkeit bestimmt sich nach den allgemeinen Regelungen.

14.21.2 Überprüfung von Kinderschutzmaßnahmen

In **Kinderschutzverfahren** – also in Verfahren nach §§ 1666 bis 1667 BGB – endet das Verfahren für das Gericht nicht mit der Entscheidung. Eine kinderschutzrechtliche Maßnahme des Gerichts erwächst in **formelle, aber nicht in materielle Rechtskraft**.[491] Das Gericht entscheidet im Rahmen seines Ermessens, wann bzw. in welchen Zeitabständen eine Überprüfung geboten ist.

- Wenn das Gericht eine **Kinderschutzmaßnahme erlässt**, muss es diese gemäß § 166 Abs. 2 FamFG **in angemessenen Zeitabständen überprüfen**.
- Wenn das Gericht von einer Maßnahme nach §§ 1666 bis 1667 BGB **absieht**, soll es seine Entscheidung **in einem angemessenen Zeitabstand**, in der Regel nach drei Monaten, **überprüfen**, § 166 Abs. 3 FamFG.

14.22 Einstweiliges Anordnungsverfahren

Das Verfahren der einstweiligen Anordnung ist ein **selbstständiges Verfahren**, § 51 Abs. 3 Satz 1 FamFG. Es kann **sowohl isoliert als auch parallel zu einem Hauptsacheverfahren** betrieben werden. Im Rahmen einer einstweiligen Anordnung kann das Gericht **ausschließlich vorläufige Maßnahmen anordnen**.

Voraussetzungen, insbesondere Eilbedürfnis

Die Voraussetzungen für den Erlass einer einstweiligen Anordnung sind gemäß § 49 Abs. 1 FamFG zunächst die Geltendmachung eines Rechts bzw. eines **Anspruchs** und außerdem ein **dringendes Regelungsbedürfnis;** zwingende Gründe des Kindeswohls müssen eine sofortige gerichtliche Regelung erforderlich machen. Ein dringendes Bedürfnis für ein sofortiges Tätigwerden liegt in Kindschaftssachen in der Regel dann vor, wenn ein **Zuwarten bis zur Entscheidung in einer etwaigen Hauptsache nicht ohne Eintritt erheblicher Nachteile** möglich wäre.[492]

486 § 166 Abs. 1 FamFG geht als Spezialvorschrift § 48 Abs. 1 FamFG vor.
487 BeckOK BGB/Veit, 60. Ed. 1.11.2021, BGB § 1696 Rn. 19.
488 AG Kreuzberg, Beschluss vom 24.09.2021 – 164 F 313/21.
489 BeckOK BGB/Veit, 60. Ed. 1.11.2021, BGB § 1696 Rn. 17.
490 BeckOK BGB/Veit, 60. Ed. 1.11.2021, BGB § 1696 Rn. 18.
491 OLG Brandenburg, Beschluss vom 04.06.2019 – 9 AR 7/19.
492 BeckOK BGB/Veit, 58. Ed. 01.11.2019, BGB § 1626 Rn. 128.

In bestimmten Konstellationen besteht für das Gericht eine Verpflichtung, den Erlass einer einstweiligen Anordnung zu prüfen. Daraus folgt für diese Konstellationen, dass ein **Eilbedürfnis gesetzlich vermutet** wird:[493]

- **Kinderschutzverfahren**, § 157 Abs. 3 FamFG
- Hauptsacheverfahren, die das **Umgangsrecht** betreffen und in denen das Gericht eine **Beratung oder eine Begutachtung anordnet**, § 156 Abs. 3 Satz 2 FamFG

Ein **Antrag** ist erforderlich, wenn ein entsprechendes Hauptsacheverfahren auch nur auf Antrag eingeleitet werden kann, § 51 Abs. 1 Satz 1 FamFG.

Folgenabwägung im Kinderschutzverfahren

Im Kinderschutzverfahren ist zusätzlich eine **Folgenabwägung** erforderlich. Im einstweiligen Anordnungsverfahren bestehen besondere Anforderungen an die Verhältnismäßigkeit gerichtlicher Maßnahmen. Wenn eine Anordnung zu Eingriffen in elterliche Sorge- oder Umgangsrechte führt (Verfahren nach § 1666 BGB und § 1684 Abs. 4 BGB), sind Schwere und Aktualität der Gefährdung und die Folgen des Eingriffs in die elterlichen Sorge- und Umgangsrechte gegeneinander abzuwägen.[494]

Dabei ist zu berücksichtigen, dass auch Maßnahmen mit einer vorläufigen oder befristeten Gültigkeit Auswirkungen in der Lebenswirklichkeit des Kindes und der Familie haben, die nicht oder nur schwierig rückgängig gemacht werden können. Dies betrifft insbesondere einschneidende Maßnahmen wie der Entzug des Sorgerechts und die Trennung des Kindes von seiner Familie.[495]

Verfahren und Entscheidung

Das Gericht entscheidet im Rahmen einer **summarischen Prüfung** über das Vorliegen der Tatbestandsvoraussetzungen bzw. Rechtmäßigkeit der Maßnahmen.

Bei der **Nachweisführung** gelten **Erleichterungen**. Es reicht auf Beteiligtenseite aus, die für eine einstweilige Regelung begründenden **Tatsachen glaubhaft** zu machen.

→ *zur richterlichen Überzeugungsbildung im einstweiligen Anordnungsverfahren siehe 14.12.1.2*

14.23 Rechtsmittel und Rechtsbehelfe

Bei der **Auswahl eines Rechtsbehelfs** kommt es darauf an zu erkennen, was erreicht werden soll: das Vorgehen gegen eine Entscheidung innerhalb einer Instanz oder um die Überleitung in eine andere Instanz und deren Vorbereitung.[496]

Prüfungsfolge

Der zur Überprüfung anstehende Beschluss muss zunächst identifiziert werden. Folgende Feststellungen sind vor Auswahl des richtigen Rechtsbehelfs zu klären, da sich der mögliche Rechtsbehelf und dessen Voraussetzungen daran anschließen.

(1) Handelt es sich um eine instanzabschließende Entscheidung, also um eine **Endentscheidung?**

(2) Wenn es sich um eine Endentscheidung handelt: Welches ist die **Verfahrensart**? Hat der Beschluss ein **Hauptsacheverfahren** oder ein **einstweiliges Anordnungsverfahren** beendet?

(3) Wenn es sich um eine **Neben- oder Zwischenentscheidung** handelt: Ist diese dem Gesetz nach überhaupt anfechtbar (mit der sofortigen Beschwerde) oder unanfechtbar?

14.23.1 Hauptsacheverfahren

Die nachfolgenden tabellarischen Übersichten wurden auf Basis der Tabellen von Roessink, in: Scholz/Kleffmann, Praxishandbuch Familienrecht, 40. EL Februar 2020, Teil O Verfahrensrecht, Rn. 460 entwickelt.

493 Vgl. BeckOK BGB/Veit, 58. Ed. 01.11.2019, BGB § 1626 Rn. 128.

494 Zur Folgenabwägung in Verfahren nach § 1666 BGB: BeckOK BGB/Veit, 58. Ed. 01.11.2019, BGB § 1666 Rn. 133 mit Verweis auf Rechtsprechung.

495 Vgl. BeckOK BGB/Veit, 58. Ed. 01.11.2019, BGB § 1666 Rn. 133 mit Verweis auf Rechtsprechung.

496 Angelehnt an die Übersicht über Rechtsbehelfe im Familienrecht aus Roessink, in: Scholz/Kleffmann, Praxishandbuch Familienrecht, 40. EL Februar 2020, Teil O Rn. 459. Der dortige Überblick enthält außerdem eine Darstellung der Rechtsbehelfe gegen Verfahrenskostenhilfeentscheidungen.

Angriff	Rechtsbehelf
Endentscheidung (Beschluss)	
– des Familiengerichts (der ersten Instanz)	**Beschwerde** (§§ 58 ff. FamFG), Monatsfrist
– des Oberlandesgerichts bzw. des Kammergerichts	**Rechtsbeschwerde** (§§ 70 ff. FamFG), Monatsfrist
(beide Instanzen)	**Gehörsrüge** § 44 FamFG[497]
Kostenbeschluss bei Antragsrücknahme oder übereinstimmender Erledigungserklärung	**Beschwerde** (§§ 58 ff. FamFG), Monatsfrist
Beschluss über Neben- und Zwischenentscheidungen	grundsätzlich unanfechtbar
verfahrensleitende Beschlüsse wie zum Beispiel über Aussetzung des Verfahrens nach § 21 Abs. 1 FamFG	wenn explizit im Gesetz zugelassen (bei Aussetzungsbeschluss siehe § 21 Abs. 2 FamFG) **sofortige Beschwerde** (§§ 567–572 ZPO analog), Zweiwochenfrist
Beschluss über Beschleunigungsrüge, § 155 b FamFG	**Beschleunigungsbeschwerde**, Zweiwochenfrist (§ 155 c FamFG)

14.23.2 Anordnungsverfahren

Die nachfolgende tabellarische Übersicht wurde auf Basis der Tabellen von Roessink, in: Scholz/Kleffmann, Praxishandbuch Familienrecht, 40. EL Februar 2020, Teil O Verfahrensrecht Rn. 462 entwickelt.

Angriff	Rechtsmittel
einstweilige Anordnung **ohne** mündliche Verhandlung	**Antrag auf erneute Entscheidung** aufgrund mündlicher Verhandlung, § 54 Abs. 2 FamFG
einstweilige Anordnung **aufgrund** mündlicher Verhandlung	**grundsätzlich unanfechtbar**, § 57 Abs. 1 FamFG **Ausnahmen**: Verfahren nach • § 151 Nr. 6 und Nr. 7 FamFG (freiheitsentziehende Maßnahmen) • Entscheidung im ersten Rechtszug auf Grund mündlicher Erörterung über – elterliche Sorge – Kindesherausgabe an anderen Elternteil (nicht: an Jugendamt oder andere Personen) – Antrag auf Verbleibensanordnung – Gewaltschutzantrag – Antrag auf Zuweisung der Ehewohnung **Beschwerde**, §§ 58 ff. FamFG, Zweiwochenfrist, § 63 Abs. 2 Nr. 1 FamFG
einstweilige Anordnung **ohne oder aufgrund** mündlicher Verhandlung	• **Antrag auf Einleitung eines Hauptsacheverfahrens** (Antragsteller) • **Antrag auf Aufhebung oder Änderung**, § 54 FamFG

497 Die Gehörsrüge in allgemeinen Familiensachen richtet sich nach § 44 FamFG und in Ehe- und Familienstreitsachen nach § 321 a ZPO.

Angriff	Rechtsmittel
	• **Antrag auf Aussetzung oder Beschränkung der Vollstreckung**, § 55 FamFG • **negativer Feststellungsantrag** (Antragsgegner) • **Antrag auf Außerkrafttreten**, § 56 FamFG
Beschluss über **Aussetzung der Vollstreckung**	unanfechtbar, § 55 FamFG
Außerkrafttreten der Anordnung	**Beschwerde**, § 56 Abs. 3, §§ 58 ff. FamFG, Zweiwochenfrist, § 63 Abs. 2 Nr. 1 FamFG

14.23.3 Zwischen- und Nebenentscheidungen

Zwischen- und Nebenentscheidungen ergehen zwar im Beschlusswege, sind aber **grundsätzlich unanfechtbar**. Dies dient einem zügigen Verfahrensablauf.[498]

selbstständig anfechtbare Beschlüsse

In **Ausnahmefällen** erlaubt das FamFG die Anfechtung solcher Entscheidungen. Rechtsmittel ist dann die **sofortige Beschwerde**; für das Rechtsmittelverfahren gelten die §§ 567–572 ZPO entsprechend. Dies gilt für folgende Entscheidungen:[499]

- Zurückweisung eines Ablehnungsgesuchs, § 6 Abs. 2 FamFG
- Ablehnung der Hinzuziehung weiterer Beteiligter, § 7 Abs. 5 FamFG
- Aussetzung oder Ablehnung einer Anregung/eines Antrags auf Aussetzung des Verfahrens, § 21 Abs. 2 FamFG
- Anordnung von Zwangsmaßnahmen, § 35 Abs. 5 FamFG
- Berichtigungsbeschluss, § 42 Abs. 3 FamFG
- Beschlüsse im Vollstreckungsverfahren, § 87 Abs. 4 FamFG

Für die Einlegung einer sofortigen Beschwerde läuft in entsprechender Anwendung von § 569 ZPO eine **Notfrist von zwei Wochen**.

14.24 Beschwerde

Beschwerde und Beschwerdeverfahren sind geregelt in den §§ 58 ff. FamFG.

14.24.1 Beschwerdegegenstand und -befugnis

Beschwerdegegenstand

Die Beschwerde ist zulässiges Rechtsmittel gegen **Endentscheidungen des Familiengerichts**. Sie hat in Familiensachen die Funktion der Berufung in zivilrechtlichen Verfahren.

Einlegung

Die Beschwerde ist beim Familiengericht einzureichen, und zwar gemäß § 63 FamFG

- **innerhalb eines Monats** bei Entscheidungen in Hauptsacheverfahren, § 63 Abs. 1 FamFG
- **innerhalb von zwei Wochen bei Entscheidungen in einstweiligen Anordnungsverfahren** – sofern sie dort gemäß § 57 FamFG zulässig ist, § 63 Abs. 2 Nr. 1 FamFG

Beschwerdebefugnis

§ 59 FamFG regelt die Beschwerdeberechtigung. Danach ist beschwerdeberechtigt,

- wer durch den Beschluss in seinen **Rechten beeinträchtigt** ist (Abs. 1)

498 Roessink, in: Scholz/Kleffmann, Praxishandbuch Familienrecht, 40. EL Februar 2020, Teil 0 Rn. 456: zur Straffung des Verfahrens.

499 Zur Aufzählung siehe Roessink, in: Scholz/Kleffmann, Praxishandbuch Familienrecht, 40. EL Februar 2020, Teil O Verfahrensrecht Rn. 464.

In Kindschaftssachen gehören sowohl **sorge- als auch nichtsorgeberechtigte Eltern** zum nach § 59 Abs. 1 FamFG beschwerdeberechtigten Personenkreis, wenn sie durch die Entscheidung einen Eingriff in ihre Elternrechte erleben.[500]

Großeltern haben in Verfahren, in denen sie keine Beteiligtenstellung haben, grundsätzlich **kein Beschwerderecht**.[501]

- im Antragsverfahren: **Antragsteller** (Abs. 2)
- **Behörden** nach besonderen Vorschriften dieses oder eines anderen Gesetzes (Abs. 3)

  Das **Jugendamt** ist gemäß § 59 Abs. 3 i. V. m. § 162 Abs. 3 Satz 2 FamFG beschwerdeberechtigt und kann auf diese Weise gegen die gerichtlichen Entscheidungen vorgehen. Auf eine Beteiligtenstellung des Jugendamts kommt es nicht an.
- **Verfahrensbeistand**

  Gemäß § 158b Abs. 3 FamFG ist der Verfahrensbeistand **beschwerdeberechtigt**.
- **Kind**

  Beschwerdeberechtigt ist außerdem das **beschränkt geschäftsfähige Kind nach Vollendung des 14. Lebensjahres**. Es kann in allen seine Person betreffenden Angelegenheiten – also in allen Kindschaftssachen – ohne Mitwirkung seines gesetzlichen Vertreters das Beschwerderecht ausüben, §§ 59, 60 Satz 1 und 3 FamFG.

  Wenn ein Beschwerderecht des Kindes besteht, sind die Entscheidungen nicht nur dem gesetzlichen Vertreter des Kindes, sondern **auch dem Kind selbst bekannt zu geben**. Die Bekanntgabe der Entscheidung an das Kind ist in § 164 FamFG geregelt.

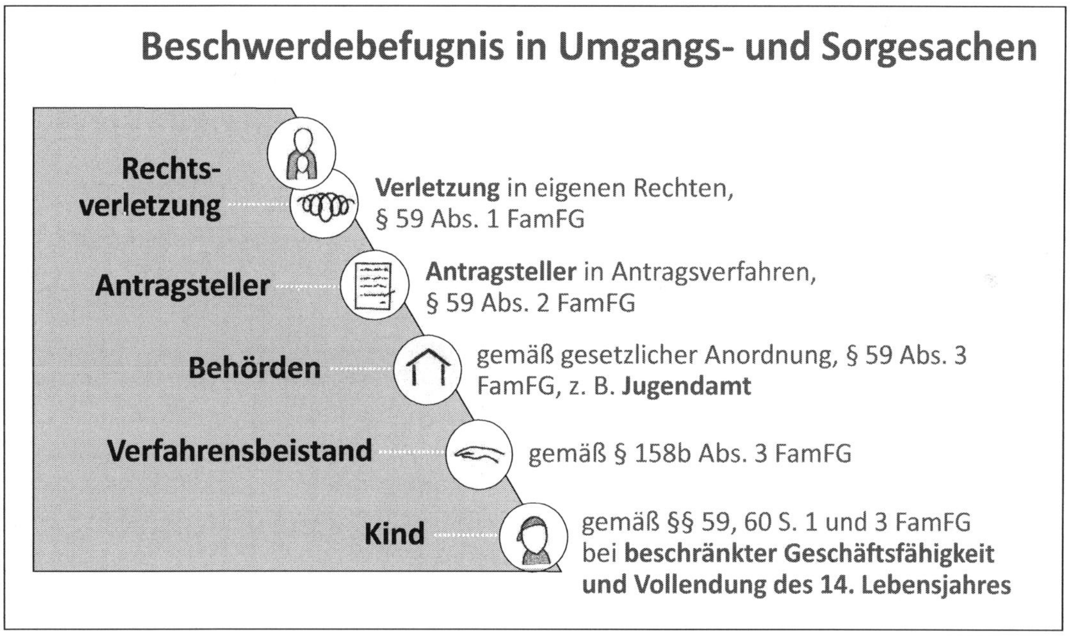

Abbildung 88e

14.24.2 Beschwerdebegründung

Die Anforderungen an eine Beschwerdebegründung in FG-Familiensachen sind in § 65 FamFG geregelt.

Gemäß § 65 Abs. 1 FamFG **„soll" eine Beschwerde begründet** werden; dabei werden **für die Form keine Vorgaben** gemacht. Auch wenn es daher im Grundsatz keines konkreten Beschwerdeantrags bedarf, sollte die Zielrichtung des Rechtsmittels in Antragsform an den Anfang der Be- **Soll-Vorschrift**

500 Vgl. MüKoBGB/Hennemann, 8. Aufl. 2020, BGB § 1671 Rn. 196 mit Rechtsprechungsnachweisen.
501 Vgl. MüKoBGB/Hennemann, 8. Aufl. 2020, BGB § 1671 Rn. 196 mit Rechtsprechungsnachweisen.

schwerdeschrift gestellt werden.[502] Gemäß § 65 Abs. 2 FamFG kann das Gericht eine Frist zur Einreichung der Begründung setzen.

Novenrecht und Einschränkungen

§ 65 Abs. 3 und Abs. 4 FamFG enthalten Regelungen zu besonderen Inhalten: § 65 Abs. 3 FamFG regelt die Begründung der Beschwerde mit neuen Tatsachen und Beweismitteln (Novenrecht); gemäß § 65 Abs. 4 FamFG kann der Beschwerdeführer sich nicht auf die Unzuständigkeit des erstinstanzlichen Gerichts berufen.[503]

14.24.3 Beschwerdefrist

Fristbeginn

Die Rechtsmittelfrist beginnt **ab Bekanntgabe** des Beschlusses, wenn nichts anderes bestimmt ist, § 16 Abs. 1 FamFG.

→ zur Bekanntgabe eines Beschlusses, auch bei Beschwerderecht eines Kindes siehe 14.20

Fristberechnung

Für die Fristen gelten gemäß § 16 Abs. 2 FamFG die Regelungen der ZPO zur Fristberechnung in § 222 ZPO sowie die Regelungen zur Fristabkürzung und -verlängerung in den §§ 224 Abs. 2 und 3 ZPO und § 225 ZPO entsprechend.

Fristüberschreitung

Für die **Wiedereinsetzung in den vorigen Stand** bei unverschuldeter Fristüberschreitung gelten die §§ 17–19 FamFG.

14.24.4 Beschwerdeverfahren

Abhilfe oder Vorlage

§ 68 FamFG regelt den Gang des Beschwerdeverfahrens.

- **Abhilfe** durch das Familiengericht

  Das **Ausgangsgericht** hilft gemäß § 68 Abs. 1 FamFG einer Beschwerde ab, wenn es diese **für begründet hält**; anderenfalls muss es die Beschwerde **unverzüglich dem Beschwerdegericht vorlegen**. Dies gilt jedoch nicht bei Endentscheidungen in Familiensachen: Gemäß Satz 2 ist das Ausgangsgericht nicht zur Abhilfe befugt, wenn die Beschwerde sich gegen eine Endentscheidung in einer Familiensache richtet. Angefochtene Endentscheidungen in Familiensachen sind daher unverzüglich dem Beschwerdegericht vorzulegen.

- **Entscheidung durch das Beschwerdegericht**

  Das Beschwerdegericht muss seine Entscheidung begründen (§ 69 Abs. 2 FamFG); für diese gelten im Übrigen die Vorschriften über den Beschluss im ersten Rechtszug entsprechend (§ 69 Abs. 3 FamFG).

14.24.5 Entscheidung des Beschwerdegerichts

Das Beschwerdegericht tritt an die Stelle des Ausgangsgerichts: Es muss gemäß § 69 Abs. 1 Satz 1 FamFG **grundsätzlich** eine **Sachentscheidung** treffen. In gesetzlich bestimmten Ausnahmefällen kann das Verfahren unter Aufhebung des angefochtenen Beschlusses an das Familiengericht zur Neuentscheidung zurückverwiesen werden.

14.24.5.1 Sachentscheidung

Grundsatz: Sachentscheidung

Das Beschwerdegericht entscheidet gemäß § 69 Abs. 1 Satz 1 FamFG **neu über die Sache** unter **Berücksichtigung des Sach- und Streitstands zum Zeitpunkt der Beschwerdeentscheidung**.[504]

---

502 Fischer, in: Gottwald, Münchener Prozessformularhandbuch Familienrecht, O.II.7 Anm. 6, mit Beispiel für Anträge im Beschwerdeverfahren.

503 § 65 FamFG gilt eingeschränkt auch in Ehe- und Familienstreitsachen, vgl. § 113 Abs. 1 FamFG: Die Regelungen in § 65 Abs. 1 und Abs. 2 FamFG werden durch die spezielleren Vorschriften des § 117 Abs. 1 Satz 1–3 FamFG und – soweit auf § 520 Abs. 2 Satz 2 und Satz 3 ZPO verwiesen wird – § 117 Abs. 1 Satz 4 verdrängt, die Regelung in § 65 Abs. 3 wird durch § 115 FamFG eingeschränkt (vgl. BeckOK FamFG/Obermann, 38. Ed. 01.04.2021, FamFG § 65 vor Rn. 1).

504 BeckOK FamFG/Obermann, 39. Ed. 1.7.2021, FamFG § 69 Rn. 2.

Folgende Entscheidungen sind möglich:[505]

- **Verwerfung** der Beschwerde als unzulässig, § 68 Abs. 2 Satz 2 FamFG

  Gemäß § 68 Abs. 2 FamFG verwirft das Beschwerdegericht die Beschwerde als unzulässig, wenn sie nicht statthaft und/oder nicht in der gesetzlichen Form und Frist eingelegt ist.
- **Zurückweisung** der Beschwerde als unbegründet
- **Abänderung** des angefochtenen Beschlusses und Treffen einer vom Beschluss abweichenden Entscheidung

In **Antragsverfahren** gilt das **Verschlechterungsverbot**, in Amtsverfahren nicht. **Verschlechterung**

14.24.5.2 Aufhebung und Zurückverweisung

keine Sachentscheidung

Vom Grundsatz der Sachentscheidung gibt es zwei Ausnahmen, geregelt in § 69 Abs. 1 Satz 2 und 3 FamFG[506] mit der Folge, dass die Sache an das Familiengericht zur erneuten Entscheidung zurückgegeben wird.

Voraussetzungen

Das Beschwerdegericht kann (nicht: muss; es handelt sich um eine Ermessensentscheidung[507]) die Sache unter **Aufhebung des angefochtenen Beschlusses** an das Ausgangsgericht (Familiengericht) **zurückverweisen**, wenn das Ausgangsgericht (Familiengericht) keine Sachentscheidung getroffen hat und/oder wesentliche Verfahrensmängel (1) bestehen und zur Entscheidung eine umfangreiche oder aufwändige Beweiserhebung notwendig wäre (2) und ein Beteiligter die Zurückverweisung beantragt (3).

Bindung des Familiengerichts

Das Familiengericht, das wegen der Zurückverweisung in der Sache erneut entscheidet, muss die rechtliche Beurteilung, die das Beschwerdegericht der Aufhebung zugrunde gelegt hat, **seiner Entscheidung zugrunde** legen. Dies folgt aus § 69 Abs. 1 Satz 4 FamFG.

Das Familiengericht muss das Verfahren zwar nicht von Neuem aufrollen; nicht vom Beschwerdegericht beanstandete Verfahrenshandlungen können (ggf. erneut) Entscheidungsgrundlage werden.[508] Der Verfahrensmangel, der die Zurückweisung auslöst, muss jedoch behoben werden. Insoweit ist das **Familiengericht an die Entscheidung des Beschwerdegerichts gebunden**.[509]

Verschlechterung

In **Antragsverfahren** gilt auch bei Zurückverweisung das **Verschlechterungsverbot**, in Amtsverfahren gilt dieses Verbot nicht.[510]

14.24.5.3 Einstweilige Aussetzung der Vollziehung oder der Wirksamkeit

Vorabentscheidung

Das Beschwerdegericht kann bei **Eilbedürftigkeit** eine einstweilige Regelung treffen, § 64 Abs. 3 FamFG. Wegen des Zeitfaktors in Kindschaftssachen und der Bedeutung der Kontinuität für das Kindeswohl – beides Faktoren, die eine Hauptsacheentscheidung regelmäßig beeinflussen – sollte der Beschwerdeführer prüfen, zusätzlich einen solchen Eilantrag als Annexantrag zu stellen. In Betracht kommen insbesondere Anträge auf die einstweilige Aussetzung der Vollziehung oder Wirksamkeit der angefochtenen Entscheidung.

Einstweilige Anordnungsverfahren nach § 64 Abs. 3 FamFG sind **vom Hauptsacheverfahren abhängig**. Wird dieses entschieden, entfällt das Bedürfnis für eine einstweilige Regelung; über den Annex-Antrag muss dann nicht mehr entschieden werden.

14.24.5.4 Feststellungsentscheidung bei Erledigung

Hat sich die angefochtene Entscheidung erledigt, spricht das Beschwerdegericht gemäß § 62 Abs. 1 FamFG **auf Antrag und bei berechtigtem Interesse** aus, dass die Entscheidung des Gerichts des ersten Rechtszugs den Beschwerdeführer in seinen Rechten verletzt hat.

505 Vgl. BeckOK FamFG/Obermann, 39. Ed. 1.7.2021, FamFG § 69 Rn. 2.
506 In Anlehnung an § 528 Abs. 2 ZPO.
507 BeckOK FamFG/Obermann, 39. Ed. 1.7.2021, FamFG § 69 Rn. 4.
508 BeckOK FamFG/Obermann, 39. Ed. 1.7.2021, FamFG § 69 Rn. 16.
509 BeckOK FamFG/Obermann, 39. Ed. 1.7.2021, FamFG § 69 Rn. 16.
510 BeckOK FamFG/Obermann, 39. Ed. 1.7.2021, FamFG § 69 Rn. 17.

Fortsetzungsfeststellungsinteresse

Nach § 62 Abs. 2 FamFG liegt ein **berechtigtes Interesse** in der Regel vor, wenn

- schwerwiegende **Grundrechtseingriffe** vorliegen (Ziff. 1)
- eine **Wiederholung** konkret zu erwarten ist (Ziff. 2)

15 Kinderschutzmaßnahmen und Unterstützungsleistungen der Jugendhilfe im Überblick

Aufgaben der Jugendhilfe

Die Jugendhilfe hat in erster Linie die Aufgabe, Eltern und Kinder zu unterstützen und zu fördern. Sie kann geeignete **Angebote machen und Hilfe leisten**, § 2 Abs. 2 SGB VIII.

In zweiter Linie hat die Jugendhilfe sog. **andere Aufgaben** auszuführen (vgl. § 2 Abs. 3 SGB VIII), die zum Teil der Eingriffsverwaltung zuzuordnen sind. Dazu gehören die Inobhutnahme nach § 42 SGB VIII und der Schutzauftrag der Jugendhilfe bei Anhaltspunkten für eine Kindeswohlgefährdung nach § 8a SGB VIII.

Verhältnis BGB – SGB VIII

Regelungen des BGB und des SGB VIII zum Kinderschutz nehmen aufeinander Bezug und sind insoweit **miteinander verbunden**:

- Das Familiengericht kann den Eltern aufgeben, Leistungen der Kinder- und Jugendhilfe in Anspruch zu nehmen, wenn eine Gefährdung des Kindeswohls nicht anders abgewendet werden kann, § 1666 Abs. 3 Ziff. 1 BGB.
- Im Rahmen des Schutzauftrags bei Kindeswohlgefährdung muss das Jugendamt das Familiengericht anrufen, wenn es dessen Tätigwerden für erforderlich hält. Es kann im Bedarfsfall auch selbst Eilmaßnahmen ergreifen, §§ 8a Abs. 2, 42 SGB VIII.

15.1 Hilfe zur Erziehung

Bei der Hilfe zur Erziehung handelt es sich um eine Leistung der Kinder- und Jugendhilfe, § 2 Abs. 2 Ziff. 4 SGB VIII zur **(Wieder-)Herstellung einer Erziehung, die den kindlichen Bedürfnissen im konkreten Fall entspricht**. Regelungen zur Hilfe zur Erziehung finden sich in den §§ 27 bis 40 SGB VIII.

§ 27 Abs. 1 SGB VIII führt die Anspruchsvoraussetzungen auf und verweist in Abs. 2 auf Hilfemaßnahmen in §§ 28 bis 35 SGB VIII. Das **Hilfeplanverfahren** selbst ist in den §§ 36, 36a SGB VIII geregelt.[511]

15.1.1 Anspruchsberechtigter und -gegner

Anspruchsgegner

§ 27 SGB vermittelt einen Anspruch gegen die **örtlichen Träger der öffentlichen Jugendhilfe (Jugendamt)**. Nach Bewilligung kann die Hilfe durch öffentliche und freie Träger ausgeführt werden, § 3 Abs. 2 SGB VIII.

Anspruchsberechtigte

Anspruchsberechtigt sind die **Personensorgeberechtigten** des Kindes oder des Jugendlichen, zu dessen Gunsten die Hilfeleistung erfolgen soll. Für die Hilfe muss **kein ausdrücklicher Antrag** gestellt werden; die Personensorgeberechtigten müssen der Hilfe zur Erziehung jedoch **zustimmen**.[512]

Ist **nur ein Elternteil sorgeberechtigt**, muss der **Antrag durch ihn (allein)** gestellt werden. Sind Eltern **gemeinsam sorgeberechtigt**, ist zu differenzieren: Leben sie zusammen, müssen grundsätzlich beide die Hilfeleistung beantragen. Leben sie getrennt und sind uneinig über die Inanspruchnahme von Hilfemaßnahmen, ist ggf. die Zuweisung der Entscheidungsbefugnis ge-

511 Zu den Änderungen der §§ 36 ff. SGB VIII durch die Gesetzesreform 2021 siehe Schmidt, Das neue Kinder- und Jugendstärkungsgesetz – Wenig Licht und viel Schatten, NJW 2021, 1992, 1994 f.

512 Schlegel/Nellissen, juris-PK-SGB VIII, § 27 Rn. 36.

mäß § 1628 BGB zu beantragen.[513] Dies wird immer dann erforderlich sein, wenn es sich um eine Hilfemaßnahme handelt, die für das Kind von erheblicher Bedeutung ist. Über diese müssen Eltern gemäß § 1687 Abs. 1 BGB einvernehmlich entscheiden.[514] Erhebliche Bedeutung haben insbesondere **außerhalb der Familie stattfindende Maßnahmen**[515], etwa im Falle der Unterbringung eines Kindes. Kann die Hilfe hingegen von einem Personensorgeberechtigten allein wahrgenommen werden (wie zum Beispiel eine Erziehungsberatung), kann er diese unabhängig von der Zustimmung des anderen beantragen und durchführen.[516]

→ zur Übertragung von Entscheidungsbefugnissen gemäß § 1628 BGB siehe 5

Folgen bei Ablehnung

Verweigern die Personensorgeberechtigten eine vom Jugendamt **empfohlene Hilfemaßnahme**, kann dies ggf. eine **Kindeswohlgefährdung** auslösen bzw. aufrechterhalten. Kommt das Jugendamt zu einer solchen Einschätzung, muss es gemäß § 8a SGB VIII das Familiengericht anrufen und sorgerechtliche Maßnahmen nach § 1666 BGB beantragen. Das Familiengericht wird insbesondere zu prüfen haben, ob Gefahrenabwehrmaßnahmen gemäß § 1666 Abs. 3 BGB in Betracht kommen, etwa nach Ziff. 1 (Anweisung zur Annahme), Ziff. 5 (Ersetzung der Einwilligung) oder Ziff. 6 ((Teil-)Sorgeentzug).[517]

→ zum Kinderschutzverfahren nach § 1666 BGB siehe 10

15.1.2 Voraussetzungen

Die Voraussetzungen für die Inanspruchnahme von Hilfe zur Erziehung folgen aus § 27 Abs. 1 SGB VIII sowie aus §§ 36, 36a SGB VIII.

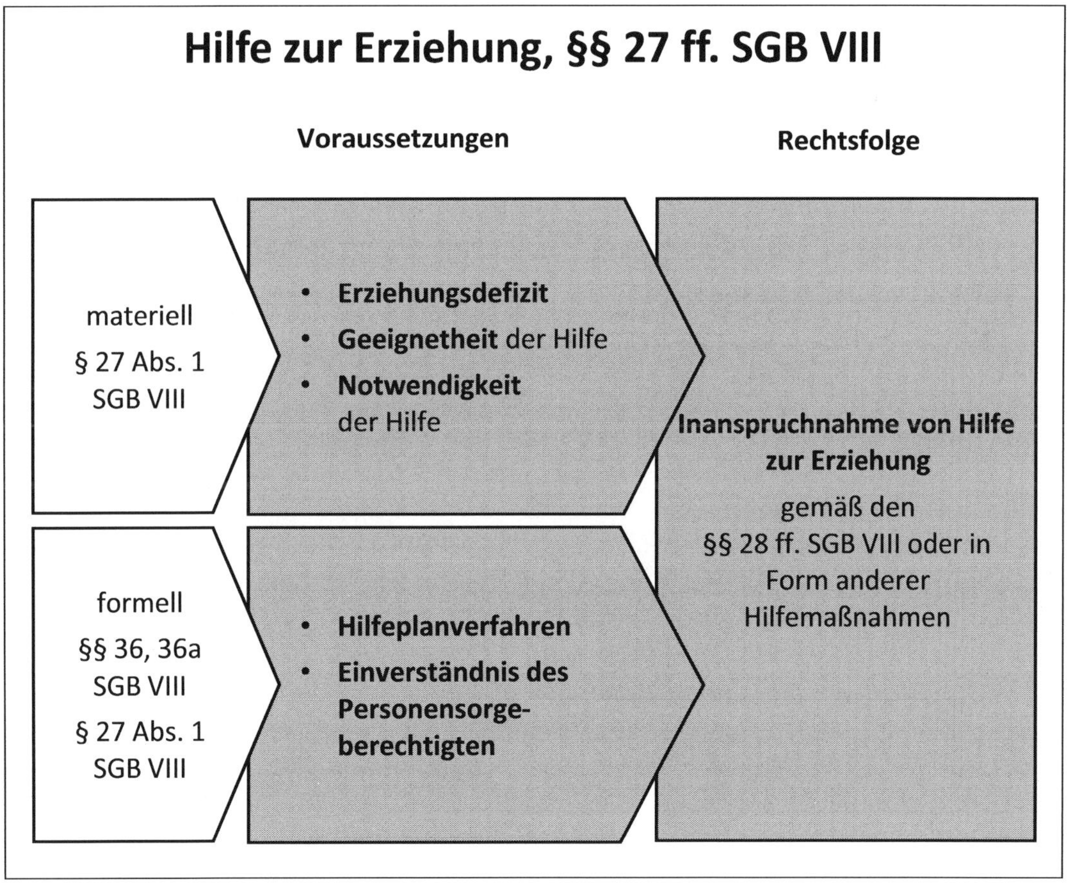

Abbildung 89

513 Schlegel/Nellissen, juris-PK-SGB VIII, § 27 Rn. 31 und 65 ff.
514 Tillmanns, in: Münchner Kommentar, § 27 SGB VIII Rn. 4.
515 MüKoBGB/Tillmanns, § 27 SGB VIII Rn. 4.
516 MüKoBGB/Tillmanns, § 27 SGB VIII Rn. 4.
517 MüKoBGB/Tillmanns, § 27 SGB VIII Rn. 4.

erzieherische Mangelsituation

Zentrale Tatbestandsvoraussetzung ist eine **erzieherische Mangelsituation** (Erziehungsdefizit, erzieherischer Bedarf). Die Mangelsituation muss erzieherischen, nicht etwa schulischen oder anderen sozialen Bereichen zuzuordnen sein.[518] Von einem erzieherischen Bedarf ist auszugehen, wenn **Anhaltspunkte für eine Fehlentwicklung des Kindes wegen erzieherischen Nichthandelns** vorliegen.[519] Es müssen also konkrete erzieherische Bedürfnisse des Kindes unerfüllt sein, wodurch seine Entwicklung be- oder verhindert wird. Ein Kind hat gemäß § 1 SGB VIII Anspruch auf eine Erziehung zu einer verantwortungsvollen und gemeinschaftsfähigen Persönlichkeit. An diesem Anspruch sind seine Bedürfnisse auszurichten und gehen über eine rein existenzielle Versorgung hinaus. Die Gründe der Mangelsituation sind nicht entscheidend; **Verschulden oder Nichtverschulden der Eltern ist also nicht erforderlich**; ebenso wenig das Vorliegen einer Kindeswohlgefährdung.

erzieherischer Bedarf

Erzieherischer Bedarf im Sinne von § 27 Abs. 1 SGB VIII besteht, wenn die **körperliche, geistige oder seelische Entwicklung des Kindes nicht altersentsprechend** ist, **weil Grundbedürfnisse nicht erfüllt werden**. Bedeutsame Grundbedürfnisse sind Liebe, Akzeptanz, Bindungskontinuität, existenzielle und hygienische Versorgung, Schutz vor Gefahren sowie geistige und soziale Bildung.[520]

15.1.3 Formen der Hilfegewährung

Hilfe ist **bedarfsdeckend** zu leisten. § 27 Abs. 2 Satz 3 SGB VII n. F. stellt (wie auch § 27 Abs. 3 Satz 2 SGB VIII n. F.) klar, dass bei Bedarf eine **Kombination** von Hilfearten bzw. mit anderen Leistungen möglich ist.

Es gibt verschiedene Formen von **ambulanten, teil- und vollstationären Erziehungshilfen**, die in den §§ 28 ff. SGB VIII aufgeführt werden. Es handelt sich um **Regelbeispiele**.[521] Es können also auch vergleichbare/andere Hilfemaßnahmen beansprucht bzw. entwickelt werden.

Regelbeispiele

Zu ihnen gehören:

- Erziehungsberatung, § 28 SGB VIII
- Soziale Gruppenarbeit, § 29 SGB VIII
- Erziehungsbeistand, § 30 SGB VIII
- Sozialpädagogische Familienhilfe, § 31 SGB VIII
- Erziehung in einer Tagesgruppe, § 32 SGB VIII
- Vollzeitpflege, § 33 SGB VIII
- Heimerziehung, betreute Wohnform, § 34 SGB VIII
- Intensive sozialpädagogische Einzelbetreuung, § 35 SGB VIII

Die Maßnahmen sind **geordnet nach ihrer pädagogischen Intensität**.[522]

518 MüKoBGB/Tillmanns, § 27 SGB VIII Rn. 2.
519 OVG Lüneburg, 13.09.2019 – 10 LA 321/18.
520 Vgl. OVG Lüneburg, 13.09.2019 – 10 LA 321/18.
521 Vgl. Schmidt, Das neue Kinder- und Jugendstärkungsgesetz – Wenig Licht und viel Schatten, NJW 2021, 1992, 1994: „vertypte Formen der Hilfe zur Erziehung".
522 Heilmann/Dürbeck, Praxiskommentar Kindschaftsrecht 2. Auflage, § 27 SGB VIII.

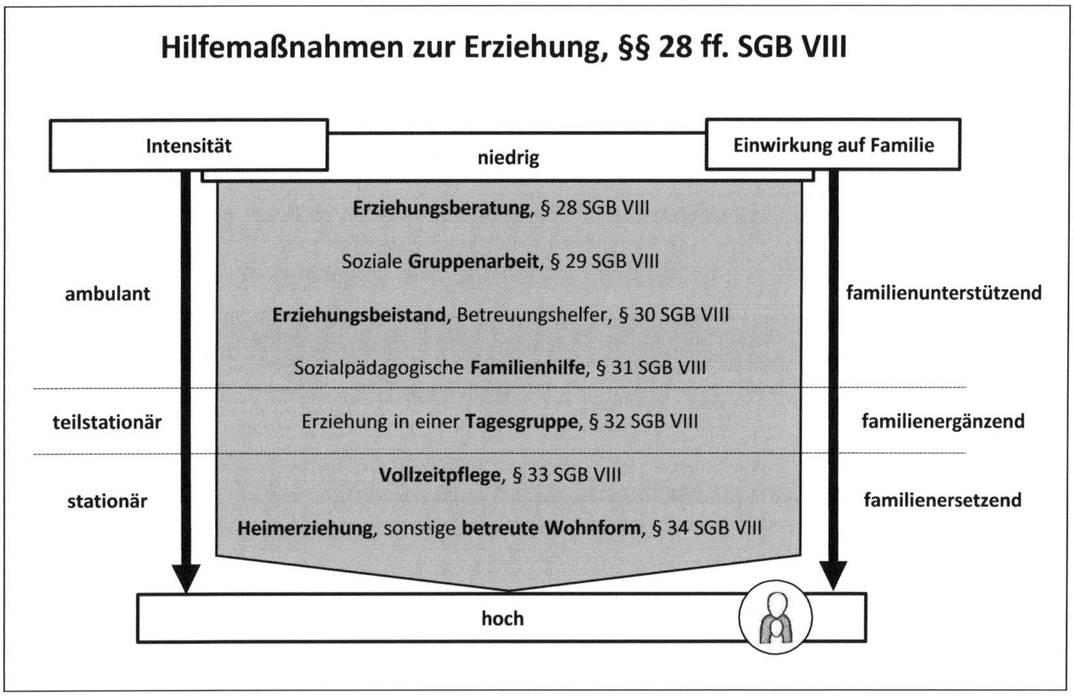

Abbildung 90

15.1.3.1 Erziehungsberatung, § 28 SGB VIII

Diese Beratungsform ist von den Beratungsangeboten nach § 17 SGB VIII abzugrenzen. Letztere sind präventiv angelegt und setzen – anders als die Beratung nach § 28 SGB VII – kein Erziehungsdefizit voraus. Bei der Erziehungsberatung handelt sich um ein **qualifiziertes, interdisziplinäres Beratungsformat**, an dem Fachkräfte verschiedener Fachrichtungen zusammenwirken.

Inhalt
- **krisenorientierte, individuelle** Beratung

Adressaten
- **Kinder, Jugendlicher**
- **Eltern**
- **andere Erziehungsberechtigte**

15.1.3.2 Soziale Gruppenarbeit, § 29 SGB VIII

Soziale Gruppenarbeit richtet sich an ältere Kinder und Jugendliche; gearbeitet werden soll an **Entwicklungsstörungen und Verhaltensproblemen**.[523] Die Teilnahme an dieser Hilfemaßnahme kommt auch bei straffälligen Jugendlichen in Betracht: Der Jugendrichter kann gemäß § 10 Absatz 1 Satz 3 Ziff. 6 JGG eine entsprechende Weisung erlassen, etwa im Hinblick auf die Teilnahme an einem Anti-Aggressions-Training.

Übersicht

Inhalt — **gruppenpädagogische Maßnahme** zur **Überwindung von Entwicklungsstörungen und problematischen Verhaltensweisen**

Adressaten — **(ältere) Kinder und Jugendliche**
Die Wirksamkeit der Maßnahme erfordert eine gewisse altersgemäße Entwicklung (Reflexionsfähigkeit).

523 Heilmann/Dürbeck, Praxiskommentar Kindschaftsrecht 2. Auflage, § 29 SGB VIII.

15.1.3.3 Erziehungsbeistand, Betreuungshelfer, § 30 SGB VIII

Mit dem Einsatz eines Erziehungsbeistands oder eines Betreuungshelfers (bei delinquenten Jugendlichen, § 10 Absatz 1 Ziff. 5 JGG) wird die **(ambulante) Unterstützung des Kindes** bei Entwicklungsproblemen angestrebt unter **Einbeziehung seines sozialen Umfelds**.

Übersicht

Erziehungsbeistand	• sozialpädagogisches Leistungsangebot
Betreuungshelfer	• auf Weisung des Jugendrichters, § 10 Abs. 3 Satz 3 Ziff. 5 JGG
Inhalt	• Beratung und Unterstützung zur **Bewältigung von Entwicklungsproblemen** und deshalb **drohenden Entwicklungsstörungen**
Adressaten	• **(ältere) Kinder und Jugendliche**

15.1.3.4 Sozialpädagogische Familienhilfe, § 31 SGB VIII

Die Einrichtung einer Familienhilfe ist ein Angebot, das sich auf die **Unterstützung und Anleitung** nicht einzelner Familienangehöriger, sondern **der Familie insgesamt** bezieht. Es geht um Hilfe zur Selbsthilfe: Familien sollen ermächtigt und dabei gefördert werden, Alltags- und Erziehungsaufgaben selbstständig wahrzunehmen.

Übersicht

Inhalt und Bedeutung	• **Betreuung und Begleitung** einer Familie bei – **Erziehungsaufgaben** – **Bewältigung von Alltagsproblemen** • **intensive und in der Regel langfristige familienbezogene** Hilfe • grundsätzlich **ambulant**, aber auch stationär möglich • **Vermeidung der Familientrennung** • **Begleitung bei Rückführung** des Kindes aus Fremdunterbringung • **Befähigung der Familie** zur selbstverantwortlichen Wahrnehmung von Erziehungsaufgaben
Adressat	• **Angehörige des Haushalts**, in dem der Minderjährige lebt

15.1.3.5 Tagesgruppe, § 32 SGB VIII

Bei der Tagesgruppe im Sinne von § 32 SGB VIII handelt es sich um eine teilstationäre Leistung (§ 91 Absatz 2 SGB VIII). Das Kind wird während des Tages nicht in der Familie versorgt, sondern **in einer Einrichtung**.

Übersicht

Bedeutung	• teilstationäre Hilfe: **Unterbringung über Tag** • zwischen ambulanter Hilfe und voller Fremdunterbringung • auch möglich: – als Maßnahme zur Rückführung des Kindes – ergänzend zur Heimunterbringung, Erziehungsberatung • **Vermeidung** einer sonst notwendigen **vollstationären Unterbringung** • Verbleib des Kindes in der Familie; gleichzeitig intensive, langfristige erzieherische und pädagogische Einwirkung im Alltag
Inhalt	• **Unterstützung des Kindes durch soziales Lernen** in einer Gruppe (zum Beispiel schulische Begleitung, überwachende Haushaltshilfe, Nachhilfe) • **Elternarbeit** im Hinblick auf Hindernisse und fehlerhaftes Erziehungsverhalten (verpflichtend, s. u.)
Adressaten	• **Minderjährige im schulpflichtigen Alter** • **Eltern** im Rahmen der Beratung, s. a. § 37 SGB VIII („soll")

Rechtsfolgen
- Kostenerhebung, § 91 Abs. 2 Ziff. 2 SGB VIII
- Unterhalt, § 39 SGB VIII: Sicherstellung des notwendigen **Unterhalts außerhalb des Elternhauses**

15.1.3.6 Vollzeitpflege, § 33 SGB VIII

Unterbringung in einer Pflegefamilie

§ 33 SGB VIII regelt die vollstationäre Unterbringung des Kindes in einer **Pflegefamilie**. Die Unterbringung kann befristet, aber auch auf Dauer angelegt sein. Die Unterbringung des Kindes in einer Pflegefamilie kann wegen der damit verbundenen Trennung von den Eltern nur dann in Betracht kommen, wenn **Eltern elementare Erziehungs- und Versorgungsaufgaben nicht wahrnehmen** und die **Sicherheit des Kindes im elterlichen Haushalt deshalb gefährdet** ist. Eine Unterbringung im Sinne von § 33 SGB VIII kann auch beinhalten, dass das Kind jedes Wochenende in der Herkunftsfamilie ist.

Pflegeperson

Das Jugendamt muss für eine **geeignete Pflegeperson** sorgen; diese bedarf gemäß § 44 Absatz 1 SGB VIII grundsätzlich einer **Pflegeerlaubnis**. Geeignete Pflegepersonen können auch Verwandte des Kindes (ggf. ohne Pflegeerlaubnis) oder sein Vormund sein. Eltern und Kind sind an der Auswahl der Pflegeperson im Rahmen des Hilfeplanverfahrens (§ 36 SGB VIII) zu beteiligen. Nicht sorgeberechtigte Pflegeeltern bzw. das Jugendamt können sich gegen **Herausgabeverlangen der sorgeberechtigten Eltern** mit einem Antrag auf Erlass einer **Verbleibensanordnung** nach § 1632 Abs. 4 BGB wehren.

Übersicht

Bedeutung
- **vollstationäre** Maßnahme: **vollständige Fremdbetreuung**

Inhalt
- **Unterbringung und Betreuung** eines Kindes oder eines Jugendlichen **über Tag und Nacht**
- „**in einer anderen Familie**", d. h. in einer anderen als der Herkunftsfamilie
  - **Privathaushalte**, keine Wohngemeinschaften mit beruflichen Fachbetreuern
  - „andere Familie" ist im weitesten Sinne zu verstehen, auch
    - o Einzelpersonen
    - o Stiefvater der verstorbenen Mutter
    - o Großeltern und andere Verwandte
    - o nicht miteinander verheiratete Personen
    - o Vormund
- **Verbesserung der Erziehungsbedingungen in Herkunftsfamilie;** Jugendamt muss Rückführung des Kindes anstreben
- **Grundsatz: befristete Fremdunterbringung** vor unbefristeter; Vollzeitpflege soll grundsätzlich vorübergehend sein

Rechtsfolgen
- **Kostenerhebung**, § 91 Abs. 2 Ziff. 2 SGB VIII
- **ergänzende Leistungen:**
  - **Unterhalt**, § 39 SGB VIII
  - **Krankenhilfe**, § 40 SGB VIII

15.1.3.7 Heimerziehung, sonstige betreute Wohnform, § 34 SGB VIII

Übersicht

Bedeutung
- **vollstationäre** Maßnahme: **vollständige** Fremdbetreuung („über Tag und Nacht")

Inhalt
- „**in einer Einrichtung über Tag und Nacht (Heimerziehung)**", Beispiele:
  - Erziehungsheim
  - heilpädagogisches und therapeutisches Heim
  - Kinder- und Jugenddorf

- **„in einer sonstigen betreuten Wohnform"**
  Alternative oder Anschlussmaßnahme zur Heimerziehung; Betreuungsleistungen entsprechen denen einer Heimerziehung (nicht: reine Wohnplatzangebote ohne pädagogische und therapeutische Angebote), Beispiele:
  - Wohngruppen
  - Jugendwohngemeinschaften
  - Kinder- und Jugenddörfer
  - Kinderhäuser
  - betreutes Einzelwohnen
- **Verbesserung der Erziehungsbedingungen** in der Herkunftsfamilie
- Beratung und Unterstützung des Kindes in Fragen der allgemeinen Lebensführung
- **alltägliche Betreuung** und konzentrierte **pädagogische und therapeutische Angebote**
- **Verselbstständigung** des Kindes oder des Jugendlichen
- Aufrechterhaltung der **Beziehungen zur Herkunftsfamilie**

Rechtsfolgen

Rechtsfolgen

- **Kostenerhebung**, § 91 Abs. 2 Ziff. 2 SGB VIII
- **Unterhalt**, § 39 SGB VIII: Sicherstellung des notwendigen **Unterhalts außerhalb des Elternhauses**:
  - **Kosten der Erziehung**
    - o Personalkosten
    - o Anschaffungskosten für zusätzlich benötigte Kleidung
  - **Kosten der Unterbringung**
  - **persönliche Ausstattung**
- **Krankenhilfe**, § 40 SGB VIII

15.2 Angebote der Jugendhilfe in außergewöhnlichen Lebenslagen

Die §§ 19–21 SGB VIII enthalten Angebote der Jugendhilfe bei Vorliegen außergewöhnlicher Lebenslagen. Diese Angebote haben in Pandemiezeiten an Bedeutung gewonnen.

Hilfebedarf

Hilfeleistungen in außergewöhnlichen Lebenslagen bestehen

- für **junge und/oder überforderte Eltern**, § 19 SGB VIII
- wenn Eltern infolge einer **Notsituation vorübergehend keine Kinderbetreuung wahrnehmen** können, § 20 SGB VIII
- für Kinder, deren Eltern aus beruflichen Gründen **keinen festen räumlichen Lebensmittelpunkt** haben, § 21 SGB VIII

Die Gewährung der Hilfsangebote steht im gebundenen Ermessen des Jugendamts. Bei Vorliegen der Voraussetzungen besteht ein Anspruch auf die Hilfeleistung.[524]

15.3 Gemeinsame Wohnformen für Mütter, Väter und Kinder

Unterstützung von Alleinerziehenden

§ 19 SGB VIII wurde durch die Gesetzesreform im Jahr 2021 in manchen Punkten geändert. Es bleibt dabei, dass gemäß § 19 Abs. 1 Satz 1 SGB VIII **alleinerziehende bzw. -betreuende Eltern gemeinsam mit dem Kind in einer geeigneten Wohnform betreut** werden sollen, wenn und solange sie auf Grund ihrer Persönlichkeitsentwicklung dieser Form der Unterstützung bei der Pflege und Erziehung des Kindes bedürfen. Wie bisher ist die Hilfegewährung gemäß § 19 Abs. 1

524 Telscher, in: Schlegel/Voelzke, jurisPK-SGB VIII, 2. Aufl., § 19 SGB VIII (Stand: 02.08.2021) Rn. 3.

Satz 4 SGB VIII bereits vor Geburt des Kindes möglich; eine **schwangere Frau** kann auch schon **vor der Geburt des Kindes** in der Wohnform betreut werden.

Einbeziehung anderer Personen

Gemäß § 19 Abs. 2 SGB n. F. kann mit Zustimmung des betreuten Elternteils auch der andere Elternteil oder eine Person, die für das Kind tatsächlich sorgt, in die Leistung einbezogen werden, wenn und soweit dies dem Leistungszweck dient. In die Hilfemaßnahmen können bei Bedarf daher nunmehr auch der **andere Eltern- oder Stiefelternteil** einbezogen werden.

Die Hilfemaßnahme strebt – neben der Unterstützung bei Erziehungsaufgaben – die **Verselbstständigung** des betreuten Elternteils an, wenn gemäß § 19 Abs. 3 SGB VIII auf Beginn bzw. Fortsetzungen einer schulischen oder beruflichen Ausbildung/Tätigkeit hingewirkt werden soll.

Hilfe zur Erziehung

Zusätzlich bestehende bzw. **parallel bestehende Ansprüche auf Hilfen zur Erziehung** sind in folgenden Fällen zu prüfen:

- **Minderjährige Eltern** bzw. **volljährige Eltern vor Vollendung des 21. Lebensjahres** können Ansprüche auf Hilfen zur Erziehung nach den §§ 27 ff. SGB VIII haben bzw. auf Hilfen für junge Volljährige **in betreuten Wohnformen**.

  Hilfen nach § 19 SGB VIII kommen in Betracht, wenn die Persönlichkeitsentwicklung mit dem Ziel der verantwortlichen Übernahme der Elternverantwortung im Vordergrund steht.[525]
- In Bezug auf die Erziehung der mit den Eltern gemeinsam untergebrachten Kinder können Ansprüche auf Hilfen zur Erziehung nach den §§ 27 ff. SGB VIII bestehen, etwa auf **Unterbringung des Kindes in einer Pflegefamilie**.

Die gemeinsame Unterbringung nach § 19 SGB VIII geht einer getrennten Heimunterbringung oder sonstigen betreuten Wohnform nach § 34 SGB VIII grundsätzlich vor, da diese zur Familientrennung führen (welche die gemeinsame Unterbringung nach § 19 SGB VIII verhindert). Nur wenn in der gemeinsamen Wohnform die Versorgung und Betreuung des Kindes nicht in ausreichendem Maße sichergestellt werden kann, ist das Kind (dann getrennt von seinen Eltern) unterzubringen.[526]

15.4 Betreuung und Versorgung in Notsituationen, § 20 SGB VIII

§ 20 SGB VIII sieht die Unterstützung von Eltern bei der Betreuung und Versorgung von Kindern in Notsituationen vor. Pandemiebedingt bekam diese Hilfemaßnahme eine besondere Bedeutung.[527]

Voraussetzungen

Gemäß § 20 SGB VIII besteht ein Anspruch der Eltern auf Unterstützung bei der Betreuung und Versorgung des im Haushalt lebenden Kindes, wenn folgende **Voraussetzungen** erfüllt sind:

(1) Ausfall des für die Betreuung überwiegend verantwortlichen Elternteils aus gesundheitlichen oder anderen zwingenden Gründen

(2) keine anderweitige Kindeswohlgewährung, insbesondere nicht durch Übernahme der Betreuung durch den anderen Elternteil

(3) Bedarf für Erhaltung des familiären Lebensraumes des Kindes

(4) keine Deckung des Unterstützungsbedarfs durch Angebote der Förderung des Kindes in Tageseinrichtungen oder in Kindertagespflege.

Rechtsfolgen

Besteht ein Anspruch, können gemäß § 20 Abs. 2 SGB VIII im Falle einer entsprechenden Vereinbarung zur Betreuung und Versorgung des Kindes ehrenamtlich tätige Patinnen und Paten zum Einsatz kommen; im Übrigen richten sich Art und Weise der Unterstützung und der zeitliche Umfang der Betreuung und Versorgung des Kindes nach dem Bedarf im Einzelfall.

Gemäß 20 Abs. 3 SGB VIII gilt § 36a Abs. 2 SGB VIII entsprechend mit der Maßgabe, dass eine **niedrigschwellige unmittelbare Inanspruchnahme** insbesondere dann zugelassen werden

525 Telscher, in: Schlegel/Voelzke, jurisPK-SGB VIII, 2. Aufl., § 19 SGB VIII (Stand: 02.08.2021) Rn. 8.

526 Telscher, in: Schlegel/Voelzke, jurisPK-SGB VIII, 2. Aufl., § 19 SGB VIII (Stand: 02.08.2021) Rn. 10 mit Rechtsprechungshinweisen.

527 Vgl. Schmidt, Das neue Kinder- und Jugendstärkungsgesetz – Wenig Licht und viel Schatten, NJW 2021, 1992, 1993.

soll, wenn die Hilfe von einer Erziehungsberatungsstelle oder anderen Beratungsdiensten und -einrichtungen nach § 28 SGB VIII zusätzlich angeboten oder vermittelt wird. In solchen Fällen ist eine vorherige Antragstellung beim Jugendamt nicht erforderlich.[528]

15.5 Inobhutnahme

Bei der Inobhutnahme handelt es um eine **Krisenintervention des Jugendamts**, die in § 42 SGB VIII geregelt ist; ergänzende Regelungen finden sich in § 42a SGB VIII. Sie **ermächtigt und verpflichtet das Jugendamt zu bestimmten jeweils nur vorläufigen Kinderschutzmaßnahmen**[529], insbesondere zu deren **vorläufiger Unterbringung**, vgl. § 42 Abs. 1 Satz 2 BGB.

staatliches Eingreifen

Gemäß § 2 Absatz 3 Ziffer 1 SGB VIII gehört sie als sog. „andere Aufgabe" zum hoheitlichen Tätigkeitsbereich der Jugendhilfe. Aufgrund von § 3 Absatz 3 SGB VIII dürfen grundsätzlich **nur Träger der öffentlichen Jugendhilfe – also das Jugendamt** – Inobhutnahmen durchführen; Angehörige freier Träger bedürfen einer besonderen Ermächtigung. Die Befugnis zur Inobhutnahme ermöglicht **intensive Eingriffe in das grundrechtliche geschützte Elternrecht** und dies innerhalb kürzester Zeit[530] – dies ist nur staatlichen Stellen vorbehalten.

15.5.1 Voraussetzungen

§ 42 Absatz 1 SGB VIII regelt drei Fälle, die zur Inobhutnahme von Kindern und Jugendlichen berechtigen. **Ziffer 1** ermächtigt zur Inobhutnahme, wenn ein **Kind oder ein Jugendlicher selbst um Obhut** bittet. **Ziffer 2** regelt die Inobhutnahme für Kinder, bei denen eine **dringende, nicht anders abwendbare Gefahr für ihr Wohl** besteht. Ziffer 2 wird ergänzt durch die Regelung in § 8a SGB VIII, die Anordnungen an das jugendamtliche Vorgehen bei Anhaltspunkten einer Kindeswohlgefährdung, d. h. im Vorfeld einer Entscheidung nach § 42 Abs. 1 SGB VIII, aufstellt.[531] **Ziffer 3** regelt die Inobhutnahme bei **ausländischen, unbegleitet einreisenden Kindern und Jugendlichen**.

15.5.2 Bitte des Kindes/des Jugendlichen, Ziffer 1

§ 42 Absatz 1 Ziff. 1 SGB VIII sieht die Inobhutnahme von sich selbst meldenden Kindern und Jugendlichen vor („Selbstmelder"). Hier bittet ein Kind oder Jugendlicher das Jugendamt um Aufnahme in behördliche Obhut. Die Verpflichtung des Jugendamts führt im Umkehrschluss zu einem **Anspruch des Minderjährigen auf Inobhutnahme** in einer solchen Situation.[532]

Selbstmeldung des Kindes

Es reicht aus, dass das Kind ein **subjektives Schutzbedürfnis** zum Ausdruck bringt.[533] Weitere Voraussetzungen bestehen nicht; insbesondere ist das **Vorliegen einer Kindeswohlgefährdung weder zu prüfen noch erforderlich**.[534] Das Kind muss auch **keine Begründung** angeben.[535] Voraussetzung ist allein, dass es sich um eine ernsthafte, freiwillige und eindeutige Willensäußerung handelt. Diese ist auch durch konkludentes Handeln möglich.[536] Das Kind muss allerdings **zur Bildung und Äußerung eines entsprechenden Willens fähig** sein.[537] Dies ist bei Kleinstkindern regelmäßig nicht der Fall.[538]

---

528 Schmidt, Das neue Kinder- und Jugendstärkungsgesetz – Wenig Licht und viel Schatten, NJW 2021, 1992, 1994.

529 Ähnlich Kirchhoff, in: Schlegel/Voelzke, juris-PK-SGB VIII, § 42 Rn. 28: „zeitlich begrenzte Schutzmaßnahme im Sinne einer sozialpädagogischen Krisenintervention".

530 Kirchhoff, in: Schlegel/Voelzke, juris-PK-SGB VIII, § 42 Rn. 20.

531 Ähnlich Heilmann/Gottschalk, Praxiskommentar Kindschaftsrecht 2. Auflage, § 42 SGB VIII. Zu den Änderungen des § 8a SGB VIII im Zuge der Reform 2021 siehe Schmidt, Das neue Kinder- und Jugendstärkungsgesetz – Wenig Licht und viel Schatten, NJW 2021, 1992, 1995 ff.

532 Heilmann/Dürbeck, Praxiskommentar Kindschaftsrecht 2. Auflage, § 42 SGB VIII.

533 MüKoBGB/Tillmanns, SGB VIII § 42 Rn. 4.

534 Zum Streitstand, ob eine Vorprüfung erforderlich ist, siehe Zimmermann, Die Inobhutnahme und das Ineinandergreifen des Verwaltungs- und Familienrechts, NZFam 2021, 64, 65 f., mit Hinweisen zur Rechtsprechung und Kommentarliteratur.

535 Kirchhoff, in: Schlegel/Voelzke, juris-PK-SGB VIII, § 42 Rn. 64 ff.

536 Kirchhoff, in: Schlegel/Voelzke, juris-PK-SGB VIII, § 42 Rn. 60.

537 Heilmann/Dürbeck, Praxiskommentar Kindschaftsrecht 2. Auflage, § 42 SGB VIII m. w. N.; Kirchhoff, in: Schlegel/Voelzke, juris-PK-SGB VIII, § 42 Rn. 59.

538 Heilmann/Dürbeck, Praxiskommentar Kindschaftsrecht 2. Auflage, § 42 SGB VIII m. w. N.

Inobhutnahme auf Aufforderung des Kindes/des Jugendlichen („**Selbstmelder**") hin:

- **Äußerung eines subjektiven Schutzbedürfnisses**
- **keine Begründung**, **kein objektiver Hilfebedarf** erforderlich
- **keine Gefährdungseinschätzung** (wie in § 42 I 1 Nr. 2 SGB VIII) erforderlich

Unterrichtung

Gemäß § 42 Abs. 3 SGB VIII muss das Jugendamt die Personensorge- oder Erziehungsberechtigten von der Inobhutnahme **unverzüglich unterrichten**. Dem Jugendamt muss Zeit für die (vorläufige) Sachverhaltsaufklärung und Beratung des Kindes bleiben. In praktischer Hinsicht dient die Unterrichtung insbesondere dazu, das Einverständnis der Eltern zur Inobhutnahme einzuholen.[539] Bei Widerspruch oder fehlender Erreichbarkeit der Personen- oder Erziehungsberechtigten ist das Kind gemäß § 42 Abs. 3 SGB VIII entweder „unverzüglich" zurückzuführen oder eine familiengerichtliche Entscheidung nach § 1666 BGB einzuholen.

15.5.3 Dringende Kindeswohlgefährdung, Ziffer 2

§ 42 Absatz 1 Ziff. 2 SGB VIII berechtigt und verpflichtet das Jugendamt zur Inobhutnahme bei Vorliegen einer **dringenden Gefahr** für das Wohl des Kindes oder Jugendlichen. Weitere Voraussetzung ist, dass die Personensorgeberechtigten **nicht widersprechen** oder eine **familiengerichtliche Entscheidung nicht rechtzeitig eingeholt** werden kann.

Anders als beim Selbstmelder ist die Ausgangssituation hier in der Regel, dass Dritte das Jugendamt auf eine Gefahrensituation aufmerksam machen. Häufig wird das Jugendamt über Lehrer oder Erzieher des Kindes, über in der Familie tätige Familienhelfer, Nachbarn oder Bekannte des Kindes bzw. der Familien aufmerksam gemacht oder das Kind wird dem Jugendamt übergeben, etwa durch die Polizei.

Übersicht

*§ 42 Absatz 1 Ziff. 2 SGB VIII weist das Jugendamt zu **folgenden Verfahrensschritten an:***

1. ***Feststellung einer Kindeswohlgefährdung***

   *Bei der Bestimmung einer Kindeswohlgefährdung sind die Grundsätze heranzuziehen, die im Hinblick auf § 1666 BGB entwickelt wurden. Die dem Kind drohenden Schäden sind in **Art, Schwere und Eintrittswahrscheinlichkeit konkret** festzustellen.*[540]

2. ***Feststellung der Dringlichkeit der Gefahr***

   *Die Gefahr ist dringend, wenn eine Sachlage oder ein Verhalten bei ungehindertem Ablauf des Geschehens mit hinreichender Wahrscheinlichkeit das Wohl des Kindes oder des Jugendlichen gefährden wird. Dies erfordert eine **Gefährdungseinschätzung** (= Prognose) unter Berücksichtigung der (drohenden) Rechtsgutverletzung.*

3. ***Kontaktaufnahme zu den Eltern***

   Kontaktaufnahme erforderlich, sofern keine Vereitelung des Kinderschutzes droht (§ 8a Absatz 1 SGB VIII), § 42 Abs. 1 Satz 1 Ziff. 2a SGB VIII).

   *Bei **fehlender Erreichbarkeit** der Eltern oder **Widerspruch** eines Personensorgeberechtigten:*

4. ***Einholen einer familiengerichtlichen (Eil-) Entscheidung***

   ***Nur wenn** aufgrund der dringenden Gefahr eine (Eil-)Entscheidung des Familiengerichts **nicht abgewartet werden kann**, ist die Inobhutnahme geboten und erforderlich und damit **erst dann rechtmäßig**.*

539 MüKoBGB/Tillmanns, SGB VIII § 42 Rn. 4.

540 Kirchhoff, in: Schlegel/Voelzke, juris-PK-SGB VIII, § 42 Rn. 84 m. w. N.

15.5.4 Gefährdung

Bei der Prüfung, ob eine **Kindeswohlgefährdung** vorliegt, gelten im Grundsatz die **gleichen Maßstäbe wie bei § 1666 BGB**.[541] Wie dort ist von einer Kindeswohlgefährdung auszugehen, wenn das Kind – hier im Zeitpunkt der Behördenentscheidung[542] – eine körperliche, geistige oder seelische Beeinträchtigung bereits erlitten hat und/oder bei weiterer, ungestörter Entwicklung eine erhebliche Rechtsgutverletzung mit Sicherheit zu erwarten ist.[543]

→ *zum Vorliegen einer Kindeswohlgefährdung im Sinne des § 1666 BGB siehe 10.2*

Ein **geringes Schadensrisiko wird durch eine hohe Schadensintensität kompensiert**[544]: Je erheblicher und folgenschwerer der möglicherweise eintretende Schaden ist, umso geringer sind die Anforderungen, die an die Wahrscheinlichkeit des Schadenseintritts zu stellen sind.[545] Die Gefahr muss **konkret belegbar** sein, da es um die Trennung des Kindes von seinen Eltern geht; es müssen also **konkrete Tatsachen** auf eine gegenwärtige Gefahr des Kindeswohls schließen lassen.[546]

Dringlichkeit

Die **Gefahr muss außerdem dringend** sein. § 42 Abs. 1 Nr. 2 SGB VIII „legitimiert den ersten Zugriff in nicht anders lösbaren Notsituationen".[547]

Die Beeinträchtigung des körperlichen, geistigen oder seelischen Wohls des Kindes muss daher **hinreichend wahrscheinlich** sein.

Verhältnismäßigkeit

Im Hinblick auf die Intensität des Eingriffs in die grundrechtlich geschützten Elternrechte, mit denen eine Inobhutnahme verbunden ist, muss die Inobhutnahme außerdem **verhältnismäßig** sein; insbesondere ist der **Vorrang des familiengerichtlichen Kinderschutzes** zu beachten.

Verhältnismäßig im Rahmen einer Inobhutnahme heißt, dass die **dringende Gefahr die Inobhutnahme notwendig macht.**[548] Mildere Mittel zur Gefahrenabwehr dürfen nicht zur Verfügung stehen. Dies bedeutet aber nicht, dass das Jugendamt den Eltern zuvor erst Hilfemaßnahmen zur Erziehung nach §§ 27 ff. SGB VIII anbieten muss bzw. solche zuvor ausprobiert werden müssen und eine Inobhutnahme erst nach deren Erfolglosigkeit zulässig wäre.[549] Bei der Bewertung der Verhältnismäßigkeit ist die **Intensität der befürchteten Rechtsgutverletzung** entscheidend.[550]

Erforderlichkeit

Erforderlich ist die Inobhutnahme, wenn **sie allein das Kindeswohl sichern** kann.[551]

Vor der Inobhutnahme ist daher zu **prüfen**, ob

- entweder **andere, weniger einschneidende Maßnahmen** die Kindeswohlgefährdung
- oder zumindest deren **Dringlichkeit beseitigen** können.[552]

Eine Inobhutnahme ist zum Beispiel **entbehrlich**, wenn das Kind im Einvernehmen mit den sorgeberechtigten Eltern bei Verwandten untergebracht werden kann und der Kinderschutz dadurch gewährleistet wird.[553]

---

541 Heilmann/Dürbeck, Praxiskommentar Kindschaftsrecht 2. Auflage, § 42 SGB VIII; MüKoBGB/Tillmanns, SGB VIII § 42 Rn. 5.
542 Zimmermann, Die Inobhutnahme und das Ineinandergreifen des Verwaltungs- und Familienrechts, NZFam 2021, 64, 66 f.: Maßgeblich ist die Ex-ante-Betrachtung.
543 Ähnlich Heilmann/Dürbeck, Praxiskommentar Kindschaftsrecht 2. Auflage, § 42 SGB VIII.
544 Zimmermann, Die Inobhutnahme und das Ineinandergreifen des Verwaltungs- und Familienrechts, NZFam 2021, 64, 67.
545 Kirchhoff, in: Schlegel/Voelzke, juris-PK-SGB VIII, § 42 Rn. 78 m. w. N.
546 Kirchhoff, in: Schlegel/Voelzke, juris-PK-SGB VIII, § 42 Rn. 79 m. w. N.
547 Trenczek, in: Münder/Meysen/Trenczek, SGB VIII § 42 Rn. 17.
548 Heilmann/Dürbeck, Praxiskommentar Kindschaftsrecht 2. Auflage, § 42 SGB VIII m. w. N.; Tillmanns, in: Münchner Kommentar, SGB VIII § 42 Rn. 5.
549 MüKoBGB/Tillmanns, SGB VIII § 42 Rn. 5.
550 Heilmann/Dürbeck, Praxiskommentar Kindschaftsrecht 2. Auflage, § 42 SGB VIII.
551 Kirchhoff, in: Schlegel/Voelzke, juris-PK-SGB VIII, § 42 Rn. 87 m. w. N.
552 Kirchhoff, in: Schlegel/Voelzke, juris-PK-SGB VIII, § 42 Rn. 87 ff. m. w. N.
553 Heilmann/Dürbeck, Praxiskommentar Kindschaftsrecht 2. Auflage, § 42 SGB VIII.

15.5.5 Widerspruch

Weitere Voraussetzung für die Zulässigkeit einer Inobhutnahme ist der fehlende Widerspruch der Personensorgeberechtigten.

Diese Voraussetzung ist bereits dann erfüllt, wenn die Personensorgeberechtigten **nicht ausdrücklich zustimmen**. **Schweigen gilt somit als Zustimmung**[554]; Voraussetzung hierfür ist, dass die Personensorgeberechtigten **Kenntnis** von der Inobhutnahme haben.[555] Das Einverständnis kann auch konkludent erteilt werden.[556] **Voraussetzungen**

Der Widerspruch kann auch noch **nachträglich** erfolgen, d. h. nach vorherigem Einverständnis.

Bei **gemeinsamem Sorgerecht** müssen **beide Elternteile einverstanden** sein, denn es handelt sich um eine Angelegenheit von erheblicher Bedeutung im Sinne der §§ 1628, 1687 Abs. 1 Satz 1 BGB.[557] Fehlt es am Einverständnis eines oder beider Personensorgeberechtigten, liegt ein Widerspruch im Sinne dieser Vorschrift vor.[558] **gemeinsame Sorge**

Bei **Widerspruch bzw. fehlendem Einverständnis** darf die Inobhutnahme **nur erfolgen, wenn eine familiengerichtliche Entscheidung nicht abgewartet** werden kann. Die Inobhutnahme ist gegenüber einer familiengerichtlichen Entscheidung also nachrangig.[559] Da Familiengerichte über Bereitschaftsdienste verfügen und Eilentscheidungen erlassen können, ist der zeitliche Rahmen, innerhalb dessen eine Inobhutnahme zulässig ist, sehr eng. Eine Inobhutnahme kann praktisch nur in Betracht kommen, wenn die Herausnahme des Kindes aus seinem Wohnumfeld **keinen Aufschub duldet**.[560] **Folgen bei Widerspruch**

15.5.6 Rechte und Pflichten des Jugendamts

Bei der Inobhutnahme handelt es sich um eine „**sozialpädagogische Schutzmaßnahme** in einer akuten Krisen- bzw. Gefahrensituation".[561] Rechte und Pflichten des Jugendamts während der Inobhutnahme gehen weit **über Maßnahmen zur vorläufigen Unterbringung des Kindes hinaus**.

Rechte des Jugendamts **gegenüber den Personensorge- und Erziehungsberechtigten**, § 42 Abs. 1 Satz 2, Abs. 2 Satz 4 SGB VIII: **Übersicht**

- Vorläufige Unterbringung
- Wegnahme
- Vornahme erforderlicher Rechtshandlungen/rechtlicher Maßnahmen zur Durchführung sozialpädagogisch nötiger Maßnahmen

Hierdurch wird die Personensorge vorübergehend und teilweise überlagert.[562] Sie verschafft dem Jugendamt eine Notbefugnis, die mit dem elterlichen Notvertretungsrecht aus § 1629 Abs. 1 Satz 4 BGB vergleichbar ist.[563]

Pflichten des Jugendamts **gegenüber dem Kind**, § 42 Abs. 2 SGB VIII:

- Hilfe und Unterstützung
- Verschaffung einer Gelegenheit, eine Vertrauensperson zu benachrichtigen

554 MüKoBGB/Tillmanns, SGB VIII § 42 Rn. 6.
555 Kirchhoff, in: Schlegel/Voelzke, juris-PK-SGB VIII, § 42 Rn. 87 ff. m. w. N.
556 Heilmann/Dürbeck, Praxiskommentar Kindschaftsrecht 2. Auflage, § 42 SGB VIII.
557 Vgl. Zimmermann, Die Inobhutnahme und das Ineinandergreifen des Verwaltungs- und Familienrechts, NZFam 2021, 64, 69 mit Nachweisen aus Rechtsprechung und Kommentarliteratur.
558 Kirchhoff, in: Schlegel/Voelzke, juris-PK-SGB VIII, § 42 Rn. 100 ff. m. w. N.; Zimmermann, Die Inobhutnahme und das Ineinandergreifen des Verwaltungs- und Familienrechts, NZFam 2021, 64, 69.
559 Kirchhoff, in: Schlegel/Voelzke, juris-PK-SGB VIII, § 42 Rn. 106.
560 Kirchhoff, in: Schlegel/Voelzke, juris-PK-SGB VIII, § 42 Rn. 106.
561 Zimmermann, Die Inobhutnahme und das Ineinandergreifen des Verwaltungs- und Familienrechts, NZFam 2021, 64, 67.
562 MüKoBGB/Tillmanns, SGB VIII § 42 Rn. 15; Zimmermann, Die Inobhutnahme und das Ineinandergreifen des Verwaltungs- und Familienrechts, NZFam 2021, 64, 68.
563 Zimmermann, Die Inobhutnahme und das Ineinandergreifen des Verwaltungs- und Familienrechts, NZFam 2021, 64, 68.

- Verantwortung für Kindeswohl, Unterhalt und Krankenhilfe

(Folge: Kostenerstattungsanspruch gemäß § 91 Abs. 1 Ziff. 7 SGB VIII)

Pflichten des Jugendamts **gegenüber den Personensorge- und Erziehungsberechtigten**, § 42 Abs. 3 SGB VIII

- Unterrichtung
- grundsätzlich Bekanntgabe des Aufenthaltsorts des Kindes
- Rückführung, wenn
  - Gefährdung nicht (mehr) besteht
  - Bereitschaft und Fähigkeit der Personensorge- oder Erziehungsberechtigten zur Gefährdungsabwehr

Unterbringung des Kindes

Das Jugendamt wird gemäß § 42 Abs. 1 Satz 2 SGB VIII zur **vorläufigen Unterbringung des Kindes** an einem für seine Betreuung geeigneten Ort bzw. bei einer geeigneten Person ermächtigt. Zur Verwirklichung dieses Ziels ist das Jugendamt zur **Wegnahme** des Minderjährigen befugt. **Unmittelbaren Zwang** darf das Jugendamt allerdings nicht anwenden. Wird die Herausgabe des Kindes verweigert und eine gewaltlose Wegnahme dadurch unmöglich, muss das Jugendamt polizeiliche Hilfe hinzuziehen.[564] Anders bei einer gegenwärtigen, nicht anders abwendbaren Gefahr für Leib oder Leben des Kindes: Hier greifen die Notstandsregeln der §§ 32 ff. StGB und der §§ 227 ff. BGB.[565]

Verhältnis zu Elternrechten, insbesondere zum Umgangsrecht

Das Jugendamt **greift empfindlich in Eltern- und Sorgerechte ein**; diese Rechte werden **jedoch nicht entzogen**. Dies gilt auch für die Rechte des Kindes. Alle von den Notkompetenzen nicht erfassten Erziehungs- und übrigen Rechte bleiben dem Personensorgeberechtigten erhalten. Dies betrifft insbesondere das **Recht zur Regelung des Umgangs des Kindes mit seinen Eltern** – dieses wird nicht durch die Inobhutnahme eingeschränkt. Dies gilt auch, wenn das Familiengericht den Eltern das Aufenthaltsbestimmungsrecht entzogen und auf einen Pfleger übertragen hat, denn dieses Recht umfasst nicht das Recht zur Regelung des Umgangs.[566] Im Bedarfsfall ist das Jugendamt gehalten, ein familiengerichtliches Umgangsverfahren nach § 24 FamFG anzuregen.[567] Soweit **Umgang gefahrlos möglich ist, muss er gewährt** werden.[568]

15.5.7 Beendigung

gesetzlich geregelte Beendigung

Nach § 42 Absatz 4 SGB VIII endet die Inobhutnahme – und die damit verbundenen Rechte und Pflichten des Jugendamtes – in zwei Fällen:

- Zum einen mit der **Übergabe** des Kindes oder Jugendlichen an seine Personensorge- oder Erziehungsberechtigten (Ziff. 1 der Regelung). Mit der Übergabe wird der Bescheid über die Inobhutnahme konkludent aufgehoben.[569]
- Zum anderen mit der **Entscheidung des Jugendamts über die Gewährung von Hilfen nach dem SGB VIII** (Ziff. 2). Damit sind gefahrenabwehrende Hilfen gemeint. Hierbei kann es sich um Leistungen des SGB VIII handeln (etwa Hilfen zur Erziehung nach den §§ 27 ff. SGB VIII oder Eingliederungshilfe nach § 35a SGB VIII), aber auch andere sozialrechtlichen Hilfe (etwa Eingliederungshilfe nach den §§ 53 ff. SGB XII).[570]

564 MüKoBGB/Tillmanns, SGB VIII § 42 Rn. 20.
565 MüKoBGB/Tillmanns, SGB VIII § 42 Rn. 20.
566 Ähnlich Heilmann/Dürbeck, Praxiskommentar Kindschaftsrecht 2. Auflage, § 42 SGB VIII.
567 Ähnlich Heilmann/Dürbeck, Praxiskommentar Kindschaftsrecht 2. Auflage, § 42 SGB VIII.
568 Kirchhoff, in: Schlegel/Voelzke, juris-PK-SGB VIII, § 42 Rn. 217.
569 Kirchhoff, in: Schlegel/Voelzke, juris-PK-SGB VIII, § 42 Rn. 239.
570 Kirchhoff, in: Schlegel/Voelzke, juris-PK-SGB VIII, § 42 Rn. 240.

Darüber hinaus kommt es zur Beendigung der Inobhutnahme, **gesetzlich nicht geregelte Beendigung**

- wenn das Kind oder der Jugendliche **eigenmächtig die Obhut des Jugendamts verlässt**.[571]

  Wenn das Jugendamt die Inobhutnahme faktisch nicht mehr durchführen kann, kann diese formell für beendet erklärt werden.[572]

Die Inobhutnahme endet außerdem,

- wenn sie **aufgehoben** wird. Bei der Inobhutnahme handelt es sich um einen Verwaltungsakt mit Dauerwirkung; dieser ist aufzuheben, wenn sich die sie begründenden **tatsächlichen oder rechtlichen Umstände wesentlich verändern** (§ 48 Abs. 1 Satz 1 SGB X).[573] Die Inobhutnahme ist daher zu beenden, wenn die Voraussetzungen der Inobhutnahme nachträglich entfallen (die dringende Kindeswohlgefährdung zum Beispiel nicht mehr besteht oder Volljährigkeit eintritt).[574] Bei Aufrechterhaltung würde die Inobhutnahme rechtswidrig werden. Das Jugendamt muss das Vorliegen der Voraussetzungen der Inobhutnahme fortwährend überprüfen.[575]

Die Inobhutnahme endet auch, wenn das vom Jugendamt (oder anderweitig) angerufene Familiengericht das **Aufenthaltsbestimmungsrecht nicht entzieht**. In diesem Fall wäre die Weigerung des Jugendamts, das Kind an die Eltern herauszugeben, rechtswidrig im Sinne von § 1632 Abs. 1 BGB.[576] Hält das Jugendamt seine Einschätzung aufrecht, muss es Beschwerde gegen die familiengerichtliche Entscheidung einlegen (und sollte beim Oberlandesgericht die Aussetzung der Vollziehung anregen).

---

571 Heilmann/Dürbeck, Praxiskommentar Kindschaftsrecht 2. Auflage, § 42 SGB VIII m. w. N.; a. A. offenbar MüKoBGB/Tillmanns, § 42 SGB VIII Rn. 18: Das Kind oder der Jugendliche selbst könne die Inobhutnahme nicht beenden; Zimmermann, Die Inobhutnahme und das Ineinandergreifen des Verwaltungs- und Familienrechts, NZFam 2021, 64, 70.

572 Zimmermann, Die Inobhutnahme und das Ineinandergreifen des Verwaltungs- und Familienrechts, NZFam 2021, 64, 70, auch zur Problematik.

573 Kirchhoff, in: Schlegel/Voelzke, juris-PK-SGB VIII, § 42 Rn. 241.

574 Kirchhoff, in: Schlegel/Voelzke, juris-PK-SGB VIII, § 42 Rn. 205.

575 Kirchhoff, in: Schlegel/Voelzke, juris-PK-SGB VIII, § 42 Rn. 205.

576 Ähnlich Heilmann/Dürbeck, Praxiskommentar Kindschaftsrecht 2. Auflage, § 42 SGB VIII.

16 Grundrechte von Eltern und Kindern im Überblick

16.1 Bedeutung

Grundrechte als Basis

Die §§ 1626 ff. BGB werden mit Blick auf Bedeutung und Ziele der ihnen zugrunde liegenden Grundrechte interpretiert und angewendet. Dabei sind bestimmte Grundrechte im Zusammenhang mit der Auslegung von Sorge- und Umgangsregelungen besonders zu beachten.

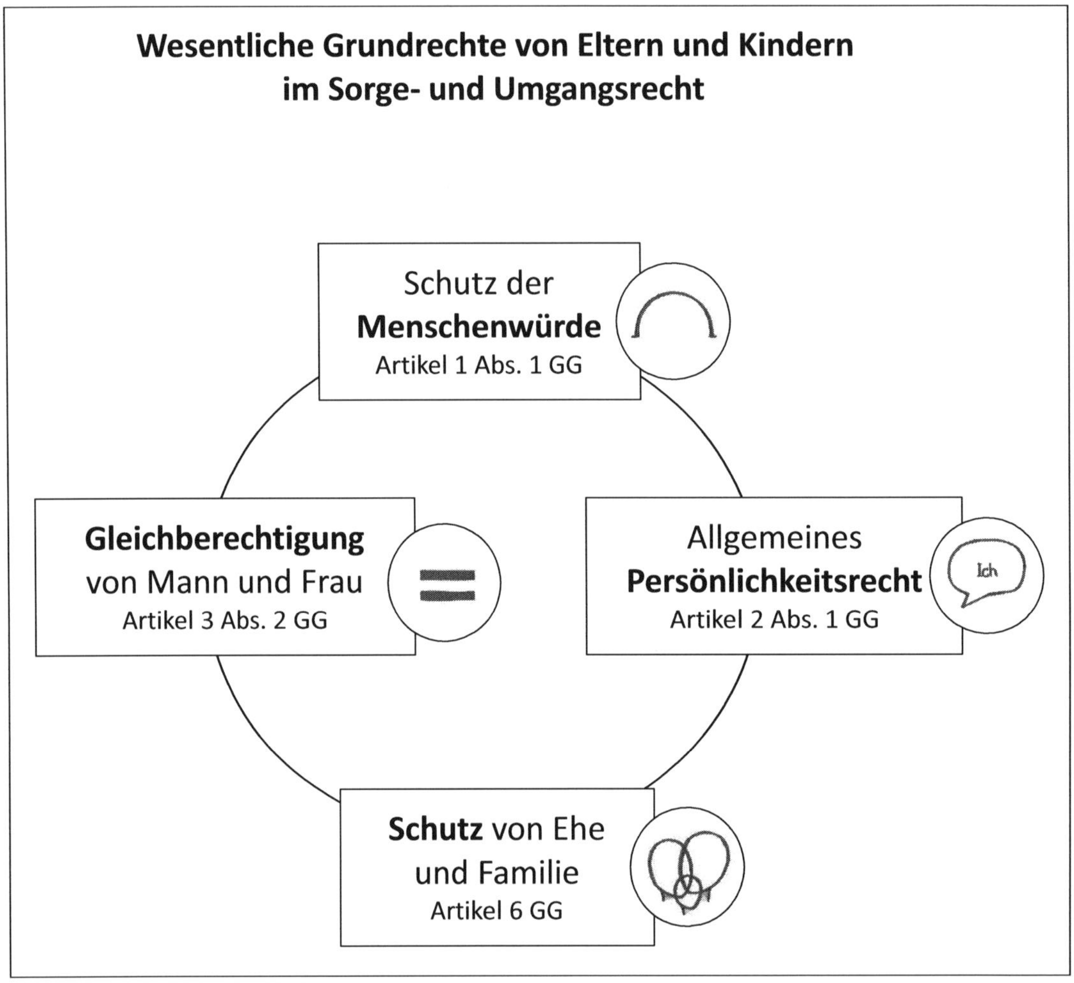

Abbildung 91

Elternrechte

Das in § 1626 BGB geregelte Sorgerecht geht auf die **Grundrechte der Eltern auf Pflege und Erziehung aus Artikel 6 Abs. 2 GG** zurück.[577] Die Regelungen in den §§ 1626 ff. BGB haben die Aufgabe, die Rechtsverhältnisse zwischen Eltern und Kindern grundrechtskonform umzusetzen. Hierzu gehören sowohl die Wahrung der elterlichen Erziehungsrechte auf der einen Seite als auch die Wahrung der Rechte des Kindes auf eine an seinen Interessen ausgerichtete, ungestörte körperliche und geistige Entwicklung auf der anderen Seite.[578] Ein Entscheidungsmaßstab bei gerichtlichen Maßnahmen und sonstigen Entscheidungen ist das Kindeswohl, vgl. § 1697a BGB. Ferner müssen Eltern bestimmte Erziehungsleitlinien und -methoden beachten, die in den §§ 1626 ff. BGB zum Teil mit aufgeführt werden.

→ zu den elterlichen Sorgerechten und -pflichten siehe 2

staatliches Wächteramt

Die §§ 1626 ff. BGB regeln nicht nur Rechte und Pflichten der Eltern, sondern auch **Zugriffsmöglichkeiten des Staates**, etwa durch das Familiengericht. Der Staat übt gemäß Art. 6 Abs. 2 GG

577 Heilmann/Fink, Praxiskommentar Kindschaftsrecht 2. Auflage, § 1626 BGB Rn. 1: „einfachgesetzliche Ausgestaltung von Art. 6 Abs. 2 Satz 1 GG".

578 Vgl. HK-BGB/Rainer Kemper, BGB, Vorbem. zu § 1626, Rn. 1, 2.

ein sog. Wächteramt aus, er muss daher die **Rechte und Interessen von Kindern** in besonderem Maße beachten und schützen. Es kommt dann zum Tragen, wenn die Eltern die Sorge nicht im Sinne des Kindes ausüben. Wenn sie seine Entwicklung zu einer selbstständigen, eigenverantwortlichen und gemeinschaftsfähigen Persönlichkeit nicht unterstützen, das Kind und die ihm gemäße Entwicklung möglicherweise sogar gefährden, ist der Staat aufgerufen. Er muss eingreifen. Das staatliche Wächteramt zeigt sich unter anderem in Kinderschutznormen wie § 1666 BGB (gerichtliche Maßnahmen bei Gefährdung des Kindeswohls) oder § 1684 Abs. 4 BGB (Einschränkung oder Ausschluss des Umgangs aus Kindeswohlgründen bzw. bei Kindeswohlgefährdung).

→ *zu gerichtlichen Kinderschutzmaßnahmen betreffend die elterliche Sorge, §§ 1666, 1666a BGB, siehe 10*

→ *zu Kinderschutzmaßnahmen betreffend den Umgang (Umgangseinschränkung und -ausschluss), § 1684 Abs. 4 BGB, siehe 12.2.4*

16.2 Schutz von Menschenwürde, Persönlichkeitsentfaltung, Leben und körperlicher Unversehrtheit, Artikel 1 und 2 GG

Die Grundrechte auf Schutz der Menschenwürde aus Artikel 1 Abs. 1 GG und das allgemeine Persönlichkeitsrecht aus Artikel 2 GG gelten für alle Menschen – altersunabhängig. Sie wirken auch zugunsten von Kindern und haben Einfluss auf die Ausübung der elterlichen Erziehungsrechte.

Schutz der Menschenwürde

Dem Kind stehen insbesondere Rechte auf freie Entfaltung seiner Persönlichkeit (Artikel 2 Abs. 1 GG), auf Leben und auf körperliche Unversehrtheit (Artikel 2 Abs. 2 Satz 1 GG) zu.[579] Diese Rechte sowie das Grundrecht des Kindes auf Beachtung und Schutz seiner Menschenwürde spiegeln sich unter anderem im **absoluten Gewaltverbot** der Eltern gemäß § 1631 Abs. 1 BGB wider. Eltern dürfen bei der Erziehung weder psychische noch physische Gewalt anwenden, das Kind weder demütigen noch herabwürdigen.

→ *zum Verbot entwürdigender Erziehungsmaßnahmen siehe 2.9.5*

Schutz der Selbstbestimmung

Die Persönlichkeitsrechte von Kindern und Jugendlichen aus Artikel 2 Abs. 1 GG erlangen im Sorge- und Umgangsrecht vor allem dann Bedeutung, wenn Kinder **Wünsche und Vorstellungen in Bezug auf ihre Lebensführung äußern** oder diese auf andere Weise sichtbar machen. Das Recht auf Selbstbestimmung fällt unter die zu schützenden Persönlichkeitsrechte. Neigungen und persönliche Eigenschaften des Kindes sind bei Kindeswohlentscheidungen einzubeziehen. Eltern müssen sich dem kindlichen Willen zwar nicht in jedem Fall beugen. Sie müssen Kinder jedoch als Träger eigener Grundrechte anerkennen und ihre Neigungen und persönlichen Eigenschaften mit Erziehungszielen und -mitteln abgleichen.

16.3 Schutz der Familie, Artikel 6 Abs. 1 GG

Die in den §§ 1626 ff. BGB geregelten Sorgerechte und -pflichten gehen auf die in Artikel 6 GG geschützten Grundrechte von Eltern und ihren Kindern zurück.

Schutz persönlicher und rechtlicher Beziehungen

Nach Artikel 6 Abs. 1 GG stehen Ehe und Familie unter dem besonderen Schutz der staatlichen Ordnung. Dem Schutz der Familie unterfallen auch die **rechtlichen Beziehungen zwischen Eltern und Kindern**. Der Schutz schließt an Abstammung und Verwandtschaft an und umfasst Bildung und Gestaltung der Familie sowie sämtliche Bereiche familiären Zusammenlebens. Dazu gehören auch – und dies ist im Sorge- und Umgangsrecht wesentlich – die Erziehung von Kindern und die Gemeinschaft mit ihnen bzw. der persönliche Kontakt. Sorge- und Umgangsrechte stehen somit unter dem Schutz von Artikel 6 Abs. 1 GG.[580]

---

579 BVerfG, Beschluss vom 03.02.2017 – 1 BvR 2569/16.

580 Zur elterlichen Sorge, Umgang und ihr Verhältnis zu Art. 6 GG und verfassungsrechtlichen Vorgaben siehe MüKoBGB/Huber, Vorbem zu § 1626 BGB Rn. 28 sowie § 1684 BGB Rn. 1 und 2; siehe auch Grüneberg/Götz, BGB, § 1626 Rn. 1.

16.4 Elternrechte, Artikel 6 Abs. 2 GG

Nach Artikel 6 Abs. 2 Satz 1 GG sind Pflege und Erziehung der Kinder das natürliche Recht der Eltern und die zuvörderst ihnen obliegende Pflicht. In Satz 2 heißt es weiter, dass über ihre Betätigung die staatliche Gemeinschaft wacht.

16.4.1 Elternrechte und -pflichten, Artikel 6 Abs. 2 Satz 1 BGB

Erziehungsvorrang

Artikel 6 Abs. 2 Satz 1 GG vermittelt Eltern die Freiheit, die Erziehung ihrer Kinder nach individuellen Kriterien auszurichten und umzusetzen. Eltern können und sollen ihre Kinder frei von staatlicher Einflussnahme pflegen und erziehen.[581] Dies wird als **elterliche Erziehungshoheit** oder **Erziehungsvorrang** bezeichnet.[582] Die Erziehungshoheit der Eltern ist als Wertentscheidung des Gesetzgebers bei Anwendung und Auslegung der §§ 1626 ff. BGB zu beachten.[583]

Die durch Artikel 6 Abs. 2 Satz 1 GG geschützte Freiheitssphäre gibt Eltern jedoch kein Recht, die Erziehung ohne Rücksicht auf das Kind zu gestalten. Eltern sind vielmehr „die **ersten Anwälte für die Interessen und Bedürfnisse von Kindern und Jugendlichen**".[584] Die Richtlinie bei der Ausübung von Elternrechten ist das Wohl des Kindes[585] – auf dem Weg dahin sind die Eltern frei. Das Sorgerecht wird daher auch als „treuhänderisches Recht" bezeichnet.[586]

---

581 BVerfGE 24, 119, 135, 138; BeckOK BGB/Veit, Ed. 01.11.2019, BGB § 1626 Rn. 7.

582 Zum Erziehungsvorrecht der Eltern siehe auch Grüneberg/Götz, BGB, § 1626 Rn. 1; BeckOK BGB/Veit, 60. Ed. 1.11.2021, BGB § 1631 Rn. 1.

583 Ähnlich BeckOK BGB/Veit, 60. Ed. 01.11.2019, BGB § 1626 Rn. 7: „Wertentscheidende Grundsatznorm", als „verbindliche Richtlinie zu beachten".

584 Kindler u. a./Wiesner, Handbuch Kindeswohlgefährdung, 1–1.

585 BeckOK BGB/Veit, 60. Ed. 01.11.2019, BGB § 1626 Rn. 10.

586 BeckOK BGB/Veit, 60. Ed. 01.11.2019, BGB § 1626 Rn. 10.

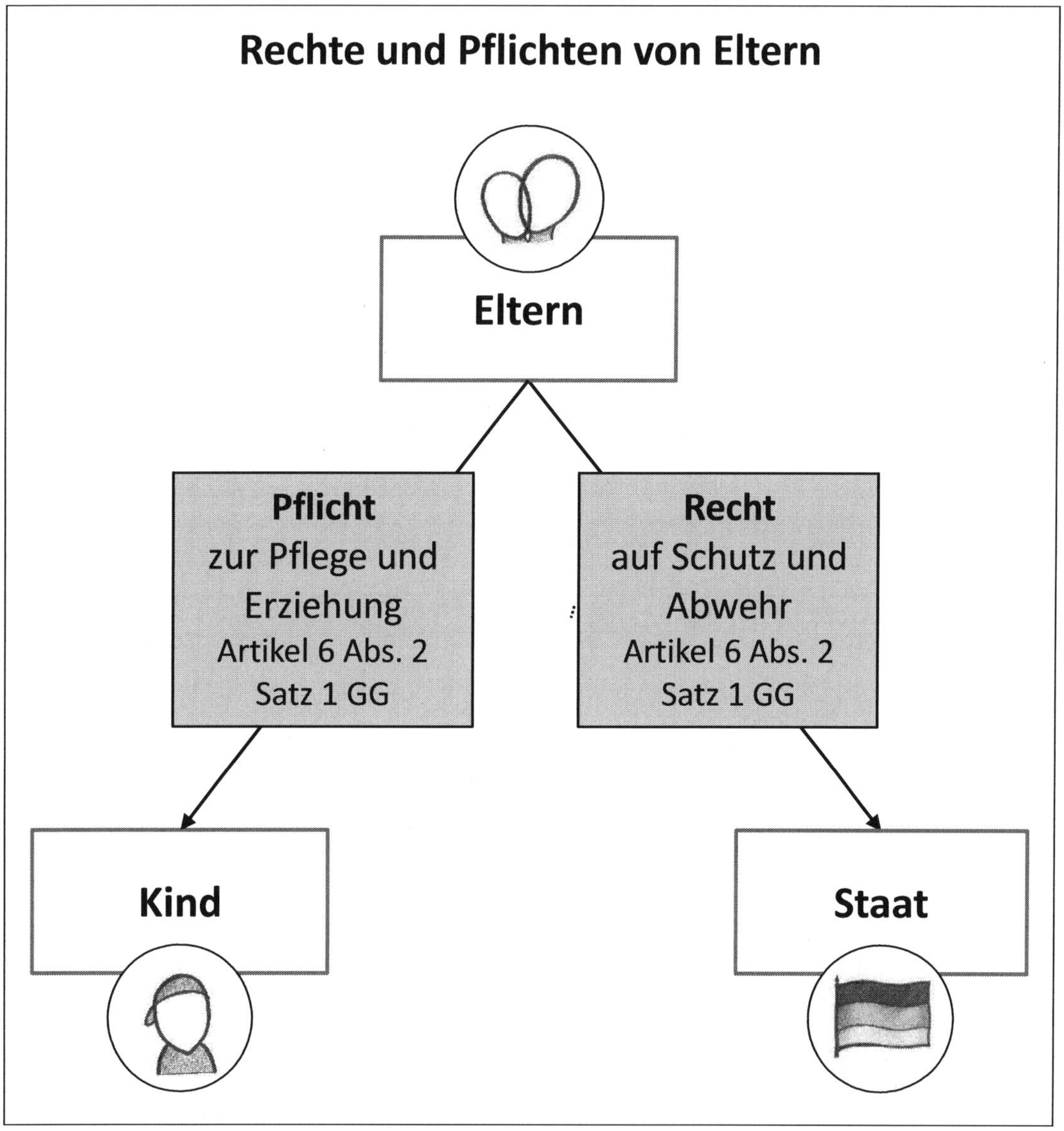

Abbildung 92

vorrangige Erziehungspflicht

Artikel 6 Abs. 2 Satz 1 GG verbindet die Erziehungshoheit mit der **Pflicht, für die Kindererziehung persönlich einzustehen** („eine zuvörderst ihnen obliegende Pflicht"). Dies beinhaltet zum einen, dass die Eltern ihre Verantwortung nicht eigenmächtig aufgeben können; sie müssen ihre Erziehungs(vor)rechte wahrnehmen. Zum anderen führt die Verpflichtung der Eltern zu Rechten von Kindern: Die Eltern müssen ihr Erziehungsverhalten am Wohl des Kindes ausrichten, damit sich dieses zu einer eigenverantwortlichen und gemeinschaftsfähigen Persönlichkeit entwickeln kann; hierauf hat es gemäß § 1 SGB VIII ein Recht.[587]

→ zu formalen Erziehungszielen bei Ausübung der elterlichen Sorge siehe 2.9

Ein Kind darf von seinen Eltern nicht nur erwarten, die nötige Erziehung und Pflege zu erhalten; die Eltern tragen die Verantwortung für den Schutz des Kindes und die Einhaltung seiner Grundrechte, zu denen – wie erwähnt – insbesondere seine Rechte auf Beachtung der Würde (Artikel 1 GG), auf freie Persönlichkeitsentfaltung (Artikel 2 Abs. 2 GG) sowie auf Leben und körperliche Unversehrtheit (Artikel 2 Abs. 2 Satz 1 GG) gehören. Wenn Eltern dem Kind diesen Schutz nicht bieten können oder wollen, kommt die Schutzverantwortung des Staates aus Artikel 6 Abs. 2 Satz 2 GG zum Tragen. Die Ansprüche des Kindes auf Schutz seiner Grundrechte richten sich dann gegen den Staat.[588]

587 Vgl. BeckOK BGB/Veit, 60. Ed. 01.11.2019, BGB § 1626 Rn. 18.
588 BVerfG, Beschluss vom 03.02.2017 – 1 BvR 2569/16.

16.4.2 Einschränkungen

Das elterliche Erziehungsrecht aus Artikel 6 Abs. 2 Satz 1 GG unterliegt verschiedenen Einschränkungen.

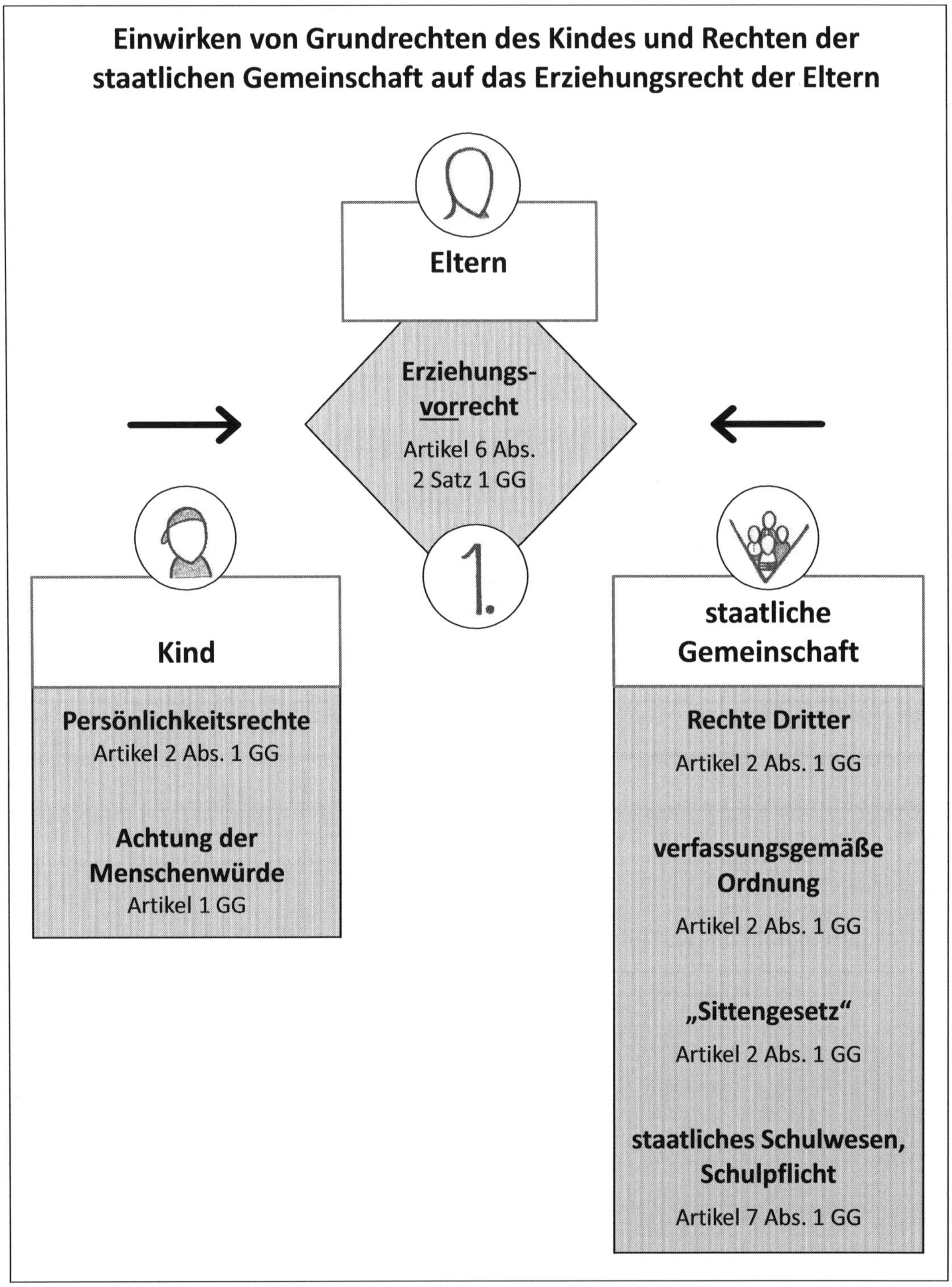

Abbildung 93

Artikel 2 Abs. 1 GG

Einschränkungen folgen unter anderem aus Artikel 2 Abs. 1 GG. Rechte von anderen Personen, die verfassungsgemäße Ordnung und das Sittengesetz (= gesellschaftlich akzeptierte Normen) sind Schranken von Freiheitsrechten.

Nicht akzeptierte Verhaltensweisen schränken somit auch die elterlichen Erziehungsrechte ein. Die gesellschaftliche Ablehnung bestimmter Erziehungsmaßnahmen und/oder -ziele allein reicht nicht aus, wohl aber strafbares Verhalten. Die Erziehungsrechte werden darüber hinaus eingeschränkt durch gesetzliche Ge- und Verbote. Beispiele hierfür sind § 1626 Abs. 2 BGB (Gebot partnerschaftlicher Erziehung), § 1631 Abs. 2 BGB (Gewaltverbot bei der Erziehung) und § 1684 Abs. 2 BGB (Loyalitätspflichten beim Umgang).

Zu den Rechten anderer Personen gehören auch die **Rechte von Kindern**. Sie umfassen unter anderem das Grundrecht auf freie Entfaltung der Persönlichkeit aus Artikel 2 Abs. 1 GG. Die Persönlichkeitsrechte des Kindes können ab einem gewissen Reifegrad die Elternrechte überlagern.[589] Auf die nötige Einbeziehung der Persönlichkeit des Kindes und seiner eigenen Vorstellungen bei erzieherischen Entscheidungen weisen einzelne Vorschriften, zum Beispiel § 1626 Abs. 2 BGB und § 1631a BGB, ausdrücklich hin.

Artikel 7 GG

Auch Artikel 7 GG schränkt die Erziehungsvorrechte der Eltern ein: Einerseits sind Eltern berechtigt, über Bildung und Ausbildung des minderjährigen Kindes zu entscheiden. Dazu gehört im Grundsatz auch die Entscheidung, ob und wie das Kind beschult wird. Dieser Entscheidungsfreiheit steht der **staatliche Erziehungsauftrag** im schulischen Bereich gegenüber.[590] Artikel 7 Abs. 1 GG stellt zudem das gesamte Schulwesen unter Aufsicht des Staates.

Die Elternrechte werden darüber hinaus durch die in den einzelnen Landesverfassungen geregelte **Schulpflicht** eingeschränkt, die eine Verpflichtung von Kindern und Jugendlichen zum Schulbesuch während einer bestimmten Alters- und Zeitspanne vorsieht. Die Eltern sind hieran gebunden; sie müssen diese Verpflichtungen umsetzen und den Schulbesuch von minderjährigen und schulpflichtigen Kindern sicherstellen.

589 Ähnlich BeckOK BGB/Veit, § 1625 Rn. 11.
590 MüKoBGB/Tillmanns, Vor § 1 SGB VIII Rn. 11.

16.4.3 Staatliches Wächteramt

Schutz von Eltern- und Kinderrechten

Art. 6 Abs. 2 Satz 2 GG ordnet an, dass über die Wahrnehmung der Elternrechte „die staatliche Gemeinschaft wacht“. Das bedeutet, dass der Staat den elterlichen Verantwortungsbereich schützen und sichern muss.[591] Darüber hinaus muss der Staat darauf achten, ob Eltern ihrer Verantwortung gegenüber den Kindern nachkommen, d. h. Pflege und Erziehung tatsächlich stattfinden. Ist dies nicht der Fall, muss der Staat infolge seines Schutzauftrags aus Art. 6 Abs. 2 Satz 2 GG eingreifen und sicherstellen, dass Gefährdungen und abzusehende Schäden abgewehrt werden.[592]

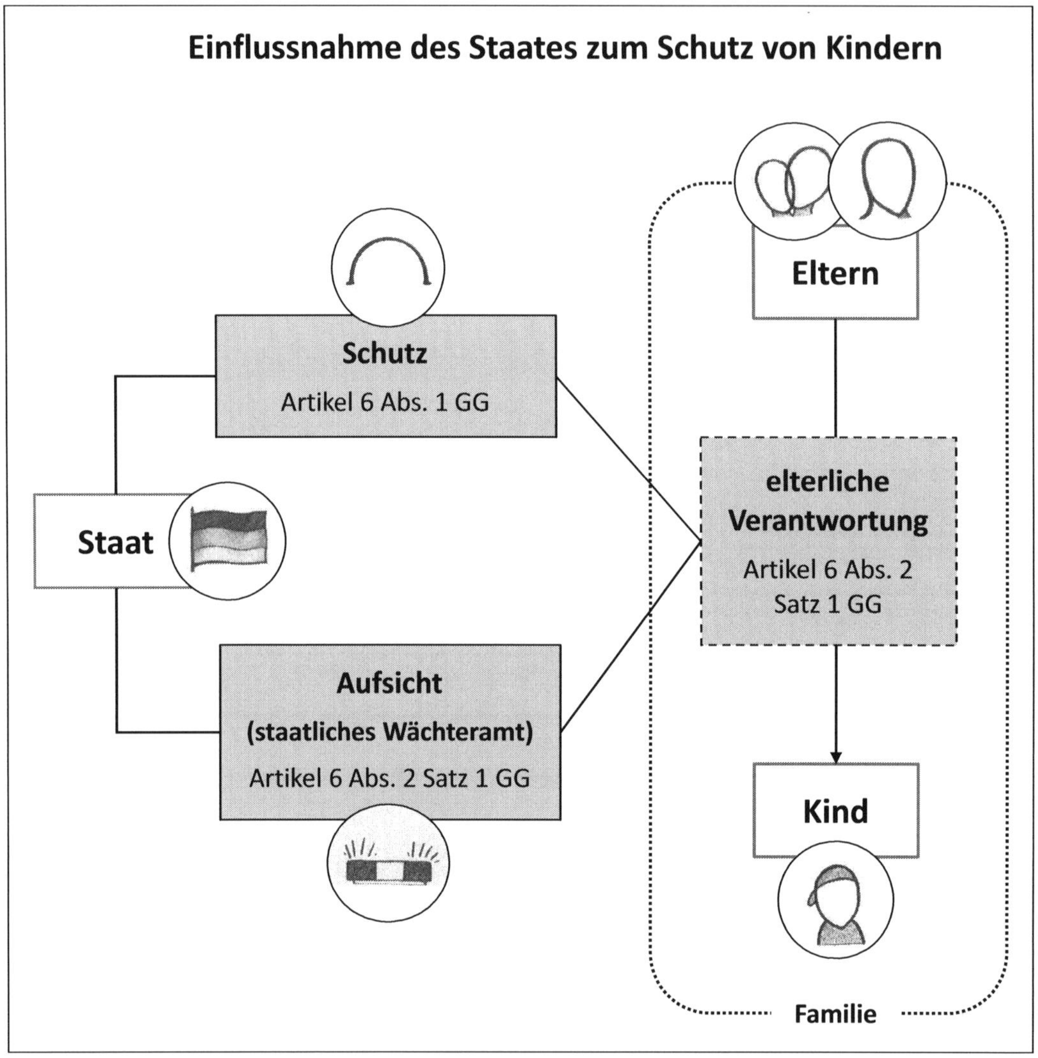

Abbildung 94

Wächteramt vs. Elternrecht

Das staatliche Wächteramt tritt hinter das Erziehungsvorrecht der Eltern aus Art. 6 Abs. 2 Satz 1 GG zurück; es ist **subsidiär**. Das bedeutet, dass der Staat in die Rechte der Eltern nur dann eingreifen darf, wenn diese – aus welchen Gründen auch immer – nicht in der Lage und/oder willens sind, das Kind angemessen zu schützen und zu erziehen.[593] **Zentrale Kinderschutznormen** sind § 1666 BGB (gerichtliche Maßnahmen bei Gefährdung des Kindeswohls) sowie § 8a SGB VIII (Schutzauftrag bei Kindeswohlgefährdung) und § 42 SGB VIII (Inobhutnahme von Kindern und Jugendlichen).

→ *zur familiengerichtlichen Gefahrenabwehr siehe 10*

→ *zur Gefahrenabwehr durch das Jugendamt durch Inobhutnahme siehe 15.5*

591 Siehe BeckOK BGB/Veit, 60. Ed. 01.11.2019, BGB § 1626 Rn. 18–20 zu den Rechten des Kindes auf elterliche Pflege und Erziehung und die staatliche Gewährleistung dieser Rechte.

592 Siehe BeckOK BGB/Veit, 60. Ed. 01.11.2019, BGB § 1626 Rn. 21–22.1 zum „Recht des Kindes auf Schutz vor seinen Eltern“.

593 BeckOK BGB/Veit, 60. Ed. 01.11.2019, BGB § 1626 Rn. 29–30.

Bestehen auf Seiten der Eltern **Erziehungsdefizite**, aber (noch) keine Gefährdung des Kindes, kann und darf der Staat nicht in das elterliche Erziehungsrecht eingreifen. Aufgrund des staatlichen Schutzauftrags muss den Eltern Hilfe und Unterstützung angeboten werden. Hierunter fallen die den Eltern vom Jugendamt anzubietenden Leistungen nach dem SGB VIII, darunter insbesondere Hilfe zur Erziehung.

→ *zu Leistungen und Unterstützungsmaßnahmen der Jugendhilfe siehe 15.1 (Hilfe zur Erziehung) und 15.2, 15.3 und 15.4 (weitere Leistungen und Unterstützungsleistungen)*

Artikel 6 Abs. 3 GG

Die Trennung eines Kindes von seiner Familie stellt einen schwerwiegenden Grundrechtseingriff in Artikel 6 Abs. 1 GG dar – sowohl auf Seiten der Eltern als auch auf Seiten des betroffenen Kindes. Aus diesem Grund sind nach Artikel 6 Abs. 3 GG mit einer Trennung verbundene Maßnahmen nur bei Versagen der Erziehungsberechtigten oder bei Verwahrlosung erlaubt. Dieser Grundsatz wird von § 1666a BGB aufgenommen, wonach gerichtliche Maßnahmen, die die Trennung des Kindes von seiner Familie beinhalten, nur im Ausnahmefall und unter bestimmten Voraussetzungen zulässig sind.

Stichwortverzeichnis

A

Abänderung 219
absolutes Recht 42
Alleinentscheidungsbefugnis
– Missbrauch, Eigenmacht 109
– umgangsberechtigter Elternteil 106
Alleinentscheidungsberechtigung 105
Alleinsorge
– Zuweisung auf Vater 122
Alltagssorge 103
Amtsermittlung 209
Amtsverfahren 194
Angelegenheiten der tatsächlichen Betreuung 106
Angelegenheiten des täglichen Lebens 103
angemessen
– gerichtliche Maßnahmen 151
Anhörung 212
– des Kindes 191
Antragsrücknahme 215
Antragsverfahren 196
Artikel 2 Abs. 1 GG 244 f.
Artikel 6 Abs. 1 GG 241, 247
Artikel 6 Abs. 2 Satz 1 GG 242 ff.
Artikel 6 Abs. 3 GG 247
Art. 6 Abs. 2 Satz 2 GG 246
Aufenthaltsbestimmungsrecht 83
Aufgabenteilung 62, 101
Auflagen 145
Aufsicht
– Intensität 87
Aufsichtspflicht 85
Ausbildung 56
Auskunftsanspruch
– umgangsberechtigter Elternteil 172
Auskunftsrecht
– leiblicher, nicht rechtlicher Vater 181
Aussetzung 209
Autorität 55

B

Beendigungserklärung 217
begleiteter Umgang 169
Bekanntgabe 217
Beruf
– Kind 55
Beschleunigungsbeschwerde 208
Beschleunigungsgebot 206
Beschleunigungsrüge 208
Beschluss 217
Beschneidung 55
– Junge 81
Beschwerde 222
– Beschwerdebefugnis 222
– Beschwerdefrist 222
– Beschwerdegegenstand 222
Beschwerdeberechtigung 222
Beschwerdegegenstand 222
Beschwerdeverfahren 222
Beteiligte 201
Betreuer
– gesetzlich 50
Beweisverfahren 211
Bindung
– des Kindes 189
– manipuliert 190
– zu Geschwistern 189
Bindungsintoleranz 186
Bindungstoleranz 186

C

Corona-Impfung 93
Covid-19 93 f.

D

Delegation 86

E

Eigenmacht
– Entscheidungen 102
Einbenennung 88
Einschränkungen
– Erziehungsrechte 244
Einstweiliges Anordnungsverfahren 210, 219
Einvernehmen
– Kind 54
elterliche Verantwortung 34
Entscheidungsbefugnis 91
– Abgrenzung Teilbereich 77
Entwürdigende Erziehungsmaßnahme 58
Ergänzungspflegschaft 44
Erledigung 217
Erziehung
– religiös 82
Erziehungseignung 71, 107, 184, 186, 188
Erziehungshoheit 54, 242 f.
Erziehungskompetenz 184
Erziehungsmethode 54, 81
Erziehungsstil 54
Erziehungsvorrang 54, 141, 242

F

Familiengericht
– Genehmigung 85
Familiengerichtliche Genehmigung 94
– Religion 55
Familiengerichtliches Verfahren 193
Familiennamen 94
Folgenabwägung 220
Freiheitsentziehende Maßnahmen 94
Fürsorgebedürfnis 200

G

geeignet
– gerichtliche Maßnahmen 150
Gefahr im Verzug 106

gerichtliches Kontaktverbot 88, 159
Gesundheitsfürsorge 81
Gewalt 58 f., 120, 186, 241
Gewöhnlicher Aufenthalt 199
Grundrechte
- Kinder 241

H

Haager Kinderschutzabkommen 193
Haftung
- Eltern 85
Hauptsacheverfahren 210
Herausgabeverlangen
- Eltern 85
Hilfe zur Erziehung 58, 85, 100, 141, 226, 247

I

Impfung 93, 102
Informationspflicht 101
Inhobhutnahme
- Widerspruch 237
Inobhutnahme 100, 246
- Beendigung 238
- Unterbringung 238

J

Jugendamt 206
- Beschwerdeberechtigung 223

K

Kind
- Beschwerdeberechtigung 223
Kinderfoto
- Veröffentlichung 94
Kinderschutzmaßnahme
- Überprüfung 219
Kinderschutznorm 128
Kindesanhörung 213
Kindesvermögen 100
Kindeswille 71, 191
- Kindeswohlkriterium 190
- manipuliert 191
Kindeswohl 182
- Begriff 182
Kindeswohlgefährdung
- Ergänzungspfleger 132
- Inobhutnahme 236
- Vormund 132
Kindeswohlkriterien 71, 94, 117, 135, 164, 174, 176, 183
Kindeswohlprinzip 182, 193
Kindeswohlprüfung 68, 71, 94, 117, 120, 125, 174, 179 f., 182, 187 ff.
- doppelte 117
Kommunikationsbasis
- Eltern 71
Kontakt- und Näherungsverbote 147
Kontinuität
- örtliche 188
- persönliche 188
Kontinuitätsbedürfnis 71
Kontinuitätsprinzip 187

L

Lebensmittelpunkt 104
- Kind 83

M

Manipulation 190
Medienkonsum 104, 106, 109
medizinische Behandlungen 102
Meinungsverschiedenheiten
- Eltern 60
Menschenwürde 241
Mindestmaß an Übereinstimmung 71
Misshandlung 120
Mitwirkungspflicht 211

N

Name 100
Negative Kindeswohlprüfung 69
Nestmodell 53
Notbetreuung 93
Notvertretungsrecht 106

O

Operation 100
Ordnungsmittel
- Verstoß gegen Umgangsregelung 167

P

Personensorge 37
- Entzug 152
Persönlichkeitsentwicklung
- Kind 41, 81, 191
Persönlichkeitsrecht 241
- Kind 54
Pflegeeltern 44, 85, 132, 160, 167, 178
Pflegegeld 93
Pfleger 127
Pflichtgebundenheit
- Sorgerecht 41

R

Rechtsanwalt, Mandatierung 94, 203 f.
Reise 104
Reisewarnungen 93
Residenzmodell 52 f., 97
Ruhen der elterlichen Sorge 127

S

Sachverständigengutachten 212
Schulanmeldung 62, 102
Schuldistanz 145
Schule 55, 75, 77, 86, 93 f., 100, 102 f., 119, 147, 188
Schulpflicht 145, 245
Schulwechsel 93
Schutzauftrag bei Kindeswohlgefährdung 246
Seelische Verletzung 58
Selbstbestimmung 191, 241
Sorgeerklärung 65 f.
Sorgerecht
- Entzug 148

sozial-familiäre Beziehung 178
staatlicher Erziehungsauftrag 245
Sterilisation 55

T

Taufe 94
Teilbereich
– der Erziehung 81
– der Pflege 80
– elterliche Sorge 35, 63, 75
tragfähige soziale Beziehung 71, 125

U

Umgang
– Berechtigte 156
– Gestaltung 161
– Selbstbestimmungsrecht des Berechtigten 166
– Umfang und Inhalt von Umgangsregelungen 162
Umgangsausschluss 170
Umgangsbestimmungsrecht 88
Umgangseinschränkung 169
Umgangskosten 165
Umgangspflegschaft 179
Umgangsrecht
– des Kindes 160
– Eltern 160
– Großeltern, Geschwister 176
– leiblicher, nicht rechtlicher Vater 179
– Verhältnis zum Sorgerecht 161
Umgangsregelung
– gerichtlich gebilligt 164
Umgangsvermittlungsverfahren 167
Unterbringung
– Freiheitsentziehung 85
– Jugendhilfeeinrichtung 85
Unterbringungsmaßnahmen 200

V

Verbleibensanordnung 85, 152
Vererbung
– Sorgerecht 41
Verfahrensarten 194
Verfahrensbeistand 191, 214
– Beschwerdeberechtigung 223
Verfahrensfähigkeit 203
Vergleich 217
Vermögenssorge 37
Verselbstständigung
– Kind 41
Vertretung 205
– Einschränkung 39
Verzicht
– Sorgerecht 41
Volljährigkeit 48
– Feststellung 48
Vollmacht
– Entscheidungsrechte 107
– Sorgerechtsvollmacht 101
Vormund 127
Vormundschaft 44, 48
Vornamen 94
Vorsorgeuntersuchung 103

W

Wächteramt 241, 246
Wechsel der Hauptbezugsperson 188
Wechselmodell 53
– Entscheidungsbefugnisse in Alltagsangelegenheiten 104
Wegweisung 152
Weisungen 145
Wohlverhaltenspflicht 107

Z

zumutbar
– gerichtliche Maßnahmen 151
Zusammenwirken der Eltern 71
Zuständigkeit 197
Zustimmung
– Übertragung Sorgerecht 113